曾憲通 陳偉武 主編

秦曉華 編撰

卷十四

出土戰國文獻字詞集釋

中華書局

卷十四部首目録

卷十四

金 金

集成 10008 樂書缶　集成 4646 十四年陳侯午敦　集成 4630 陳逆簠

璽彙 0363　郭店·老甲 38　郭店·性自 5　包山 276

○**鄭家相**(1958)　按金取金化之義。

《中國古代貨幣發展史》頁 175

○**袁仲一**(1984)　始皇二年的寺工戈銘中有"金角"二字,角爲人名,金爲職名。(中略)《考工記》説"冶氏執上劑",是執劑人。秦國兵器刻辭中稱"金某"者,僅始皇二年戈一例,自始皇三年開始題銘的格式就規整一律了。

《考古與文物》1984-5,頁 109

○**曹錦炎**(1990)　金,青銅器銘文與典籍均指銅而言。

《東南文化》1990-4,頁 109

○**王子超**(1990)　至於劍銘中的"金"字,也可能有兩解,一種是依照金文中通常所指,認爲是銅;一種是按下文所注泛指爲兵器,或特指刀、劍。《莊子·列禦寇》:"爲外刑者,金與木也。"王先謙注引郭璞説:"金謂刀、鋸、斧、鉞也。"《淮南子·説山訓》:"砥石不利,而可以利金。"高誘注:"金,刀劍之屬。"我以爲與其按前一種理解把"繁陽之金"説成是"以繁陽之銅所製",不如照後一種理解釋作"繁陽所造之劍"更加文從字順。我們知道春秋戰國時代的吳、越是煉造寶劍的故鄉,同居南方的楚國也十分重視名劍的生産。作爲楚地的繁陽,其鑄劍工藝在列國中也當有一定的地位,所以該地生産的銅劍要特以"繁陽之金"稱之。

《河南大學學報》1990-4,頁 78

○**湯餘惠**(1993)　金 3289 是一個前所不識的字,現在看來應是楚文字"金"的變體,字畫離析,跟前文所考鐲字所從的金旁作金大體一致。

《考古與文物》1993-2,頁 77

○**劉和惠**（1994） 金是金餅、金鈑的又一名稱。《韓非子·説林下》：“荆王弟在秦，秦不出也，中射之士曰：‘貨臣百金，臣能出之。’因載百金之晉。”百金即一百塊金餅（鈑）。《説文》：“釘，煉餅黄金。”但先秦時黄金無稱釘者。清代《説文》注家多謂當作餅，段玉裁謂釘“則古鏺字義也”。戰國時期，除“鎰”外，黄金亦多稱“金”，一金即一餅（鈑）黄金，量稱與名稱合一，乃專用名詞，與《説文》“釘”字義同。於此可知，餅金稱“金”乃“釘”字之省，因而在實際使用中“釘”字遂不顯。

《楚文化研究論集》1，頁 129

○**何琳儀**（1998） 金，西周金文作𡈬（利簋）。从土从水（象二銅料之形），會土生金（銅）之意，▲聲。或作𡈬（遇甗）、𡈬（孚尊），土旁已有變化。或作𡈬（矢尊），銅料分置土旁兩側。或作𡈬（易鼎）、𡈬（守簋）、𡈬（史頌簋）、𡈬（師㝬簋）、𡈬（師袁簋），銅料多寡、位置不拘。或作𡈬（禽簋）、𡈬（仲盤），省銅料。春秋金文作𡈬（曾大保盆）、𡈬（曾伯霥壺）、𡈬（許子𠤳）、𡈬（王孫鐘）、𡈬（曾伯陭壺）、𡈬（中子化盤）、𡈬（邾公華鐘）。戰國文字承襲兩周金文。楚系文字或作𡈬、𡈬、𡈬、𡈬、𡈬、𡈬，多有連筆。秦系文字或作𡈬，已有聲化從今之趨勢。《説文》：“金，五色金也。黄爲之長久薶不生衣，百鍊不輕。从革，不違西方之行，从土，左右注象金在土中形，今聲。𡈬，古文金。”

齊器金，銅。《書·禹貢》“厥貢惟金三品”，注：“金三品者，銅三色也。”齊璽、齊陶金，姓氏。少昊金天氏之後。見《風俗通》。

燕器金，銅。

晉器金，銅。晉方足布“王金”，地名。晉璽金，貨幣數量。《公羊·隱五》“百金之魚”，注：“百金，猶百萬也。古者以金重一斤若今萬錢矣。”

楚器金，銅。鄂君車節“金革”，兵器甲胄。《列子·仲尼》：“有善治金革者。”楚金鈑金，黄金。五里牌簡“金戈”，銅戈。謝朓《侍宴華光殿曲水奉敕爲皇太子作》：“金戈動日。”信陽簡“金玉”，見《左·襄五》：“無藏金玉。”信陽簡“黄金與白金”，黄金、白銀。望山簡“金器”，見《淮南子·本經》：“金器不鏤。”包山簡金，或爲黄銅，或爲黄金。

二年寺工𪏻戈金，疑姓氏。

《戰國古文字典》頁 1392—1393

○**王子超**（2002） 説到繁陽與銅的關係，研究者有的説它是“産金錫之地”，有的認爲它是“輸入南金的重地”。從考古發現看，古代南方的銅錫産地，主要分布在長江中下游夾江兩岸地帶。至於《報告》援引《管子·揆度》“夫楚有汝漢之金”,證明“繁陽所在的汝河漢水一帶産銅”,其説實誤。首先,引文非《揆度》篇語,當在《地數》篇;其次句中所説“汝漢之金”,所指爲黄金,非銅。又經查核考古及地質礦産資料,在汝河下游(南段),繁陽所處地區至今未見有産銅的實迹。再就前引鼎、簠銘文證之,晉姜鼎云:“俾串通弓,征繇湯㲼。”曾伯霥簠云:“克狄淮夷,印燮鐢湯,金道錫行,具既卑方。”都明言征伐淮夷,攻取繁陽,是爲了開通南銅北運的渠道,並非要直接奪取那裏的銅礦資源。所以,繁陽應是轉運銅錫原料的咽喉要地,而不是産銅之地。

　　基於以上看法,對劍銘中“金”字的含義,也應該作進一步的分析。根據有關典籍的注釋,古代的金可以指銅原料,也可以指青銅製品。《國語·楚語下》:“金足以禦亂兵,則寶之。”韋昭注:“金,可以爲兵也。”《左傳·僖公十八年》:“鄭伯始朝于楚。楚子賜之金,既而悔之,與之盟曰:‘無以鑄兵!’”杜預注:“古者以銅爲兵。”兩句中的金均指製造兵器的原料青銅。《孟子·離婁下》:“抽矢,扣輪,去其金,發乘矢而後反。”《淮南子·説山訓》:“砥石不利,可以利金。”其中的金字,前句,趙岐解爲“鏃”,楊伯峻直譯作“箭頭”。後者,高誘注:“金,刀、劍之屬。”又都是作爲銅製的兵器。依以上所注,劍銘中“金”字的含義,當如後者,即指兵器。因此,我們認爲“繁陽之金”應釋作“繁陽所鑄之劍”。

　　前文既説繁陽非産銅之地,何以又能鑄造“繁陽之金”這樣名貴的青銅劍呢?考古資料表明,古代的銅礦産地,不一定就是直接鑄造銅器的場所,而一些重要的青銅器鑄造遺址所在地(如山西的侯馬、河南的新鄭、山東的曲阜和河北的易縣等)又多不是産銅之區,所需銅、錫原料要由外地運進。這種現象告訴人們,我國古代的青銅器鑄造業與采礦、冶煉業是分地進行的,並已爲湖北銅綠山古銅礦的發掘情況所證實。繁陽雖不産銅,但有着十分優越的鑄造銅器的客觀條件:其一,它是南銅北運的重要關口,便於使用江漢等地運來的銅、錫原料;其二,其地處淮右,與楚、吳、越等名劍産國交往便利,易於借鑒、吸收那裏的先進鑄銅工藝。憑藉這些得天獨厚的條件,繁陽完全能够鑄造出優質的青銅劍乃至其他青銅製品。

《古文字研究》24,頁 264—265

【金壴】燕侯載簋

○**馮勝君**(1999)　金壴:讀金鼓。《左傳·僖公二十二年》:“三軍以利用也,金鼓以聲氣也。”

《中國古文字研究》1,頁 185

【金貞】璽彙 0363

○**羅福頤**（1981）　　金貞。

《古璽彙編》頁 63

○**朱德熙**（1983）　　金鼎。

《古文字學論集》（初編）頁 416

○**李學勤**（1984）　　0363、0367 兩組有“金貞（鼎）”等字，也可能與冶鑄業有關。

《東周與秦代文明》頁 328—329

○**李家浩**（1998）　　《古璽彙編》0363 號印的性質，可以從印文“金貞”二字得知。李學勤先生跟朱先生一樣，也把“金貞”讀爲“金鼎”，並據此二字指出此印“可能與冶鑄業有關”。這一意見是十分正確的。在燕國兵器銘文中，有用長條形印戳打印在陶範上鑄成的文字。《古璽彙編》50 頁著錄的 0292 號“䏦都市錕”方印，大概是打印鑄造“錕”這種器皿的陶範的印戳。“洢谷山金貞（鼎）鍴（瑞）”，顯然跟這類印戳的作用相同，應該是洢谷山的冶鑄作坊用來打印鑄造銅鼎的陶範的印戳。《周禮·春官·序官》“典瑞”鄭玄注：“瑞，節信也。典瑞，若今符璽郎。”

《著名中年語言學家自选集·李家浩卷》頁 155—156，2002；原載《中國文字》新 24

【金剭】楚燕客銅量

○**周世榮**（1987）　　“剭”字《说文》中不見此字，當指器名。《古璽彙編》0324 有从厂从剭的“厊”字，其印文何琳儀同志釋爲“棽丘亩廩厊”。

《江漢考古》1987-2，頁 88

○**李零**（1988）　　“金剭”，即此銅量之名。下字，見於古璽，如《古璽彙編》0324 “棽丘稟厊”、2226“邯鄲稟厊”、3327“鄲稟厊”，可以證明此器是稟食器。（中略）第四，此器對楚國稟食制度和度量衡制度的研究也很有價值。它的實測容量是 2300 毫升，要比過去發現的楚量都大。過去發現的楚量有兩種，一種只有此器的一半大小，自銘爲“筲（筲）”，是一種合秦制五升的量；還有一種只有此器的十分之一，是一種合秦制一升的量。因此可以判明，這種自銘爲“剭”的量，是一種斗量。三種量器可以配合成組。它采用的當時通行的十進位的升斗制。

《江漢考古》1988-4，頁 102—103

【金節】鄂君啟節

○**郭沫若**（1958）　　“金節”即銅節，古人以金爲銅，確切定名，當稱爲銅節。

《文物參考資料》1958-4，頁 4

鋈　鑿

鋈 睡虎地·答問110　　**鑿** 睡虎地·封診46

○**睡簡整理小組**（1990）　　（編按：睡虎地·法律110）鋈（音沃），讀爲夭，《廣雅·釋詁一》：“折也。”鋈足，意爲刖足。一説，鋈足應爲在足部施加刑械，與釱足、鋜足類似。

《睡虎地秦墓竹簡》頁119

○**黄文傑**（2008）　　（編按：睡虎地·法律110）整理小組把《法律答問》簡109—110中的“鋈足”解釋爲“刖足”，是不符合事實的；把《封診式》簡46中的“鋈足”譯爲“斷足”，也不正確。“鋈足”應即“釱足”，就是在足部加刑械。《説文·金部》：“鋈，白金也。从金，渓省聲。”段玉裁《注》：“大徐渓省聲，小徐沃聲。考《説文》芺聲之字未有省屮者。鋈字今三見於毛詩。《小戎》毛《傳》曰：‘沃，白金也。’而車部軝下詩曰‘渓以觼軜’，引詩正作渓不作鋈。知古本毛詩只作渓。渓即鐐之假借字。古芺聲尞聲同部也。金部本有鐐無鋈，淺人乃依今毛詩補之。”據段《注》，“鋈”是“鐐”的假借字。“鐐”即是套在腳腕上的刑具。明方以智《通雅·事制·刑法》：“古之釱，今以鐐代之。”可見，“鐐”套在腳腕上的刑具這個意義，古代用“釱”表示。《説文·金部》：“釱，鐵鉗也。从金，大聲。”段玉裁《注》：“鐵，《御覽》作脛。”《急就篇》第二十九章：“鬼薪白粲鉗釱髡。”顔師古《注》：“以鐵鋜頭曰鉗，鋜足曰釱。”“釱”相當於後世的腳鐐。“釱”又用作動詞。如《史記·平準書》：“敢私鑄鐵器煮鹽者，釱左趾，没入其器物。”《晉書·刑法志》：“犯釱左右趾者易以木械，是時乏鐵，故易以木焉。”上列簡文中的“鋈足”實即“釱足”，不能釋爲“刖足、斷足”。《封診式》簡46説“謁鋈親子同里士五（伍）丙足，遷（遷）蜀邊縣”，流放到蜀郡邊遠縣份，一般是給犯人戴上腳鐐，試想足短了如何流放。

　　西漢的法律制度是在秦朝法律的基礎上進行修訂和改良的，而秦朝的法律又是在原秦國法律的基礎上制定的。對比《睡虎地秦墓竹簡》和《漢書·刑法志》，明顯可看到它們的相承關係，如囚徒的名稱、刑罰的名稱都是一脈相承的。西漢史游《急就篇》第二十九章：“鬼薪白粲鉗釱髡。”這是對西漢法律的部分描述。鬼薪、白粲、鉗、髡，在《睡虎地秦墓竹簡》中都出現了，唯“釱”字未見。《睡虎地秦墓竹簡》中有“鋈”無“釱”，《漢書·刑法志》有“釱”無

“鋈”,證明了上列簡文中“鋈”即用爲“欽”字。

　　總之,“鋈足”即“欽足”,也就是“鐐足”,就是給犯人戴上腳鐐。整理小組“一說”是正確的。

《古文字研究》27,頁 520—521

錫 鍚

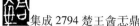天星觀

───────────────

○**何琳儀**(1998)　《説文》:“錫,銀鉛之閒也。从金,易聲。”或加心爲飾。

《戰國古文字典》頁 761

銅 銅

金同睡虎地·秦律 86　　　鋼集成 2794 楚王畬忎鼎

───────────────

○**張世超**(1989)　《説文》:“銅,赤金也。”所謂“赤金”,指的是金屬元素 Cu,亦即今語銅鐵之銅。然此爲晚出之義。博學如段玉裁、朱駿聲尚且依《説文》之義爲訓,可見其古義湮没已久。

　　睡虎地秦簡的出土,使我們在這一問題上有了新的認識。秦簡《金布律》:“縣、都官以七月糞公器不可繕者,有久(記)識者靡蚩之,其金及鐵器入以爲銅。”最後一句當是“其金器及鐵器入以爲銅”之省。意即將廢舊銅、鐵器交公,作爲金屬料。可見,後代所稱之金屬“銅”,先秦時稱爲“金”,而“銅”之古義則爲“合金”或金屬之總稱。

　　“銅”的這一意義當爲其本義,這從其語源上可以找到證據。“同”本有合、和、聚等義;

　　　　《國語·周語》:“財用不乏,民用和同。”

　　　　《儀禮·少牢饋食禮》:“同祭於豆祭。”鄭注:“同,合也。”

　　　　《詩·小雅·吉日》:“獸之所同。”鄭箋:“同,聚也。”

　　　　《説文》:“同,合會也。”

　　在金屬方面説,則熔不同金屬爲一體,或統稱各種金屬爲“銅”。《漢書·律曆志上》:“凡律度量衡用銅者,名自名也。所以同天下,齊風俗也。”(972頁)這是因音訓取語源,爲制度作説解者。

“銅”的本義，在西漢時已經失傳，如：

《史記·平準書》：“黃金以溢爲名，爲上幣，銅錢識曰半兩，重如其文，爲下幣。”

又《吳王濞列傳》：“吳有豫章郡銅山，濞則招致天下亡命者，盜鑄錢。”

《淮南子·本經》：“逮至衰世，鐫山石，鍥金玉，摘蚌蜃，消銅鐵而萬物不滋。”

又：“鼓橐吹埵，以銷銅鐵。”

又《齊俗》篇：“銅不可以爲弩，鐵不可以爲舟，木不可以爲釜。”

又《説山》篇：“慈石能引鐵，及其於銅則不行也。”

“銅”已皆專指一種金屬。

上古時代，金屬通稱“金”，因爲銅的用途廣，在諸金屬中較爲習見，故“金”又常常指銅這種金屬。春秋時，人們已經能從礦石中提煉出鐵來。初期煉出的鐵，質地不純，人們只用它來製作一些粗笨的工具。雖然當時已經有了“鐵”這個名稱，但在只有兩種主要金屬的情況下，用“美金、惡金”也就足以區別它們了。《國語·齊語》：“美金以鑄劍戟，試諸狗馬；惡金以鑄鉏、夷、斤、斸，試諸壤土。”正是春秋時代金屬情況的寫照。到了戰國時代，冶鑄業有了長足的發展，提煉出品質更高的銅鐵，被廣泛地應用到生産、生活、戰爭等各個領域。除銅、鐵之外，人們已能提煉出其他的多種金屬。各種金屬的區別命名，就成爲當時語言中必須解決的一個問題。從出土青銅器銘文的記載來看，當時還有“鏐、鐪、鋁”等名稱。它們所指的確切金屬元素是什麼，還有待於研究，但其所反映的人們對於金屬認識的深化，則是顯而易見的。人們發現了多種金屬，同時也認識到單純金屬與合金的差別。因此，除了要給每一種金屬以適當的命名外，還應有一個能表達將不同金屬混合在一起的行爲，及稱呼其混合體的詞。於是人們選用了有和同、會和、聚合意義的“同”來充當這一角色。作動詞用時，意義相當於今語之“熔合”，作名詞用時，意義相當於今語之“合金”。詞義一經引申，則各種金屬之總稱亦稱“同”，後來書面上增加義符“金”，就成了“銅”。

我們現在稱爲“銅”的這種金屬，古人很少單獨使用，常常是與一定比例的錫熔鑄爲合金，以增加其硬度。這是一種以銅爲主要成份的，古代最常見的合金。因此，本義爲“合金”的“銅”又發展爲專指銅鐵之銅，統稱各種金屬的意義也隨之消失了——這是發生在西漢初年的事。

古文字的研究表明，“銅”字在戰國時始出現。根據上文論述，我們可以對戰國銅器銘文中的"銅"有一個新的認識。解放前安徽壽縣出土的《楚王盦忑鼎》銘云："楚王盦忑戰隻(獲)兵銅。"是説在戰爭中獲得報廢兵器的金屬料。戰國已是銅鐵並用的時代,這獲得的"兵銅"自然包括銅和鐵。回收廢金屬料比從礦石中提煉要省工得多,古代冶煉技術落後,因此很注意廢金屬的回收,上引秦簡文可證。"戰獲兵銅"是戰後回收廢金屬的表現,鑄鼎紀念,可見金屬料在當時很貴重。至於楚王的鼎,是從這批金屬料中選擇材料鑄成的,即所謂"擇其吉金"者,並不影響"銅"字的含義。郭沫若《大系·考釋》云："戰獲兵銅而毁銷之以爲祭器,足見銷兵鑄器之事不始於秦人。蓋周末已是銅鐵交替時代,鐵兵方興,銅兵已失其優勢,故有此現象也。"以後代銅鐵之銅讀銘文,故有此論。

瞭解了"銅"的產生與發展過程,對於我們認識古代語言的時代特徵,判斷一些歷來有爭議的典籍的成書年代,很有幫助。例如《越絶書》,《隋書·經籍志》《舊唐書·經籍志》《新唐書·藝文志》著録,作者均題爲子貢。宋《崇文總目》除題子貢外,又云"或曰子胥"。歷代學者多疑其偽。明人楊慎等發現該書《敍外傳記》中的一段文字中含有隱語,隱"袁康、吳平"二人名。二人爲東漢人,遂定《越絶書》爲東漢人偽作。《四庫全書總目提要》即肯定了明人的上述説法,此案遂成官定。然《敍外傳記》不過是後人附益的一篇文字,從《越絶書》的全書來看,語言古樸,敍事亦不類後人所撰。余嘉錫先生贊同宋陳振孫《書録解題》的評語:"《越絶書》十六卷,無撰人名氏,相傳以爲子貢者,非也。蓋戰國後人所爲,而漢人又附益之耳。"

今按《越絶書·寶劍》云："寶劍者,金錫和銅而不離。""銅"用爲動詞,義爲"熔合",正是其古義。"金錫和銅"與我們上述"銅"義由合金轉爲專指銅的過程,正相吻合。這種語言,絶不會出於西漢以後人之手,可爲余嘉錫先生論斷之輔證。當然,我們並非主張僅據此一點而論全書之時代,《越絶》一書中,反映先秦語言特徵之證尚多,因不屬本文討論範圍,故不涉及。

《古籍整理研究學刊》1989-2,頁 15—16

△按　《説文》:"銅,赤金也。从金,同聲。"戰國文字銅用爲青銅。

鐵　鏟

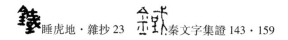

睡虎地·雜抄 23　　　秦文字集證 143·159

△按　《説文》：“鐵，黑金也。从金，戴聲。”《睡虎地·雜抄》23：“大（太）官、右府、左府、右采鐵、左采鐵課殿，貲嗇夫一盾。”用爲職官。

鍇

璽彙 5488

△按　《説文》：“鍇，九江謂鐵曰鍇。”《璽彙》5488 爲單字璽，義不明。

銜

石鼓文·田車

○何琳儀（1998）　《説文》：“銜，鐵也。一曰，彎首銅。从金，攸聲。”

石鼓“銜勒”，西周金文習見，典籍多作“鋚革”。《詩·小雅·蓼蕭》：“鋚革沖沖。”“銜勒”，帶有銅飾的彎首絡銜。（《説文》：“勒，馬頭絡。”）

《戰國古文字典》頁 208

鏤

璽彙 3687

○吳振武（1983）　3687□鏤·□鏤。

《古文字學論集》（初編）頁 518

○陳漢平（1985）　古璽文有字作█（《彙編》3687），舊不識。此字从金，婁聲，字當釋鏤。《説文》：“鏤，剛鐵可以刻鏤。从金，婁聲。《夏書》曰：梁州貢鏤。一曰，鏤，釜也。”

《出土文獻研究》頁 230

△按　齊璽鏤用爲人名。

鑄 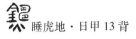 盨 鑧 釕

睡虎地·日甲 13 背

集成 2623 楚王酓前鼎　　三晉,頁 117

集成 2701 公朱左官鼎

集成 9735 中山王方壺　　集成 2590 十三年上官鼎

璽彙 3760

○**劉節**（1935）　即鑄字。芮公鼎鑄作𨨏,鑄侯鐘作𨩄,六國文字每多簡省,此省𠀤作𨦴。

　　　　　　　　　　　　　　《古史考存》頁 114—115,1958;原載《楚器圖釋》

○**裘錫圭**（1978）　戰國貨幣裏有一種面文作𨦴(《辭典》323 等號）或𨨏（314等號）的方足布。古錢家釋這種幣文爲"鄧、酆"（無"邑"者釋"豐"）、或"盧邑"（無"邑"者釋"盧"。以上見《辭典》下 29—30 頁）,都不可信。于省吾先生在《雙劍誃古文雜釋》裏指出𨦴是"鑄"的古文,並認爲見於襄公二十三年《左傳》的鑄就是這種布幣的鑄造地(《雙劍誃殷契駢枝三編》附錄）。把這個字釋作"鑄"是正確的。但是,見於《左傳》的鑄在今山東肥城縣南,不在鑄造布幣的區域之內,把它當作鑄布的鑄造地是錯誤的。

　　"鑄、注"音近。鑄布的鑄造地大概是在戰國時代先後爲三晉各國所占有的注。《史記·魏世家》:"（文侯)三十二年……敗秦於注。"《集解》:"司馬彪曰:河南梁縣有注城也。"《正義》:"《括地志》云:注城在汝州梁縣西十五里。'注'或作'鑄'也。"其地又名注人。《史記·趙世家》:"孝成王元年……田單將趙師……又攻韓注人,拔之。"《正義》:"邑名也。"《括地志》云:"注城在汝州梁縣西十五里。蓋是其地也。"注地在布幣流行的區域之內,"注"或作"鑄"古注又有明文,非常可能就是鑄布的鑄造地。

　　　　　　　　　　　　　　　　　　《北京大學學報》1978-2,頁 78

○**朱德熙、裘錫圭**（1979）　此字從"金"從"寸",孫詒讓《古籀餘論》卷二釋"釜",與字形不合。據文義,這個字用爲動詞,當是"鑄"字的異體。不少從"寸"的字古音在幽部,與從"壽"得聲的字相通,例如《説文》"𣪠"字下云"周書以爲討",《詩·小弁》"怒焉如擣","擣"韓詩作"疛",所以"鑄"字可以寫作"釘"。這種寫法大概只在魏、韓、中山一帶流行。

　　　　　　　　　　　　　　《朱德熙古文字論集》頁 92,1995;原載《文物》1979-1

○**李學勤、李零**(1979)　壺銘第二行釾字,讀爲鑄。此字所从寸的寫法,同於侯馬盟書和《古徵》附録 25 頁“龠守璽”的守字。按《説文》的説法,釾應从紂省聲。《詩·小弁》“怒焉如擣”,《釋文》:“擣,本或作癗,《韓詩》作疛。”可爲釾即鑄的旁證。這個字常見於魏國鼎銘,如《三代》3,43、《周金》2,47、《録遺》522 等,舊釋爲鈩。現在知道應讀爲鑄,這些銘文便都豁然貫通了。

《新出青銅器研究》頁 178,1990;原載《考古學報》1979-2

○**于豪亮**(1979)　釾从金,壽省聲,即鑄字的省文,這同疛字是癗字的省文一樣。《詩·小弁》“怒焉如擣”,《釋文》:“擣,本或作癗,韓詩作疛。”毛傳:“疛,心疾也。”《玉篇·疒部》:“疛,心疾也,癗同。”疛字既是癗字,則釾應是鑄字。

《考古學報》1979-2,頁 177

○**徐中舒、伍仕謙**(1979)　此字从金从又持十,十當爲汁之省。鈄爲金汁,以手持金汁,即鑄之異文。

《中國史研究》1979-4,頁 85

○**張政烺**(1979)　釾字見上官鼎、大梁司寇鼎,从金,肘省聲,鑄之異體。

《古文字研究》1,頁 209

○**趙誠**(1979)　釾,鑄之借字。釾从金,寸聲,讀爲肘。鑄从金,壽聲。肘、壽同在幽部,故相通假。

《古文字研究》1,頁 247

○**曾庸**(1980)　鑄字的寫法和楚器、鄂君啟節上者相似。《左傳》上雖有鑄,但在今山東境内,這一帶在戰國時並非布幣鑄造區。故錢上的鑄仍須到三晉的地名中去尋找才對。

《史記·魏世家》説文侯三十二年,魏曾“敗秦於注”,《趙世家》中也提到這地名,孝成王元年,田單將趙師,“又攻韓注人”。《括地志》説注人和注是一地,這種説法是對的,地名之後有時加上一個人字,這在春秋戰國時有例可尋的。如《左傳》記晉地有霍,而有時亦稱之爲霍人,戰國布錢中也是霍與霍人互見。《史記》上這個注,其實就是鑄。因爲《括地志》説:“注城在汝州梁縣西十五里,注或作鑄也。”現在根據錢布材料,知道戰國時此地名本作鑄,後來作注是同音假借的緣故,而且慢慢地注行而鑄廢。

注不見於《漢書·地理志》,表明戰國以後它被廢止或省併了。不過其舊址仍爲後人所知悉,《水經注》汝水條説三里水“又東南逕注城南”。司馬彪曰:“河南梁縣有注城。”而酈道元還特別指出這注便是《魏世家》上提到的注。《括地志》説注在汝州梁縣西十五里,和《水經注》記載的方位相符,則戰國時韓的注(鑄)在今河南臨汝東南一帶。

○**吳振武**(1982)　《説文》:"鑄,銷金也,从金,壽聲。"按甲骨文鑄字作🔲(金 511),金文早期作🔲,上从兩手持鬲,下从火从皿,意爲將用火加熱後熔化的銅錫溶液傾注入範,乃會意字。金文中鑄字或作🔲(《周乎卣》),是在會意的🔲下又加注音符"🔲"(疇)。至西周晚期以後鑄字始出現🔲(《余義鐘》)、🔲(《虢叔盨》)、🔲(《中山王�方壺》)等形,已由"注音形聲字"變爲"義類形聲字",爲小篆鑄字所本。

○**湯餘惠**(1986)　鑄　楚鄂君啟節作🔲,即春秋齊器國差䤭🔲形之省。晚周貨幣文字又作🔲(《古大》323)、🔲(《古大》324),其中人即"火"之省。

○**徐寶貴**(1988)　釋🔲、🔲二字

此二字亦見於姓名私璽:

🔲🔲,《古璽彙編》138 頁。釋文作"黃□"。

🔲🔲,《古璽彙編》138 頁。釋文作"黃□"。

此二字該書釋文亦以□代之,以爲不識之字。按此二字均是鑄字,此鑄字需要在戰國楚器銘文中進行證實。現將有關楚器銘文中的鑄字録之如下,以資參證:

鑄客鼎:🔲客爲集糈爲之。(《三代》三‧一三)

　　　　🔲客爲集脰爲之。(《三代》三‧一三)

　　　　🔲客爲太句(后)脰官爲之。(《三代》三‧二〇)

酓肯鼎:隹:(楚)王酓肯乍(作)🔲鈲鼎,以共(供)戠裳。(《三代》三‧二五)

鑄布作🔲(《陽高》一‧五四)

以上所舉鑄字均與古璽文🔲、🔲字相同,其作🔲者和鑄客鼎第二例🔲是完全相同的,雙手🔲中間之人皆省作🔲。鑄字本是會意字。古璽文與上舉楚器銘上的鑄字是省變的形體,和初文形體相差太遠,已看不出其所會之意。其與初文的省變過程是這樣的,周早期金文作🔲(作册大鼎)、🔲(大保鼎),象以火銷金,金液下滴之狀。古者銷金作器曰鑄。以後又省作🔲(芮公鼎),將所从🔲之省作🔲形。又省火加注🔲(古疇字)聲作🔲(守殷)。又加金火二形符作🔲(鑄公🔲結構疊牀架屋,筆畫較爲繁複後來漸省作 T(中子平鐘)。戰國時期楚器文字更

是盡力省減筆畫,如鄂君啟節省作 T,原所从之形符 𩊱、金及聲符 𢀖,全省去了,只剩下 𦥑、火、皿。楚器 𤎫、𤎫 及此二古璽文 𤎫、𤎫 所从之人)又是火字之省。其省變之迹是宛然可見的。有戰國時之楚器銘文的鑄字作證明,此二古璽文無疑就是鑄字。《左傳·昭公八年》:"齊公子鑄,字子工。"齊公子名鑄,這是古人以鑄爲名的例證。説此二古璽文以鑄爲名是講得通的。此二古璽文的釋文當作"黃鑄"。

《松遼學刊》1988-2,頁 85、69

○**黃盛璋**(1989)　銘文中"鑄"字作"𨧀",从"金"从"寸",見於梁十九年、二十七年梁鼎,舊誤釋从"金"从"父",故《録遺》定爲"釜",其實乃是"鑄"字簡寫。其字又見於新出中山王方壺"鑄爲醴壺",及新鄭所出韓國兵器,後者亦爲"治×鑄",此字乃三晉文字特有的寫法。

　　"少侯興寸(鑄)□(半公)言"《商周金文録遺》五三九　此權藏中國歷史博物館,"鑄"字簡作"寸",而"寸"下所从之點又改爲从"十",與梁司寇之鼎、梁陰鼎、虎鼎及新出中山王方壺中之"鑄"字右旁所从之"寸"同,侯馬盟書"守"字所从亦如此,故可定爲三晉器。

《古文字研究》17,頁 11、33

○**湯餘惠**(1993)　鑄章,人名。鑄氏,古書或通作祝。

《戰國銘文選》頁 56

○**梁曉景**(1995)　【鑄·平襠方足平首布】戰國晚期青銅鑄幣。鑄行於韓國,流通於三晉、兩周、燕等地。屬小型布。面文"鑄",形體稍異。背多無文,或鑄有數字"一"等。"鑄",通作注,古地名,戰國屬韓。《史記·魏世家》:魏文侯三十二年(公元前 415 年),"敗秦於注"。《史記·趙世家》:趙孝成王元年(公元前 265 年)"齊安平君田單將趙師而攻燕中陽,拔之。又攻韓注人,拔之"。在今河南臨汝西。

《中國錢幣大辭典·先秦編》頁 287

○**何琳儀**(1998)　鉽,从金,𡴭聲。或加皿繁化。
　　晉器鉽,讀鑄。

《戰國古文字典》頁 191

○**袁國華**(2000)　五字之中,"鑄"字摹寫失真,原字形應作:𨮥
　　"鑄"字,兩周金文常見,字形作:

　大保鼎　　　芮公鼎　　　曾子還彝匜　　　邾公華鐘

　國差䱧　　　欒書缶　　　守簋　　　　　　哀成弔鼎

　宜戈　　　　師同鼎　　　弔皮父簋　　　　楚公鐘

　余卑盤　　　王人甗　　　鄂君啟舟節　　　鄂君啟車節

　鑄客鼎　　　鑄子鼎

“鑄”字金文構形繁、省互見。早期的構形，字從“⺕”從“鬲”（即坩鍋）從“火”從“皿”會意；會“以雙手持坩鍋澆鑄銅器”之意。字或增形符“金”或增聲符“㡿”等；字或省形符“⺕”或省形符“皿”等，不一而足。戈銘“鑄”字的構形乃從“火”從“鬲”（即坩鍋）之形，坩鍋的底座左右有象握把者，與曾子還彝匜“鑄”字做，極爲近似；亦可能是左右手形的訛變。但是若就該字所見字形從不作舉鍋的樣子考量，以前者的可能性較高。

《古今論衡》5，頁 19

○李守奎（2003）　簡文銌劍當即鑄劍。

《楚文字編》頁 794

【鑄客】集成 2296—2300

○劉節（1935）　鑄工而名曰客，非楚人可知。故鑄工中有名秦苛者，必爲秦國之人；名夅陳者，必爲陳國之人。

《古史考存》頁 119，1958；原載《楚器圖釋》

○郝本性（1987）　鑄客二字在壽縣楚器銘文中很常見，在楚國官府鑄造業中以此來稱呼其鑄造工人。有時鑄客又稱爲鑄冶客，鑄客同其他國家的冶客相類似。

（中略）客應是同一種工人的不同稱呼。

楚國從春秋時期起便重視從北方各國招徠名工巧匠。魯國巧匠公輸般（見《禮記·檀弓》）到楚國後，便被重用。楚王命他製造“舟戰之器”、“鉤強（拒）之備”（見《墨子·魯問篇》）、“云梯之械”（見《墨子·公輸篇》）。楚國有一次進攻魯軍，魯國貴族孟孫請求前去送給楚軍水工、縫工、織工各一百人，公衡作爲人質，請求結盟，楚國人便答應媾和（《左傳》成公二年）。可見楚國是需要技術工人的。戰國時期，封建割據的國家之間戰爭頻繁，各國爲了達到富國強兵的目的，除竭力獎勵耕戰之士外，還要講究製作“戰勝之器”。《管子·小問篇》假托管子説：“選天下之豪傑，致天下之精材，來天下之良工，則有戰勝之器。”當時招徠他國良工的辦法是“三倍不遠千里”。這種以較高的俸禄來爭取能工巧匠到官府手工業中做高級雇工的辦法,無疑會提高手工業工人的地位,個體手工業者由於身份自由,生産積極性高,技藝也提高得快。那時手工業技藝被視爲"世業",傳授限於本家,較爲保守。凡有一技之長,便可做爲謀生的手段。譬如有一個工人誇口能在棘刺的尖端雕刻出母猴的,燕王竟以三乘(一説五乘)的俸禄款待他(見《韓非子·外儲説左上》),這種人被稱爲客,是與戰國時養士之風有關。如楚國的春申君黄歇"召門吏爲汗先生著客籍"(《國策·楚策四》)。鑄客或室客也和汗明一樣,是被招徠的雇工,要著客籍,官府手工業機構要給他們一定的俸禄,這種有鑄造特長的客便稱爲鑄客。

鑄客同冶師雖然同爲楚王鑄造青銅器,但冶師與其助手(佐)能標出姓名,地位較高,而鑄客不標姓名,地位較低,冶師當爲鑄客的工頭,是官府鑄造機構中的基層官員。

《楚文化研究論集》1,頁 324—326

○黄盛璋(1989)　按鑄客地位在冶之上,相當於三晉之工師。

(中略)楚國鑄客亦即冶客,據壽縣出土楚王熊肯、熊懺等鼎,鑄客之下,尚有冶某某,等於三晉之冶與秦之工,皆爲直接造器之工匠,鑄客位在其上。稱之爲客,當爲來自他國具有冶鑄技能者,因而楚國優待比較高之地位,比一般冶匠爲高,但楚器中鑄客多數即爲直接造器者,稱"鑄客爲某某爲之",可以爲證。實際上即一般來自他國有技能工匠,在這點上可能並不如三晉與秦工師地位之高。此稱"客鑄盨",正證客爲直接鑄器者,稱鼎爲"盨"亦屬特制。

《文博》1989-2,頁 31

○李零(1992)　鑄客,掌冶鑄之官。古璽"郢粟客鈢","粟客"是類似的名詞。

《古文字研究》19,頁 147

△按　戰國晉系文字"鑄"主要有兩種形體:一是在前代文字的基礎上省"皿",主要保留在東、西周地區,作▨(公厨左官鼎),屬於傳統的寫法;而在韓、趙、魏及中山等地,"鑄"字則是另造形聲字,作▨(中山王方壺)、▨(上官鼎)等形,張政烺最先指出該字"從金,肘省聲",此後,李天虹進一步指出字所從之𡗥應是"肘"之初文,從金,𡗥(肘)聲之"鑄"不見於他系文字,爲晉系文字所特有的寫法。

鍾　鐘

![img]香續一 66　　![img]集成 164 屬氏鐘

![img]陶彙 3・717

○**吳振武**（1991）　齊陶文中還有下揭一件印戳陶文：

坿（市）![img]季 23 下（陰文，圖 7）

![img]字舊不識。我們認爲這個字從“金”，“豕”聲，無疑也是“鍾”字異體。

《考古與文物》1991-1，頁 69

○**何琳儀**（1998）　《説文》：“鍾，酒器也。從金，重聲。”

戰國文字鍾，讀鐘。《説文》：“鐘，樂鐘也。從金，童聲。”

《戰國古文字典》頁 336

△按　《説文》：“鍾，酒器也。從金，重聲。”戰國銅器中有自名“鍾”者，字作“重”，見安邑下官鍾。屬羌鐘用“鍾”爲｛鐘｝。

鑑　鑑

![img]包山 263　　![img]集成 10288 智君子鑑

○**唐蘭**（1938）　鑑者古代用以鑑容盛水，余在《晉公𥉖蓋考釋》中曾有詳晰之解釋。

《唐蘭先生金文論集》頁 45，1995；原載《輔仁學志》7-1、2

○**史樹青**（1955）　“一鑑”，指一個銅鏡。

《長沙仰天湖出土楚簡研究》頁 30

○**饒宗頤**（1957）　［鑑］　見簡 19。此鑑殆非鏡。非盛水大盆之鑑。《説文》：“鑑，大盆也。”

《古文字與古文獻》（試刊號），頁 65

○**中大楚簡整理小組**（1977）　第三十一簡：一鑑，又（有）繰縞。

此鑑，非“吳王夫差自作御監”的鑑（大盆），乃漢以來所謂的竟（鏡）。在未發明銅鏡以前，是利用水來照容的，《莊子・德充符》：“人莫鑑於流水，而鑑於止水。”吳王監，就是盛水照容用的盆。

《戰國楚簡研究》4，頁 15

○**曹錦炎**(1989)　《説文》:"鑑,大盆也。"鑑爲水器,古人以盛水正容爲監,所以稱盛水之器爲鑑,《書·酒誥》引古言:"人無於水監,當於民監。"鑑又可作盛冰之用,《周禮·凌人》:"祭祀共冰監。"鑑大者又可當浴器,《莊子·則陽》"同濫而浴",《釋文》:"濫,浴器也。"

《古文字研究》17,頁79

○**劉彬徽、彭浩、胡雅麗、劉祖信**(1991)　鑑,盥洗器,出土物中不見。

《包山楚簡》頁62

○**郭若愚**(1994)　鑑,鏡鑑也。戰國墓葬中時有發現。

《戰國楚簡文字編》頁124

○**劉信芳**(1997)　包二七七:"二馬之枊(鑣),二鑑。"此"鑑"與馬鑣連帶述及,亦是馬頸套圈之名。疑字讀如"檻",《説文》檻,"一曰圈"。鋃、鑑讀音相近,惟何字爲正,需更多的辭例才能判明。

包山二號墓出土竹圈二件,標本二:二二一由八根篾片絞結成圓圈形,直徑18.7、篾寬0.3釐米。該圈與車馬器同出於南室,從隨葬器的分布圖看,與馬銜、馬鑣放置在一起,應即簡文所記"鑑"或"鋃"。

《中國文字》新22,頁187

○**何琳儀**(1998)　《説文》:"鑑,大盆也。从金,監聲。"

智君子鑑鑑,見《説文》。

楚簡鑑,見《廣雅·釋器》:"鑑,謂之鏡。"

《戰國古文字典》頁1452

○**李家浩**(2003)　簡文的"鑑"在(8)位於"面、勒"之前,在(9)位於"面、勒"之間,説明"鑑"的用途與"面、勒"有關,顯然不能從字面上把它解釋爲照人的鑑或盛水的鑑。馬具中的銜繋於勒。"鑑、銜"二字古音相近,可以通用。例如:銀雀山漢墓竹簡《唐勒賦》"銜轡"之"銜"作"嚂"。《釋名·釋水》:"水正出曰濫泉。濫,銜也,如人口有所銜,口闔則見也。"據此,疑簡文(4)(8)(9)的"鑑"當讀爲"銜"。

《古籍整理研究學刊》2003-5,頁6

○**劉信芳**(2003)　整理小組釋:"鑑,盥洗器,出土物中不見。"按:此"鑑"應是鏡鑑之鑑,出土實物中有鏡二件,一圓形鏡(標本2:432.9),一方形鏡(標本2:432.3)。《包山楚墓》附録一九述云:"二號墓北室所出子母口漆盒2:432,除内盛許多花椒外,還置方形銅鏡與圓形銅鏡各一件,方形銅鏡上殘存腐亂(引者按:應爲爛)的絲織物痕迹,另外有蛤蜊殼一對,骨笄兩件,絲織搽粉飾一件,木片飾兩件。"該附録認爲"鑑"即鏡,其説是。

《包山楚簡解詁》頁 280—281

鑊 鑊

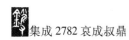集成 2782 哀成叔鼎

○張政烺(1981) 《説文》金部:"鑊,鐵也。从金,蒦聲。"《周禮·享人》"掌共鼎鑊",《注》:"所以煮肉及魚腊之器,既孰乃脀於鼎。"《漢書·刑法志》:"有鑿顛、抽脅、鑊亨之刑。"《注》:"鼎大而無足曰鑊。"鑊供烹煮肉類,故言飪器。

《古文字研究》5,頁 30

○蔡運章(1985) "鑊",《金文編》所無。其左旁从金,右旁所从之"雈",當讀如蒦(詳後),故此字當是从金,蒦聲的鑊字。鑊,《周禮·天官·享人》"掌共鼎鑊",鄭氏注:"鑊,所以煮肉及魚腊之器。"《漢書·刑法志》有"鑊亨之刑",師古注:"鼎大而無足曰鑊。"

《中原文物》1985-4,頁 57

○何琳儀(1998) 鑊,从金,隻聲。鑊之異文。《説文》:"鑊,鐵也。从金,蒦聲。"

哀成叔鼎鑊,讀鑊。《周禮·天官·享人》"掌共鼎鑊",注:"鑊,所以煮肉及魚腊之器。"《淮南子·説山訓》"嘗一臠肉知一鑊之味",注:"無足曰鑊。"

《戰國古文字典》頁 443—444

鎬 鎬

新收 1327 大府鎬　仰天湖 38

○李學勤(1956) 鎬是金屬或合金名。

《文物參考資料》1956-1,頁 48

○饒宗頤(1957) 簡 24"……金之鎬,綏組之絲"。又簡 38"一鎬"。《説文》:"鎬,温器也。"壽縣出土器有名一鎬者,四圍作銜環狀。

《金匱論古綜合刊》1,頁 65

○中大楚簡整理小組(1977) 此墓於棺内發現一柄附有漆鞘的劍在墓主身

旁,劍全長 25 釐米。劍柄長 8.2 釐米,約當全劍三分之一(見《考古學報》1957 年 2 期 92 頁)。鼎之高足者自名爲“喬(鐈)鼎”,從另一角度看,“鐈鐘”之鐈可釋爲長,而此所謂長,是指這類長柄劍的一種專名,而非指全劍之長。

《説文》鎬:“温器也。”壽縣楚器有“大子之鎬”,高 23 釐米,口徑 51.4 釐米,無足,口外有獸首銜環四,重六市斤半。此墓的鎬已被盜去,未知作何形狀,當爲一種熟食器。

《戰國楚簡研究》4,頁 8、10

○**李零**(1987)　鎬,見於楚幽王墓,共六件,特點是口壁較直,腹下收,有小平底,腹側有四個銜環,自名爲“鎬”。鎬字,《説文》解釋是“温器也”。楚幽王墓出土之大封鎬,銘文曰:“大府爲王飤▉鎬。”可知是食器。

《江漢考古》1987-4,頁 77

○**湯餘惠**(1993)　鎬,《説文》:“温器也。”太府鎬形似盆鑑,腹外四紐銜環,是盛熱水加温食飲的用器。

《戰國銘文選》頁 21

○**郭若愚**(1994)　鎬,《文選》何晏《景福殿賦》:“故其華表,則鎬鎬鑠鑠,赫弈章灼。”注:“皆謂光顯昭明也。”鐱即劍字。“越鎬劍”謂越地所製光亮之劍。

《戰國楚簡文字編》頁 124

○**何琳儀**(1998)　《説文》:“鎬,温器也。从金,高聲。武王所都,在長安西上林苑中,字亦如此。”

仰天湖簡鎬,讀高。

《戰國古文字典》頁 293

○**李家浩**(1999)　“鎬”是器名,《説文》金部説“温器也”。按大府鎬的器形像碗、盂,似非温器。《方言》卷十三:“碗謂之盄。”《廣雅·釋器》:“盄,盂也。”“盄”从“喬”聲。“喬”字的繁體《説文》説“从夭从高省聲”,所以“高、喬”二字可以通用。例如从“喬”聲的“驕”,長沙馬王堆漢墓帛書寫作从“高”聲;《儀禮·士昏禮記》“筓,縰被纁裏,加於橋”,鄭玄注:“今文‘橋’爲‘鎬’。”疑銘文的“鎬”應該讀爲“盄”。

《著名中年語言學家自选集·李家浩卷》頁 118,2002;原載《語言學論叢》22

鉉 鉉

集成 426 配兒鉤鑃

○**中大楚簡整理小組**(1977)　釋"鉉"。

《戰國楚簡研究》2,頁 28

○**劉雨**(1986)　釋"鈷"。

《信陽楚墓》頁 130

○**郭若愚**(1994)　錡,《廣雅·釋器》:"錡,鬴也。"《方言》:"鍑或謂之鑊。江淮陳楚之閒謂之錡。"《詩·召南·采蘋》:"維錡及釜。"傳:"錡,釜屬。有足曰錡,無足曰釜。"釋文:"錡,三腳釜也。"

《戰國楚簡文字編》頁 91

○**何琳儀**(1998)　《説文》:"鉉,舉鼎也。《易》謂之鉉,《禮》謂之鼏。从金,玄聲。"

配兒鉤鑃鉉,讀玄,見玄字。

《戰國古文字典》頁 1109

鉛 鉛

郭店·語四 15

○**劉釗**(2000)　《語叢》四説:"邦有巨雄,必先與之以爲朋。唯難之而弗惡,必盡其故。盡之而疑必依鉛鉛其遷。"按此段文字言交友之道。文中""字不識。"鉛鉛"應讀作"裕裕"。"裕"有"寬容、寬裕"的意思。《廣雅·釋詁四》:"裕,容也。"王念孫《疏證》:"裕爲寬容之容。""寬裕"的"寬"和"裕"都有"安徐從容"之意。"裕裕其遷"意爲"安徐從容地離開"。《禮記·曲禮上》有一段交友之道説:"賢者狎而敬之,畏而愛之。愛而知其惡,憎而知其善。積而能散,安安而能遷。"文中"安安而能遷"與簡文"鉛(裕)鉛(裕)其遷"文意相同。"安"有"徐緩"的意思,《詩·小雅·何人斯》:"爾之安行。"朱熹注:"安,徐。"所以"安安"就相當於簡文的"裕裕"。

《郭店楚簡國際學術研討會論文集》頁 90

○徐在國（2001）　次字原書隸作“鉛”，認爲是重文。我們認爲“”應是合文，“＝”是合文符號，“鉛”應該釋爲“金谷”二字，“谷”在簡文中讀作“欲”。郭店楚簡常以“谷”爲“欲”，例不備舉。簡文“必攼金谷其遷”，意思是“必執金，谷（欲）其遷”，一定拿着金，想使巨雄遷徙。

《簡帛研究二〇〇一》頁 179

○陳劍（2004）　“攼鉛”疑可讀爲“審喻”（“鉛”可讀爲“喻”是裘錫圭先生的意見）。從讀音來講，“十”古音在禪母緝部，“審”在書母侵部，聲母相近且韻部有對轉關係，兩字中古音皆爲開口三等；分別從“十”和“審”得聲的“汁”字與“瀋”字音義皆近，“針”之異體“箴”可與“審”相通。與“鉛”聲旁相同的裕、浴、欲等字古音在餘母屋部，“喻”古音在餘母侯部，聲母相同且韻部有對轉關係，中古亦皆爲開口三等字，從意義來講，“審喻”見於《禮記·文王世子》：“大傅審父子、君臣之道以示之；少傅奉世子，以觀大傅之德行而審喻之。”《漢語大詞典》“審喻”條理解爲“明白地告知”。

《新出簡帛研究》頁 321

○顧史考（2006）　陳氏此説或是，然筆者疑此二字或讀爲“呻吟”更當，即引經據典而朗誦其説的意思。“攼”字左旁，似與郭店《緇衣》篇第十七簡“丨”字相同，裘錫圭釋該字爲“針”字之象形初文，又指出從“丨”聲而來的“斧”“往往讀爲文部字或用作文部字的聲旁”，故似可與書組真部的“呻”字通假；“鉛”字，筆者疑乃從“谷”，“金”聲，或可視爲“崟”字異體，而“崟”字多通“岑、唫”（即“吟”古字）等；詳説亦見筆者本著。“呻吟”一詞，見《莊子·列禦寇》“鄭人緩也，呻吟裘氏之地，祇三年而緩爲儒”，郭注曰：“吟詠之謂。”《釋文》云：“謂吟詠學問之聲也。”在此，似可釋爲引《詩》《書》之句以爲重而朗誦其説，此亦古人所以説服人家之常道。

《簡帛》1，頁 60—61

△按　《説文》：“鉛，可以句鼎耳及鑪炭。從金，谷聲。一曰，銅屑。讀若浴。”

鑪　鑪　虍

貨系 4270

璽彙 3057　　　貨系 3011　　　古幣文編，頁 215　　　錢典 1127

○吳振武（1982）　（鑪）：

《説文》：“鑪，方鑪也。从金，盧聲。”按甲骨文鑪之初文既作又作𣊄。作者，于省吾先生謂：“上象爐之身，下象款足。”（《釋林·釋𤇾𣊄》）作𣊄者，郭沫若先生謂：“按此乃爐之初文，下象爐形，上从虍聲也。”（《粹》109 片考釋）可見𣊄是在象形的𤇾上加注音符“虍”。西周金文作𣊄（《趞曹鼎》）。後世又增義符“皿”和“金”，遂變爲盧、爐二字。另外，在戰國文字中爐字或从金虍聲作𨦏（見燕貨幣“明刀”背文），此當是省去其象形部分而保留了加注音符，並又增一義符“金”，由“注音形聲字”變爲“義類形聲字”。

《吉林大學研究生論文集刊》1982-1，頁 53

○郭若愚（1994）　鐪，同鑪。《説文》：“方鑪也。”亦作爐。《淮南子·齊俗》：“鑪、橐、埵、坊。”注：“鑪，冶具也。”此謂一煮菜肉之爐。

《戰國楚簡文字編》頁 98

○蔡運章（1995）　【鑪·金版】戰國黄金稱量貨幣。鑄行於楚國。呈不規則的長方形版狀，四角外伸。面鈐陰文小圓印，印文“爐”，或釋爲鐔。背或側面有癸、𠃌等刻文。“鑪”，通作“盧”，古國名，戰國屬楚。《尚書·牧誓》：“及庸、蜀、羌、微、髳、盧、彭、濮人。”本爲盧戎國，公元前699 年爲楚所滅，其地入楚爲縣，在今湖北襄樊市西南，或謂在安徽盧江西。“金”，黄金。

《中國錢幣大辭典·先秦編》頁 27

○何琳儀（1998）　鐪，从金，膚聲。疑鑪之異文。《説文》：“鑪，方鑪也。从金，盧聲。”或作爐。

　　配兒鉤鑃鐪，讀鑢。《説文》：“鑢，錯銅鐵也。从金，慮聲。”《廣雅·釋詁》三：“鑢，磨也。”

《戰國古文字典》頁 452

　　虐，从金，虍聲。疑鑪之省文。《説文》：“鑪，方鑪也。从金，盧聲。”

　　燕明刀虐，讀爐。《聲類》：“爐，火所居也。”冶煉鑄造貨幣之爐。燕璽虐，讀鑢，姓氏。楚大夫有鑢金。見《姓苑》。

《戰國古文字典》頁 448

錯 鐕

十鐘

○**何琳儀**（1998）　《説文》："錯，金涂也。从金，昔聲。"

秦器錯，人名。

《戰國古文字典》頁 587

鈕 鈕　珆

包山 214

────────────

○**湯餘惠等**（2001）　《説文》："古文鈕从玉。"

《戰國文字編》頁 910

△按　《説文》："印鼻也。从金，丑聲。珆，古文鈕从玉。"

鎀 鎀

信陽 2·25

────────────

○**中大楚簡整理小組**（1977）　釶。

《戰國楚簡研究》2，頁 32

○**劉雨**（1986）　鈒。

《信陽楚墓》頁 130

○**郭若愚**（1994）　釶。

《戰國楚簡文字編》頁 95

○**朱德熙**（1995）　屯又釶　2-25。

《朱德熙古文字論集》頁 174

△按　《説文》："鎀鈚，釜也。从金，此聲。"

錍 錍

集成 9977 土勻錍

────────────

○**徐無聞**（1981）　《説文》以下諸字書上的錍字，義或爲斧，或爲箭簇，或爲農器，都與土勻錍字義不合。這個戰國時的"錍"字，即"甀"字的異體。《説文·瓦部》："罌謂之甀。"徐灝《説文注箋》："《方言》：'罃謂之甀。'《廣雅》：'甀，罃瓶也。'按（《説文》）'瓹'云：'大口而卑。'是卑謂其體扁。而罃爲長頸,鉼則非其類,罍、罃同聲相混,當從許説‘罃謂之瓶’爲是。”此義正與敞口、短頸、鼓腹扁圓的鉾相當。

○**黄盛璋**(1983)　《周金》:(5.30)云:“溮陽端氏舊藏,今在美國博物館。”端方所藏銅器,部分流出國外,此器即屬其一,《歐米搜儲古銅精華》(216)收録,是日本梅原末治搜録歐美所藏中國銅器時猶親見之。但《美國……銅器集録》未收録,《陶齋》著稱“重金罍”,後皆仍此稱,其實此器自名爲“鉾”,舊不能識,而釋爲“斜”,是不對的,作者在《壺的形制發展與名稱演變考略》一文中第一次辨正此字是鉾,鉾乃扁壺之名,凡扁圓之器皆可從“卑”,從“卑”之字多含有卑短意,扁圓比圓爲短,《考工記》“句戈椑”,注引鄭衆説:“齊人謂柯斧柄爲椑,則椑,隋圓也(橢圓)。”扁壺爲扁圓,所以亦用“椑”或“鉾”爲其名稱,銅壺用鋼造,所以去“木”從“金”,此器爲扁圓,自稱金鉾,正是相合。

○**黄盛璋**(1984)　“鉾”爲器之自名,舊不能識。朱德熙同志曾釋爲“斜”。《小議》釋爲“鋒”,並説“鋒應讀爲鈁,義即方壺”,其實此字右實從“卑”,乃是“鉾”字。鉾是扁壺專名,實與罍明顯不同。凡從“卑”之字多含有卑短意。《考工記》“句戈椑”,鄭玄注引鄭衆説:“齊人謂柯斧柄爲椑。則椑,隋圓(橢圓)也。”扁壺形扁圓,亦即橢圓,所以也用“椑”或“鉾”爲名。壺用銅造,故從“金”從“卑”。或從“比”,則取其音同“卑”。扁壺亦可爲瓦製或木製,故亦有從“缶、鹵”或“木”的。器自名左從“金”,右所從雖不甚清晰,仍不難辨定爲“卑”。山西近出“土勻(軍)廩四斗鉾”,正爲扁壺,可爲佐證。

○**黄盛璋**(1989)　最後一字,乃此器之名。應是“鉾”字。扁壺自名爲鉾,在文獻是有來源的。《説文》:“榼,酒器也。”“椑,圓榼也。”《左傳》成十六年:“晉欒鍼使行人執榼承飲造於子重。”是晉早有榼。圓榼之椑,當也起於晉,銅器所見也以三晉較多。所謂圓榼實指橢圓,《急就篇》:“榑、榼、椑、橃、匕、箸、簸。”《廣雅》卷七下釋器:“匾榼謂之椑。”王念孫疏證云:“椑,隋圜也。榑,圜也。然則正圜者謂之榑,團而匾者謂之椑……匾與椑一聲之轉。”

　　《太平御覽》卷七六一引謝承《後漢書》:“傳車有美酒一椑,敞敕載酒以行,茂取椑擊柱破之曰:‘使君傳車榼載酒非宜。’”則後漢仍名椑。榼乃方壺,江陵鳳凰山八號漢墓遺策有“酒柙二斗”,“柙”即“榼”字,而出土器物正爲漆方壺。《急就篇》分別榑(圓壺)、榼(方壺)、椑(扁壺)、橃(長圓耳杯),漢代各有專名,並不相混。前稱"椑"而後稱"榼",或爲"椑"字之誤,或"榼"爲酒器總名。字皆从"木",或原爲木製。

《古文字研究》17,頁 24

○**湯餘惠**(1993) 錍,通瓶(pī),又名"甇(yīng)",盛水長頸瓶。《方言》卷五:"甇謂之瓶。"《説文》:"甇。備火長頸瓶也。"由銘文可知,此器是被當作量器使用的。

《戰國銘文選》頁 9—10

○**朱鳳瀚**(1995) "土匀廩四斗錍",自名爲"錍",通高 31.5 釐米。錍作爲銅容器名不見於記載。典籍有瓹,《説文解字》釋瓹爲罌,即缶,與此形不合。《説文解字》有椑,釋爲圜榼,漢代時扁壺或稱榼,所以椑可能是指狀似扁壺而腹横截面爲橢圓形者。王念孫《廣雅疏證》卷七"釋器"曰:"圓而扁者謂之'椑',故齊人謂斧柄爲椑也。"錍與椑同形,从金从木只表示資料不同,此型器腹部側視爲圓形,横截面爲扁圓,正合椑義,其得名應是本自其形。

《古代中國青銅器》頁 113

○**何琳儀**(1998) 《説文》:"錍,鎞錍也。从金,卑聲。"

重金罍錍,讀瓶。《説文》:"瓶,罌謂之瓶。从瓦,卑聲。"

《戰國古文字典》頁 772—773

△**按** 戰國金文之"錍"與《説文·金部》"鎞錍也"之"錍"無關,黄盛璋謂金文之"錍"即《説文》木部之"椑",此説可從,从金與从木是器物質料不同的反映。

鍪 鍪

鍪 侯馬 156:25　鍪 睡虎地·日甲 4

鍪 侯馬 88:13

○**睡簡整理小組**(1990) 糲(糲)米一石爲鑿(鍪)米九斗。

《睡虎地秦墓竹簡》頁 29

○**何琳儀**(1998) 鍪,从金,鑿聲。《説文》:"鑿,穿木也。从金,鑿省聲。""鑿,糲米一斛舂爲九斗曰鑿。从毇,幸聲。"許慎析形支離破碎展轉諧聲,殊不可據。幸、毇、鑿、鑿乃一字孳乳,參幸、毇二字。

《戰國古文字典》頁 320

鐕,从金,朁省聲。鑿之省文。

侯馬盟書鐕,人名。

《戰國古文字典》頁 320

△按　侯馬盟書鑿用爲人名。睡虎地簡鑿或用爲開鑿,或讀爲"槧"(舂過的精米)。

鈨 鎱

鎱曾侯乙 11

○張鐵慧(1996)　此字(編按:指曾侯乙 11"鎱")从金从危,應釋作"鈨"。

(中略)再看來"鈨"字,右上部所從之"ヘ"疑爲人形之訛變,"ト"即"厂",右下部從之"廿"疑爲"止"之訛變而成,字應釋作从金危聲的"鈨",蒙何琳儀先生惠告,何先生亦釋此字爲"鈨",並引貨幣文字危作"危、危、危"爲參照,指出"鈨"所從之"二"和"廿"乃表省略的符號,只不過共存於一字之中。

《説文》:"鈨,臿屬,从金,危聲。一曰瑩鐵也。""鈨"字在簡文中指一種臿屬的農具。

《江漢考古》1996-3,頁 69、70

○何琳儀(1998)　鈨,从金,厃聲。二、廿爲裝飾部件,參令作危,石作危,蒼作危,若作危等。疑鈨之異文。《説文》:"鈨,臿屬。从金,危聲。一曰,瑩鐵也。讀若跛行。"

隨縣簡鈨,讀鈨,臿屬。"鈨敌"連文,疑爲工具。

《戰國古文字典》頁 1203

○劉信芳(2006)　鎱,整理者未予隸定。張鐵慧、何琳儀先生釋"鈨",正確可信。該字从金,聲符從人在石上。可以補充一例證,上博一《緇衣》16:"民言不佁行,行不佁言。"佁,郭店簡《緇衣》31 作"陒",今本《禮記·緇衣》作"危"。是"鎱"从危聲無疑。鈨本義爲臿屬農具,依文義應爲兵器,蓋以農具改造爲兵器也。

《簡帛》1,頁 5

錢 錢

錢睡虎地·效律 9　　　錢包山 265

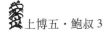 上博五·鮑叔 3

○**劉信芳**（1997） 包山簡二六五：“二枳錢。”報告釋“枳”爲“椹”，與簡一六九“湛”字形不合。“枳錢”謂三足盞。《詩·小雅·大東》：“跂彼織女。”毛傳：“跂，隅貌。”疏引孫毓釋云：“織女三星，跂然如隅。然則三星鼎足而成三角，望之跂然，故云隅貌。”從“只”與從“支”之字讀音相通，説參“栜枳”條。

楚人謂圓體敦爲“盞”，楚幽王墓所出大府盞，在敦的口沿上有此器名。報告謂出土的兩件銅敦即簡文所記“錢”，是正確的。該器由蓋、身各半合成，蓋、身等大（標本二：一七五；一六八）。

《中國文字》新 22，頁 200—201

○**何琳儀**（1998） 《説文》：“錢，銚也。古田器。從金，戔聲。”

包山簡錢，讀盞。《廣雅·釋器》：“盞，杯也。”

《戰國古文字典》頁 1043

○**李守奎**（2003） 簡文中讀盞。

《楚文字編》頁 796

△**按** 楚簡“錢”爲“盞”字異體，與秦簡錢財之“錢”爲同形關係。

銍 鎺

 官印 0017　　包山 276

○**郭若愚**（1994） 銍，《説文》：“穫禾短鎌也。”可能指小型之戈。

《戰國楚簡文字編》頁 121

○**劉信芳**（1996） 包山簡二七二：“炎金之軑，白金之銍。”

“鈇、釱”本一字之異，並讀如“軑”，《方言》卷九：“輨、軑，鍊鐏也。”錢繹箋疏：“按《眾經音義》引《方言》：輨、軑，鍊鐏也，關之東西曰輨，亦曰轄，謂軸頭鐵也。鐏，鍵也。又卷七引《方言》云：輨亦轄也，轄，軸頭鐵也。與今本異。”同卷《方言》又云：“輪，韓楚之間謂之軑。”則是以“軑”代指車輪。《離騷》：“屯余車其千乘兮，齊玉軑而並馳。”王逸章句：“軑，鍢也。一云車轄也。”出土實物有“雙箍雲紋書”一對（標本二：三一九·一），紅銅質，即簡文所謂“炎金”；通體飾錯銀帶紋和二方連續勾連雲紋，即簡文所謂“白金之銍，絿組之鑼"。

○**何琳儀**(1998)　《説文》:"銍,穫禾短鎌也。从金,至聲。"

楚簡銍,讀輊。《初學記》五:"輊,車轅兩尾。"

○**劉信芳**(2003)　字从金,至聲,《説文》解爲短鎌,與簡文無涉。《廣雅·釋器》:"銍謂之刈。"王念孫《疏證》:"《太平御覽》引《篆文》云:江湘以銍爲刈……攻與刈聲義同。"古代攻、錯常連言,而錯特指器物錯金銀之工藝。"白金之銍"應指在軹上錯有白銀。

【銍將粟】

○**趙超**(1982)　字體較早。將、印二字尤爲明顯。將爲管理義,在秦代官名及法律中常可見到。雲夢秦簡中云:"仗城旦勿將司,其名將司者將司之。"(按:將司即監管)又:"毋令居貲贖責(債)將城旦舂。"秦官中也有將作少府、將行等。因此我們認爲它也應該是秦印。銍縣秦時屬泗水郡。將粟爲負責管理糧食的官員。該印可能是倉吏之印。

○**羅福頤等**(1987)　《漢書·百官公卿表》:治粟内史,秦官,掌穀貨。景帝更名大農令,武帝更名大司農。此印之銍粟殆即治粟,此當是治粟内史之屬官。

○**王輝**(1990)　此印《官印徵存》讀爲"銍粟將印",並引《百官公卿表》:"治粟内史,秦官,掌穀貨。景帝更名大農令,武帝更名大司農。"云:"此印之銍粟殆即治粟,此當是治粟内史之屬官。"按《百官表》治粟内史屬官爲太倉、均輸、平準、都内、籍田五令丞,斡官、鐵市兩長丞,又郡國諸倉、農監、都水六十五官長丞,無治粟將一職,且銍粟讀爲治粟亦無根據。趙超説銍即《漢書·地理志》沛郡之銍縣(秦屬泗水郡);將粟之將意爲管理,睡虎地秦墓竹簡《司空》:"仗城旦勿將司,其各將司者將司之。"將爲監管意,例甚多,下文將詳加討論。"銍將粟"應即銍地管理米粟之官。

○**王人聰**(1990)　銍將粟印　鼻鈕　邊長 2.2×2.3 釐米,厚 0.5 釐米,通高1.8釐米　著録:《十鐘山房印舉》

此印有田字格,印文右起自上至下順讀。銍,縣名。《史記·陳涉世家》:

“乃令符離人葛嬰將兵徇蘄以東,攻銍、酇、苦、柘、譙,皆下之。”《春申君列傳》:“秦楚之兵構而不離,魏氏將出兵而攻留、方與、銍、胡陵、碭、蕭、相,故宋必盡。”《清一統志》一二六:“臨渙故城,在宿州西南,春秋時,宋銍邑,秦置銍縣。”由是知銍爲秦縣,屬泗水郡。將粟,官名。趙超曾考此印云:“將爲管理義,在秦代官名及法律中常可見到。雲夢秦簡中云:‘仗城旦勿將司,其各將司者將司之。’(按:將司即監管)又:‘毋令居貲贖責(債)將城旦舂。’秦官中也有將作少府、將行等。因此我們認爲它也應該是秦印……將粟爲負責管理糧食的官員。該印可能是倉吏之印。”按:趙説將爲管理義,可從。將,《説文》云:“帥也。”段注:“帥,當作𨒥。行部曰:𨒥,將也。二字互訓。”《史記·秦始皇本紀》:“王弟長安君成蟜將軍擊趙。”《正義》:“將,猶領也。”上引秦簡中的將字,《睡虎地雲夢秦簡》線裝本注釋,亦云:“將,監管率領。”《漢書·百官公卿表》:“治粟内史,秦官,掌穀貨,有兩丞。”根據將字的詞義再參照《百官表》對治粟内史職掌的解釋,此印文之“銍將粟”,其意義當是銍縣掌管穀貨之官。秦縣級機構官吏,文獻記載缺略,此印亦可補載籍的缺佚。

《古璽印與古文字論集》頁58,2000;原載《秦漢魏晉南北朝官印研究》

鈦 鈦

包山276 集成11614郾王喜劍

○**石永士**(1985) 郾王職銅劍銘文自稱爲“劍”,郾王喜銅劍銘文自稱爲“鈦”。因此,根據郾王銅劍的銘文,可知燕國的銅劍有兩個名稱,即“劍”和“鈦”。

《中國考古學會第四次年會論文集》頁99

○**沈融**(1994) 鈦,就是燕人對這種劍形長兵器——鈹的稱呼。

《考古與文物》1994-3,頁95

○**劉信芳**(1996) 包山簡二七二:“炎金之軑,白金之銍。”

“鈦、鈦”本一字之異,並讀如“軑”,《方言》卷九:“輨、軑,鍊鏅也。”錢繹箋疏:“按《衆經音義》引《方言》:輨、軑,鍊鏅也,關之東西曰輨,亦曰轄,謂軸頭鐵也。鎋,鍵也。又卷七引《方言》云:輨亦轄也,轄,軸頭鐵也。與今本異。”同卷《方言》又云:“輪,韓楚之閒謂之軑。”則是以“軑”代指車輪。《離騷》:“屯余車其千乘兮,齊玉軑而並馳。”王逸章句:“軑,錮也。一云車轄

也。"出土實物有"雙箍雲紋車"一對（標本二：三一九・一），紅銅質，即簡文所謂"炎金"；通體飾錯銀帶紋和二方連續勾連雲紋，即簡文所謂"白金之鋥，綊組之鑣"。

《于省吾教授百年誕辰紀念文集》頁 186

○何琳儀（1998）　《説文》："釱，鐵鉗也。从金，大聲。"

　　燕兵釱，讀鍛。大、世、殺聲系可通。《禮記・曲禮》下"不敢與世子同名"，注："世，或爲大。"《左・昭二五》"樂大心"，《公羊》"樂世心"。《儀禮・既夕禮》"革靫載幝"，注："古文靫爲殺。"是其旁證。《漢書・陳勝項籍傳・贊》"不敵於鉤戟長鎩也"，注："鎩，鈹也。"

　　包山簡釱，讀軑。《説文》："軑，車輨也。从車，大聲。"

《戰國古文字典》頁 925

○李守奎（2003）　釱與釱異文，當是一字異寫。

《楚文字編》頁 796

鋸　鋸

集成 11224 郾王職戈

○高田忠周（1905）　按《説文》："鋸，槍唐也。从金，居聲。"是也。下即借据爲之。據《字解》曰："拮据，戟挶也。"拮据、槍唐意自相似，故通用。竊疑戟字異文，與作揗同意。

《古籀篇》11，頁 30

○方濬益（1935）　鋸《説文》："鋸，槍唐也。"段氏注曰："槍唐，蓋漢人語。"《廣韻》引《古史考》曰："孟莊子作鋸，名戈爲鋸。"殆以戈之磐折倨句爲義歟。

《綴遺齋彝器考釋》卷 30，頁 28

○石永士（1984）　見"鉘"字條。

《河北學刊》1984−6，頁 109

○石永士（1985）　Ⅲ式戈和Ⅳ式戈都稱"鋸"，但它們也有六種不同的自稱。根據李學勤先生的意見，這些都是"燕王的侍衛徒御"所使用的。我們認爲，這種不同自稱的"鋸"，顯示着使用者的不同身份或職務，但它們到底反映了燕國兵制中的什麼問題，仍須繼續深入地研究和討論。

《中國考古學會第四次年會論文集》頁 102

○**湯餘惠**（1993）　鋸，戈（或戟）的異稱，僅見於燕。

《戰國銘文選》頁 64

○**沈融**（1994）　鋸，與《書・顧命》之"瞿"同韻，瞿又作戵，亦屬戈類。鋸通
瞿，與上文所謂鏠通戣同例。鋸是已知燕國有銘銅戈中數量最多的一部分。
戰國時期，列國軍隊的主要格鬥兵器是戟，"持戟"經常作爲戰士的同義詞。
鋸，得戟聲，都是刃內戈。刃內戈是已知戰國戟戈中的主要形式。秦俑坑出
土的戈和戟戈，都是同形制、同規格的刃內戈。大概是燕人爲了保持刃內戈
的這種通用性，有意中和戟、瞿兩字的讀音，稱作鋸。這種作法同曾侯乙墓所
出簡牘將三戈戟書作三果戟，有意變更戈字讀音的作法如出一轍。

《考古與文物》1994-3，頁 94

○**何琳儀**（1998）　《説文》："鋸，槍唐也。从金，居聲。"

　　燕兵鋸，讀瞿。《管子・小匡》"惡金以鑄斤斧鉏夷鋸欘"，注："鋸欘，钁
類也。"是其佐證。《書・顧命》："一人冕執戣，立于東垂；一人冕執瞿，立于西
垂。"注："戣、瞿皆戟屬。"

《戰國古文字典》頁 472

鏝 鏝

集成 4688 上官豆

○**何琳儀**（1998）　《説文》："鏝，鐵杇也。从金，曼聲。槾，鏝或从木。"

　　上官豆鏝，讀縵。無紋飾。《説文》："縵，繒無文也。从糸，曼聲。《漢
律》曰，賜衣者縵表白裏。"《春秋繁露》："庶人衣縵。"《國語・晉語》五"乘縵
不舉"，注："縵，車無文也。"《集韻》："縵，無文也。或作鏝。"豆銘畫與鏝（縵）
對文見義。

《戰國古文字典》頁 1077

銖 銖

鐵雲

○**王輝**（1991）　銖爲重量單位，《説文》："銖，權十分黍之重也。"1972 年江蘇
銅山小龜山西漢崖洞墓出土的西漢楚王國私官銅量，也有"重一斤一兩十八

朱”的刻銘。銖爲兩之二十四分之一,依《禮記·儒行》及《漢書·律曆志》的說法,一銖爲百黍之重。

《秦銅器銘文編年集釋》頁 70

△按　重量單位“銖”在戰國文字中多作“朱”,從金之“銖”爲後起字。

鍰 鐯

貨系 4264

○何琳儀(1998)　《説文》:“鍰,鋝也。從金,爰聲。”

　　楚金版鍰,見《集韻》:“鍰,一曰,金六兩曰鍰。”

《戰國古文字典》頁 937

鈞 鉤

故宮 413　　上博二·子羔 2

○劉雨(1986)　“釜、益、鈞”

　　2-016 號簡有此三字。“釜”殆即“鈞”字。金文“鈞”作“鈞”,例如守簋“金十鈞”;陶子盤“金一鈞”等皆是。《汗簡》“鈞”作“鈞”;《説文》古文作“鈞”,均與簡文之“釜”近似。此字在遣册中表示重量。

《信陽楚墓》頁 135

○郭若愚(1994)　鈞,《説文》:“三十斤也。”《考工記·栗氏》:“爲量重一鈞。”注:“重三十斤。”

《戰國楚簡文字編》頁 86

○何琳儀(1998)　鉤,從金,旬聲。鈞之繁文。《説文》鈞之古文作鋆。

　　子禾子釜鉤,三十斤。參鈞字。

《戰國古文字典》頁 1112

　　《説文》:“鈞,三十斤也。從金,勻聲。鋆,古文鈞,從旬。”

　　戰國文字鈞,人名。

《戰國古文字典》頁 1113

○馬承源(2002)　“鈴”,子羔之名。

《上海博物館藏戰國楚竹書》(二)頁 186

○**何琳儀**（2004）　此字（編按：指上博·子羔 2""）當釋"鈞"，簡文中可讀作均。《國語·晉語》"均是惡也"，注："均，同也。"簡文承上文"……歟？伊堯之法則甚盟（明）歟"言之，意謂"某某之某與伊堯之法如何"，孔子回答"二者相同"。

《上博館藏戰國楚竹書研究續編》頁 446

鈴　鈴　鈴

集成 53 楚王領鐘

鈴 集成 11901 皮氏銅牌

○**何琳儀**（1998）　鈴，從金，命聲。疑鈴之繁文。《說文》："鈴，令丁也。從金，令聲。"

皮氏銅牌鈴，讀鈴。雰銅牌作命。見命字。

《戰國古文字典》頁 1148

鉦　鉦

鉦 集成 428 冉鉦鍼

○**何琳儀**（1998）　《說文》："鉦，鐃也。似鈴，柄中上下通。從金，正聲。"

冉鉦鍼"鉦鍼"，讀"丁寧"。《左·宣四》："伯棼射，王汰輈，及鼓跗，箸於丁寧。"注："丁寧，鉦也。"西替簋鉦，疑讀征。《爾雅·釋言》："征，行也。"

《戰國古文字典》頁 799

鐃　鐃

包山 270

○**劉彬徽、彭浩、胡雅麗、劉祖信**（1991）　鐃，簡文作鈮，《汗簡》堯字作𣏌，與簡文形近。《說文》："鐃，小鉦也。"出土有銅鉦一件。

《包山楚簡》頁 66

○**何琳儀**（1998）　鈮，從金，无聲。疑鏌之異文。參犹字。《說文》："鏌，鏌釾，大戟也。"

包山簡鈗,讀鏌。

《戰國古文字典》頁 616

○劉信芳(2003)　出土實物有銅鐃一件(標本 2:356)。《周禮·地官·鼓人》:"以金鐃止鼓。"鄭玄《注》:"鐃如鈴,無舌,有秉,執而鳴之以止擊鼓。"賈公彥《疏》:"進軍之時擊鼓,退軍之時鳴鐃。"

《包山楚簡解詁》頁 313

△按　字從金,堯聲,爲樂器名。《説文》:"鐃,小鉦也。《軍法》:卒長執鐃。從金,堯聲。"《周禮·地官·鼓人》:"以金鐃止鼓。"鄭玄注:"鐃,如鈴,無舌,有秉,執而鳴之,以止擊鼓。"

鐸 鐸 鏊

集成 2840 中山王鼎　上博六·莊王 1 正

璽彙 3666

○趙誠(1979)　鐸　《説文》:"大鈴也。"《周禮·小宰》"徇之以木鐸",鄭注:"古者將有新令必奮木鐸以警衆,使明聽也。木鐸木舌也。文事奮木鐸,武事奮金鐸。"《周禮·鼓人》"以金鐸通鼓",賈公彥疏:"金鈴金舌故曰金鐸,在軍所振。""奮金鐸"即《周禮·大司馬》之"振鐸",乃言軍旅之事。本銘"奮枹振鐸"與此同意。

《古文字研究》1,頁 258

○徐中舒、伍仕謙(1979)　鐸,大鈴也。《周禮·天官·小宰》:"徇以木鐸。"注:"古者,將有新令,必奮木鐸以警衆,使明聽也。木鐸,木舌也。文事奮木鐸,武事奮金鐸。""擁枹振鐸",乃主帥發號施令之事。

《中國史研究》1979-4,頁 91

○黃錫全(1989)　古璽中有下揭一方印:

《彙編》釋文爲"□亡□",第一字與第三字缺釋,《文編》分別列入附録八一與二四。(中略)

《彙編》三六六六

第三字的右邊偏旁 即殳訛。趙曹鼎殳作 ,殳季良父壺作 ,禹鼎殷則作 ,殷彀盤彀作 ,《説文》古文役作 。偏旁攴與殳在古文字中每可互作。如:鄂君舟節攻作 ,車節作 ;伯侯父盤盤字作 ,《説

文》古文作𨟠；古璽坒作𨰃（《彙編》二五七八），也作𨰃（《彙編》二五七九）。左上𢆶形，我們認爲就是𢆶形省變，與糸同。如，蔡姞簋𦤖作𦤖，古璽作𦤖（《彙編》〇四九六），《説文》或體作𦇡；齊鎛鑅作𦤖，古璽作𦤖（《彙編》〇四九八）。𢆶省變作𢆶，類似縮字作𦇡（蔡姞簋）、𦇡（㝬鐘），也省从〇作𦇡（牆盤）。𢆶中“×”形當是飾筆，猶如甲骨文中的文字作𡥆（後二・一四・一三），或作𡥆（乙六八二一反）、𡥆（後二・五・六），壺字作𡦇（存一二三九）、𡦇（乙二九二四），也作𡦇（庫四七五背）、𡦇（後二・二八・一二）、𡦇（庫二〇三）。中山王器中的方壺夕作𡦇，圓壺亡作𡦇，大鼎弃作𡦇等，所从之𠃌、一、二均爲飾筆。左下𡙇即𡙇，如散盤執作𡙇，古璽𡙇作𡙇（《彙編》〇三九三）。因此這個字應該隸定作“𨰠”。又，古文字中从皿从金每不別，如，盤字作𦉢（虢季子白盤），也作𨰃（伯侯父盤）；盨字作𨰃（鄭義羌父盨），也作𨰃（叔姞盨）；匜字作𨰃（叔上匜），也作𨰃（史頌匜）等。“𨰠”應是“鑾”字別體，與㝬鐘𨰃、秦公鐘𨰃同字，《説文》正篆變从血。《説文》：“鑾，弼戻也。从弦省从鑾。讀若戻。”璽文“𡧬亡鑾”，應釋爲“𡧬亡鑾”。

　　　　　　　　　　　　　　　　　　　《古文字研究》17，頁291—292

○施謝捷（1996）　《古璽彙編》3666著録下揭一紐戰國私印：
原釋文作“□亡□”，僅識出其中第二字“亡”，餘闕釋。（中略）

　　首先從此璽字形特徵來看，把它視爲齊國遺物，殆無疑問。“△”所從“𨰃、𨰃”及“𨰃”分別爲“金、幸”及“殳”字，應該不成問題；至於所從“𢆶”，黃錫全先生認爲就是“𢆶”形的省變，與“糸”同，並因此將“△”字隸定作“𨰠”，釋爲“鑾”之異構。實際上，“△”字所從“𢆶”決不可能是“糸”字（説詳下文），這樣的話，原來釋“鑾”顯然不可信。現在看來，辨認“△”字的關鍵在於確釋“𢆶”這一偏旁。

　　我們目前掌握的齊文字資料中，“目”或“从目”字有作與“△”所從“𢆶”形相同的例子，如“目”字或作：

　　　　　　　　𢆶《齊魯古印擦》2頁，邽疾目

此印《古璽彙編》漏録。“疾目”是齊國人常用的名字，齊陶戳印“豆里疾目”（《古陶文彙編》3・556、3・557）、“疾目”（同上3・701），是其比。“衆（原从目从三人）”字或作：𦤖《陶彙》3・675

　　“相”字或作：

　　　　𢆶《璽彙》0262，堯相廚璽　　　　𢆶同上3924，公孫相如璽

　　　　𢆶《塡室》封泥，中市之相　　　　𢆶《補補》4・1上，孟相如

可資比較。因此,我們認爲"△"所從"🐷"即"苜"字,《説文》:"苜,目不正也。從丷從目。"在偏旁中可寫作"苗",如常見的"瞢、蔑、夢"等字均從之。然則"△"可以隸定作"鍪",是一個"從金從敄"的字。

　　我們知道,先秦古文字中作爲形旁的"殳"和"攴"往往可以互換,例多不贅列舉,而訓爲"目不正"的"苜"字,顯然是由象形字"目"孳乳出來的,"苜"和"目"在偏旁裏也可以通用,應該不成問題。因此,"敄"實際上就是"毇(毇)"字的異體,相應地璽印"△"是一個"從金從敄"的字,以聲求之當即"鐸"字繁構。裘錫圭先生在《戰國璽印文字考釋三篇》中曾指出:"有很多形聲字,它們的聲旁在先秦古文字和小篆裏有繁簡的不同。有時候,古文字的聲旁較繁,它本身就是以小篆的聲旁爲聲旁的一個形聲字。"本文討論的"鐸"字在璽印文中作"從金從敄",也是這一現象的一個實例。戰國時期的金文裏"鐸"字或作下揭二形:

🔣《金文編》915頁,崇嗣君鼎"鐸其吉金"　　　🔣同上,曾侯乙鐘"無鐸"

均"從金從睪"作,跟"△"字"從金從敄"相類似,可資佐證。不過前一例也可分析爲"從収從鐸",視作"睪"的異構,同"擇"。

　　既釋出"△"即"鐸"字繁構,則《璽彙》3666印文可釋爲"定亡鐸"。作爲人名字的"亡鐸"應讀爲"無斁",係古之成語,《尚書》《詩經》凡七見,也寫作"無射",爲無厭之意。上舉曾侯乙鐘"無鐸"亦可讀爲"無斁"或"無射",同此。古有人名"亡澤",如古璽的"韓亡澤"(《璽彙》2370)、"肖亡澤"(同上1064)、"長亡澤"(同上0858);或作"無澤",如漢有"司馬無澤"(《史記》卷一三〇。《漢書》卷六十二作"司馬毋懌",《集韻》昔韻夷益切下:"懌,闋,人名,漢有司馬無懌。"亦即斯人);或作"亡擇",如漢有"北人亡擇"(《漢書》卷二十);或作"無擇",如漢有博城敬侯"馮無擇"(《史記》卷九);或作"毋澤",如戰國時有"陽毋澤"(《戰國策·秦策三》),漢有"梁毋澤"(《印徵》11·8下"澤")、"逢毋澤"(《居延新簡》213頁,E·P·T51:518);或作"毋擇",秦漢有武信侯"馮毋擇"(《史記》卷六)、樂平侯"衛毋擇"(《漢書》卷十六)等,古"亡、無、毋"聲同義通,而"澤、擇、懌"與"斁"均從"睪"得聲,固得通假(如人名"釋之",或作"澤之",或作"斁之",或作"繹之",或作"擇之",例同),因此人名"亡(無、毋)澤(擇、懌)"實際上都是"無斁"的不同書寫形式,可作爲我們讀"無鐸"爲"無斁"的有力佐證。

《南京師大學報》1996-4,頁124—125

○**何琳儀**（1998）　鏨，从金，戰聲。左上从〰緣右上類化。

齊璽“亡鏨”，亦作“亡澤”。

《戰國古文字典》頁 555

《説文》：“鐸，大鈴也。从金，睪聲。”

曾樂律鐘“無鐸”，讀“無射”，樂律之名。見睪字。鐸或从金，𦐖聲。

《戰國古文字典》頁 556

○**陳佩芬**（2007）　（編按：上博六·莊王 1 正“莊王既成亡鏌”）“亡鏌”，“鏌”字《説文》所無，从金，臾聲，疑讀爲“矢”，“矢”是兵器弓、弩、矢。《釋名·釋兵》：“矢又謂之鏑，鏑，敵也，言可以禦敵也。”“亡鏌”，意爲“無敵”，無可匹敵，或謂强大美好，無可與比者。

《上海博物館藏戰國楚竹書》（六）頁 242

○**陳偉**（2008）　（編按：上博六·莊王 1 正“莊王既成亡鐸”）此字與楚簡“睪”字的一種寫法（如郭店竹書《老子》甲 9 號簡和《緇衣》41 號簡中的“懌”，《語叢四》7 號簡中的“澤”）類似，差別僅在那些“睪”上部从白，而此字从由形。而在古璽中，从由形从矢的字也被釋作“睪”。因而，這個字應可釋爲“鐸”。古書中，从睪得聲的字與“射”字常可通假。而曾侯乙編鐘銘文中的“無鐸”和“無睪”均讀爲“無射”。這裏的“亡鐸”顯然也當讀爲“無射”。無射是周景王所鑄鐘名。《左傳·昭公二十一年》“天王將鑄無射”，杜預《注》：“無射，鐘名，律中無射。”《國語·周語下》云：“二十三年，王將鑄無射，而爲之大林。單穆公曰：‘不可。作重幣以絶民資，又鑄大鐘以鮮其繼……”由單穆公的批評，可知是一種大鐘。

《古文字研究》27，頁 485

鐘 鐘

秦文字集證 138·85　　曾侯乙鐘架　　信陽 2·18　　上博四·曹沫 1

○**何琳儀**（1998）　《説文》：“鐘，樂鐘也。秋分之音物穜成。从金，童聲。古者垂作鐘。銿，鐘或从甬。”（十四上八）

楚器鐘，除人名外均爲樂鐘。

《戰國古文字典》頁 368

銿，从金，甬聲。《説文》鐘或从甬。

包山簡銿，讀俑。“燭銿”，疑秉燭之俑。隨縣簡銿，或作輔，望山簡作桶，與西周金文毛公鼎、吳彝、師兌簋、彔伯戜簋等銘文之"金甬"應爲同一車馬器。

《戰國古文字典》頁 425

○李守奎（2003）　鋪,《説文》或體。簡文之齒鋪,異文作戙、桶等。

《楚文字編》頁 797

△按　戰國文字"鐘"或從童得聲,或從重得聲,戰國時期均表樂器之名,爲一字之異體。從重得聲者與後世表酒器之"鍾"爲同形字（戰國雖已有鍾類酒器,然字形爲"重"）。

鎛　鎛

集成 10917 鐶鎛戈

○何琳儀（1998）　《説文》:"鎛,鎛鱗也,鐘上橫木上金華也。從金,專聲。"

鐶鎛戈、九里墩鼓座鎛,讀鏄。見鏄字。或讀敷。《小爾雅·廣詁》:"敷,布也。"曾樂律鐘鎛,或作鏄。《説文》:"鏄,大鐘,淳于之屬,所以應鐘磬也。堵以二金,樂則鼓鏄應之。從金,薄聲。"《周禮·春官·序官》"鏄師",注:"鏄,如鐘而大。"

《戰國古文字典》頁 599

鈒　鈒

璽彙 3875　　侯馬 105:1

○吳振武（1983）　3875 公孫鈒·公孫鈒。

《古文字學論集》（初編）頁 519

○何琳儀（1998）　《説文》:"鈒,鋋也。從金,及聲。"

晉璽鈒,人名。

《戰國古文字典》頁 1374

釋鈒（侯馬 336）作"鈒"。

《戰國古文字典》頁 1559

△按　"鈒"字在戰國文字中用爲人名。

鉈 鉇

鉈 包山 266   鉇 仰天湖 34   集成 02479 酓前鉈鼎

○**胡光煒**（1934） 鉈之立字,从金旁它。《説文》金部有鉈,訓短矛,與此不合。

當讀爲匜。

《胡小石論文集三編》頁 182—183,1995;原載《國風》5 卷 8、9 期

○**李學勤**（1956） 鉇字可讀爲匜,也可以讀爲鏟（矛,見《方言》）,但簡中有盤,伴隨應當有匜,故暫定爲匜。陳器伯元匜的匜字即作鉇。

《文物參考資料》1956-1,頁 48

○**中大楚簡整理小組**（1977） 鉈,應即出土器物中的匜,史頌匜、陳伯元匜諸器"匜"均作鉈,可證。

《戰國楚簡研究》3,頁 55

○**何琳儀**（1998） 《説文》:"鉈,短矛也。从金,它聲。"

楚器鉈,讀匜。《説文》:"匜,似羹魁,柄中有道,可以注水酒。从匚,也聲。" 楚王酓肯鼎"匜鼎",流如匜之鼎。參舵字。

《戰國古文字典》頁 866

○**李守奎**（2003） 皆讀爲匜。當是匜之異體。

《楚文字編》頁 797

△**按** 《説文》卷十四:"鉈,短矛也。从金,它聲。"鉈字在戰國文字中爲"盤匜"之"匜"異體,參卷十二匚部。"匜"字或从皿作"盉",參卷五皿部。

【鉈鼎】

○**唐蘭**（1934） 此次發現,有流之鼎凡二。其一,先已歸圖書館,銘云

盥客爲句脰官爲之。

其一即上文所引楚王酓肯鉇鼎。鉇,《説文》誤作鉈,"短矛也"。《荀子·議兵》作鉇。凡从它从也之字,小篆多混。蓋六國時書"也"字作✦,與"它"形相近故也。

多數學者之意見,以爲此鼎有流如匜,故特稱爲"鉇鼎",余以爲不然。此鼎之有流,特其一徵,而非稱"鉇鼎"之主因;且其所以有流,或正以稱爲"鉇鼎"之故,而後作鼎使有流也。

按周世鼎銘,每有稱鼎爲“也”者,羅振玉氏跋昶白業鼎曰:

此鼎也而謂之“□盜”,盜上一字雖不可辨,而盜字則明白無疑。裘鼎“裘自乍飤碯鼉”,“碯鼉”二字,諸家無釋。曩歲嘗與亡友劉鐵雲觀察言當即是“石它”。鐵雲稱善。嗣又見大師鐘白侵鼎文曰:“大師鐘白侵自乍石沱。”此鼎亦稱“自乍寶□盜”。蓋石即碩,它、沱、盜同一字,其義雖不可知,然知鼎故有“石它”之稱矣。(《貞松堂集古遺文》三卷十四葉)

羅氏沿《說文》之誤,故以“也”爲“它”,然由此可知鼎或稱“也”。其作“鮀、池、盜”等字,與此銘之作“鉈”,並同聲通借耳。

然裘鼎爲吳平齊潘鄭盦舊藏,鐘白侵鼎今在劉善齋處,並未聞其有流也,則鼎之稱“也”,不繫於有流可知。

余謂鼎之稱“也”者,蓋當以聲音求之。“也”之字,本象匜形,其所以作也聲者,有窪下之義。從也聲之字,如池亦然。《說文》謂“也”爲“女陰”,亦由此義所孳乳,猶今粵人稱爲“海”也。然則鼎之稱“也”,乃以窪下深中之故,而不繫乎有流也。“也”之聲與“于”相近,《說文》云:“小池爲汙。”故匜或稱盂。盛伯義舊藏,今歸美國博物館,齊侯四器之一,銘曰:“盥盂。”而器是匜形,是其證也(羅福頤校補《金文著錄表》誤入鼎類蓋未見器形也)。盂從于聲,有洿下之義。故《說文》:“盂,飲器也。”《既夕禮》:“兩敦兩杅。”注謂:“杅盛湯漿。”盂即杅也。《玉藻》云:“出杅,履蒯席。”注:“浴器也。”是尤器之大者。然無論其爲飲器或浴器,要是盛水之器,與匜相類。且器必窪下深中乃適於盛水也。

鼎可稱“也”,“匜”可稱盂,故金文多有稱鼎爲“于”者。王子吳鼎銘云“飤鼾”(薛氏《款識》十卷)。近上虞羅氏藏猷医之孫隓鼎銘作“鸒”(《集古遺文》二卷三十八葉),郡公平医鼎銘云“隌錳”(《周金文存》二卷二十九葉)。作“鼾、鸒”及“錳”,並同聲通借也。其曰“盂鼎”者,宋君夫人鼎銘曰“餘釪鼎”(薛氏《款識》九卷),瘋鼎銘曰“盂鼎”(同十卷)。大鼎銘曰“盂鼎”。“盂、釪”亦同聲通借也。

然則此器之稱“鉈鼎”,猶它器之曰“盂鼎”。正猶“匜”之爲“盂”、“鮀”之爲“鼾”或“鸒”也。昔人於此,多未解其義。余謂鼎之稱“也”或“于”者,以其窪下深中。惟其深中,故可以盛水,然則殆即《既夕禮》之“杅”矣。“杅”盛湯漿,此器之有流,其以此歟?

　　　　　《唐蘭先生金文論集》頁 21—23,1995;原載《國學季刊》4 卷 1 期

○張亞初(1992)　匜鼎是帶流器,作匜形,故名。有的學者認爲也聲與盂聲相近,匜鼎即盂鼎,這是不妥的。因爲盂鼎是盂形深腹鼎之稱,而匜鼎卻是淺

腹帶流器,還是理解爲匜形鼎比較合適。匜形鼎最早見於殷代,在殷墟婦好墓及傳世的銅器中都曾見到過,其功用相當於陪鼎。河北元氏縣西張村曾出土一件西周早期的帶管狀流的鼎。榮有司再匜鼎是西周中期器。上村嶺虢國墓 M1704 所出匜鼎爲兩周之際器。此外,傳世的有銘或無銘的匜形鼎還有好幾件。這些匜鼎的用途可能都是盛裝液體的調味品的。它們應屬羞鼎和陪鼎。《説文》"鼎,和五味也",許慎所説的鼎,是據漢代的禮俗而言,這種和羹器一般講形體較小,例如虢國墓出土的匜鼎高僅 8.5 釐米。山西侯馬曾出土一件匜鼎,高 6.5 釐米,口徑 8.4 釐米,重僅 350 克。器小腹淺,不宜烹製魚肉。有人推測可能是放置液體調味品的。這種推測無疑是正確的。河北平山縣中山王墓曾出土過一件比較少見的匜鼎。這件匜鼎在管狀流上有一封口。封口上面帶有十個小圓孔。這像箅子一樣的封口,能起到過濾器内雜質的作用。很顯然,這種匜鼎的鼎實,一定是一種液體混合物。

《古文字研究》18,頁 287—288

○**崔恆昇**(1998)　　恆昇按:徐乃昌釋爲"楚王酓肯作鑄鉈鼎以共歲嘗"。"楚"字上半从木不从林,楚王酓前盤之楚亦如此作。"酓前"見楚王酓前鐈鼎。"鉈",《荀子·議兵》作"鉈",古文它、也同字,小篆始分爲二。《説文》金部:"鉈,短矛也,从金,它聲。"不是其本義。金文"匜"或作"它"(子仲匜)、"宧"(叔上匜)、"籃"(蔡侯匜)、"鉈"等。古音它、匜同部,故可通假。"也"後借爲語氣詞,"匜"乃後出字。《説文》匚部:"匜,似羹魁,柄中有道,可以注水,从匚,也聲。"其形體似瓢,前有注水的長流,後有可持的鋬,有四足、三足、無足、圈足、平足等。《左傳·僖公二十三年》:懷嬴"奉匜沃盥"。孔疏:"盥謂洗手也,沃謂澆水也。"加金旁以其爲金(銅)質所製,加皿作盜(昶伯鼎)、盆(叔上匜)、鑑(蔡侯匜),以其爲器皿之故。或从鼎作"鉈"(襄鼎),或稱"鉈鼎",以其鼎有注水流道之故。或自銘爲"盂"(齊侯匜),殆盂爲盛水器,盂匜同用,故以此代稱。

　　陳夢家以爲"鉈鼎"與平底鼎同形而有流,實即"銚鼎",即"鬵鼎",非是。《説文》金部:"銚,曲銚也,从金,多聲。一曰鬵鼎,讀若摘。"《説文》鬲部:"鬵,大釜也。一曰鼎大上小下若甑曰鬵。"《左傳·昭公三年》作"讒鼎",《吕氏春秋·審己篇》作"岑鼎",楊樹達《讀左傳》云:"讒鼎蓋即鬵鼎,鬵、讒音近通假耳。"《韓非子·説林上》謂齊伐魯,索"讒鼎"云云,知讒鼎本爲魯所有。可見兩者形制實有所不同,不得相混。

《安徽出土金文訂補》頁 35—36

鋏 鐧

鋏信陽 2·27

○**朱德熙、裘錫圭**（1973）　鋏字通作銛。《史記·始皇本紀》引《過秦論》"非鋏於句戟長鎩也"，《陳涉世家》及《文選》鋏作銛。《戰國策·燕策二》"强弩在前，銛戈在後"，《史記·蘇秦傳》銛作鋏。

《儀禮·有司徹》："二手執桃（或作挑，見校勘記）匕枋，以挹湆注於疏匕。"鄭注："桃（或作挑，下同）謂之歃，讀如或舂或抗之抗。字或作桃者，秦人語也。此二匕者，皆有淺斗，狀如飯橾。桃長枋，可以抒物於器中者。"簡文鋏枊當即經文所謂桃（挑）匕，鋏（銛）與桃（挑）義訓相因，古籍例證甚多，今略爲之疏釋如下：

《説文》金部："銛，臿屬，从金，舌聲。"段注云："臿者舂去麥皮也，假借爲鍫臿，即上文田器之銚也。其屬亦曰銛，俗作杴（引者按：今作鍁、枚），《廣韻》曰，古作櫨，或作㪬，皆即銛字。"鋏和銛又有鋒利的意義。《史記·蘇秦傳》"强弩在前，銛戈在後"，《正義》引劉伯莊曰"鋏，利也"，又《漢書·賈誼傳》"莫邪爲鈍兮鉛刀爲銛"，晉灼曰："世俗以利爲銛徹。"此外，銛又可以訓爲取。《方言》三："銛，取也。"郭注："謂挑取物，音忝。"《孟子·盡心下》："士未可以言而言，是以言銛之也。"趙岐注："銛，取也。"餂與銛字異義同。總起來説，銛、鋏作爲名詞，訓爲鍫臿；作爲形容詞，是鋒利的意思；作爲動詞，則是挑取的意思。這三類意義之閒顯然是有聯繫的，所以段玉裁據《説文》以"臿屬"爲銛之本義，而以利爲引申義（見《説文解字注》銛下）。焦循《孟子正義》於"是以言銛之也"下説："惟其利，故能挑收，其義亦相貫矣。"

桃（挑）的義訓和鋏（銛）正相對應。《説文》斗部斛下云："斛旁有斛（段改庣）也。从斗，庣聲。一曰突也。一曰斛利也。《爾雅》曰：斛謂之疀。古田器也。"段注："斛者金部銚之假借字。"《爾雅·釋器》"斛謂之疀"下郭璞注云："皆古鍬、臿字。"《考工記》"桃氏爲劍臘廣二寸有半"，孫詒讓《正義》云："桃名義未詳，疑即斛之假字。《説文》斗部云：斛，一曰利也。《爾雅》曰斛謂之疀。《有司徹》桃匕注云桃謂之歃，即用《雅》訓而以桃爲斛，是其證也。刀劍鋒鋭利，有似匕臿，故以名工。"據此，桃、斛可以訓爲臿，又可以訓爲利，而與桃、斛同从兆聲的挑有挑動、挑取等義。總之，鋏（銛）和桃（挑、斛）義訓相因,上文所舉鋑(銛)的三項意義,桃(挑、斛)也都具備。因此我們可以肯定簡文的鋑杫就是《儀禮》的桃匕。

《朱德熙文集》5,頁62—63,1999;原載《考古學報》1973-1

○**中大楚簡整理小組**(1977) 鋑,《集韻》:"鋑,同銛,利刃也。"杫爲匕之異體字,以木製,故从木。

《戰國楚簡研究》2,頁27

○**郭若愚**(1994) 鋑,《集韻》:"思廉切,同銛,利也。"杫,《儀禮·士喪禮》:"乃杫載。"注:"乃杫以杫次出牲體右人也,載受而載於俎,左人也。"《禮記·雜記》作枇:"枇以桑,長三尺,或曰五尺。"疏:"枇者,所以載牲體,從鑊以枇升入於鼎;從鼎以枇載之於俎。"

《戰國楚簡文字編》頁98

○**何琳儀**(1998) 《説文》:"鋑,長矛也。从金,炎聲。讀若老聃。"

信陽簡鋑,讀啖。見埮字。或讀餤。《爾雅·釋詁》:"餤,進也。"

《戰國古文字典》頁1442

△**按** 鋑杫或應讀作"陶匕"。

錞 鐜

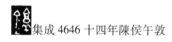集成4646十四年陳侯午敦

○**吳大澂**(1883) 鐜,許氏説:"鐜,矛戟柲下銅鐏也。"陳侯因𰯼敦:"用作孝武趄公祭器鐜。"鐜當作敦之異文,其制以三環爲小足,二環爲耳,與古敦亦小異矣。

《説文古籀補》頁57,1988

○**劉心源**(1902) 鐜即敦,以所鑄言之,故从金。《説文》敦鐜分用。

《奇觚室吉金文述》頁44

○**何琳儀**(1991) 豆自名爲"錞",頗值得注意。豆、錞均屬定紐,雙聲可通。《書·堯典》"驩兜",《左傳·文公十八年》作"渾敦"。"兜"作"敦"猶"豆"作"錞"。頗似銘文與文獻中異名的現象,試舉幾例:

鏚伯鬲、番君鬲、弢伯鬲"鼎"讀"鬲"。鬲,來紐支部;鼎,定紐耕部。定、來爲複輔音,鬲、鼎屬支、耕陰陽對轉。

軌簋"軌"讀"簋"。軌、簋均屬見紐幽部。

義楚觶“峕”讀“觶”。峕、觶均屬端紐元部。

喪史宲鉼“鈚”讀“鉼”。鉼，滂紐；鈚，並紐。均屬幫系，雙聲可通。

南疆鉦“鉦鋮”讀“丁寧”。鉦、丁以及鋮、寧均屬耕部。

以上器名而異稱，均屬音轉。其中或二者間有形制演變關係（如鬲與鼎）。在銅器銘文中，這類現象還有一些，值得進一步深入研究和探索。

《考古》1991-10，頁 939

○**湯餘惠**（1993）　錞，即敦，盛食器，略呈圓形，俗稱“西瓜鼎”。盛食物的敦用於祭祀，所以銘文稱爲“祭器敦”。

《戰國銘文選》頁 14

○**何琳儀**（1998）　《説文》：“錞，矛戟柲下銅鐏也。从金，臺聲。”

齊金錞，讀敦。見臺字。

《戰國古文字典》頁 1335

△按　十四年陳侯午敦之“錞”義爲食器，與《説文》“矛戟柲下銅鐏”之“錞”用法有別。

鏐　鐐

集成 245 黿公華鐘　　集成 11696 少虞劍

○**黃盛璋**（1986）　鏐：此字用得最多，絶大多數都離開不了它，並且和它用時，皆放在首位，稱爲“玄鏐”。《爾雅·釋器》：“黃金謂之璗，其美者亦謂之鏐。”郭注：“鏐即紫磨金。”《説文》也説鏐：“一曰黃金之美者。”《禹貢》記梁州貢鏐鐵銀鏤，《史記集解》引鄭玄注亦謂“黃金之美者謂之鏐”；漢代黃金與銅早已區別開來，金指黃金，金加“黃”字更確指黃金，但銅器之“鏐”用爲鑄器主要原料，則“鏐”最初指銅，後來才用以專指黃金。“鏐”皆冠以“玄”，稱“玄鏐”，尚未見用他色，按“玄”乃黑色中帶赤，而吳王光鑑以“玄銑白銑”合劑鑄鑑，玄礦與鏐相當，則當指含銅量較多的銅，其色赤而近紫，故一般稱爲紫銅色，深紫則赤而帶黑色即所謂“玄”，《説文》：“銅，赤金也。”段注：“銅色本赤。”《漢書·地理志》：“金有三等，黃金爲上，白金爲中，赤金爲下。”孟康曰：“赤色，丹陽銅也。”按純銅色赤，故今稱紅銅，郭璞稱鏐爲紫磨金，可能亦稱紅銅，因黃金並不呈紫色，青銅仍須以紅銅爲主要成分，故皆有玄鏐，並居首位，至兵器單用“玄鏐”，並無他金屬與之配合，只能是已調劑之青銅。岑仲勉用前

條頓語鉛 loudhom 首音 lou 與鏐音同,證鏐爲鉛,又謂鉛無專用之例,今兵器單用"玄鏐"至少有四,證明古以鉛鑄劍,則連普通常識都没有,其説荒謬絶倫。

《古文字研究》15,頁 263

○**何琳儀**(1998) 《説文》:"鏐,弩眉也。一曰,黄金之美者。从金,翏聲。"

戰國文字鏐,精美的黄銅。

《戰國古文字典》頁 239

釬 釬

信陽 2 · 14

○**郭若愚**(1994) 釬,《集韻》:"居寒切,音干。器也。"似爲鼎屬。

《戰國楚簡文字編》頁 83

○**何琳儀**(1998) 《説文》:"釬,臂鎧也。从金,干聲。"

信陽簡釬,見《集韻》:"釬,器也。"

《戰國古文字典》頁 994

鑾 鑾

石鼓文 · 鑾車   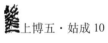上博五 · 姑成 6

上博五 · 姑成 10

○**何琳儀**(1998) 鑾,从金,䜌聲。《説文》:"鑾,人君乘車,四馬,四鑣,八鑾鈴,象鸞鳥聲和則敬也。从金,鸞省聲。"

石鼓"鑾車",讀"鸞車"。《禮記 · 明堂位》:"鸞車,有虞氏之路也。"注:"鸞,有鸞和也。"《周禮 · 夏官 · 大馭》"以鸞和爲節",注:"鸞在衡,和則在軾,皆以金爲鈴。"

《戰國古文字典》頁 1037—1038

鈇 鈇

信陽 2 · 17

○**何琳儀**（1998）　《説文》：“鈇，莝斫刀也。从金，夫聲。”

　　信陽簡“鈇首”，讀“輔首”。《左·昭十三年》“飲冰以蒲伏焉”，釋文：“蒲本亦作扶。”《禮記·郊特牲》“夫也者夫也”，注：“夫或爲傅。”《説文》簠古文作医。是其佐證。《駢雅·釋宫》：“鋪首，門鐶也。”

《戰國古文字典》頁 590—591

【鈇首】

○**中大楚簡整理小組**（1977）　此簡當與上簡相連，下第二十簡有同樣的文例：“其木器：一斱□，四鋪面屯有鐶。”簡文所謂“鈇面”即鋪首，漆木器中的案，四周有四鋪首作獸首銜鐶形，與簡文所記相合。

《戰國楚簡研究》2，頁 25

○**郭若愚**（1994）　鋏，《玉篇》：“劍也。”左思《吳都賦》：“毛群以齒角爲矛鋏。”注：“鋏，刀身劍鋒，有長鋏、短鋏。”《戰國策》：“馮驩彈鋏曰：長鋏歸來乎。”首，《説文》：“頭也。”

《戰國楚簡文字編》頁 86

△**按**　當以釋“鈇首”讀作“鋪首”爲是。

釣　鈞

天星觀

○**何琳儀**（1998）　《説文》：“釣，鉤魚也。从金，勺聲。”

　　天星觀簡釣，不詳。

《戰國古文字典》頁 310

鋂　鑐

曾侯乙鐘架

○**何琳儀**（1998）　《説文》：“鋂，鋂鑸，不平也。从金，畏聲。”

　　曾墓鐘架鋂，不詳。

《戰國古文字典》頁 1188

鋪 鋪

集成 11696 少虡劍

○**何琳儀**(1998) 《説文》:"鋪,箸門鋪首也。从金,甫聲。"

少虡劍"鋪吕",即春秋金文"鏽鋁"。《易·剥》"剥牀以膚",釋文:"膚,京作簠。"是其佐證。鋪。參鏽字。

《戰國古文字典》頁 597

鈔 鈔

包山 263

○**劉彬徽、彭浩、胡雅麗、劉祖信**(1991) 鈔,讀作削。《考工記》"築氏爲削",馬注:"偃曲却刃。"鄭注:"今文書刃。"即用以刮削簡牘的削刀。

《包山楚簡》頁 63

○**何琳儀**(1998) 《説文》:"鈔,叉取也。从金,少聲。"

信陽簡鈔,讀鈟。《廣韻》:"鈟,淨。"或讀小。包山簡鈔,疑讀削,刻刀。《漢書·禮樂志》"削則削",注:"謂有所刪去,以刀削簡牘也。"

《戰國古文字典》頁 325

○**劉釗**(2000) 《語叢》四説:

士亡友不可,君有謀臣,則壤地不鈔。

按"鈔"應讀作"削"。古音"鈔"在清紐宵部,"削"在心紐藥部。聲皆爲齒音,韻爲陰入對轉。"削"从"肖"聲,而从"肖"聲的"悄、哨"等就在清紐宵部,與"鈔"聲韻皆同,可證"鈔"可通"削"。削,減也。《禮記·王制》:"君削以地。"《戰國策·齊策一》:"夫齊,削地而封田嬰。"簡文此句是説士人没有朋友不行。君王如果有謀臣輔佐,國土就不會減少。

《郭店楚簡國際學術研討會論文集》頁 81

【鈔筶(席)】

○**郭若愚**(1994) 一鈔筶(席)

《汗簡》席作🌂,與此形似。《説文》:"籍也。禮天子諸侯。席有黼繡,純飾。囻,古文席,从石省。"於此知古文實从石。鈔,用爲藻。鈔席即藻席。《周

禮·春官·司几筵》:“掌五几五席之名物。”注:“五席:莞、藻、次、蒲、熊。”

《戰國楚簡文字編》頁 74

○**劉信芳**(2003)　金鈔:

　　整理小組釋“鈔”爲削,即刮削簡牘的削刀。按此“金鈔”既與“寢席、俾席、坐席”等並述,恐很難釋作“削”。信陽簡 2-08:“一鈔席,𦀌綿之純。”“鈔席”即“沙席”,據此知“金鈔”應讀爲“錦沙”,《周禮·天官·內司服》:“素沙。”鄭玄《注》:“沙者,今之白縳也,六服皆袍制,以白縳爲裏,使之張顯。今世有沙縠者,名出於此。”沙或从糸作紗,《漢書·江充傳》:“充衣紗縠禪衣。”師古《注》:“紗縠,紡絲而織之也,輕者爲紗,縐者爲縠。”楚人用“沙”,或以之覆席,此即信陽簡“鈔席”之名;或以之懸壁作裝飾,《招魂》“紅壁沙版”,《大招》“沙堂秀只”是也。長沙馬王堆一號漢墓椁室四壁懸挂帷幔(《長沙馬王堆一號漢墓》第 35 頁,文物出版社 1973 年),此即“沙堂”之實物見證。《招魂》:“翡阿拂壁,羅幬張些。”知楚人固有此俗矣。

《包山楚簡解詁》頁 281—282

鉻 鉻

上博二·容成 18

○**何琳儀**(1998)　《説文》:“鉻,鬎也。从金,各聲。”
　　信陽簡鉻,見《集韻》:“鉻,鉤也。”

《戰國古文字典》頁 489

鈍 鈍

璽彙 2324

○**何琳儀**(1998)　《説文》:“鈍,錭也。从金,屯聲。”
　　古璽鈍,人名。

《戰國古文字典》頁 1328

銘 銘

集成 2840 中山王鼎

○**何琳儀**(1998)　《説文新附》:"銘,記也。从金,名聲。"

晉金銘,金石刻文或鑄文。《國語·晉語》一"其銘有之",注:"刻器曰銘。"

《戰國古文字典》頁 834

釚

璽彙 1346

○**何琳儀**(1998)　釚,从金,几聲。疑鑕之異文。《集韻》:"鑕,鉤逆鋣。"又:
"鑕,大鐮。"

晉璽釚,人名。

《戰國古文字典》頁 1192

鈚

信陽 2·8　仰天湖 17

○**中大楚簡整理小組**(1977)　鈚,當爲鈚之省,《蔡侯鎩》又增从皿,《方言》
五:罌,"其小者……江湘之閒謂之甇"。簡文言,二件蔡地所産之鈚。

《戰國楚簡研究》4,頁 13

○**何琳儀**(1998)　釦,从金,刂聲。疑鎮之省文。《説文》:"鎮,博壓也。从金,
真聲。"

楚簡釦,讀鎮。《楚辭·九歌·湘夫人》"白玉兮爲鎮",注:"以白玉鎮坐
席也。"

《戰國古文字典》頁 1114

○**李守奎**(2003)　釦　匜字異體。

《楚文字編》頁 798

鈌

曾侯乙 77　璽彙 3237

○**裘錫圭、李家浩**(1989)　"弍",77 號簡作"鈌",並从"弋"聲;據文意當讀爲

“飾”。“弋、飾”古音相近可通。詛楚文“飾”字作（《石刻篆文編》7·27），從“巾”，“𩰚”聲，而“𩰚”又從“弋”聲。

《曾侯乙墓》頁 514

○**湯餘惠**（1993）　　𨨏（3237）

原釋爲鈛（戈），今考包山簡代字作（61），知右旁乃從弋，應即鈛字。《爾雅·釋器》：“鼎絶大謂之鼐，圓弇上謂之鼒，附耳外謂之鈛。”

《考古與文物》1993-2，頁 77

○**何琳儀**（1998）　鈛，從金，弋聲。《廣韻》：“鈛，鼎附耳在外也。”

晉璽鈛，讀戈，姓氏，見弋字。

楚系簡鈛，讀飾。參餝字。

《戰國古文字典》頁 70

鉈

信陽 2·15

○**何琳儀**（1998）　鉈，從金，乇聲。疑鉈之省文。《康熙字典》：“鉈，音未詳。《唐書·車服志》景隆中腰帶垂頭於下，名曰鉈尾，取順下之義。《宋志》鉈尾即今之魚尾。”

信陽簡鉈，疑讀鉈。

《戰國古文字典》頁 525

鉾

曾侯乙 106

○**何琳儀**（1998）　鉾，從金，丰聲。

隨縣簡鉾，不詳。

《戰國古文字典》頁 436

鉉

包山 44

○**何琳儀**（1998）　鈜，从金，厷聲。《廣韻》：“鈜，金聲。”

包山簡鈜，人名。

《戰國古文字典》頁 18

鈜

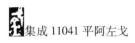 集成 11041 平阿左戈

○**李學勤、祝敏申**（1989）　“鈜”即“戈”，齊兵器銘文常見，方壺上此字被銹掩去。

《文物春秋》1989 年創刊號，頁 14

○**陳偉武**（1996）　從文字學的角度著眼，軍器題銘也有不少時代特徵或地域色彩值得注意。（中略）再如李學勤先生認爲，“各戈中‘戈’字有从‘金’旁的，也是田齊文字的特色”。換言之，戈字寫作“鈜”的，通常都是戰國齊器。如周世榮先生介紹過一把湖南出土的戈，謂該戈“近欄處鑄有‘呂錯鈜’三字”，其實，所謂“鈜”字作🔹，只是从金从戈，爲“戈”之異體。戈符如此作還見於緐簋和大武戈的“武”字所從。故此器當定名爲“呂錯（造）鈜（戈）”。

《華學》2，頁 76

○**何琳儀**（1998）　鈜，从金，戈聲。戈之繁文。

盱眙壺鈜，讀戈，姓氏。見戈字。

齊兵鈜，讀戈，兵器。

信陽簡鈜，讀戈。

《戰國古文字典》頁 846

○**湯餘惠等**（2001）　鈜，同戈。

《戰國文字編》頁 916

△**按**　此爲“戈”之異體，屬於齊國有地域特色的字形。

錌

🔹 郭店・殘 11

△**按**　从金从甘，文殘，義不詳。

鈚　鎰

集成 09982 喪史寅鉼　　集成 9606 纕窊君扁壺

集成 9976 蔡侯齽鉼

○**史樹青**（1956）　　壽縣出土銅器中,有一器形狀扁圓,長方口,兩環耳,器面腹頸之間有銘:"蔡侯齽之鎰。"其中鎰字或省作鈚,均不見古代字書,按應即鉼字,《説文》作鈃,謂"似鍾而頸長",又"鉼,甕也,瓶或从瓦",其實鉼、鈃係一字,以銅製則从金,以陶製則从缶,此銘鉼字从金从皿从二人,二人可釋爲从,又可釋爲并,篆文作并象二人相并形,也可寫作併,鈚字應是从并得聲,當即鉼字,釋鈚似較不妥。《博古圖》著録一件"弘鉼",銘爲:"樂大司徒子兔之子弘作旅齽,其眉壽子子孫孫永寶用。"自銘爲鉼,寫作齽,器形與此相同,則此器不應名鈚,當名爲鉼。

《文物參考資料》1956-8,頁 50

○**黃盛璋**（1983）　　此器自名爲"鈚",从"金"从"比",舊釋爲鉼,容庚併專名瓶一類,其實皆是鈚,如喪史寅鉼（《商周》800,《三代》18.14.1）、孟城鈚（《商周》801,《三代》18.14.2）以及弘鈚（《商周》上 241 頁）舊定爲瓶類者都是鈚,銅器自名並無瓶類。"鈚"與"錍"爲一字,山西近出土匀（軍）錍正是扁壺,與鈚同,秦漢蒜頭扁壺稱鈚,如雲夢大墳頭漢初墓遣册有"二斗鈚",本器正是扁壺,故可確定爲"鈚",銅器無瓶一類,凡舊定名爲瓶者,應該取消,而以鈚或錍代之。

《内蒙古師大學報》1983-3,頁 50

○**裘錫圭**（1989）　　古銅器中有一種比較特殊的壺形器,器身橫斷面多呈扁圓形或邊線（四邊或兩長邊）略鼓的扁方形,底平無圈足,除兩側肩腹間有一對環形耳或貫耳外,有的也許可以早到西周晚期,但尚未見到晚到戰國的。《商周彝器通考》（以下簡稱"通考"）及其改編本《殷周青銅器通論》（以下簡稱"通論"）,把商代的無圈足銅罍跟這種壺形器併爲一類,定名爲瓶（《通考》450—452 頁,《通論》60 頁）。其實前者除無圈足外,跟一般的罍並無區別,與其跟這種壺形器併爲一類,還不如歸入罍類妥當。《通考》收這種壺形器五件,皆爲傳世品。在建國後的考古發掘中,這種銅器也間有出土。如 50 年代在安徽壽縣發現的春秋晚期的蔡侯申墓、70 年代末在山東陽谷縣景陽崗村發現的一座春秋晚期墓和 80 年代在山東泰安市城前村發現的一座"西周晚期至春秋初期墓",都出了這種壺形器一件(依次見《壽縣蔡侯墓出土遺物》圖版拾·2、《考古》1988 年 1 期 28 頁圖三·2 及 29 頁圖七·1、《文物》1986 年 4 期圖版壹·4)。前二墓所出之器,形制很相近,橫斷面呈長邊略鼓的扁方形,口較大,腹部無鼻。後一墓所出之器跟《通考》所收"兩頭獸紋瓶"(圖 799)相似,但此墓所出者附貫耳,《通考》所收者則附環形耳。

在上述這種壺形器中,自銘器名的有以下四例:

(1)喪史賞自作𦉥,用征用行,用祈眉壽,萬年無疆,子子孫孫,永寶是尚。(《通考》圖 800、《三代》18·14)

(2)郜□孟城作爲行𦉥,其眉壽無疆,子子孫孫永寶用之。(《通考》圖801、《三代》18·14)

(3)樂大司徒子□之子引作旅𦉥,其眉壽,子子孫孫永寶用。(《通考》451 頁、《博古圖》10·38)

(4)蔡侯申作𦉥。(《蔡侯墓出土遺物》圖版拾·2、三三·3)

上引最後一器出蔡侯申墓。前三器的時代,《通考》皆定爲春秋(452 頁),從字體看似皆不晚於春秋前期。此四器中,後三器的器身都是扁圓或扁方形的。第一器無尺寸記録,器形資料也只有一張全形拓本,腹部橫斷面究竟是圓形還是扁圓形不易判斷。

清代學者阮元釋上引(1)的器名爲"鈃",顯然與字形不合。吳式芬説此字"从并而缺二畫,蓋即缾,變缶从金耳"。劉心源説此字"明明从比……蓋并、比雙聲,鈚即缾字也"(以上均見《金文詁林》7602—7603 頁)。近人陳夢家認爲(1)至(4)各銘的器名都是一個从"从"聲的字,應該釋爲《廣雅·釋器》訓爲"瓶"的"𦉥"(《中國銅器概述》,《海外中國銅器圖録》第一集上 28下—29 上。《壽縣蔡侯墓銅器》,《考古學報》1956 年 2 期 100 頁)。容庚、張維持想調和各家的意見,説"鈃、缾、瓶、𦉥實爲一字"(《通論》60 頁)。但是"鈃、瓶"聲母不同,"𦉥"的讀音跟"鈃、瓶"相距甚遠,説這些字"實爲一字"是缺乏根據的。

我們曾在一篇未刊稿中指出上引(1)至(4)各銘的器名都是从"比"聲的字。李家浩同志在《戰國貨幣文字中的"屵"和"比"》一文中引用過這個説法(《中國語文》1980 年 5 期 374 頁。下文簡稱此文爲"李文")。下面對此説作些論證。(1)的器名正如劉心源所説,明明是一個从"比"的字。(2)至(4)各銘的器名之字,從表面上看似乎都是从"从"的。但是(4)的全部文字是"反文反行”的(《壽縣蔡侯墓出土遺物》8 頁),所以器名之字所從的“從”實際上正是“比”字(《説文》謂“反从爲比”)。(2)也有不少反文。從銘共分五行,器名在第二行之末。其他各行末一字爲“城”“壽”“孫”“之”,都是反文,第二行末一字不應例外,所以(2)的器名之字實際上也是從“比”的。這樣看來,(3)的器名之字的聲旁也以看作反寫的“比”爲好。後面將會説到,這個字其實就是“妣”字,在這裏借它表示器名“鈚”。如認爲它的聲旁是“從”,就不成字了。古文字裏正反的區別不像後世那樣嚴格,在上舉四個從“比”之字裏出現一個“比”旁反寫的例子,並不奇怪。這四個字都從“比”聲,並且都用作同類器物的名稱,顯然代表着同一個詞。除(3)的器名用假借字外,各銘的器名用的顯然都是本字。這個字既可從“金”也可從“缶”,跟“鉼”字或作“缾”同例。繁體加“皿”旁,跟金文“毀”字或加“皿”(《金文編》301 頁)同例。爲了行文的方便,我們把“鈚”當作這個字的標準體。古書裏當“鐵”“犁錧”或“箭鏃”講的那些“鈚”字,跟這個“鈚”字都是同形關係,實際上並不是一個字。

上述壺形器的器名應該是從“比”聲的字而不是從“從”聲的字,還可以由從戰國時代到秦漢之際的扁壺的名稱得到證明。

戰國時代的扁壺基本上可以分爲兩類。第一類大體承襲上述扁體的壺形器的形制,但下有圈足,如河北唐縣北城子出土的扁壺(《河北省出土文物選集》168)、中山王墓出土的扁壺(《文物》1979 年 1 期 4 頁圖七、5 頁、11 頁)和太原市從廢銅中揀選到的土軍鈚(《文物》1981 年 8 期 88 頁)等。北城子扁壺作扁方形,上有蓋,除兩肩有銜環的環形耳、腹正面下部有環形鼻外,腹下部兩側也有環形耳,蓋面兩側還有獸面(?)銜環,形制比較特殊。中山王墓扁壺和土軍鈚都作扁圓形,兩肩有一對環形耳。這類扁壺的器身都飾有繩絡紋或其變形紋。時代較早的扁壺形器已有飾繩絡紋者,如《通考》所收“絢紋瓶”(圖 802),但其具體紋樣跟上舉戰國扁壺不同。第二類的器身有些像豎起來的很扁的鼓,但正面一般不作正圓形,而近於橫長的橢圓形,下有圈足,小口,短頸,兩肩一般有獸面(即鋪首)銜環(後面引到的重金鈚兩肩無附加物,是例外),器上多飾繁縟的花紋(後面引到的襄安君鈚爲素面,是例外。此器肩部和腹部的兩側都有獸面銜環,比較特殊)。《通考》所收的四件所謂“區”(圖 915—918)和上海博物館在 50 或 60 年代所收得的烏氏扁壺(《文物》1964 年 7 期 12—13 頁、圖版三·3),都屬於這一類。此外在建國後還發現了一些這一類的扁壺(見《文物》1976 年 3 期 53 頁圖三、圖版三·1、《文物》1987 年 6 期 96 頁等)。80 年代初在湖北隨州市發現了一件大約屬於秦昭王時代的三十六年銘扁壺,其形制介於一、二兩類之閒(《文物》1986 年 4 期 22 頁圖三、圖版貳·1)。此壺器身近似第一類扁壺,但腹部向兩側突出得比較厲害,器口較小,兩肩不附環形耳而像第二類扁壺那樣有獸面銜環;器壁除飾有作風似第一類扁壺的繩絡紋外,還在"繩絡"之閒滿飾一種繁縟細碎的花紋。有些第二類扁壺飾有欄成很多方格的繁縟細碎的花紋(如上舉烏氏扁壺和《通考》圖 915 的"區"等),方格的邊顯然就是由繩絡變來的。從上述三十六年銘扁壺可以看出,一、二兩類扁壺雖然形制頗有差異,彼此的關係還是很密切的。

有一件第一類扁壺自稱爲"錍":

(5)土匀(軍)廩四斗錍。(《文物》1981 年 8 期 88 頁)

此銘在上引李文中已經引用(見 374 頁)。還有一件第二類扁壺也自稱爲"錍":

(6)百卌八,重金錍,受一觳六□。(《通考》圖 917、《三代》11·43)

此銘"錍"字刻得比較草率,《通考》誤以爲从"金"从"斗"(483 頁)。黄盛璋同志在《關於壺的形制發展與名稱演變考略》一文中釋此字爲"錍"(《中原文物》1983 年 2 期 23 頁。下文簡稱此文爲"黄文"),今從之。(《新探》編按:吴振武同志來信指出,所謂重金錍實爲方壺——參看其所著《釋"受"並論盱眙南窯銅壺和重金方壺的國別》,《古文字研究》14 輯 53 頁,並謂"重金"下一字實从"金"从"豕"聲,即"鐘"字異體。本文關於重金錍一段宜删。)

第二類扁壺還有像上述春秋時代壺形器那樣自稱爲"鈚"的:

(7)襄安君其𨥛,貳觳。(《通考》圖 918、《三代》18·15)

《金文編》把此銘"其"下表器名的字跟上引(1)和(4)的"鈚"字一起收入"鈃"字條(912 頁)。《金文編》從阮元釋"鈚"爲"鈃"是不正確的,但是把此銘跟(1)(4)二銘的器名看作一個字則可以信從。上引黄文也釋此字爲"鈚"(23 頁)。

故宫博物院藏的一件戰國扁壺刻有如下銘文(此扁壺屬一類還是二類已不能記憶):

(8)魏公𨥛。三斗二升取。

從字體、行款看,當是分兩次刻的。前三個字是先刻的,"公"下一字應是器名。這個字跟(3)的表器名之字顯然是一個字,應釋爲"毗",讀爲"鈚"。"毗"即"蓖""貔"等字的聲旁,隸楷一般作"毗"。70 年代末在平頂山市發現的"鄧公作應嫚毗媵簠"亦有此字(《考古》1981 年 4 期 370 頁)。

鈚這一器名直到秦漢之際還在使用。1972 年底在湖北雲夢縣大墳頭發掘了一座秦或漢初的墓葬（發掘者定名爲大墳頭 1 號漢墓）。隨葬品中有一件蒜頭形小口銅扁壺,形制近於戰國時代的第二類扁壺。同墓所出記隨葬品的木牘稱之爲"鈚"（《文物資料叢刊》第 4 輯 17 頁。參看黃文 24 頁）。

　　"比"聲和"卑"聲古音相近可通。上引李文在談到扁壺名稱的時候,已經舉出了《詩·大雅·皇矣》"克順克比"《禮記·樂記》引作"克順克俾"的例子（374 頁）。此外,《詩·大雅·節南山》"天子是毗"的"毗",《荀子·宥坐》引作"庳",《詩經》釋文引王肅本作"埤"。《釋名·釋姿容》:"批,裨也。"同書《釋宮室》:"陛,卑也。"這是把"卑"字或从"卑"聲之字用爲从"比"聲之字的聲訓字。《周禮·天官·醢人》鄭司農注:"脾析,牛百葉也。"《說文·四下·肉部》:"膍,牛百葉也。"段玉裁《周禮漢讀考》謂鄭作"脾",許作"膍","字異而音義同"。《釋名·釋姿容》的"批"字,畢沅《釋名疏證》認爲即《說文》"捭"字。當箭鏃講的"鈚"（跟當扁壺講的"鈚"是同形關係,並非一字）,異體作"鉳""錍"。這些例子都說明"卑"聲跟"比"聲古音極近,可以相通。用作扁壺名稱的"鈚"和"錍",無疑也是一字的異體。

　　戰國以後的扁壺是由春秋以前的扁體的壺形器演變而成的。（演變過程中可能受有北方民族器物的影響）。戰國至秦漢閒人稱扁壺爲"鈚～錍"的事實,進一步證實上引（1）至（4）各銘中表器名的字,是从"比"聲而不是从"从"聲的。

　　我們曾認爲"鈚～錍"是扁壺的專稱,跟《廣雅·釋器》"匾(扁)榼謂之椑"的"椑"可以看作一字的異體（李文 374 頁）。這是有問題的。日本學者林巳奈夫主編的《漢代的文物》,指出漢代人稱扁壺爲椑,所謂匾椑並非一般的扁壺,而是器身作橫臥圓筒形的一種液體容器。"匾"在這裏是就器身上下高度而不是就前後厚度而言的（詳後）。所以漢以後人所說的"椑"跟春秋至秦漢之際時人所說的"鈚～錍",指的並不是同一種器物,我們不能把這兩個字牽合爲一。

　　此外,儘管稱"鈚～錍"之器幾乎都是扁壺（包括扁體的壺形器）,如果因此就把"鈚～錍"看作專門爲扁壺起的名稱,恐怕也不一定妥當。我們不同意吳式芬等人把"鈚"釋爲"瓶",但是也不能就抹殺"鈚""瓶"二字在語音、語義上的密切關係。"比"和"卑",特別是"卑",古音跟"瓶"很接近。從聲母上看,"瓶"是並母字,从"卑"聲的字也有不少讀並母。從韻母上看,从"卑"聲的字如"椑""鞞"等,跟"瓶"字有嚴格的陰陽對轉關係（"椑"和"鞞"也都是並母字）。古代的瓶和壺是形制相近的液體容器,"瓶"跟作爲一種壺形器的名稱的"鈚～錍"應該是關係密切的親屬詞。瓶並不以器身扁爲特徵,鈚恐怕也不會是由於器身扁而得名的。《説文·十二下·瓦部》"甂"字注説"甌謂之甂"(《方言·五》説"罃謂之甂",或謂"罃"當讀爲"甌"。《廣雅·釋器》把"甌""甂""罃"都訓爲"瓶")。徐無聞同志認爲土軍錍的"錍"字就是"甂"的異體(《釋"錍"字》,《文物》1981 年 11 期 82 頁)。這很可能是正確的。從《説文》以"甌"訓"甂"來看,"鈚～錍"也不像是專爲扁壺起的名稱。上文説過,喪史宜鈚之腹究竟是圓是扁還不清楚。從這一點看,肯定"鈚～錍"是扁壺的專稱也顯得不够審慎。春秋時代齊國著名銅器洹子孟姜壺銘文中的表器名之字,《通論》釋爲"罅"(60 頁),黃文釋爲"鈚"(24 頁)。此壺腹圓,如容、黃所釋可信,"鈚"當然肯定不會是扁壺的專稱了。不過上述之字的筆畫不是很清楚,究竟能否釋爲"鈚"恐怕需要研究。

上引(2)孟城鈚自稱"行鈚",(3)引鈚自稱"旅鈚",(1)喪史宜鈚有"用征用行"之文。這説明鈚本是一種行器。關於鈚的具體用法,可以從新石器時代的陶背壺得到啟發。大汶口文化晚期墓葬出有大量背壺。壺腹上部兩側有一對耳,正面一般有一個"突紐","多爲鳥啄形",無突紐的一面多拍平(《大汶口——新石器時代墓葬發掘報告》72 頁、73 頁圖五九。石興邦《試論大汶口文化及其有關問題》,《山東史前文化論文集》182 頁)。鈚的耳和鼻跟背壺的耳和突紐都是繫繩用的,兩種器物的繫繩方法顯然是相類的。背壺腹部的一面拍平,是爲了便於背負或挎在身上。鈚身橫斷面一般作扁圓或扁方形,顯然是爲了同樣的目的。所以鈚應該是一種供背、挎、提攜用的盛液體的容器(春秋戰國時代體積大的銅鈚可能主要由車運送)。春秋以前的鈚没有圈足。這正是由於這種銅器是爲攜帶而造的緣故(參看黃文 24 頁。鈚的外形跟現在的某些行軍水壺很相似)。戰國時代的第一類扁壺基本上繼承了春秋時代的鈚的形制,又慣於用繩絡紋作裝飾,無疑仍然主要是用於背、挎、提攜的。第二類扁壺一般都有繫繩索或裝提梁的獸面銜環,大概多數也還没有喪失行器的性質。但是這種扁壺,花紋大都很繁縟,其中有一些也許主要已用於陳設了。

《中國歷史博物館館刊》13、14,頁 576—584

○**黃盛璋**(1989)　襄安君鈚,亦爲扁壺,"鈚"亦即"錍",而有從比、從卑之異,乃燕國與三晉文字寫法不同。舊釋爲"鈚"、爲"鉼",現據土匀而確知爲漢代之椑。

《古文字研究》17,頁 24

○**何琳儀**(1998)　鈚,从金,比聲。《玉篇》:"鈚,鐵也。"

襄安君鈚鈚,讀椑。《集韻》:"鈚,或作鎞、錍。"《廣雅·釋器》:"扁榼謂之椑。"

《戰國古文字典》頁 1288

○**馮勝君**(1999)　鈚,在用作器名時又寫作錍,而且目前所見到的自名爲鈚(錍)的幾乎都是扁壺。就目前所見,自名爲鈚(或從比之字)、錍的尚有如下幾器:

(1)喪史賓自作鈚,用征用行,用旛嘗壽。

《中國古文字研究》1,頁 192

△**按**　字應讀爲"錍",即漢代之椑。

鈗

集成 4627 戼仲簠

○**黃盛璋**(1986)　鈗:戼仲瑚"鏷鈗鏷鑄",孫詒讓《古籀餘論》卷三考"鈗"爲鉛:謂"鈗之爲金,古書無見文,以聲類求之,當爲鉛之假字,古允聲與㕣聲近,字可互通,故《説文》水部:沇,古文作㳚(編按:黃文原作"㕣",疑誤)。金部鉛,青金也"。劉心源《奇觚室吉金文述》卷五則直書爲鉛鏷,岑仲勉據《爾雅·釋器》"錫謂之鈏",而鈏、鈗音亦可通,因謂"鈗"爲錫。按《説文》鈗、鈏皆有:"鈏,錫也,从金,引聲。""鈗,侍臣所執兵也,从金,允聲。"維未解鈗爲金名,但兩字皆有,同時允聲在文部,引聲在真部,《説文》已有鈏字,"鈗"更不得爲"鈏"之假。孫詒讓考證"鈗"即"鉛",但《説文》亦有"鉛"字,也可能是鉛、錫的總名,古代錫鉛可以混稱,如《史記·屈原賈生傳》"鉛松怪石"疏"鉛,錫也"。對言則別,混言不分。古羅馬人也不能分別鉛、錫,而稱之爲白"鉛"、黑"鉛",總名爲鈗,合乎情理。

《古文字研究》15,頁 262

○**李家浩**(2003)　"鈗金"二字,原文作"鈗"下兩點。"鈗",《包山》釋爲"錫",此從《楚系簡帛文字編》所釋。古代"允、㕣"二字音近可通。《説文》"沇"字古文作"㳚",即其例。疑"鈗"是"鉛"字的異體,與《説文》訓爲"侍臣所執兵也"的"鈗"似非一字。包山二號楚墓出土的馬絡頭上有十三個長方形鉛鉰,疑即簡文(1)所記的"白鈗金面"。(6)的"白面"大概是"白鈗金面"的省略説法。

鈻

陶彙 5・444

○**高明、葛英會**(1991)　《説文》礦古文作卝,《周禮》有卝人,《古文四聲韻》引《唐韻》礦从金作鈻,與此同。《類篇》礦字重文作卝砒。

《古陶文字徵》頁 251

鈇

璽彙 0019　　鉊璽彙 0312

○**吳振武**(1983)　0019 鉊司徒市・鉊(鈇)司徒市(師)。

《古文字學論集》(初編)頁 488

○**何琳儀**(1998)　鈇。

《戰國古文字典》頁 1562

鈷

集成 4503 西替簠

○**周萼生**(1960)　《集韻》:"洪孤切,音胡。盛黍稷器名。同瑚,本作鍸。"又鍸,《集韻》:"洪孤切,音胡。黍稷器,夏曰瑚,商曰璉,周曰簠簋,或作鈷,通作瑚。"《集韻》解鈷爲盛黍稷器名,但未説明器之形制如何。今以此器及壽縣楚器的形制和銘文對證,知鈷即匡。《説文》:"古文簠从匚从夫。"是鈷字實即簠字。

《考古》1960-6,頁 36

○**何琳儀**(1998)　鈷,从金,古聲。鍸或瑚之異文。《集韻》:"鍸,黍稷器。夏曰鍸,商曰璉,周曰簠簋,或作鈷。"

　　西替匡鈷,讀糊或瑚。或作匡。見匡字。

《戰國古文字典》頁 476

鈵

集成 9997 廿七年鈵

○**何琳儀**（1998）　鈵，从金，皿聲。疑皿之繁文。

　　瓷鈵鈵，讀皿。《説文》：“飯食之用器也。象形。與豆同意。”

《戰國古文字典》頁 732

鈗　鎾

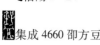信陽 2·24

集成 4660 邵方豆

○**劉彬徽**（1986）　最後一字爲器名，字書所無，釋爲鎾，應爲此器之專名，類似之方豆，在河南固始侯古堆 M 一所出的自名爲“盉”。

《古文字研究》13，頁 251

○**李家浩**（1996）　B 的右旁還見於信陽 2-024 號簡和隨州出土的銅器銘文：

　　C 《信陽》圖版一二七·2-024

　　D 《殷周金文集成》9·4661

B、C、D 三者所从的偏旁寫法略有不同：

　　　　E1 𠄔（B）　　E2 𠄔（C）　　E3 𠄔（D）

區別是中閒豎畫的尾部，E1 向左曳，E2 向右曳，E3 屈曲以求字形的藝術性。E1 的字形很像是子孓之“孓”，但它們不同的地方在於頭部，前者作古文字“兄”字頭，後者作古文字“子”字頭，區別甚嚴。舊釋 E 爲“孓”，非是。

　　古文字从“只”的字作如下之形：

　　　　《金文編》811 頁　　　　《睡虎地秦墓竹簡》圖版一一五·一五三背

　　　　《馬王堆漢墓帛書［叁］》圖版二〇·二三三

第一字林義光認爲从“女”从“馭”，即“娯”字。第二字是“枳”字，第三字是“馭”字。這些字所从的“只”旁皆寫作“兄”字形。E 很像是上揭古文字“只”旁的反寫，唯“只”左側的短畫向左下斜，E 右側的短畫向右上翹。古代文字正反往往無別。頗疑 E 是“只”字的變體。大概是爲了避免跟“兄”字相混，有意把“只”字寫作 E 之形的。根據這一認識，我們認爲 B、C、D 應該分别釋爲“枳、釲、盌”。“盌”是“釲”字的繁體，因爲“釲”是器皿名，故又增加形旁“皿”（參看下文）。（**中略**）

最後談談本文開頭提到的 C、D 兩個器名之字。原文説：

（7）四倉（合）釲，一㝷釲，屯又（有）盍（蓋）。

（8）卲之御盌（釲）

“釲”字見於《玉篇》，訓爲“金也”。（7）（8）的“釲”當非此義。《集韻》支韻：“鼓，器名。”頗疑（7）（8）的“釲”應該讀爲“鼓”。

《簡帛研究》2，頁 1—8

○**何琳儀**（1998） 盌，从皿，釲聲。（《玉篇》：“釲，金也。”）

卲方豆盌，讀盞。《爾雅・釋地》：“軹首蛇。”《楚辭・天問》軹作歧。《説文》：“胑或作肢。”是其佐證。《海篇》：“盞，器也。”

《戰國古文字典》頁 747

○**李守奎**（2003） 盌 信陽簡作釲。

《楚文字編》頁 310

銅

信陽 2・14

○**中大楚簡整理小組**（1977） 銅。

《戰國楚簡研究》2，頁 31

○**郭若愚**（1994） 鎘，《説文》：“温器也。”《仰天湖竹簡》摹本三三有“一鎘”。似爲鼎屬。

《戰國楚簡文字編》頁 83

○**何琳儀**（1998） 銅，从金，同聲。

信陽簡銅，讀鼏。《説文》：“鼏，以木横貫鼎耳而舉之。从鼎，冂聲。”

《戰國古文字典》頁 787

鉌

新收 1484 春成侯盉

△**按**　字爲"盉"之異體,參見卷五皿部。

鉖

集成 11758 中山侯鉞　　包山 265

○**黃盛璋**(1979)　鈗(斧)。

《文物》1979-5,頁 44

○**張守中**(1981)　釬。

《中山王響器文字編》頁 53

○**吳振武**(1982)　二號車馬坑中出土的銅鉞鑄銘云:

　　天子建邦,中山侯忻(?),乍(作)兹軍鉖,以敬(儆)厥衆。(99 頁)
鉖字原篆作鉖,關於這個字目前已看到有二種釋法:一是張守中同志在《中山王響器文字編》一書中把它釋爲"釬";二是黃盛璋同志在《關於戰國中山國墓葬遺物若干問題辨正》(《文物》1979 年 5 期)和《再論平山中山國墓若干問題》(《考古》1980 年 5 期)二文中把它釋爲"鈗"(讀爲"斧")。我們認爲無論釋爲"釬"還是釋爲"鈗",從字形上來看都是較牽强的。此字釋讀的關鍵是在左旁。這個偏旁粗一看,確實像"千",但是如果仔細考察,則可發現把它釋爲"千"有三個困難:第一,"千"字本從人,同銘"衆"字下部所從的三個人旁均作,與此不類;第二,"千"字一般都正書向左作,況且銘文中其他十五個字也都正書,爲何惟獨此旁反書向右;第三,如把它釋爲"千",不僅"釬"字不見於字書,就是把它置於銘文中恐怕也很難解釋。至於把它釋爲"父"就更缺乏證據了。古文字資料中"父"字的出現不計其數,從未見有作形的。因此,上述二釋均難以成立。

　　我們認爲鉖是一個從金瓜聲的形聲字。其左旁當即"瓜"字。瓜旁作,這在戰國文字中是可以得到證明的。例如戰國璽文和戰國兵器銘文中的"狐"字作:

　　　"命(令)狐佗"　　　　陽狐戈(陽狐:晉地)　　　　"鄭韓故城"出土兵器
侯馬盟書中的"弧"(或釋"佤")字作:

　　　

按此字舊釋"尼",李學勤、裘錫圭、郝本性三同志改釋爲"弧"(佤),甚確。此外,在漢印文字中我們也能清楚地看出瓜旁可作的痕迹,如漢印文字中的

"狐"字作：

　　　　　　"令狐賀印"　　　　　　"令狐得之"

從這些字所从的"瓜"旁看，可以確證鈲即鈲字。鈲字雖不見於《説文》，但見於後世字書。《集韻》謂："鈲，攻乎切，音孤，鐵鈲也。"由本銘可知，像這類習慣上稱爲"鉞"的兵器，自名爲"鈲"。當然，如從通假的觀點考慮，銘文中的"鈲"字也可讀爲"斧"，鈲斧古音同隸魚部。甲骨文中"斧"的象形字或加注聲符"午"作（詳見于省吾先生所著《甲骨文字釋林·釋斧》），也可算是一個旁證。如果真是這樣的話，那麼儘管黃盛璋同志把此字釋爲"�"是不能成立的，但他把它讀爲"斧"則有可能是正確的。不過在傳世品中自名爲"斧"的"呂大叔斧"（《三代吉金文存》20·51）形制與此不同。因此，在目前還没有新資料證明的情況下，我們暫且不妨把它稱爲"鈲"，隨着地下文物的不斷出土，將來或許會有更好的考古新資料來解答這個問題。

《史學集刊》1982-3，頁 68—69

○**劉彬徽、彭浩、胡雅麗、劉祖信**（1991）　（編按：包山 265"二少鈲"）鈞，勺字。少鈞即小勺。

《包山楚簡》頁 64

○**黃錫全**（1992）　（編按：包山 265"二少鈲"）鈲。

《古文字與古貨幣文集》頁 400，2009；原載《湖北出土商周文字輯證》

○**陳偉武**（1996）　1978 年，河北平山縣三汲公社中山王䗬墓二號車馬坑出土了一件銅鉞，有銘云："天子建邦，中山侯仉，乍（作）兹（兹）軍䤾，吕（以）敬（儆）氒（厥）衆。"（《集成》11758）中山侯名不可識，銅鉞自銘，或釋鈘，或釋鉞，或釋㿻。釋鈘釋㿻形體雖近真，於義則不合；釋鉞雖諧於義，惜與原銘字形相去甚遠。

中山嫡子蚉圓壺"斤"字作，提鏈圓壺"斤"字作，我們以爲此體來源甚古，至少可以上溯到殷商時代，甲骨文斤字作、等形。反書成了，復加短橫爲飾筆即是。因此，中山侯鉞䤾字當釋爲"釿"。斤，斧也，本是生產工具和武器，後來"斤"借爲重量單位，故增金旁以爲斧斤義的專字。

宋·夏竦《古文四聲韻·隱部》"近"字下錄有兩個形體，一是崔希裕《篡古》作，一是《馬日集》作。這兩體都是有所訛變的旂字，借爲近。的上體由訛省，下體正是斤字，與中山侯鉞"釿"字所从僅是正反書之別。這正應了曾師的話："欲研究古文一系的文字，有賴於戰國文字的發現與研究；而要解開戰國文字中某些難解之迷，也離不開對古文資料的研究與運用。"

總之,用作軍權象徵的中山侯銅鉞,自銘爲"軍釿",釿,斤的後起字,義爲斧,"軍釿"即軍中斧鉞。

《華學》2,頁 80

○**何琳儀**(1998) 鈲,从金,瓜聲。《集韻》:"鈲,鐵鈲。"

中山侯鉞鈲,斧鉞之名,疑讀鈷。《詩·衛風·碩人》"施罛濊濊",《說文》⿸歲魚下引罛作罟。《淮南子·原道》"因江海以爲罟",《初學記·武部》引罟作罛。是其佐證。《集韻》:"鈷,斷也。"

《戰國古文字典》頁 481—482

○**劉國勝**(2004) (編按:包山 265"二少鈲")"鈲"从"瓜"得聲,疑當讀爲"壺",指銅壺。古音"瓜"屬見母魚部,"壺"屬匣母魚部,从"瓜"得聲的"狐"亦屬匣母魚部。《左傳》襄公四年"敗於狐駘",《禮記·檀弓上》鄭注引"狐駘"作"壺駘",是"鈲"可讀爲"壺"。

《古文字研究》25,頁 364

鉛

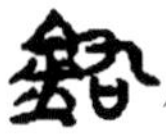包山 266 璽彙 5503

○**劉彬徽、彭浩、胡雅麗、劉祖信**(1991) 鉛,讀如㕤,《説文》:"高气也。"

《包山楚簡》頁 64

○**劉信芳**(1997) 包山簡二六九:"一鉛⿰金鬳。"鉛⿰金鬳讀如"匭甗",出土實物有甗一件(標本二:七七),由甑、鬲兩部分組成,上部甑其形如簋。此其所以稱名。著名的"軌簋"自名爲"軌",軌與鉛俱从九聲。《説文》"簋"之古文作"匭、朹",知"鉛"亦是"匭"之古文。

《中國文字》新 22,頁 203—204

○**何琳儀**(1998) 鉛,从金,㕤聲。釚之繁文。《集韻》:"釚,弩機謂之釚。或从丩、从仇。"

包山簡鉛,讀㕤。《説文》:"㕤,高气也。从口,九聲。"

《戰國古文字典》頁 166

鉩

璽彙 0345 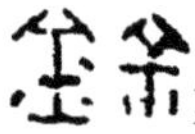璽彙 0158 包山 13 璽彙 0160

△按　“壐”之異體,詳參卷十三土部“壐”字條。

鉚

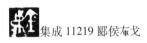

集成 11540 郾王詈矛　璽彙 3268

○**湯餘惠**(1993)　鋻,疑矛字異體,燕王兵器中的“矛”多作“鍒”,矛、卯古音同屬明紐幽部,易矛聲爲卯聲,則“鍒”可以寫成“鋻”。《集韻》鏐字的異體作“鉚”,與此不是一字。

《戰國銘文選》頁 65

○**沈融**(1994)　鋻:目前有兩種説法:前一種説法認爲是“劉”的異體,後一種説法認爲是“鍒”的異體。劉,始見於《書·顧命》:“一人冕,執劉,立于東堂。一人冕,執鉞,立于西堂。”從原文來看,劉是與鉞對稱陳列於宗廟東西兩堂的,應屬斧鉞類,不可能是矛,後一種説法是正確的。

《考古與文物》1994-3,頁 95

○**何琳儀**(1998)　鋻,从金,卯聲。《集韻》:“鉚,美玉。”晉璽鉚所从金旁少一横筆,屬省簡。

郾王詈矛鉚,讀鍒。參茅字。《玉篇》:“鍒,古文矛。”

晉璽鋻,讀劉,姓氏。帝堯陶唐氏之後,受封於劉。其地在今定州唐縣也。見《通志·氏族略·以邑爲氏》。

《戰國古文字典》頁 264

鉘

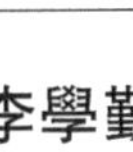集成 11219 郾侯奆戈

○**李學勤、鄭紹宗**(1982)　此戈自名爲“鋸”。另一種類型的燕戈,有突起的刃緣,胡上孑刺較多,則自名爲“鍨、鉘”或“鍨鉘”。“鉘”字或以爲應隸定爲“鉾”,與“義”字作“羛”同例。

《古文字研究》7,頁 124

○**石永士**(1984)　李學勤還認爲,燕國“胡有刺的戈稱鍨(戣),無刺的稱鋸”,此説雖有所據,但不能一概而論。如燕下都第 23 號遺址出土的Ⅱ式和Ⅲ式銅戈,胡部都有刺,而仍稱“鋸”,不稱“鍨”;Ⅳ式戈也有刺,不稱“鍨”,而

稱“鈇”。因此,我們認爲,燕國自燕易王以後,稱“鎂”、稱“鈇”、稱“鋸”,是根據官職等級的高低、職掌範圍的不同而使用的兵器也有所區別。大概是官職在“行議”以上的官員,使用的戈稱“鈇”;官職在“行議”以下的,使用的戈稱“鈇”;燕王的“侍衛徒御”使用的戈稱“鋸”。

《河北學刊》1984-6,頁 109

○**沈融**(1994)　見“鎂”字條。

○**何琳儀**(1998)　鈇,從金,弗聲。《玉篇》:“鈇,飾也。”
燕兵鈇,讀刜。見弗字。

《戰國古文字典》頁 1294

鉒

包山 147

○**何琳儀**(1998)　鈺,從金,左聲。疑鎈之省文。《玉篇》:“鎈,金光。”
包山簡鈺,讀鎈。《正韻》:“鎈,錢異名。”

《戰國古文字典》頁 879

○**劉信芳**(2003)　鉒:字從金,聲符同“怪”字之聲符,讀爲“凷”,俗作“塊”,“金鉒”即金塊。

《包山楚簡解詁》頁 150

△**按**　字應隸定爲“鉒”。

鉺

集成 12025 君軭鉺車轡

○**何琳儀**(1998)　鉺,從金,耳聲。《玉篇》:“鉺,鉤也。”
君軭鉺車書鉺,讀珥。《文選·秋興賦》“珥蟬冕而襲紈綺之士”,注:“珥,猶插也。”

《戰國古文字典》頁 76

鈐

集成 10008 欒書缶

△按　字爲"缶"之異體,參見卷五"缶"字。

鉼

 包山 252　　鉼 集粹

○**劉彬徽、彭浩、胡雅麗、劉祖信**(1991)　鉼,讀作鉼,《方言五》:"缶其小者謂之瓶。"

《包山楚簡》頁 59

○**陳松長**(1995)　"鉼 鉼"見簡 252,簡文如下:

□之金器:二鉼 鉼,二金□。

考釋曰:"鉼,讀作鉼,《方言》五:'缶其小者謂之瓶。'"(中略)

《集韻》:"鉼,卑正切,音摒。北燕謂釜曰鉼。"

《第二屆國際中國古文字學研討會論文集續編》頁 393

○**何琳儀**(1998)　鉼,从金,并聲。《爾雅·釋器》:"鉼,金謂之鈑。"

包山簡鉼,讀瓶。

《戰國古文字典》頁 833

△按　此爲"瓶"之異體,"瓶"字从瓦,表示質地爲陶器,"鉼"字从金,表示質地爲金屬。

銇

銇 璽彙 0064

○**湯餘惠等**(2001)　銇　同鈇。

《戰國文字編》頁 917

鋁

鋁 集成 00184 余義鐘

○**李家浩**(1989)　"鋁"字原文作

鋁《鳥書考》圖三一　　　鋁《鳥書考》圖三十

陳夢家先生將此字隸定作"鋓",謂即"鋁"字。按古璽"雖"字或作如下之形:

《古璽文編》八五·三一八八

此"雗"字蓋是把所從"吕"旁的兩"口"平列在"隹"旁的下邊的一種寫法。戈銘"鉛"字把所從"吕"旁的兩"口"平列在"金"旁的上邊,與此情況類似。

《古文字研究》17,頁 142

鈇

集成 4688 上官豆

○**高田忠周**(1905)　按銘曰:"上官隻之畫鎗鉹鈇,十𤕫𠳲大慈之從鈇羿,富子其寶之。"依文意,此字爲器名無疑。而《説文》無之。此古字逸文也。𢍌,此弁字實拼古文也。朕亦從弁聲者也。然此篆從金,弁聲,亦或從朕,未詳。

《古籀篇》12,頁 26—27

○**李家浩**(1986)　哀成叔鼎銘文的器名字"䲸"與富子登銘文的器名字"鈇",當是一字的異體。"䲸"從"朕"聲,而"朕"與"鈇"並從"关"(弅)、"登"古音相近。有的同志認爲這兩個字都讀爲"登",應當是可信的。

《江漢考古》1986-4,頁 85

○**何琳儀**(1998)　鈇,從金,夌聲。

上官豆鈇,疑讀鐙。《説文》:"鐙,錠也。從金,登聲。"

《戰國古文字典》頁 150

銧

集成 10299 吳王光鑑

○**黄盛璋**(1986)　吳王光鑑:"擇厥吉金,玄銧白銧,台(以)作叔姬寺吁宗彝薦鑑。"交代更爲明確,吉金即指玄銧白銧,銧即"礦"字,玄銧指銅,白銧指錫,青銅器正是要銅與錫或鉛調劑,據此可證銅器自記所有吉金皆爲鑄器之金屬原料,不是毀已鑄之器。

《古文字研究》15,頁 261

○**馬承源等**(1990)　銧,當即礦之異體。《説文·糸部》"纊"之或體從光,可證。

《商周青銅器銘文選》4,頁 366

鉊

包山 277

○**何琳儀**(1998)　鉊,从金,至聲。疑至之繁文,即銅製之箭。

　　包山簡鉊,讀箭。

《戰國古文字典》頁 1151

○**李家浩**(2003)　"鉄"字原文所从"矢"旁是倒寫的。165 號、168 號簡的"矰",38 號、60 號、138 號簡的"猣",36 號、38 號、60 號、190 號簡的"矨",所从"矢"旁也都是倒寫的,可以比較。《玉篇》金部收有一個"鉄"字,注云"箭頭"。從《玉篇》對"鉄"字的注音來看,其讀音與"矢"十分相近。"鉄"食指切,神母旨韻開口三等;"矢"尸視切,審母旨韻開口三等。因此我認爲"鉄"就是"矢"字的繁體。因爲矢的鏃是用銅作的,故在"矢"字上加注意符"金"。這與古文字"戈"或加注意符"金"作"錢"屬同類情況。大概後人不明白這一道理,見"鉄"字从"金",遂誤認爲是指矢的金屬部分"箭頭"。

《古籍整理研究學刊》2003-5,頁 6

鋀

陶彙 3·703　　　璽彙 0292

○**何琳儀**(1998)　鋀,从金,豆聲。鏄之異文。《集韻》:"鏄,《説文》酒器也。从金,豎象器形。或从豆。"

　　燕器鋀,讀鏄。

《戰國古文字典》頁 372

○**李家浩**(1998)　"鋀"字原文作鈺,舊釋爲"鈺",非是。此字所从右旁是燕國文字"豆"特有的寫法,與下錄諸字所从的"豆"旁寫法相同可證:

登　《説文古籀補補》2·6

喜　《金文編》327 頁

脰　《古璽彙編》517·5691

豎　《古璽文編》215·0605

這種寫法的"豆",與燕國文字"匡"字聲旁"垡"所从的"王"同形。燕國文字

"匡"見《古璽文編》299・3856 等。

《著名中年語言學家自选集・李家浩卷》頁 155,2002;原載《中國文字》新 24

鋧

包山 276

○**劉彬徽、彭浩、胡雅麗、劉祖信**(1991)　鋧,借作覝。

《包山楚簡》頁 66

○**劉信芳**(1997)　包山簡二七六:"霝光之童(幢),霝光結帕(翢),二馬之鋧。""鋧"與"幢、翢"連帶述及,應指馬項上的繫圈。包山二號墓漆奩上所繪之馬,其頸上皆有一套圈,此套圈爲深褐色,估計是金屬套圈。"幢、翢"即繫於此套圈之上下。秦陵出土的銅車馬,在兩匹驂馬的頸上各套有一金項圈。"鋧"讀如"覝",《説文》:"覝,繫牛脛也。"惟牛脛非繫繩處,"繫牛脛"不可解,"脛"應是"頸"字之訛。包簡"鋧"應作"繫馬頸"解。

《中國文字》新 22,頁 186—187

○**何琳儀**(1998)　鋧,從金,見聲。《集韻》:"鋧,銑鋧,小鑿也。"
楚簡鋧,不詳。

《戰國古文字典》頁 997

鋯

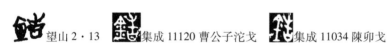望山 2・13　　集成 11120 曹公子沱戈　　集成 11034 陳卯戈

○**何琳儀**(1998)　鋯,從金,告聲。
齊兵鋯,讀造。

《戰國古文字典》頁 173

△**按**　字爲"造"之異體,重見卷二辵部"造"字條。

鋆

陶彙 3・650　　集成 10366 右里量　　陶彙 3・647　　陶彙 3・651

○**丁佛言**（1925）　鋬。

《説文古籀補補》頁 54，1988

○**石志廉**（1979）　（1）子夻子鍴（鍴）（圖一）

　　方形，壇紐，通高 2.3 釐米，邊寬 5.2 釐米，厚 0.6 釐米。傳山東臨淄出土。此璽色黝黑，間以紅斑砂礫，陽文"子夻子鍴（鍴）"四字，字極渾樸遒勁，是齊國官印的典型，在戰國璽印中如此巨璽殊不多見。

圖一　"子夻子鍴"璽

　　璽文第二字<g>夻</g>从大从土。按金文陳純釜的陳字作"<g>陳</g>"、璽文"平阿左廩"的阿字作"<g>阿</g>"、"平陰右徒"的平字作"<g>平</g>"例之，在金文、璽文中，其下从土之字，往往是繁體，土字等於虛設，故<g>夻</g>字也可能係大字的繁體。

　　夻字雖不可識，但爲人名，則無疑義。子夻子者，或係以封邑爲名。末一字<g>鍴</g>有人釋作鋬，與盨同。這種意見是值得考慮的。我們認爲<g>鍴</g>字其上部从<g>节</g>，下部从金，隸定作鍴，即璽，亦可書作鍴，其上部之<g>节</g>與《説文》節字書作<g>節</g>相同。子禾子釜的節字書作<g>節</g>。此从二<g>卪</g>者正像符節之意，<g>凵</g>即口之會意字，應釋爲鍴（鍴）。鍴即節，其下从金者蓋爲銅製也。節爲古代使者所持以作憑信的物證。此璽應名爲璽節，是古代符節的一種。《周禮·地官·司節》："門關用符節，貨賄用璽節，道路用旌節，皆有期以反節。凡通達於天下者，必有節以傳輔之，無節者有幾則不達。"古代關卡，凡貨賄之出入，必須繳納賦税，經受檢查，皆有嚴密制度管轄之。如戰國楚"鄂君啟節"銘文規定："見其金節則毋征，不見其金節則征。"戰國璽文有"行人關、維丘關、執關"等。此外還有楚"勿征關璽"。這些都是有關當時關卡徵免賦税的物證。

　　"子某子"這種稱謂在戰國諸侯大夫閒甚爲通行，尤其是在齊國，如山東膠縣出土的戰國銅量器中有子禾子釜；銅兵器中有子<g>阼</g>子戈（見《山東省出土文物選集》）、子<g>汸</g>子戈（見《小校經閣金文拓本》卷十·二十七，《三代吉金文存》卷六·三十八）；璽文中有"子栗子信鉨"（見《十鐘山房印舉》）；陶文中也有稱"子縫子"者，此稱"子夻子"與以上諸例相同。

　　我館藏有兩件有長柄杯形銅量，一大一小，傳亦山東臨淄出土，爲陳介祺舊藏。器身有陰文戳記，"右里敀鍴（鍴）"四字。右里爲地名，常見於齊國的銅、陶器銘文。敀與伯通。右里敀（伯），即右里之長，官職名。鍴（鍴）即璽節。"右里敀鍴（鍴）"銅量，從其量值觀察，可能即子禾子釜銘所謂的鈝，爲齊量的一種。右里敀鍴（鍴）大者，量值實測，容水 1025 毫升，合田齊新量之五升。小者實測容水 206 毫升，合田齊新量之一升。這種銅量上的銘文，即作爲官用之標志。

　　“子杢子鉨（鐯）”不僅形制巨大，文字雄奇，其特點是舊文文字十分高深，異常堅勁，故它和戰國時期的“丕鄴坿鉨（鐯）、鄆扈坿鉨（鐯）”等，都是專門用來爲頒發和鈐蓋陶量器所用之印。此璽的鉨（鐯）字，就説明它是作爲璽節之用的。這一發現爲古代文獻記載的璽節找到了實物依據。

　　子杢子當爲齊國統治階級中的顯赫人物。但究竟係何人，還有待進一步的探討。通過對此璽的研究，使我們認識到，凡量器或璽印中之稱鉨（鐯）者，應是齊器的特徵。

《中國歷史博物館館刊》1979-1，頁 86—87

○裘錫圭（1980）　此印末一字只見於齊國文字，其意義與“璽、印”等字類似，詳後。（中略）

　　上引最後兩條印文裏的“鉨”字，除上文已經引用過的“不其市鉨、鄭□市鉨”，和下文將要引到的“𠁥陵市□鉨”諸印文外，還見於下引古印和封泥：

　　　　子杢子鉨　　（臨淄出土古印，原藏山東省博物館）

　　　　粕（？）鄉𢀨鉨　　（臨淄出土封泥，見封泥考略 1·2 下）

　　　　右里敀（？）鉨　　（古印，見簠集 12 上）

《補補》（12·7 上）和《古陶》（12·2 下）都把這個字釋作“𦥑”。這個字的上半是兩個“卩”一個“口”，“卩”象跪坐人形，有的印文把靠左的“卩”寫作“𠂭”，也還是象人形，釋作“𦥑”顯然是不可信的。在“大市豆鉨、大市區鉨”等印文裏，豆和區本身就是器名，跟在它們後面的“鉨”決不會又是器名。各印的“鉨”字都在印文之末，地位和一般印文裏的“鈢”（璽）字相當，其字從“金”也和“鈢”字一致。看來，這應該是跟“鈢”字意義相類的一個字，究竟是什麼字，還有待進一步研究。（中略）

　　原注：這個字也許應該釋爲“節”。《説文·卩部》有“卯”字，音義缺。王筠認爲“卯”字的音義應該跟“卩”相同，猶如“秊、鯀”等字和“余、魚”等字的關係一樣（《説文釋例》卷八），其説似有一定道理。《説文》把“卩”當作符節之“節”的本字，從字形看似不可信，但讀“卩”爲“節”總應該是有根據的。齊器陳喜壺銘有“爲左大族，台寺民卯”之語（《文物》1961 年 2 期 42 頁），讀成“以持民節”，於義可通。《莊子·德充符》：“吾以南面而君天下，執民之紀……”“持民節”就是“執民之紀”（《吕氏春秋·本味》“火爲之紀”，注：“紀猶節也。”）。“鉨”當是從“金”“卯”聲的形聲字。“卯”和“卯”很可能同音。《周禮》以璽印爲節之一種，稱作璽節（見《地官》的《掌節》和《司市》），“鉨”也許

是爲璽印一類"節"所造的專字。稱璽爲節,與後來稱印爲印信同意。

《古文字論集》頁 455、458、459、466,1992;原載《考古學報》1980-3

○**朱德熙**(1983)　(7)右里殷(廄)盤　簠 12 下,又山東 3・7・53(6)同文(中略)

(7)末一字舊釋盤,以爲是器名。這個字上半從卯不從夗,釋盤不可信。《説文》卪部卯下説"巽從此"。卯的讀音很可能也跟巽相近。我們暫時把這個字隸定作鐉。裘錫圭先生指出在匋文"大市都鐉""大市區鐉"裏,豆和區本身都是器名,後頭的鐉不可能又是器名。由於鐉字總是在印文末尾出現,地位和一般印文裏的鈢字相當,他認爲鐉的意義大概也跟鈢字相類。不過鈢字從來不在器名後出現,可見這兩個字的意義還是有區別的。鈢是正式的公章,鐉大概是商品或公家器物的標記。雲夢睡虎地秦簡《金布律》:

縣、都官以七月糞公器不可繕者,有久(記)識者靡蚩之。

帶鐉字的印文就是一種"久識"。李家浩先生懷疑鐉字與燕國鈢印中常見的鍴字相當。燕印鍴字有時在器名後出現,例如:

洀谷山金鼎鍴　　（尊 2・4）

李説似可信。

《朱德熙文集》5,頁 161,1999;原載《古文字學論集》(初編)

○**吳振武**(1983)　0355 𦈛□𥁵𤲃・郢□垪(市)鑒(節)。

《古文字學論集》(初編)頁 492

○**高明**(1996)　戰國時代齊國陶文和璽印,經常出現"𥁵"字,吳大澂、丁佛言、顧廷龍均釋此字爲"鎔",裘錫圭釋爲"節",朱德熙隸定爲"鐉"。從目前所見齊國陶文、璽印和銅器銘文來看,此字的形體主要有"𥁵、𥁵、𥁵"三種。此三種字形,下部一律從"金",差異主要在上部結構。從第一種字形分析,左側寫作"𠂢",右側寫作"𠂤",中間的"𠙶"可以靠上,也可以靠下,基本形體當寫作"𠂢"。第二種字形左右兩側皆寫作"𠂢",上部形體則寫作"𠂢"。第三種字形左右兩側皆寫作"𠂤",上部形體則寫作"𠂢"。字形雖有微變,分爲三種,但在陶文、璽印和銅器銘文中的用法和意義卻完全相同,它們本當爲同字,則無可懷疑。關於字形的微變,並非故意而爲,顯然是因當時刻書者的草率或筆誤所致,故在三種字形中,必有正體與別體之分。在它們之中究竟哪一種是正體,何者爲別體呢? 我想從下圖所列的資料中,大體可以辨識(參見圖一)。

僅從圖一提供的 14 件材料來看(據不完全統計,類似材料還有 4 件,其中一件字殘,其它三件無拓本),形如第一種的計 10 件(1—3、5—10、13);形如第二種的計 3 件(4、11、12);形如第三種的僅 1 件(14)。從三種字形出現的頻率和數量分析,第一種字形數量最多,約占總數的百分之七十,其它二種共 4 件,僅占百分之三十,從字形出現的數量考察,數第一種最多。應當説正確的、符合規範的字形,必然占多數,故此字的正確寫法:下部从金,上部一側作"🔊",另一側作"🔊",中閒爲"🔊",寫作"🔊",左右形符不同。裘錫圭同志曾注意到這一點,他説:"這個字的上半是兩'卩'一個'口','卩'象跪坐人形,有的印文把靠左的'卩'寫作'🔊',也還是人形,釋作'甑'顯然是不可信的。"所謂象人形的"🔊",也不一定準靠左,有時也靠右,左右任作。主要是左右兩形符不同,一作"🔊",可釋"卩",另一作"🔊",並非人字,故裘氏將其釋作"鑒"字,也不妥當。然此字應當釋爲何字?《包山楚簡》卻爲我們提供了一個很好的對勘資料。

包山楚簡中之《卜筮祭禱》諸簡,載"大司馬悼骩遷楚邦之師徒以救郙之戠"紀年者,即有 226、228、230、232、234、236、239、242、245、247、249 共 11 組。其中悼字主要寫作🔊(226)、🔊(228)、🔊(232)等形。《包山楚簡》作者將其釋爲"悼"字。再如,《文書》簡中載有"大司馬卲陽敗晉師于襄陲之戠"紀年者,共有 103、115 兩組,其中卲字均寫作"🔊"(103),《包山楚簡》作者將其釋爲卲字。回顧 1957 年安徽壽縣九里鄉丘家花園出土的鄂君啟節,銘文也有"大司馬卲陽敗晉師于襄陲之戠"的記載,説明包山此簡所記"大司馬卲陽"與鄂君啟節所載乃同一人名,彼此發生在同一年中。關於戰國時期楚大司馬卲陽破魏之事,《戰國策·齊策》與《史記·楚世家》均有記載,"大司馬卲陽"即"楚上柱國昭陽";"敗晉師于襄陲",文獻載"破魏于襄陵"。此事發生在楚懷王六年,公元前 323 年。鄂君啟之水路二節中的卲字均寫作"🔊",故無論從字形分析,或同文獻勘校,皆證《包山楚簡》作者釋"🔊"爲卲,與釋"🔊"爲悼,均甚正確,並得到大家的公認。那麽我們就把《包山楚簡》中的"卲"與"悼"二字同齊國陶文以及印文中的"🔊"放在一起比較,此字該讀作什麼即可一目了然。

🔊簡 103　　🔊簡 228　　🔊圖一,1

🔊簡 115　　🔊簡 226　　🔊圖一,4

通過以上對比,足以證明這個困惑我們多少年的字,應當隸定爲"鑒",字體結構當爲从金,卲聲。《説文》所無。

　　鍂字在陶文、璽印中代表什麽意思呢？這是大家最關心的問題，有人說是器物的名稱，不對。因爲它常同一個具體器物名稱一起出現。如"大坏豆鍂"（圖一，5）、"大坏區鍂"（圖一，6）。從這兩枚陶文印迹分析，前者器名爲"豆"，後者器名爲"區"，豆和區都是齊國的量器，不可能在器名之後再重一個器名。我們同意裘錫圭的看法，他說："'鍂'決不會又是器名。各印的鍂字都在印文之末，地位和一般印文裏的'鉨'（璽）字相當，其字從'金'也和'鉨'字一致。看來，這應該是跟'鉨'字意義相類的一個字，究竟是什麽字，還有待進一步研究。"

　　戰國時期人們參與社會上各項活動，無論是官府或人民，代表交際雙方彼此誠信的憑證，主要是璽和節。《説文·土部》："璽，王者印也，所以主土，從土，爾聲；璽，籀文從玉。"節字《説文》作"卪"，許慎云："卪，瑞信也，守國者用人卪，澤邦者用龍卪，門關者用符卪，貨賄用璽卪，道路用旌卪。"《周禮·地官·掌節》亦有類似的記載。許慎謂璽爲"王者印也"，這是秦始皇統一六國以後的規定，而且節也成爲軍事專用，故漢代以後一般官吏或人民皆改璽爲印或章。戰國時代齊國還發現另一表示誠信之物，即"鍂"，它同鉨一樣，由於皆爲銅鑄，故兩字皆從金。如鉨字，原爲象形寫作"尒"，後增金符作"鉨"。鍂字原當爲卲，是一從卪召聲的形聲字，意符從"卪"，足可説明鍂同鉨、卪性質相同，皆爲代表誠信的憑證。鍂與鉨、卪三者性質雖同，但用法各異。關於鉨與卪的使用，先秦文獻均有詳細記載，不過字形卻有很大改變，鉨改作"璽"，卪改用"節"。鍂字，字書未收，文獻也未載，它改用了什麽字？過去一無所知。《説文》收有"卲"與"鉊"二字，字形與之相同或相近，許氏將前者釋爲"高也"，後者謂爲"大鎌"，看來皆同本字的意義無關。從"鍂"在陶文中的作用及其所表示的意義分析，同璽的作用相似，均爲代表誠信的憑證，姑疑它可能就是文獻中所用的"照"字。按照與昭、炤，古同字異體，皆作光耀、透明之義，引申則爲檢驗、察照；照與鑒同，《廣雅·釋詁》："鑒，照也。"鑒、照均有審察、鑒定之義。《詩經·小雅·小明》"明明上天，照臨下土"，鄭《箋》云："照臨下土喻王者當察理天下之事也。"《論衡·吉驗》"前後氣驗，照察明者"；《後漢書·郅壽傳》"以自鑒照，考知政理"；《晉書·郭璞傳》"照察幽情"；到後來"照"又由審察、驗證演變成由官府審察檢驗後發給的合格憑證。如《文獻通考·田賦考》"取索契照"；宋王明清《玉照新志》卷三"今後不得妄發照牒"；《朱子語類》卷六四"遠人來，至去時，有節以授之，過所在爲照"；范仲淹《奏乞指揮管設捉賊兵士》"明立照證，處斬訖奏"；《宣和遺事》前集下"歸家切恐公婆責,也賜金杯作照憑"。這種情況一直延續至今,凡由官府發給人民帶有文字説明的憑證,都可稱作"照"。諸如房照、地照、車照、船照、執照、護照,等等,都是經過官府各有關部門審察檢驗後發給的合格憑證。它們雖與齊國銅、陶量器上印的"大坿豆鈢、大坿區鈢、均亳釜鈢",及臨淄出土的銅升"右里敀鈢",彼此所處時代不同,使用的方式也不同,但它們所起的作用,卻同屬於一種性質。升、豆、區、釜、鐘是齊國五種不同的量器,《左傳》昭公三年載晏子的話説:"四升爲豆,各自爲四,以登于釜,釜十則鐘。"圖一,1的"右里敀鈢",即近來在臨淄故城出土銅升上的銘文。圖一,5"大坿豆鈢";圖一,6"大坿區鈢",以及山東鄒平出土的"均亳釜鈢",其印文則表示升、豆、區、釜四件量器,分別由"右里、大坿、均亳"各地方官府監製,其中的"鈢"字,即代表官府檢驗合格的鑒證。

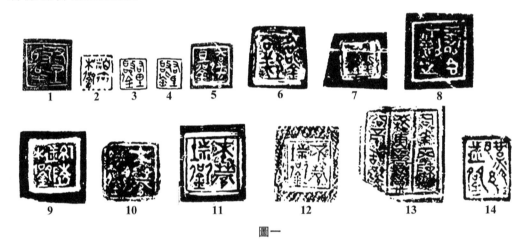

圖一

1.《管子學刊》1993年3期49頁圖1、2,山東臨淄梧臺鄉東齊村出土銅升　2.《封泥考略》卷一2頁,齊封泥　3.《簠齋手拓古印集》12下,録自《古文字學論集》413頁圖四,齊印　4.山東博物館藏陶文拓本,録自《古文字學論集》413頁圖五,齊陶文　5.《古陶文彙編》3.653,齊陶文　6.《古陶文彙編》3.655,齊陶文　7.《古陶文彙編》3.654,齊陶文　8.《古陶文彙編》3.647,齊陶文　9.《古陶文彙編》3.652,齊陶文　10.《陶鈢文字合證》2上,齊陶文　11.《古陶文彙編》3.649,齊陶文　12.《古陶文彙編》3.651,齊陶文　13.《山東鄒平縣苑城村出土陶文考釋》,《文物》1994年4期　14.《古鉨彙編》0355,齊印

《考古》1996-3,頁68—71

○何琳儀(1998)　《説文》:"鐉,所以鈎門户樞也。一曰,治門户器也。从金,㕤聲。"

　　齊器鐉,疑讀撰。《集韻》:"撰,持也。"或讀鐫。(《説文》"腃或作燃",是其證。)《廣雅·釋言》:"鐫,鑒也。"《方言》二:"鐫,琢也。"注:"鐫,謂鑿鐫也。"

《戰國古文字典》頁1356

鎞

包山 252

○**劉彬徽、彭浩、胡雅麗、劉祖信**（1991）　鎞，讀作罌。《漢書·韓信傳》："以木罌缶渡軍。"顏師古曰："罌缶謂瓶之大腹小口者也。"二瓶罌可能是指東室的一對小口短頸壺。

《包山楚簡》頁 59

○**陳松長**（1995）　鎞當即鉼字的繁文，戰國文字中，"心"作爲增繁無義偏旁，多有所見（詳見何琳儀《戰國文字通論》）。而井與开在古文字形體中，亦多相通。例如戰國文字中，邢、邦同字，而篆文中，荆、刑通用。因此，鉼也許就是鈃字。《説文》："鈃，似鍾而頸長。"由是可知，即有腹而長頸的酒器。如果它確是指墓内東室中的小口短頸壺，那似乎意味着《説文》所記，與戰國時物已有了一些差别。

《第二届國際中國古文字學研討會論文集續編》頁 393—394

○**何琳儀**（1998）　鎞，從金，井聲，心爲繁化部件。《五音篇海》："鎞，音并。"包山簡鎞，讀鈃。《説文》："鈃，似鍾而頸長。從金，开聲。"

《戰國古文字典》頁 819

錶

包山 260

○**湯餘惠等**（2001）　錶。

《戰國文字編》頁 921

錒

圝彙 0864

○**康殷、任兆鳳主輯**（1994）　錒。

《印典》4，頁 2805

○施謝捷(1998)　　0864　　長不‧長不鋍(敬)。

《容庚先生百年誕辰紀念文集》頁 645

○魏宜輝、申憲(1999)　　長不鋍

《彙》0864

　　　此璽著録於《古璽彙編》0864,第三字未釋,寫作:長不□。

　　　今按:未釋之字應隸定作"鋍",從金從苟,讀作"敬"。"鋍"字所從"苟"舊不識,但比較古文字中的"苟"及從苟之字,可以確認爲同一字:

　　　　苟《彙》4223　　　苟《彙》4257　　　苟《彙》4208　　　苟中山王嚳鼎

　　"苟"在古璽文字中多寫作"苟",或省作"苟、苟、苟"。

《彙》4005

　　　　"鋍、敬"皆從"苟"得聲,可以互通,《彙》0864 應讀作"張不敬"。古人有以"不敬"爲名的,《彙》4005 有"其母不敬"。漢印中亦有以"不敬"爲名的例子。

　　以"不敬"爲名似乎有所不敬,但細索古籍、印譜,仍能發現此類姓名。春秋時晉卿韓簡子即名不信。齊哀公名不辰,《史記索隱》引《系本》作"不臣"。《史記‧趙世家》載趙武靈王使田不禮相其長子安陽君章,後田不禮作亂敗死。《貞圖》上 23 著録的十一年庫嗇夫鼎銘文有:"十一年庫嗇夫肖(趙)不茲,鼩氏大命(令)所爲,空(容)二斗。"趙不茲當讀爲"趙不慈"。《彙》2791 著録的一姓名古璽,作"君(尹)不孫(遜)"。和"不信、不臣、不禮、不慈、不遜"這類名字一樣,"不敬"表達的内涵可能並非如字面的含義,而是在特定的語境裏的一種表達方式。

《東南文化》1999-3,頁 99

鍒

鍒 包山 115

○劉彬徽、彭浩、胡雅麗、劉祖信(1991)　　鍒金,從簡文内容可知鍒金是黃金。鍒,似借作采。《漢書‧魏相傳》:"又數表采易陰陽。"注:"撮取也。"鍒金或指砂金,以區別於版金。

《包山楚簡》頁 47

○何琳儀(1998)　　鍒,從金,采聲。

　　包山簡"鍒金",讀"彩金",似即"砂金"。形呈粒狀,體微透明,色乳白,往往帶紅色,能放磷光。故稱"彩金"。

《戰國古文字典》頁 97

鉥

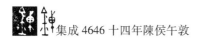集成 10374 子禾子釜

△按　子禾子釜:"閈(關)鉥節于斁(廩)半。"用爲器銘。

錘

睡虎地·秦律 130

○何琳儀(1998)　鎃,从金,巫聲。疑錘之異文。《説文》:"錘,八銖也。从金,垂聲。"

睡虎地簡鎃,讀錘。

《戰國古文字典》頁 869

鋏

集成 4646 十四年陳侯午敦

○何琳儀(1998)　鋏,从金,臾聲。

陳侯午錞鋏,讀腴。《説文》:"腴,腹下肥也。从肉,臾聲。"錞形制渾圓,鋏疑就其形制而言。

《戰國古文字典》頁 376

鉊

信陽 2·27

○何琳儀(1998)　鉊,从金,召聲。《集韻》:"鉊,連環也。"

信陽簡鉊,鉤上連環。見《集韻》。

《戰國古文字典》頁 1444—1445

鎊

鎊 包山 260

○ **劉彬徽、彭浩、胡雅麗、劉祖信**（1991）　鎊。

《包山楚簡》頁 38

○ **劉信芳**（1997）　"鎊"謂矢箙。

《中國文字》新 22，頁 188

○ **劉信芳**（2003）　鎊：謂矢房。

《包山楚簡解詁》頁 278

○ **李守奎**（2003）　鎊。

《楚文字編》頁 801

鈦

鈦 曾侯乙 80

○ **何琳儀**（1998）　鈦，從金，太聲。疑鍛之異文。《説文》："鍛，鈹有鐔也。從金，殺聲。"

隨縣簡鈦，疑讀鍱。《禮記‧緇衣》"葉公之顧命曰"，《逸周書》葉作祭。是其佐證。《廣雅‧釋器》："鍱，鐶也。"或作鐷。《集韻》："鐷，鐶也。"簡文鈦似馬具所附之鐶。

《戰國古文字典》頁 943

鞤

鞤 璽彙 2957

○ **羅福頤等**（1981）　鞤。

《古璽彙編》頁 280

○ **何琳儀**（1998）　鞤，從金，革聲。
　　晉璽鞤，人名。

《戰國古文字典》頁 31

鏠

集成 11491 行議矛

○**高田忠周**(1905)　按依戈作鈛之例,此爲戣字無疑。从金亦从鑄省也。

《古籀篇》26,頁 6

○**柯昌濟**(1935)　鏠字説戈(按疑文之誤)所無。《集韻》:"渠龜切,音馗,與戣同。"《説文》:"戣,周制,侍臣執戣,立於東垂,兵也。从戈,癸聲。"

《韡華閣集古録跋尾》頁 337

○**强運開**(1935)　鏠,郾王聱戈。《集韻》:"鏠兵也。"與戣同。

《説文古籀三補》頁 62,1986

○**沈融**(1994)　鏠通戣,戣从戈。鏠,本當是一種戈類武器。"行議鏠"矛的存在,打破了燕國有銘銅戈對於"鏠"的包含關係。戈爲勾兵,矛爲刺兵,戈矛本無使用同一名稱之可能。但是,戈矛可以組裝成一種勾刺兩用的兵器——戟。戟本从戈,矛頭如作爲戟刺、成爲戟的一個組成部分,則有可能刻上與戟戈同樣的名稱。據此,可充分斷定"行議鏠"矛是一件戟刺,充當戟刺是該矛自名爲"鏠"的唯一前提。

《考古與文物》1994-3,頁 93

○**何琳儀**(1998)　鏠,从金,癸聲。戣之異文。《集韻》:"戣,《字林》兵也。或从金。"參癸字。

燕兵鏠,讀戣。《書·顧命》"一人冕執戣",傳:"戣、瞿,皆戟屬。"

《戰國古文字典》頁 1189

鍴

璽彙 0363

○**何琳儀**(1998)　鍴,从金,耑聲。《方言》九:"鑽謂之鍴。"

燕器鍴,讀瑞。《玉篇》:"瑞,信節也。"

《戰國古文字典》頁 1028

△**按**　字讀"瑞",爲燕系文字所特有的字形。

鎮

集成 2101 三斗鼎

○**何琳儀**(1998)　鎮,从金,貞聲。鋾之異文。《集韻》:"鋾,《博雅》鋾槍,聲也,亦作鎮。"

　　晉金鎮,讀鼎。見貞字。

　　望山簡鎮,疑讀鼎。

　　　　　　　　　　　　　　　　　　《戰國古文字典》頁 794

錫

新收 1412 王四年相邦張儀戈

○**李學勤**(1992)　戟内背面"錫"字,是置用地名。《漢書·地理志》漢中郡有錫縣,在今陝西白河縣東,緊鄰湖北。按秦惠王後元十三年(前 312 年),秦庶長章(魏章)擊楚於丹陽,虜楚將屈丐,斬首八萬,又攻楚漢中,取地六百里,置漢中郡。錫一帶地區,當爲該次戰役所得。

　　　　《綴古集》頁 140,1998;原載《中國社會科學院研究生院學報》1992-5

○**何琳儀**(1998)　錫,从金,易聲。鐊之省文。《集韻》:"鐊,《說文》馬頭飾也。或作錫。"

　　王四年相邦戈錫,地名。《左·哀十二》:"宋鄭之間有隙地焉,曰彌作、頃丘、玉暢、喦、戈、錫。"在今河南杞縣、通許、陳留之間。

　　　　　　　　　　　　　　　　　　《戰國古文字典》頁 670

鍑

包山 127　天星觀

○**李家浩**(1998)　天星觀楚墓竹簡卜筮類記有一種鐘叫"鍑鐘","鍑"字原文所从"前"旁也寫作"𣤶"。原簡說:

　　　　(2)㮣禱巫豬一酉(酒),鍑鐘樂之。

(1)的"前鐘"跟(2)的"鍑鐘",顯然是指同一種鐘。因"前鐘"是鐘名,故"前"或从"金"作"鍑"。

《爾雅・釋器》:"大鐘謂之鏞,其中謂之剽,小者謂之棧。""前、棧"音近古通。《詩・召南・甘棠》"勿翦勿伐",陸德明《釋文》引《韓詩》"翦"作"剗"。《禮記・玉藻》"凡有血氣之類,弗身踐也",鄭玄注:"踐,當爲'翦',聲之誤也。"《周禮・夏官・量人》鄭玄注引《禮記・明堂位》"爵,夏后氏以琖",陸德明《釋文》引劉昌宗本"琖"作"湔"。《玉篇》木部:"槧,子田切,古文棧。"《爾雅・釋草》等所説的草名"車前",馬王堆漢墓帛書《養生方》作"車踐、車戔"。據此,(1)的"前鐘"之"前"和(2)的"鋤鐘"之"鋤",皆應讀爲《爾雅・釋樂》小鐘謂之棧之"棧"。

《簡帛研究》3,頁 1—2

鍉

望山 2・6

○何琳儀(1998)　鍉,从金,是聲。《集韻》:"鍉,歃器。"

望山簡鍉,讀題。《後漢書・隗囂傳》"奉盤錯鍉",注:"臣賢按,簫該音引《字詁》鍉即題,音徒啟反。《方言》曰,宋楚之閒,謂盂爲題。"

《戰國古文字典》頁 752

○袁國華(2002)　"鍉鐶"一詞之"鍉",古音有四種讀法:一、禪母支部;二、定母支部;三、端母脂部;四、端母藥部。故疑"鍉"字可有以下兩種讀法:

(一)"鍉"與"提"通假,作"懸持"義。"提"古音屬禪母支部,與"鍉"同音。"提"《説文解字》云:"挈也。"段玉裁注:"挈者,懸持也。"故所謂"鍉鐶"即"提環",係指"車上可以懸物之銅環"。

(二)"鍉"與"題"通假,作"額頭"義。"題"古音屬定母支部,與"鍉"同音。"題"《説文解字》云:"額也。"即指"額頭"。若從此義,則所謂"鍉鐶",可讀作"題環",意指"車馬具中馬首上之環飾"。

以上二説,似以前説爲優,惟簡文未能提供確鑿證據,兼之目前所見先秦車馬器具十分複雜,故二説並存,以俟他日。

《古文字研究》24,頁 371

鍈

包山 261

○**劉彬徽、彭浩、胡雅麗、劉祖信**（1991）　鎮柜，讀如昊躒。《爾雅·釋獸》"鳥曰昊"，注："張兩翅。"躒，《説文》："離渠也。"《爾雅》"罵鴿離渠"，郭注："雀屬也，飛則鳴，行則摇。"《詩·小雅》"脊令在原"，陸機疏："大如鶡雀，長腳長尾尖喙，背上青灰色，腹下白，頸下黑如連錢。"椁室中有兩件銅鳥，作張翅狀，可能是昊躒。

《包山楚簡》頁 62

○**劉信芳**（1997）　包山簡二六一："一鎮柜。""鎮"讀如"鶪"，"鎮柜"應是疊韻連語。《爾雅·釋鳥》："鶪，伯勞也。"《詩·豳風·七月》："七月鳴鶪。"疏引陳思王《惡鳥論》："伯勞蓋賊害之鳥也，其聲鶪鶪，故以其音名。"知"鎮柜"讀如"鶪鶪"，該墓出土銅鳥二件。形制有所不同，應是一對爲計數。

《中國文字》新 23，頁 111

○**何琳儀**（1998）　昊，從目從犬，會犬視之意，犬亦聲。昊，見紐；犬，溪紐；昊爲犬之準聲首。《説文》："𢦏，犬視皃。從犬、目。"亦作瞁。《廣韻》："瞁，驚視。"

鎮，從金，昊聲。

包山簡鎮，不詳。

《戰國古文字典》頁 742

鏄

曾侯乙 11

○**張鐵慧**（1996）　簡 11 又有字作""，簡文中一見。《釋文》隸作"鏄"，《考釋》未加説明。疑此字即"鏄"字。

《説文》："聿，所以書也。楚謂之聿，吳謂之不律，燕謂之弗。從聿，一聲。""肀，聿飾也。從聿從彡。俗語以書好爲肀。讀若津。""津，水渡也，從水，肀聲。"按肀所從的"彡"爲飾筆。聿、肀二字可能只是一字繁簡的不同，由此分化出聿、肀二字，聿、肀二字本爲一字之分化，故在古文字中聿、肀可相通。侯馬盟書"盡"字作下揭諸形：

a 盡 二〇〇：五七　　b 盡 一五六：一五　　c 盡 一：七

d 盡 一九八：一五　　e 盡 三：二

上引盡字 a 形從聿從皿，b、c、d 三形從肀從皿，即《説文》"盡"字；e 形從燼從皿,即《説文》"盡"字。可見,聿、聿通作。故"鉢"即从金从聿的"鉢"字。"鉢"見於《玉篇・金部》"鉢,針"。亦見於《集韻》入聲術韻下:"鉢,針也。"簡11 云:"䖑,銚,敀,兼,鉢,簜烑囗。"簡文前五字每一字之閒均有標點隔開,從辭例文意看,當指五種物品之名。䖑,疑讀爲"鋃",《説文》:"鋃,鋃鐺,瑣也,从金,良聲。"敀、兼二字裘錫圭、李家浩先生謂"敀即訓爲鍬的臿,兼讀爲鎌",可從。鉢意爲針,疑指一種類似今之錐子的尖狀物,則簡文所指的五種物品當爲:一把鎖,兩把鍬,一把鎌及一個尖狀物。

《江漢考古》1996-3,頁 70—71

○何琳儀(1998) 鉢,从金,聿聲。

隨縣簡鉢,疑讀鉢。《集韻》:"鉢,針也。"

《戰國古文字典》頁 1155

○劉信芳(2006) 鉢,疑讀爲"矡"。《漢書・項籍傳》引賈誼《過秦論》"鉏櫌棘矜,不敵於鉤戟長鎩",顔師古注:"矜與矡同,謂矛鋋之杷也。"《説文》"矜",清代學者據石經正爲"矜"。鉢从聿聲,包山簡 199"聿(盡)犀(萃)歲(歲)",聿同盡,上古音在真部邪紐,矡在文部群紐,於韻部真文旁轉,於聲紐齒音與牙音發音部位相近,知鉢應讀爲矡。

《簡帛》1,頁 6

盠

集成 9426 楚叔之孫途爲盠

△按 字爲"盉"之異體,參卷五皿部。

鎬

鉎集成 11534 吳王夫差矛

○張舜徽(1984) 此八字銘文,末一字自爲器名無疑。右旁所从之𠂇,當即乍字。其字从金,乍聲,蓋爲矠之異文。《説文・矛部》云:"矠,矛屬。从矛,昔聲,讀若笮。"矠之音義,實通於籍。《説文・手部》云:"籍,刺也。从手,籍省聲。《春秋國語》曰:'籍魚鼈。'"許慎在書中所引《國語》作籍,今本《國語》作矠,是矠與籍的古通。矛之爲用,能刺傷物,故亦名爲矠。《廣韻》矠、籍二字,

均標音士革切，是音讀本同。古從昔聲之字，與從乍聲之字相通，故酢本作醋，經傳多作酢；"醬醋"字本作酢，今乃作醋；皆其明例。《説文》云："猎讀若笮。"亦昔聲、乍聲相通之證。鈬與猎實一字。

《長江日報》1984-1-25

○**田宜超**（1984）　"鈬"從"金"，"乍"聲，當讀若"笮"。《廣韻・入聲・鐸》："鈬，銻也。"《説文・金部》："銻，曲銻也。"或單稱"曲"，即今"鹽箔"。《莊子・内篇・大宗師》："或編曲，或鼓琴……"《經典釋文》引李頤集解："曲，鹽薄。"《詩・豳風・七月》："七月流火，八月萑葦。"毛傳："蔄爲萑；葭爲葦。豫畜萑葦，可以爲曲也。"可見古代的"曲銻"是用蘆葦編織而成的。如果"鈬"的本義訓"銻"或"曲銻"，則其字不應從"金"。今字從"金"，便説明訓"銻"或"曲銻"不是它的本義，而是它的假借義。古代文字，失其本義，而以假借義流傳於世的情況很多，這是不足爲奇的。至於它的本義，則應當訓"矛"或"矛屬"。爲甚麽説它的本義應當訓"矛"或"矛屬"呢？因爲根據中國古代形聲字變化發展的規律，"鈬"是"猎"的異構。

《説文・矛部》："猎，矛屬。從矛，昔聲，讀若笮。"

《廣韻・入聲・麥》："猎，矛也。"（**中略**）

"猎"從"矛"，説明"猎"是屬於矛一類的兵器。但由於這種兵器是青銅鑄造的，所以"猎"字左邊的"矛"可以寫作"金"。"猎"從"昔"聲，説明"猎"的讀音"昔"相同或相近。但由於"昔"與"乍"古音相通（説見上），所以"猎"字右邊的"昔"可以寫作"乍"。因此，"猎"可以寫作"鈬"，由從"矛""昔"聲，變爲從"金""乍"聲，而仍然不失本字的涵義和讀音。（**中略**）

按：古代"笮"與"鈬"同音，可見"猎"與"鈬"的讀音也是相同的。既然"猎"與"鈬"的讀音相同，而"猎"訓"矛屬"，"鈬"又出現在矛上，那麽"猎"與"鈬"的涵義相同，這是毫無疑問的了。因此，我們作出"鈬"是"猎"的異構這個最後的結論。

但是到了中古，"猎"卻分化爲"楚革切"與"士革切"，而不再讀若"笮"了；只有"鈬"仍然保持着原始的讀音。從此以後，訓"矛"的本義便被讀"楚革切"的"猎"所獨占，讀"士革切"的"猎"引申爲"以矛取物"，而"鈬"則失其本義，以訓"銻"的假借義流傳於世了。

《江漢考古》1984-3，頁 70—71、77、79—80

○**曹錦炎**（1989）　末一字作"釫"，當是"鈬"之或體，金文首見，自爲器名無疑。

鈬，讀爲"猎"。《説文》："猎，矛屬，從矛，昔聲，讀若笮。"可見猎也是矛之一種。古從乍聲與昔聲之字每每相通,如"酬酢"字本當作醋,經傳卻作酢,"醬醋"字本當作酢,後世都作醋;《説文》耤"讀若窄",均是昔、乍相通之證,鈼與耤實爲一字。

《古文字研究》17,頁84

○王人聰(1991) 我們認爲其右旁上部應是从字,爲篆文从字的反寫。將其與《金文編》所收麥盉反寫的从字偏旁作比較,可以看出兩者的結構是一致的,矛銘的从字只是將右側人字的豎筆與左側人字的斜筆相連而已。矛銘此字右旁的下部,則應是止字的訛變。在金文中,止字由於書寫簡率的原因,訛變的形體較多。

(中略)根據以上的分析,此字實爲从金从辵,應釋爲鍯字。鍯即鏦,古文字从辵之字亦可省作从止,如過伯簋過字作過,而過伯爵則省作𨒃即是其例。

《文物》1991-12,頁92

○何琳儀(1998) 鎢,从金,烏聲。《玉篇》:"鎢,鎢錥,小釜也。"

吳王夫差矛鎢,疑讀釪或鋘。《集韻》:"𥄂,《説文》兩刃臿也。或作鋘。"《吳越春秋》載夫差夢"兩鋘殖吾宮牆"。或讀禑。《集韻》:"禑,矛屬。"

《戰國古文字典》頁441

○馮時(2000) 當以釋"鋊"爲是。"鋊"爲器名,可讀如鏂。鋊字从金,於聲,鏂从也得聲,古音於屬影紐魚部字,也屬喻紐魚部字,聲爲雙聲,韻爲疊韻,同音可通。也、殹古通用無別,廣見於《石鼓文》《詛楚文》《瑯琊刻石》及秦權秦斤。殹與於可以通假。《楚辭・遠遊》:"夕始臨乎於微閭。"《爾雅・釋地》於微閭作殹無閭,是於、也相通之證。

《古文字研究》22,頁114

鏲

包山168   集成11588 韓鍾劍

○張頷(1981) "鏲"即"韓"字,金文中多作"𩏿","侯馬盟書"和"沁陽盟書"中作"𩏿";而此劍銘文从金,韓聲,斷爲"韓"字是無疑的。至於左旁从"金"乃爲附飾,與"韓"姓氏本字無義可訓。

《古文字研究》5,頁89

○何琳儀(1998) 鏲,从金,倝聲。

包山簡鈢,人名。

《戰國古文字典》頁 968

鏇

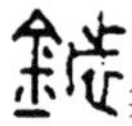集成 11643 郾王職劍

○**何琳儀**(1998) 鏇,从金,旅聲。

燕王職劍鏇,讀旅。

《戰國古文字典》頁 566

鑵

天星觀

○**何琳儀**(1998) 鑵,从金,堇聲。

天星觀簡鑵,讀墐。《説文》:"墐,拭(編按:引文原作"拭[飾]")也。从手,堇聲。"

《戰國古文字典》頁 1322

鑼

侯馬 3:2

○**黄錫全**(1986) 侯馬盟書宗盟類"[glyph]敢不閛其腹心以事其宔",第一字,《侯馬盟書》列入存疑字,爲參盟人名。

按金文中"彤沙"字,袁盤沙作[glyph],休盤作[glyph],無叀鼎作[glyph];而逆鐘作[glyph],師嫠簋作[glyph]。郭老説:[glyph]"蓋即沙綏字之本字也,其字从尾,沙省聲"。又,《汗簡》録《義雲章》沙作[glyph],即[glyph]訛([glyph]爲[glyph]訛,[glyph]爲[glyph]誤)。《汗簡》保存了這一古體,並且釋文爲沙是很可貴的,足證郭老釋[glyph]爲沙是確切無疑的。上揭侯馬盟書第一字右旁[glyph]即[glyph],實與金文、《汗簡》沙同字,應該隸作鑼,釋爲鈔。

《廣韻》有鈔字,素何切。"鈔鑼"爲銅器名。

侯馬盟書“鈔”爲人名。

《古文字研究》15,頁 140

○**何琳儀**(1998)　鑤,从金,屢聲。疑鈔之異文。《説文》:“鈔,鈔鑼,銅器。”侯馬盟書鑤,人名。

《戰國古文字典》頁 883

鐵

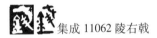集成 11062 陵右戟

○**杜宇、孫敬明**(1992)　戈之“戟”或釋爲鐵。字从“金”从“戈”从“丯”,“戟”乃戰國時期齊韓兵器名“戟”字的異體。再者,湖北隨縣曾侯乙墓所出土的銅戈上的戟字,有的亦與此近同,只是省去“金”字偏旁。齊兵銘文之中“戈”从“金”作,與此戟从“金”作爲同理。

《管子學刊》1992-2,頁 89

○**何琳儀**(1998)　鐵,从金,戟聲。疑戟之繁文。
齊兵鐵,讀戟。

《戰國古文字典》頁 491

△按　字从金从戟,爲“戟”之異體,猶“戈”之作“錢”。

鑅

包山 254

○**劉信芳**(1998)　包山簡 254:“二鑅”,鑅字从金从娄,讀如㻬(編按:原文作㻬)。

《容庚先生百年誕辰紀念文集》頁 608

○**何琳儀**(1998)　鑅,从金,坴聲。坴之異文。《説文》:“坴,坴墣,玉也。从玉,來聲。”
包山簡鑅,讀坴。

《戰國古文字典》頁 80

鑠

璽彙 1090

○**何琳儀**（1998）　鑠，从金，喪聲。疑鑠之繁文。《集韻》：“鑠，鈴聲。”
晉璽鑠，人名。

《戰國古文字典》頁 707

鎔

郭店·老丙 7

【鎔繻】

○**荆門市博物館**（1998）　銛，簡文右上部是“舌”，下部是“肉”。“銛繻”疑讀
作“恬淡”。帛書本作“銛襲”，整理者云：“銛、恬古音同，襲、淡古音近。”

《郭店楚墓竹簡》頁 122

○**裘錫圭**（1998）　第一字右上部似非“舌”，第二字从“龔”，恐亦不能讀爲
“淡”。此二字待考。

《郭店楚墓竹簡》頁 122

○**裘錫圭**（1999）　王弼本“恬淡”二字，今傳各本於“淡”字或有異文，但音義
實無別。此二字帛甲本作“銛襲”，帛乙本作“銛憹”，帛書整理小組皆讀爲“恬
淡”；簡文作“銛繻”，整理者亦疑當讀作“恬談”（**原注**：《郭店》122 頁注一一。我加在此
注後的按語謂“銛”字之釋可疑，不確，附正於此）。

遠在帛書本和郭簡出土之前，勞健在《老子古本考》中就指出“用兵而言
恬淡，雖强爲之詞，終不成理”，他認爲“恬談”“乃‘銛鋭’之訛，謂兵器但取銛
鋭，無用華飾也”。簡文和帛書甲、乙本皆用“銛”字，可見勞氏實有卓識。但
他以下一字爲“鋭”字之訛，則不可信。簡文“銛”下一字从“糸”“龔”聲。
“龔、襲”同音，與“工、功”都是見母東部字。此从“糸”“龔”聲之字似當讀爲
“功苦”之“功”。《國語·齊語》“辨其功苦”韋注：“功，牢也。”《管子·七法》
“器械不功”尹注：“功謂堅利。”銛功爲上，就是説兵器以堅利爲上。“龔、龍”
上古音相近，《説文·三上·奴部》説“龔”从“龍”聲。所以帛乙本的从“心”
“龍”聲之字也可讀爲“功”。帛甲本的“襲”應是从“龍”聲之字的形近訛字。
“襲、淡”二字上古音相距不遠。“襲”屬邪母，“淡”屬定母。“襲”本以从二
“龍”之字爲聲旁，此字即屬定母。“襲”屬緝部，“淡”屬談部，兩部有旁對轉
關係。可能有人將“銛襲”一類異文讀爲“恬淡”，遂爲今本所襲用。

《道家文化研究》17，頁 51

○**李零**（1999）　上字右半厂字下从肉之字正是楚文字中的"舌"字（參看《語叢四》簡19"舌"字），讀"恬"是可以的；下字从龔，古書从龍之字多在東部，當然與"淡"字的讀音相差較遠（"淡"是定母談部字），即使如馬甲本作"襲"，讀音也有差距（"襲"是邪母緝部字），但古書有"聾"字，是章母葉部字，與"淡"字讀音相近，馬乙本从心从龔的字也可能是這個字（古文字心旁、言旁往往互易），照後一種情況，讀"淡"也是可以的。

《道家文化研究》17，頁475

○**劉釗**（2000）　"鐪"字《郭店楚墓竹簡》一書直接隸定作"銛"是錯誤的。此字从"金"从"厝"。"厝"从"厂"从"甬"。"甬"从"甘"从"肉"。"甘"爲"舌"字無可疑，金文師楷鼎"酤"字作"酤"，所從"舌"旁與"甘"極近。區別只是"甘"字上部中間沒能貫寫下來而已。"甬"下加"肉"爲贅加之義符，郭店楚簡《語叢四》"若齒之事舌"的"舌"字作"甬"，字正从"肉"作可證。"厝"字又見於楚鄂君啟節的地名用字，作如下之形：厝

其結構應分析爲在"甬（舌）"字上纍加聲符"厂"而成。

按已知國差甔的"鐪"字作：鐪《金文編》三六九

由此可知"厂"字在古文字中或用爲"产"字的初文。古音"产"在章紐談部，从"舌"聲的"恬"在定紐談部，"銛"在透紐侵部。章、定、透三紐皆爲舌音，侵、談二部例可旁轉，因此"甬（舌）"可加"产"爲聲。鐪从"厝"聲，而"厝"又从"舌"聲，如此"鐪（**編按**：劉文原作鐪，疑誤）"字無疑應隸定作"鐪"，釋爲"銛"。因爲"銛、恬"皆从"舌"聲，所以"銛"在簡文中可以讀作"恬"。

繟字从"龔"聲，而龔字从"龍"聲。古音"龍"在來紐東部，"淡"在定紐談部。"龍"與"談"聲雖可通，韻卻遠隔。對此史傑鵬先生提出了一種解釋。他指出秦地方言有些收尾音有脣、喉不分的現象。如《左傳·文公十年》的閻職，《史記·齊太公世家》引作庸職；又如司馬遷在《報任安書》中提到當時寵臣趙談時，爲避父諱寫作"同子參乘"。用"同"字替代"談"字；還如信陽楚簡227號簡中有"鋑匕"一詞，《儀禮·有司徹》作"桃匕"鄭注："今文桃作抗。"以上庸與閻、同與談、抗與鋑，都是東部字與談部字的關係。他認爲這與郭店楚簡"繟"通作"淡"情況相同。

按史傑鵬先生的解釋有一定道理，可見"繟"字確有通作"淡"的可能。

但"繟"讀爲"淡"於音上終歸還很迂曲。筆者在此提出另一讀法，供學術界參考。我認爲"繟"可讀作"愉"，"鐪繟"應讀作"恬愉"。"愉"从"俞"聲，

古音在喻紐侯部,與來紐東部的"龍"聲皆爲舌音,韻爲陰陽對轉,所以"纋"讀爲"愉"於音理上没有問題。郭店楚簡《五行》篇有"龠〈喻〉而知之謂之進之"一句話,"龠"字從"龍"省,在簡文中讀作"喻"。《郭店楚墓竹簡》一書釋文在"龠"字後標作"〈喻〉",顯然就是認爲"龠"爲"喻"之錯字。其實"龠"應是一個從"龍"省聲的字,換個角度思考,完全可以認爲"龠"與"喻"是通假的關係。今本《老子》三十二章"天地相合,以降甘露,民莫之令而自均"。馬王堆帛書本作"天地相合,以俞甘露,民莫之令而白均焉"。郭店楚簡《老子》甲作"天地相合也,以逾甘露,民莫之令而白均焉"。對於"降"與"俞、逾"的差别,馬王堆帛書研究組注謂:"'俞'疑讀爲'揄'或'輸'。"《郭店楚墓竹簡》一書注釋認爲其説"可從"。高明先生《帛書老子校注》一書讀"俞"爲"雨"。劉信芳先生則讀"逾"爲"賈"。按以上諸説皆不妥。"俞、逾"就應該讀作今本的"降"字而不需它讀。"降"字古音在見紐東部,而從降得聲的"隆"則在來紐冬部。古東、冬不分,典籍中"降、隆"相通之例很多。所以"降"字與喻紐侯部的"喻"音亦可通。"隆"與"龍"因音近在典籍中亦有相通之證。既然"俞"通"降",從"降"得聲的"隆"又通"龍",則"俞"亦應該可以通"龍"。所以"纋"可以讀"愉","鏅纋"可以讀"恬愉"。

　　馬王堆帛書《老子》與今本《老子》的主要差别之一,是使用了一些與今本不同的字詞。這些字詞與今本使用的字詞意義相同或相近,總體上並不影響文義。（中略）

　　"恬愉"與"話淡"意義亦相近,所以郭店楚簡、馬王堆帛書作"恬愉"而今本作"恬淡"並不奇怪。"恬淡"典籍或作"恬佾、恬惔、恬澹、恬憺"。又作"恬安、恬然、恬漠、恬靜、恬泊、淡泊",爲"安靜淡泊"之意。"恬愉"之"愉"本義爲"樂",又訓爲"颜色和",因與"恬"組詞成"恬愉",其意義亦向"恬"字靠攏,或説受"恬"字沾染類化,其意義有被"恬"字同化的趨勢。《淮南子·原道訓》:"恬愉無矜,而得於和。"注曰:"恬愉,無所好憎也。"所謂"無所好憎",也就是"淡泊"的意思。《淮南子·俶真訓》:"萬物恬漠以愉靜。""恬"與"漠"同義連文,與其對文的"愉"和"靜"也應是同義連文,所以"愉"也應有"靜"義。《莊子·天道》説:"夫虛靜恬淡,寂漠無爲者,天地之平,而道德之至。"又:"夫虛靜恬淡,寂漠無爲者,萬物之本也。"《莊子·胠篋》:"釋夫恬淡無爲,而悦夫哼哼之意。"《管子·心術》:"恬愉無爲,去智與故。"上引諸文中有"寂漠無爲""恬淡無爲"和"恬愉無爲",三者意思相近,"恬愉"就相當於"寂漠"或"恬淡"。《淮南子·泰族訓》:"靜莫恬淡,訟繆胸中。"《淮南子·要略訓》:

“反之以清靜爲常,恬淡爲本。”《淮南子·俶真訓》:“萬物恬漠以愉靜。”《楚辭·遠遊》:“漠虛靜以恬愉兮。”《淮南子·原道訓》:“虛無恬愉者,萬物之用也。”《淮南子·精神訓》:“氣志虛靜,恬愉而省嗜欲。”又:“恬愉虛靜,以終其命。”《淮南子·人閒訓》:“清靜恬愉,人之性也。”上引諸文中“恬淡”和“恬愉”都與“靜莫、清靜、愉靜、虛靜、虛無”連言,亦可證明二者意義的接近。以上便是“鏅纆”應讀作“恬愉”從音、義兩方面所作的論證。

《郭店楚簡國際學術研討會論文集》頁 75—77

鏷

包山 260

○**黃盛璋**(1986) 弭仲瑚:“擇之金,鏷銳鏷鏽,其勳其玄,其黃。”“鏷銳鏷鏽”,孫詒讓《古籀拾遺》對鏷有詳細考證:“鏷字不見於《說文》《玉篇》,而《文選》張協《七命》有‘鏷越鍛成’則古固有此字,其字,古書多借木素之樸爲之,《說文》金部:‘鋌,銅鐵樸也。’石部:‘磺,銅鐵樸石也。’《文選》王褒《四子講德論》云:‘精鍊藏於礦樸。’此樸(編按:黃文原作“鏷”,疑誤)即礦鏷也,《戰國策》:鄭人謂玉未理者曰璞,玉之未理者謂之璞,金之未鑄成器者謂之鏷。”據此鏷指鑄器之原材料,所以銘文所稱鑄器所擇吉金,皆是指鏷,只是各器所用之金鏷,成分與比例都不盡一樣,所以名稱有不同。

《古文字研究》15,頁 261

○**劉信芳**(1997) 包山簡二六○:“一寱鏷。”“寱鏷”讀如“寱襮”,《爾雅·釋器》:“裳削幅謂之襮。”郭璞注:“削殺其幅,深衣之裳。”所謂“削”謂斜裁。《禮記·玉藻》:“朝玄端,夕深衣。”疏云:“夕服深衣,在私朝及家也。”知楚人所謂寱襮,《禮記》之所謂深衣也。後世之睡衣乃其遺禮。

《中國文字》新 23,頁 99

○**何琳儀**(1998) 鏷,從金,菐聲。《文選·七命》“鏷越鍛成”,注:“鏷,或謂爲鉟。《廣雅》曰,鉟,鋌也。”未煉之銅鐵。

包山簡鏷,疑讀襮。《爾雅·釋器》“裳削幅謂之襮”,注:“削殺其幅,深衣之裳。”

《戰國古文字典》頁 396

鏵

曾侯乙 4

○**何琳儀**（1998）　鏵，从金，辈聲。轄之異文。《集韻》轄或作鏵。《廣韻》："轄，車軸頭鐵。"

隨縣簡鏵。讀轄。

《戰國古文字典》頁 898

○**湯餘惠等**（2001）　鏵。

《戰國文字編》頁 920

△按　字爲"轄"之異體，參"轄"字。

鐱

包山 18

○**饒宗頤**（1957）　即劍字繁形。

《金匱論古綜合刊》1，頁 65

鐱

近出 1119 鐱頃戈　　集成 3710 西替盆

○**何琳儀**（1998）　鐱，从金，會聲。《集韻》："鐱，鐵器。"

陳肪簠蓋鐱，疑讀襘。《説文》："襘，除疾殃祭也。从示，會聲。"

西替簠鐱，疑讀襘。

《戰國古文字典》頁 894

鐶

仰天湖 21　　璽彙 3072　　望山 2·6

○**中大楚簡整理小組**(1977) 鐶同環,从金从玉言其質,此是玉環而从金作,可見當時人對這兩字的使用並無嚴格規定。

《戰國楚簡研究》4,頁 11

○**郭若愚**(1994) 鐶,通環。《正字通》:"凡圓郭有孔可貫繫者謂之鐶。""有二鐶"謂佩刀有二鐶可繫佩也。

《戰國楚簡文字編》頁 119

○**何琳儀**(1998) 鐶,从金,睘聲。《集韻》:"鐶,金環也。"《正字通》:"鐶,凡圓郭有孔可貫繫者謂之鐶。通作環。"

晉璽鐶,讀環,姓氏。出楚環列之尹,後以爲氏。見《風俗通》。

楚器鐶,讀環。

《戰國古文字典》頁 990

○**袁國華**(2002) (編按:望山 2・6"又鍉鐶") 簡中鐶字原釋文未釋,從《望山楚簡》一書所提供的簡影觀察,字之左半作"金"當爲"金"字,而字之右半則不甚清晰。唯從該書摹本考量,字之右半作睘應可信從,故字宜隸定作"睘"。"睘"字另兩見於二號墓第 50 號簡,字形作睘、睘,分別句云:"一峀睘(環)、一睘",《二號墓竹簡釋文與考釋》注 131 有以下説明:"此處言'一峀環',同簡下文言'一環'。墓中頭箱出瑪瑙環一(頭一九〇號),内棺出玉環一(内棺三號),不知是否即簡文所記二環。"從第 50 號簡的内容考察,簡文多記"備(佩)、璜、虎(琥)、玉句"等玉器,故作者疑簡文所謂"睘"與"峀睘"乃指"環狀玉石之類",實屬高見。

至於第 50 號簡的鐶字既是从"金"从"睘"當以隸定作"鐶"爲宜。"鐶"字,望山楚簡亦另有兩例,分別見第 22 號簡以及第 37 號簡,字形作鐶、鐶,更可以證明鐶乃"鐶"字。第 6 號簡句云:"有鍉鐶。"《二號墓竹簡釋文與考釋》注 33 云:"六號、七號二簡文字似相接。這兩簡提到'衡㠯、錍肯、軒反',顯然與車有關。"據此可知,第 6 號簡"有鍉環"句,應與車器有關。

《古文字研究》24,頁 370—371

鑐

包山 265

○**劉彬徽、彭浩、胡雅麗、劉祖信**(1991) 鑐,借作斞。壽縣蔡侯墓的大鼎自銘爲鼎，意爲大鼎。牛鼎，用作煮牛之大鼎，也稱作鑊。椁室中有一件無蓋大鼎。

《包山楚簡》頁 63

○**劉信芳**（1997）　　包山簡二六五："一牛鑐，一豕鑐。""鑐"，鼎名，字又作"鼎"，壽縣蔡侯墓出土大鼎自名爲"鼎"。出土實物有"牛鑐"一件（標本：一二四），鼎內盛水牛肩胛骨、脅骨。同出另有大鼎一件（標本二：一四六），應是"豕鑐"。

　　考鼎、鑐之得名，凡動物之肩臂稱"臑"，故烹牛、豕肩之鼎得名"鑐、鼎"，《儀禮・少牢饋食禮》："肩臂臑。"鄭玄注："肩臂臑，肱骨也。"《淮南子・詮言》："周公般臑不收於前。"高誘注："臑，前肩之美者。"《史記・龜策列傳》："取前足臑骨。"集解引徐廣注："臑，臂也。"引申則熟肉爲"臑"。《招魂》："肥牛之腱，臑若芳些。"《大招》："鼎臑盈望，和致芳些。"

《中國文字》新 22，頁 194

○**何琳儀**（1998）　　鑐，从金，需聲。《集韻》："鑐，鎖牡也。或作鎩。"

　　包山簡鑐，讀臑，牡臂。《禮記・少儀》："大牢則以牛左肩臂臑折九箇。"疏："臂臑，謂肩腳也。"《集韻》："臑，《說文》羊豕臂也。"

《戰國古文字典》頁 390

鑃

集成 424 姑馮勾鑃

○**吳大澂**（1884）　　𨮯，鑃之大者，似鐘而口向上，軍中所用之器，執而鳴之，所以止鼓，當即古鐃字。許氏說："鐃，小鉦也。"是器甚大，則非小鉦矣。姑馮句鑃。

《說文古籀補》頁 57，1988

○**高田忠周**（1905）　　按《古籀補》亦同如下，吳氏大澂云："鑃之大者，似鐘而口向上。軍中所用之器，執而鳴之，所以止鼓。疑即古鐃字。（中略）許氏說：'鐃，小鉦也。'以是器之大觀之，其非小鉦可知。"此所依器爲說，似自佳者。然愚謂字書無鐃鑃同字說。唯《集韻》云："銚，燒器。字亦作鑃、鎩。《說文》："銚，溫器也。一曰田器。"蓋知銚本義爲田器。而溫器訓，當作鑃爲本字。許氏不收鑃字，故以銚兼之，實誤以叚借義爲本訓也。但如此銘當叚借爲鐃字，又或叚借爲鐸。睪翟古音相近,吳云其器鐸之大者,亦鐸之變制。未可知矣。

《古籀篇》12,頁 24

○**陳直**(民國)　鑃字,《説文古籀補》云:"鐸之大者,似鐘而口向上,軍中所用之器,執而鳴之,所以止鼓。當即古鐃字。許氏説:'鐃,小鉦也。'是器甚大,則非小鉦矣。"予按《廣韻》云:"鑃,徒弔切。同銚。"《説文》云:"銚,温器也。一曰田器。"許氏無兵器之説。《吕氏春秋·簡選篇》云:"鋤櫌白梃,可以勝人之長銚利兵。"高誘注:"長銚,長矛也。銚,讀如葦苕之苕。"是銚爲兵器之一。證傳世之勾鑃著名者有其旡、姑馮、郤王三器。諸城王氏又藏有入字勾鑃,大如鐸而中空,可以内柄,勾鑃爲長矛之屬,殆無疑義。然姑馮勾鑃文云:"以樂賓客及我父兄。"其旡勾鑃文云:"羼其吉金,吕享吕孝。"似非戰爭之器,而爲宴饗之器也。姑馮出常熟,其旡出武康,郤王出江西,皆古吳越之地。或吳越人不以勾鑃爲兵器,而吕爲宴饗之器。夫不曰鑃而曰勾鑃,則命名之初固專屬之長矛矣。吳越人或别一訓乎?又按杞伯盄,許印林説云《集韻》四宵有盄字,盄當爲銚之異文。《説文》鞀或作鞉,盄从皿謂飲食用器也。予疑銚、盄、鑃古均爲一字。田器、温器作銚盄,而兵器作鑃也。又按《山海經·北山》云:"陽山有獸焉。其狀如牛而赤尾,其頸腎,其狀如勾翟。"郭注云:"勾翟,斗也,音劬。"晉人所見勾翟似斗,指倒而言之。勾翟即勾鑃之省文。稱道莫先於此。郝懿行補注於勾翟未詳,蓋乾嘉時出土甚鮮也。

《金文拾遺》頁 6—7

鏍

璽彙 3618

○**何琳儀**(1998)　鏍,从金,墨聲。

楚璽鏍,讀墨,姓氏。孤竹君之後,本墨胎氏,後改爲墨氏。見《通志·氏族略·以名爲氏》。

《戰國古文字典》頁 5

鐪

包山 254

○**劉彬徽、彭浩、胡雅麗、劉祖信**（1991）　　鐈，讀如籩，《説文》："竹豆也。"簡文字从金,當指銅豆。

《包山楚簡》頁 59

○**劉信芳**（1997）　　包山簡二五四："四鐈,一鐈盍。""鐈"讀如"籩",《周禮・天官・籩人》"掌四籩之實",鄭玄注："籩,竹器如豆者。"簡文"四鐈,一鐈盍"謂出土之淺腹盒（標本二:九〇）,弧蓋,蓋四周邊微内凹,器身爲相套合的四個平底盤組合,盤均弧壁平底。

《中國文字》新 22,頁 206

○**何琳儀**（1998）　　鐈,从金,喬聲。

包山簡鐈,讀籩。《説文》："籩,竹豆也。从竹,喬聲。⎕,籀文籩。"

《戰國古文字典》頁 1075

鑞

集成 10917 鑞鎛戈

○**黄盛璋**（1986）　　"鑞鎛"應指兵器鑄造材料。《周禮・職方》："其利金錫。"注："錫,鑞也。"《山海經・中山》："讙山,多白錫。"注："白錫今白鑞也。"後代以鉛、錫合製稱白鑞,則出於後起,非古義,至少漢魏六朝猶以鑞爲錫。

《古文字研究》15,頁 262

○**何琳儀**（1998）　　鑞,从金,巤聲。《集韻》："鑞,錫也。或作鎉。"

鑞鎛戈鑞,錫。《爾雅・釋器》"錫謂之鈏",注："白鑞。"

《戰國古文字典》頁 1435

鑐

包山 276

○**何琳儀**（1998）　　鑐,从金,需聲。罏之異文。參《康熙字典》："鑐,罏字之訛。"《説文》："罏,瓦器也。从缶,需聲。"

《戰國古文字典》頁 815

鐅

望山 2・50

○**朱德熙、裘錫圭、李家浩**（1995） 此字从"金"从"歑"。古陶文有"齾"字，从"鹵"从"歑"。古文字中"次、欠"作爲偏旁往往混用。簡文"歑"旁與陶文"歑"旁當是一字。吳大澂以爲陶文"齾"是"贛"字（《說文古籀補》附錄 25頁）。吳說未必一定對，但他似認爲"歑"即"贛"字所从聲符"夆"，則是很有見地的。漢印"贛"字有𩏑、𩎟二形，所从的𩏑和𩎟分別爲"歑"和"歑"的變形。《說文》篆文"贛"字所从聲符"夆"即由"歑"訛變而成。"欠、贛"古音相近，簡文"鐅"字疑當讀爲"坎"。《爾雅・釋器》"小罍謂之坎"，《詩・小雅・蓼莪》孔穎達《正義》引孫炎曰："酒尊也。"墓中出"銅尊"一件（頭一一一號），口大底小斜直壁，有蓋，口徑 24.4，高 17.1 釐米，疑即此器。

《望山楚簡》頁 128

鑵

郭店・語一 101

○**湯餘惠等**（2001） 鑵。

《戰國文字編》頁 923

鐪

陶彙 4・8

○**何琳儀**（1998） 鐪，从金，舊聲。

燕陶鐪，讀記。

《戰國古文字典》頁 177

鎘

集成 296 曾侯乙鐘

○**裘錫圭、李家浩**(1981)　　這是一個階名,下層二組 4 號鐘作"鐻",下層二組
3 號挂鐘部件作"歸",下層二組 9 號鐘架橫梁和挂鐘部件又作"鋀"。"歸、
畏"古音相近,所以"鐻"也可寫作"鋀"。

《音樂研究》1981-1,頁 18

○**何琳儀**(1998)　　鐻,从金,歸聲。

曾樂律鐘鐻,或作歸、鐻。

《戰國古文字典》頁 1215

鑠

集成 11588 韓鍾劍

○**張頷**(1981)　　第四字"鑠"(鑠)字所从"金"旁亦如此,其右旁之"棗"乃
"棗"字的別體,亦即"鑠"字發聲部,字中兩個"日"字亦爲附飾,和長沙仰天
湖楚墓竹簡中"鐱"字作"鐺"的情況相若。兩個"朿"字相重爲"棗";兩個
"朿"字並列爲"棘"。《説文》"朿,木芒也……讀若刺",段注:"朿今字作刺,
刺行而朿廢矣。"段云"朿"爲古"刺"之本字是可信的,故"棗""棘"二字均有
"刺"義。1955 年山西省長治市分水嶺十四號墓中所出土之戰國銅戟,其一有
銘文五字爲"[圖]"(見《考古學報》1957 年 1 期《山西長治分水嶺古墓
清理》圖九)。第二字和第五字筆畫均有漫漶處。有的同志釋爲"宜乘之賫
戟"(《文物參考資料》1956 年 8 期);有的同志釋爲"宜□之乘戟"(《考古》
1973 年 6 期)。在《五省出土重要文物展覽圖録》序言中,唐蘭同志釋爲"宜
無之棗戟"。第四字釋"棗"字是正確的,這和"韓鍾之鑠鐱"第四字之"鑠"字
是同字的殊構。其發音亦當如"棗"字本音,一如"早"字讀音。河北省平山出
土中山王[圖]鼎銘文中有"[圖]弃寡人"之句,第一字恰與"韓鍾之鑠鐱""鑠"字右
旁所从之"[圖]"字相同,朱德熙、裘錫圭二同志釋爲"早"字是正確的(《文物》
1979 年 1 期)。但"[圖]"字的本身只是"早"字的音假字,從前面所談及的"[圖]"
"[圖]"二字爲例,"日"字亦當爲附飾。假"棗"之音賦"早"之義古有常例,如
《國語‧魯語》"夫婦贄不過棗栗",韋注"棗取蚤(早)起"之義。《穀梁傳》莊
公二十四年"棗栗腶脩",范注:"棗取其早自矜莊……"故"韓鍾之鑠鐱"之
"鑠"讀"棗"之音斷無疑礙。但絶非"早"字的音假,正如前面所説"棗"有
"刺"之義。"刺"之在於兵器,含有殺傷和鋭利兩個方面的意思,《春秋》僖公

二十八年："公子買戍衞,不卒戍,刺之。"《公羊傳》:"刺之者何? 殺之也……
内諱殺大夫謂之刺也。"《春秋》成公十六年"刺公子偃"義亦如此。《説文》:
"刺……直傷也。"《考工記·廬人》賈疏:"刺謂矛刃胸也。"古人用劍,劈其鍔
謂之"擊";推其鋒謂之"刺"。《淮南·修務訓》:"夫怯夫操利劍,擊不能斷,
刺不能入……"又云:"夫鈍鈞魚腸劍之始下型,擊不斷,刺不能入;及加砥礪
摩其鋒剃(鍔,劍刃旁)則水斷龍舟,陸劓犀甲。"《漢書·王襃傳》云:"及至巧
冶,鑄干將之樸,清水淬其鋒,越砥歛其咢……"顔注:"鋒,刃芒端也。""咢刃
旁也。"綜上所述"韓鍾劍"銘之以"棗"當非音假"早"(或"造")之義,實乃鋒
刃鋭利和壯於殺傷的意思。

《古文字研究》5,頁89—90

○陳偉武(1996)　　"造"有多種通用字,前文作過分析,其中有一異體作銲,尚
須補充説釋。銲字見於韓鍾劍,原銘五字:"韓鍾之鑷劍。"張頷先生有詳考,
指出"中山王𦥑鼎銘文中有'棗弃寡人'之句,第一字恰與'韓鍾之銲劍''銲'
字右旁所從之'早'字相同,朱德熙、裘錫圭二同志釋爲'早'字是正確的"。
中山王𦥑鼎銘本作"棗弃群臣",第一字從日,棗聲,比韓鍾劍銲字所從的早少
一個日符。可將棗、早目爲一字異體,但並非完全相同。而且張先生認爲
"'早'字的本身只是'早'字的音假字,從前面所談及的'銲''鑷'二字爲例,
'日'字亦當爲附飾……'棗'有'刺'之義……'韓鍾劍'銘之以'棗'當非音假
'早'(或'造')之義,實乃鋒刃鋭利和壯於殺傷的意思"。其實,早當即"早"
的異體,從二日,棗聲,張先生視"日"爲無義附飾部件,不確。銲則從金,早
(早)聲,同造,與前文所舉"造"字大量文例合觀即可明白,不宜解爲"鋒刃鋭
利和壯於殺傷的意思"。

《華學》2,頁80—81

△按　鑷字爲"造"之異體。

鑯

包山266

○何琳儀(1998)　　鑯,從金,獻聲。《爾雅·釋器》"鑣謂之鑯",注:"馬勒
旁鐵。"

　　包山簡鑯,讀甗。《説文》:"甗,甑也。一曰,穿也。從瓦,鬳聲。讀若

言。”膚、獻一字孳乳。

《戰國古文字典》頁 1011

釳

釳 天星觀

○**何琳儀**（1998）　釳，从金，乞聲。釳之異文。《篇海類編》：“釳亦作釴。”
《集韻》：“釳，弩機謂之釳。”

天星觀簡釳，疑讀札。

《戰國古文字典》頁 889

开　开

TT 三晉,頁 128　　开 上博二·容成 14

○**何琳儀**（1993）　《説文》：“开，平也。象二干對稱上平也。”檢“干”字甲骨
文、金文、戰國文字均作屮形，小篆作屮熙形雖略有變化，但上方歧出則至爲明
晰。屮與干不同，説明許慎所謂象二“干”肯定是一錯字。（“干、开”均屬元
部，疑“象二干”緣音近而誤。）“开”應從二“主”，會“上平”之意。檢甲骨文
“籠”、金文“砮”所從“开”均作TT形，從二“主”。

《第二屆國際中國古文字學研討會論文集》頁 257

○**何琳儀**（1998）　开，甲骨文作TT（佚存二八六籠作 ）。從二主，會對偶平
齊之意。金文作开开（元年師旋簋籠作 ），加●爲飾。戰國文字承襲商周文字。
或演化作开、开等形。《説文》：“开，平也。象二干對構上平也。”許慎誤主爲
干，參主字、干字。

韓方足布“开陽”，讀“滎陽”，地名。《禮記·月令》：“腐草爲螢。”《吕
覽·季夏紀》螢作蚈。《莊子·逍遙遊》“宋榮子”，《莊子·天下》作“宋榮
子”，《莊子·天下》作“宋銒”。是其佐證。《史記·韓世家》桓惠王：“二十四
年，秦拔我城皋、滎陽。”在今河南滎陽東北。或讀“沃陽”，地名。《史記·殷
本紀》“沃甲”，索隱：“《系本》作開甲。”是其佐證。《漢書·地理志》雁門郡
“沃陽”，在今内蒙涼城西南。則屬趙境。

《戰國古文字典》頁 998

【开陽】_{貨系 1608}

○**汪慶正等**（1988）　丌（箕）陽。

《中國歷代貨幣大系・先秦貨幣》頁440

○**何琳儀**（1992）　《大系》1608—1610著録三枚方足小布，其中 1608出土於山西省祁縣。又據《古幣》286山西省陽高縣也出土一枚，這對判定該幣的國別和地望有一定啟示。

右字《大系》釋“亓”（其），顯然有誤。因爲《大系》1605—1607有“亓”字作：兀，與此字形體判然有別。

按，此字應釋“开”。《説文》：“开，平也。象二干對構上平也。”許慎之説頗爲含混，而且清代學者早就指出“干篆作屮，不作干”，“开”所從“干”並非“干支”之“干”，疑爲“竿”之初文。古文字從“开”之字罕見，在甲骨文、金文中各有一例：

　　　　　　彤《佚存》286　　　　𨈐《攗古》2・3・10

前者見《説文》：“龓，龍耆脊上龓龓。從龍，开聲。”後者見《説文》：“𢧢帝嚳射官，夏少康滅之。從弓，开聲。”即“羿”字。二字均爲唐蘭所釋，十分精當。唐氏云：“蓋古文字之垂筆，每易增一橫畫……比比皆是，則TT即开之初文，固無可疑也。”由甲骨文“龓”、金文“𢧢”類推，貨幣銘文“TT”釋“开”，適可印證唐説。六國文字作“TT”形，秦國文字則作“开”形（見石鼓《汧沔》“汧”所從“开”）。這與唐氏所謂“增一橫畫”，亦並行不悖。

“开”見紐真部；“開”，溪紐脂部。見、溪雙聲，脂、真對轉。故“開”從“开”得聲。“開”，典籍或作“沃”。《史記・殷本紀》“沃甲”，索隱：“《系本》作開甲。”“沃”，影紐；“开”見紐。影、見唯深喉、淺喉之別，屬於鄰韻。故“开”可讀“沃”。

“开陽”即“沃陽”，見《漢書・地理志》雁門郡“沃陽”。在今内蒙涼城西南與山西省右玉縣交界之處，戰國屬趙。王莽時或名“敬陽”。“沃”與“敬”，猶如《殷本紀》“沃甲”，甲骨文作“羌（敬）甲”，皆以雙聲爲通轉。“开”與“敬”均屬見紐，音轉猶易。

山西陽高出土“开陽”方足布，陽高與涼城的舊地“沃陽”均在今長城一線，頗值得注意。如果聯繫包頭附近曾出土“安陽”布石範（《文物》1959・4・73）分析，戰國趙幣流通的北至似可略知一二。

《文物春秋》1992-2，頁27—28

○**何琳儀**（1993）　《貨系》"𠀬（开）陽"，疑讀"沃陽"。

《第二屆國際中國古文字學研討會論文集》頁 257

○**李家浩**（2004）　古文字中從"开"的字，除了何氏提到的甲骨文"𪔴"和金文的"𢎗"外，還有如下二字，亦可比較：

　　𤗆《甲骨文編》366 頁　　　𦰩《郭店楚簡文字編》181 頁

第一字見於殷墟甲骨卜辭，孫海波隸定作"𣃟"。我曾指出，古文字"只"或作"兄"字形。疑此字應該隸定作"𣃟"。據古文字"开"的寫法，"开"是"笄"字的象形初文。上古音"笄"屬脂部，"只"屬支部。古代支、脂二部的字音關係密切。例如《詩・小雅・南山有臺》"樂只君子"，《左傳》昭公十三年引"只"作"旨"，"旨"屬脂部。"只"的聲母屬章母，但從"只"得聲的"枳"有諸氏切和居帋切兩讀，後一種讀音跟"开、笄"都屬見母。可見古代"开、只"二字讀音相近。《周禮・夏官・大馭》"右祭兩軹"，鄭玄注："故書'軹'爲'軝'。"又引杜子春云："或讀軝爲簪笄之笄。"此是其證。疑"𣃟"跟石鼓文"秋"等兩聲字一樣，所以"开、只"二旁皆聲。

第二字是"𦰩"，見於郭店楚墓簡《語叢四》18 號，其所從"开"旁跟上引甲骨文"𪔴、𣃟"等字所從"开"旁不同之處，是簡文"𦰩"字所從"开"旁將二"𠄌"字形的橫畫寫連了，並且在其上下各加一短橫。

總之，從古文字中所從"开"旁的寫法來看，何琳儀先生把上揭平肩方足布面文右邊一字釋爲"开"，是十分正確的。

《説文》邑部："邢，周公子所封地，近河內懷。從邑，开聲。"據此，很容易使人認爲幣文"开陽"應該讀作"邢陽"。其實這種讀法是有問題的。在《説文》邑部還有一個跟"邢"同音的"郱"字："郱，鄭地郱亭。從邑，井聲。"這兩個字現在都作"邢"。作爲周公子封地的"邢"字，西周金文作"井"，見臣諫簋、邢侯簋和麥尊等；戰國兵器文字作從"土"從"井"聲之字，見十七年邢令戈。從"土"從"井"聲之字，亦見於下録方足布面文偏旁：

　　𡊋《東亞錢志》4.43

此字是反文，正文見於古璽文字和古陶文字，丁佛言等釋爲"邢"，是非常正確的。疑此邢布之"邢"即周公子所封之地，在今河北邢臺，戰國時期屬趙。於此可見，《説文》的"邢"字本身就有問題。上古音"邢"屬耕部。《説文》裏從"开"得聲而在耕部的字，除了"邢"外，還有"刑、形、鈃、荊"等。據張書巖先生研究，這些字實際上都從"井"聲，"邢、刑"分別與從"井"聲的"郱、𠛬"爲一字。按東漢的隸書往往把“井”旁寫作“开”字形，“邢、刑、形、鈃”等，其實就是東漢初年的小學家，根據隸書把“邢、刑、形、鈃”等所從“井”旁作“开”字形這種寫法而造的字。可見把幣文“开陽”讀爲“邢陽”或與“邢”音近的其他的字，都是不可信的。

上揭甲骨文“邢”字是地名，對它的確定有助於我們對幣文“开陽”的確定，所以我們暫時把幣文“开陽”放在一邊，先討論甲骨文“邢”的所在。

據甲骨文卜辭，“邢”是商王田獵的一個地方，它在小屯南地甲骨660跟“尋、叀、敦、喪”等地同版：

> 壬戌卜，貞：王其田邢，亡（無）災。
>
> 甲子卜：貞：王其迺尋，亡（無）災。
>
> 乙丑卜：貞：王其迺叀，亡（無）災。
>
> 辛未卜：貞：王田敦，亡（無）災。
>
> 乙亥卜：貞：王其田喪，亡（無）災。

“尋”字原文作從“🦶”從“尋”。根據漢字結構的一般規律，此字當從“尋”得聲。爲了排印方便，釋文暫且將此字寫作“尋”。“尋”還跟“温”同版：

> 王其迺于尋，亡（無）災。
>
> 辛巳卜，翊日壬王其迺于昷（温）。

“温”在今河南温縣西。在古代位於温縣南約五十里的鞏縣有一個地名叫“鄩”。《左傳》昭公二十三年“二師圍郊，癸卯，郊、鄩潰”，杜預注：“河南鞏縣西南有地名鄩中。郊、鄩二邑，皆子朝所得。”疑卜辭的“尋”當讀作“鄩”。據上引小屯南地甲骨660所記卜日，“邢”與“尋”相鄰，距離不超過二日路程。《史記・秦本紀》昭襄王“十六年，左更錯取軹”，睡地虎秦墓竹簡《編年紀》記此事在秦昭襄王十七年，“軹”作“枳”。《漢書・地理志》“軹”屬河内郡，其地在今河南濟源南十三里的軹城鎮，南距鄩約八十里。疑卜辭的“邢”應該讀爲“軹”。在小屯南地甲骨660里，跟“邢”同版地“叀、敦、喪”“三者屬沁陽獵區”。“軹”東距沁陽不遠，正在沁陽田獵區範圍之内，這也可以證明我們把“邢”讀作“軹”是合理的。

現在回過頭來談幣文“开陽”。從甲骨卜辭地名“邢”讀作“軹”來看，幣文“开”也有可能應該讀爲“軹”。值得注意的是，在古代地名中正好有“軹陽”，見新出居延漢簡：

> 贳買驚虜隧戍卒魏郡軹陽當☒
>
> 贳買隧戍卒魏郡軹陽中里李☒

　　　　貸隧戍卒魏郡軹陽脩長里☐

此枚簡出自破城子探方五六,上下殘斷,被編爲 224 號。“魏郡”下一字,1990
年文物出版社出版的 32 開平裝本《居延新簡》釋文作爲不可辨認的字而缺
釋,1994 年中華書局出版的 8 開精裝本《居延新簡》釋文部分釋爲“犁”,何雙
全先生釋爲“軹”。細看圖版照片,此字應從何氏釋爲“軹”字。張家山漢墓竹
簡也可以證明這一點。

　　　　張家山二四七號漢墓竹簡《二年律令》的《秩律》,記有如下相連的幾個地
名:“……温、脩武、軹楊、臨汾、九原……”《張家山漢墓竹簡》一書的釋文將
“軹楊”之間加上頓號,以爲是兩個地名。該書注釋説:“温、修武、軹,屬河内
郡。”又説:“楊、臨汾,屬河東郡。”從圖版照片看,原簡分別在“修武、軹楊、臨
汾、九原”的右下側,都有句讀符號,可見“軹楊”是一個地名,而不是兩個地
名。“楊、陽”二字所从聲旁相同,故在古書中常見它們通用。“軹楊”就是上
引居延新簡的“軹陽”。

　　　　《二年律令》的“二年”,張家山二四七號漢墓竹簡整理小組説是吕后二
年,即公元前 186 年,上距秦統一六國只有三十五年,“軹陽”無疑應該是先秦
舊有的地名。如果把幣文“开陽”讀爲“軹陽”不誤的話,那麼此“軹陽”當是
簡文中的“軹陽”。據居延破城子探方五六出土的 224 號簡,“軹陽”屬魏郡。
但是《漢書·地理志》魏郡所屬鄴等十八縣中並無“軹陽”。不僅如此,“軹
陽”也不見於其他任何傳世古文獻。破城子探方五六的年代屬漢昭帝、宣帝
時期,《漢書·地理志》所記各郡屬縣以漢成帝元延末年爲斷。看來“軹陽”在
昭、宣之後至元延之前已省併到其他的縣,至於省併到哪個縣,有待新資料的
發現才能解決。

　　　　儘管我們目前還不知道“軹陽”的確切的地理位置,但是它在西漢中期是
魏郡的屬縣是可以肯定的,這爲確定开(軹)陽布的國別提供了一個重要線
索。魏郡是漢高帝時設置的,在戰國時期“先爲魏地,趙孝成王六年,魏與趙
鄴(《趙世家》),遂爲趙所有”。據學者研究,像开(軹)陽布這種形態的貨幣
是戰國中晚期鑄造的。因此,开(軹)陽布的國別既有可能屬魏,又有可能屬
趙。值得注意的是,开(軹)陽布的“陽”字右旁所从“日”字頭,原文作正三角
形,字形比較特別。這種寫法的“陽”字還見於山西陽高、祁縣、盂縣等地出土
的平陽布。戰國時期韓、趙、魏都有平陽。從這種平陽布出土地陽高、祁縣、
盂縣等在戰國時期位於故趙國疆域之内看來,大概是趙國鑄造的。开(軹)陽
布的“陽”字不僅與趙平陽布的“陽”字寫法相同,而且其出土也位於故趙國疆

域之内的陽高、祁縣。由此看來，开（軹）陽布屬於趙國鑄造的可能性較大。
若此，其鑄造年代當在趙孝成王六年（公元前 260 年）"魏與趙鄴"之後與趙王
遷八年（公元前 228 年）秦占領趙都邯鄲之間。我們現在看到的开（軹）陽布
僅有數枚，可能跟它鑄造的時間較短有關。

《古文字研究》25，頁 391—394

勺

勺（郭店・語四 24）　勺（貨系 2675）

○ **中大楚簡整理小組**（1979）　（編按：五里牌 13）也見於江陵望山二號楚墓遣策，
當爲勺。

《戰國楚簡研究》4，頁 23

○ **汪慶正等**（1988）　（編按：貨系 2675—2680）勺。

《中國歷代貨幣大系・先秦貨幣》頁 677—678

○ **何琳儀**（1998）　勺，象食具之形。勺内圓點表示食物，或延長圓點作勺、勺。
或於勺柄附加飾筆作勺、勺。《説文》："勺，挹取也。象形。中有實，與包同意。"
　　楚簡勺，食具。

《戰國古文字典》頁 309

○ **黄錫全**（1998）　有勺字的刀比較多見，多作勺或勺，作勺、勺者少見，有大、中兩
種。大者，靈壽、藁城、盂縣均有出土。一般通長 16.2—17.2 釐米、最寬 2.3—
2.5 釐米，重 12.6—20 克。中型者靈壽有出土，一般通長 15.6—15.9、最寬
1.9—2.1 釐米，重 12—15 克。另外，靈壽故城曾出土 1 枚大刀，有"勺勺" 2 字，
通長 16.8、最寬 2.4 釐米，重 12.9 克（圖四）。

　　最初，我們懷疑"勺勺"之勺可能就是三孔布之勺。經過反復比較與琢
磨，覺得二字還是有明顯區别。勺少見作勺，而且多不封口作勺、勺未見作勺、
勺者。勺字又多作勺，中有一點，則與金文中的勺形類同。如我鼎衦作勺、
勺。勺本象勺形，加一點爲指示，表示勺底。荆門包山楚簡的豹作勺，江
陵秦家咀 13 號墓簡作勺，天星觀簡作勺等。因此，刀銘之勺或勺均應釋爲
勺。過去或釋爲"勺"，當是正確的。

　　勺，也許是勺梁，在河北定州北、望都縣東，見《水經注・滱水》引《竹書紀
年》："燕人伐趙，圍濁鹿。趙武靈王及代人救濁鹿，敗燕師於勺梁。"其地春秋

圖四

晚或戰國初屬鮮虞。勺梁稱勺，如同平首布"茲氏"或稱"茲"、"鄩氏"或稱"鄩"、"榆即"（次）或稱"榆"等。他如《史記》"龍兑"或稱"龍"、"函谷"或稱"函"、"密須"或稱"密"、"韓原"或稱"韓"、"母丘"或稱"母"等。也可能該地本稱勺，因有山梁或其他原因，又稱"勺梁"。有"勺"字的刀幣很多，可知其爲當時經濟或政治的重要地區。

《先秦貨幣研究》頁260—261，2001；原載《徐中舒先生百年誕辰紀念文集》

○**劉信芳**（2001）　郭店《語叢四》23："士又（有）悔（謀）友，則言談不勺。""勺"字《郭店》疑是"甘"字，裘錫圭先生疑是"勺"字，讀爲"弱"。按釋"勺"是，字形可參望2.47"金勺"。

簡文"勺"應讀爲"訋"，《廣雅・釋詁》："訋，拏也。"《説文》："拏……一曰誣也。"《方言》卷十："嘫咩、謰謱，拏也。"注："言譇拏也。"《玉篇》："詉，譇拏，言不可解也。"或疊韻作"呶呶"，《隨園詩話》卷一第53則："語呶呶難辨。"此揚州方言也，今普通話謂小聲説話，旁人聽不清楚爲"咕嚕"，或"咕咕嚕嚕"，此即源自"呶呶"也。是"言談不勺"即言談不誣、言談不呶，亦即語言無難解之處，猶今所謂暢所欲言。蓋士有謀友，談話可以開誠布公，不必咕咕嚕嚕，説一些彼此聽不明白的話。

《簡帛研究二〇〇一》頁205

⿱弔勺

天星觀

○**湯餘惠等**（2001）　⿱弔勺。

《戰國文字編》頁924

△**按**　⿱弔勺爲雙聲符字，弔、勺均爲聲符。

与 

郭店・語三11　郭店・語一109

○**湯餘惠**（1986）　与字的古文構形也是一個謎。《説文》勺部：与，賜予也。一勺爲与。段注云：下从勺。一者，推而予之。顯然是臆解。其實"与"很可能是"牙"之省，這可以從"與"字得到旁證。古代器物銘文與字習見，均从牙，

不从与,《説文》謂"从舁从与"並不可據。與字从牙,繇鑄作。中山王鼎作，
其形不省;侯馬盟書或作(198:10),省去下面一筆,中山王墓玉片作(西
庫:482),略去上下兩橫畫,和上舉古璽同。小篆从与,應是盟書一體的稍變。
由此可見,所謂"一勺爲与"的"与"不過是"牙"的省形分化字。從字音看,牙
字在《詩・小雅・祈父》首章與父、恤、居等字爲韻,古音屬魚部和"與"之古音
極近,與字从牙當是聲符。

《古文字研究》15,頁11

几 几

包山 146

○**郭沫若**(1972)　　銘中兩個"几"字,可讀爲其,也可讀爲機,應以讀機爲
較適。

《考古學報》1972-1,頁8

○**何琳儀**(1998)　　几,金文作（臣諫簋處作），象憑几之形。戰國文字承
襲金文,燕系文字或作,晉系文字或作,楚系文字或作、、,《周禮》
五几,王几、雕几、彤几、髹几、素几。

晉璽几,姓氏。

天星觀簡几,疑處字之省。

《戰國古文字典》頁1190

尻 尻

集成 12110 鄂君啟車節　　包山 3　　郭店・老甲 22　　上博三・周易 54

上博二・容成 23

○**郭沫若**(1958)　　(編按:鄂君啟節)尻(居)。

《文物參考資料》1958-4,頁3

○**容庚等**(1985)　　(編按:鄂君啟節)尻

或釋尻居而節內另有居字作。

《金文編》頁922

○湯餘惠（1993）　（編按：鄂君啟節）《説文》：“處也。”今通作“居”。

《戰國銘文選》頁 45—46

○林澐（1994）　鄂君啟節始見㞘字。舊説或以爲居字，或以爲處字。新版《金文編》主後説，理由是“節内另有居字作㞐”。今包山 32 號楚簡“所死於其州者之居㞘名族”。㞘和㞐連文，釋文作“居處”，甚是。《説文》：“㞘，處也。從尸得几而止。”按㞘即處之異體，字並從几。《説文》㞘注音作“九魚切”，實誤。當徑讀爲處。

《江漢考古》1992-4，頁 83

○劉彬徽、彭浩、胡雅麗、劉祖信（1991）　（編按：包山 32）居處名族。

《包山楚簡》頁 19

○劉信芳（1996）　包山簡三二：“居㞘名族。”鄂君啟節：“王㞘於栽郢之遊宫。”按㞘即處，後世作“處”，則又附加“虍”爲聲符。

《中國文字》新 21，頁 69

○荆門市博物館（1998）　（編按：郭店・老甲 22“囷中又四大安，王㞘一安”）㞘（居）。

《郭店楚墓竹簡》頁 112

○裘錫圭（1999）　（編按：郭店・老甲 22“囷中又四大安，王㞘一安”）今本“王”字下動詞，王弼、河上公等大多數本子作“居”，景龍碑本、傅奕本作“處”。蔣錫昌曰：“按王注‘處人主之大也’，是王本‘居’作‘處’。《淮南・道應訓》引亦作‘處’。”朱謙之曰：“作‘處’是也。”敦煌寫本亦作“處”。

此字帛書本作“居”，簡文作“㞘”。《郭店》釋文在“㞘”字下加括號注“居”字。《説文・十四上・几部》：“㞘，處也。從尸，得几而止。《孝經》曰‘仲尼㞘’。㞘謂閒居如此。”蓋以此字爲居處之“居”的本字，但楚簡實用此字爲“處”。包山楚簡第三十二號簡以“居㞘名族”連言可證，李零先生在提交給達大研討會的《讀郭店楚簡〈老子〉》一文中已指出：“㞘，乃‘處’字……似不必注爲‘居’。”這是很對的。今本作“居”者與帛書本合，作“處”者與簡本合。

《中國出土古文獻十講》頁 211—212，2004；原載《道家文化研究》17

○曾憲通（1999）　帛書甲篇云：“𠇾於嗀□。”首字舊釋“居”，實即《説文》㞘字，從尸從几會意。包山楚簡三二號有“不以所死于其州者之居㞘名族致命”句，居、㞘同時出現於簡文中，可見二字自古有別。我們不妨以《老子》爲例，考察一下居、㞘二字在典籍中的使用情況。下面分别以 A、B、C、D 代表郭店楚簡本、馬王堆帛書甲本、馬王堆帛書乙本和傳世傅奕本。

1.是以聖人居無爲之事（舉例爲楚簡釋文,下同）。

A 作“居”,B、C 同,D 則作“処”。王本作“処”,異本作居。

2.成而弗居。

A 作“居”,B、C 同,D 則作“処”。王本作“居”,敦煌本、遂州本及范本則作“処”。

3.夫唯弗居也。

A 作“居”,B、C 同,D、范本作“処”,他本作“居”。

4.王尻一安（焉）。

A 作“尻”,B、C 作“居”,D 作“処”,景龍碑及徽、邵、彭三本作“処”,他本作“居”。

5.君子居則貴左。

A 作“居”,B、C、D 同,他本亦同。

6.是以下將軍居左,上將軍居右。

A 二“居”字,B、C 同,D 則作処。范、徽、邵、彭、樓古及景福碑皆作“処”,他本則作“居”。

7.言以喪豊居之也。

A 作“居”,B、C 同,D 作“処”。王、范、徽、邵、彭、焦、孟頫諸本作“処”。

8.戰勝,則以喪豊居之。

A 作“居”,B、C、D 皆作“処”,王、景福、慶陽、樓古、磻溪、樓正、孟頫、顧、邵、司馬、蘇、志諸本皆作“処”。

從以上八例諸本異同勘校結果來看,無論是出土簡帛材料,還是傳世的各種寫本、刻本材料,“居、尻、処”都存在大量的互作情況。

朱駿聲《説文通訓定聲》:“尻,處也。從尸得几而止,會意……按從几與処同意。經傳皆以居爲之。居者屁字,俗居作踞。”朱氏以“居”爲“屁、踞”之初文是對的,但謂經傳都借“居”爲“尻”則不全合於事實。

段玉裁對“居、尻”二字有較明晰的考辨:“《説文》有尻有居。尻,處也。從尸得几而止。凡言人居處字,古祇作尻處。居,蹲也,凡今人蹲踞字,古祇作居。《廣雅·釋詁》尻（中略）踞（中略）別（中略）今字用蹲居字代尻處字,而尻字遂廢矣,又別製踞字爲蹲居字,而居字之本義廢矣。”

從段氏的考辨可知,古人每借“蹲居”之“居”（後別作踞）爲“尻處”之“尻”,久假不歸,後世就作“居処”了。中古一部分照系三等字來自上古牙音的見系,故“尻”與“居”不但韻部相同,聲紐本亦相近,不然就不會以喉音字的

"虍"作"処"的聲符了,而喉音的曉母、匣母是來自牙音的見、溪、群諸紐的。凥與処爲一字異體,从尸爲平臥之人,从夊爲人之局部(腳趾)。因此,《説文》用處訓凥,看作以今字釋古字之例也未嘗不可。

總之,帛書甲篇"凥於緩☐"當釋爲"処於緩☐",而不能釋首字爲"居"。

《中國古文字研究》1,頁89—90

○**李家浩**(2000) "凥"字常見於楚國文字。例如:鄂君啟節"王凥於菽郢之遊宫",包山楚墓竹簡一三二號"秦競夫人之人舲慶坦凥郘郕之東竆之里"。《説文》几部:"凥,處也。从尸得几而止。《孝經》曰:'仲尼凥。'凥,謂閒凥如此。"段玉裁注:"引申之爲凡凥処(處)之字。既又以蹲居之字代'凥',别製'踞'爲蹲居字,乃致'居'行而'凥'廢矣。"上引楚國文字二例中的"凥",用的正是它的本義。不過有人把鄂君啟節的"凥"釋爲"処"(《金文編》922頁)。"処"即《説文》"處"字的正篆。包山楚墓竹簡三二號説"辛巳之日不旨(以)所死於亓(其)州者居凥名族至(致)命,阩門又(有)敗"。古書常以"居處"連言。此簡文以"居凥"連言,正好支持把"凥"釋爲"処"的説法(參看林澐《讀包山楚簡札記七則》,《江漢考古》1992年4期83頁)。按本組簡多次出現"凥",其用法有兩種。一、動詞,當居住講。例如本號簡"君子凥之,幽俟不出";四六號簡"北、南高,二方下,不可凥"。二、名詞,當住宅講。例如五四號簡"秋三月,作高凥於西得"。第一種用法的"凥"可以换成"処",但第二種用法的"凥"不能换成"処"。於此可見,"凥"應當是居處之"凥",而不是居處之"処"。從字形來説也是如此。"凥"从"尸"从"几","処"从"夊"从"几",二字寫法截然不同。至於包山楚墓竹簡三二號"居凥"連言的問題,有兩種可能。一、"凥(居)、処(處)"古音都是魚部字,音、義皆近,可以通用(參看高亨《古字通假會典》862、863頁)。"居凥"之"凥"是作爲"處"字來用的。二、"居凥"連言可能是楚國方言的説法,其義跟"居處"相同。總之,根據本組簡文,"凥"仍然應當從《説文》所説,釋爲居處之"凥"。

《九店楚簡》頁112

○**李零**(2002) (**編按**:上博二·容成23"山陵不凥")即"山陵不序"。子彈庫楚帛書"山陸(陵)不斌"或與此同("斌"疑同"疏",讀爲"序","疏"是生母魚部字,"凥"同"處",是昌母魚部字,讀音相近),意思是山陵没有秩序。

《上海博物館藏戰國楚竹書》(二)頁268

○**蘇建洲**(2003) (**編按**:上博二·容成23"山陵不凥")即"山陵不疏"。

《〈上海博物館藏戰國楚竹書(二)〉讀本》頁134

○陳偉（2003） （編按：上博二・容成 23"山陵不尻"）"山陵不處"的"處"，李零先生讀爲"序"。疑當如字讀，爲居處之義，與下文諸州"始可處"呼應。同篇 18—19 號簡説"禹乃因山陵平隰之可封邑而繁寶之"，表明山陵實可設邑安居。

《新出楚簡研讀》頁 155,2010；原載《中國史研究》2003-3

○張通海（2005） （編按：上博二・容成 23"山陵不尻"）我們認爲此字應釋爲"處"的確，然當訓爲"居、居處"。《韓非子・説疑》："故居處飲食如此其不節也，制刑殺戮如此其無度也。""山陵不處"即"不處山陵"，《淮南子・本經》："龍門未開，吕梁未發。江、淮通流，四海溟涬，民皆上丘陵，赴樹木。"又《齊俗》："禹之時，天下大雨，禹令民聚土積薪，擇丘陵而處之。"都可爲證。而舜"聽政三年"後，天下没有理由不呈大治，人民不再避居山陵，舜還對功績卓越的人"封以平隰"。然"水潦不涾"，於是勤政爲民的舜又"立禹爲司工"，"舜乃使禹疏三江五湖，辟伊闕，道廛、澗，平通溝陸，流注東海"（《淮南子・本經》），揭開大禹治水的光輝一頁。《管子・輕重甲第八十》："君求焉而無止，民無以待之，走亡而棲山皋。"此處人禍可從反面證之，"古者溝防不修，水爲民害，禹鑿龍門，辟伊闕，平治水土，使民得陸處"（《淮南子・人閒》）。下文寫經禹勵精圖治之後，九州始可居處，更加可以證明這裏釋爲"山陵不處"爲不誤。

《中國文字研究》6,頁 68

△按 字主要見於楚系文字，應爲"處"之異構。

処（處）

貨系 2487　璽彙 1726
陶彙 5・132　集成 9734 姧蚉壺　侯馬 1:87　集成 980 魚鼎匕

○李裕民（1981） 《侯馬盟書》宗盟類二之一：八七

字當釋處，《魚鼎匕》作、《石鼓文》作、《蚉壺》作（《文物》1979 年 1 期 12 頁圖十四），與此字基本相同。尤其是《蚉壺》，將本來聯貫的筆道攔腰截斷，中閒分裂出形來，與盟書割裂筆道分出形的手法極爲相似。這種割裂筆道的寫法，盟書中並不罕見，如欠（跂字偏旁）作也寫作，炊字作，也寫作（九二：一六）。至於當爲或的形變，《祀三公碑》處字的形更形變爲口(《石刻篆文編》十四・四)。

《古文字研究》5,頁 291—292

○高明、葛英會(1991)

銀雀山漢簡處作,與此同。

《古陶文字徵》頁 209

○何琳儀(1998)　處,金文作(井人妄鐘),从人(下加足趾形)从几,會人憑几而止之意。虍聲。戰國文字承襲金文。晉系文字或从几,虍聲;楚系文字或从人从几,會意(省虍聲)。即小篆之凥。《説文》:"凥,處也,从尸得几而止。《孝經》曰,仲尼凥,凥謂閒居如此。""処,止也。得几而止。从几从夂。處,処或从虍聲。"

侯馬盟書處,姓氏。伯益之後有處氏。見《路史》。趙三孔布"親處",地名。

望山簡處,讀裾,《玉篇》:"裾,被也。"

《戰國古文字典》頁 454

且　且

郭店・唐虞5　　望山 2・10

○朱德熙、裘錫圭、李家浩(1995)　且(組)。

《望山楚簡》頁 108

○何琳儀(1998)　且,甲骨文作(甲二三五),象肉案上有橫格之形。俎之初文(參俎字)。或説象神主之形,祖字初文(參祖字)。或説象男性生殖器之形。西周金文作(盂鼎),春秋金文作(王孫鐘),下加一横爲飾。戰國文字承襲兩周金文。或加又(兩周金文中已有之),或加口繁化。《説文》:"且,薦也。从几,足有二横,一其下地也。"

因脊錞且,讀祖。

信陽簡且,讀組。

詛楚文且,猶乃。《莊子・應帝王》:"試齊,且復相之。"

《戰國古文字典》頁 570

俎 俎

十鐘　　望山 2・45

○**陳邦懷**(1981)　　"四皇俎"之"俎"字簡文作，从个，且聲。《説文解字》且部："俎，禮俎也，从半肉在且上。"殷墟甲骨文俎字作（前七・二〇・三），周金文俎字作（矢簋），皆从肉在且上。而簡文俎字則从半肉在且旁。《説文解字》之俎字與簡文同。由此可知文字演變最甚，是在戰國時代。《説文解字》所收文字，有不同於殷周古文字者，或同於戰國文字，俎字即是一證。

《一得集》頁 120—121,1989；原載《楚文化新探》

○**何琳儀**(1998)　　俎，金文作（三年瘣壺）。从爿从且，會肉案在爿（牀之初文）形几上之形。且亦聲。爿、且借用一豎筆，猶如商周文字斤戰國文字作，戰國文字爿足與且脱離作个形，許慎遂誤以爲从"半肉"。《説文》："俎，禮俎也。从半肉在俎上。"參且字。

望山簡俎，椹板。《方言》五："俎，几也，西南蜀漢之郊曰杫。"

《戰國古文字典》頁 574

斤 斤

睡虎地・效律 6　　陶彙 6・82　　上博五・季庚 7

○**黃盛璋**(1985)　　至於衡值，司馬成公一斤之值爲 258 克，原氏壺一斤爲 268.75 克。王毓銓稱"安陽、南行唐、下邳陽"三個三孔十二朱幣分別爲 9.03 克、8.20 克、10.53 克，皆不一致，銅器多銹，故二千年後稱量已不準，西溝畔七件銀節約，雖各記兩朱重量，但稱其重量亦互有參差，一斤之重自 200—227 克不等。銀節約表面曾塗有不均勻顏料，本身也有銹蝕而減重不等。純金化學性穩定，在各器之中，應以金器稱量爲標準，每兩爲 15.5 克，一斤爲 248.4 克。西溝畔墓所出兩金飾牌乃秦刻，每斤折重分別爲 248.6 克與 251.5 克，前者與 248.4 克基本一致，秦制多仿三晉，如取成數，一斤可定爲 250 克。

《古文字研究》12,頁 352

○**何琳儀**(1998)　　斤，甲骨文作（前八・七・一），象斧鏟之形。金文作（天君鼎），變異甚巨。參斷所从斤旁作（蔡伯簋）、（封仲簋）、（頌簋）、

（頌簋）、〢（追簋），尚可見其演變軌迹。其中〢顯然由甲骨文而變。戰國文字承襲金文。《説文》：“〈，斫木也。象形。”

秦金斤，重量單位。

《戰國古文字典》頁 1316

斧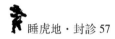

睡虎地·封診 57

△按　《睡虎地·封診》57：“皆臽中類斧。”字用爲本義。

斨

包山 157　　　包山 168

○劉彬徽、彭浩、胡雅麗、劉祖信（1991）　斨。

《包山楚簡》頁 29

○劉信芳（1995）　《包山楚簡》有關莊氏的簡文有如下數條：

楚斨司敗。又：斨邑（地名）（188）

牢審之斨古、斨坨。（157）

楚斨族倀旿。（163）

楚斨邚。（190）

“斨”，原考釋者無釋，劉釗先生釋“疖”，亦未妥，按字從爿得聲，讀如“莊”。

“楚莊”本指楚莊王，後以謚爲族名，爲姓氏，“楚莊司敗”即楚莊王後裔家族之司敗，屬於私官。

戰國時楚人有莊蹻。《商君書·弱民》：“秦師至鄢郢，舉若振槁，唐蔑死於垂沙，莊蹻發於内，楚分爲五。”《漢書·古今人表》作“嚴蹻”。史家多謂莊蹻爲楚莊王之後。《漢書·西南夷傳》：“始楚威王時，使將軍莊蹻將兵循江上，略巴、黔中以西。莊蹻者。楚莊王苗裔也。”《戰國策·楚策四》：“莊辛謂楚襄王。”吳師道注：“《元和姓纂》：莊辛，楚莊王之後，以謚爲號。”此類説法是可靠的。唯《包山楚簡》有“楚莊族”，人名有“楚莊邚”，知“楚莊”是複姓，應是“莊氏”之別枝。

由 163 簡“楚莊族倀骻”可以給我們以重要啟發,即“倀氏”亦是楚國“莊氏”之別枝。95 簡“張愆”,189 簡“株陽莫敖州加公張謹”,此“張氏”亦可能是“莊氏”之別枝。

《江漢論壇》1995-1,頁 61

斫 所

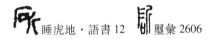
睡虎地·語書 12　　璽彙 2606

○湯餘惠(1986)　燕私名璽又有 所(2606)字,所從石旁與上考“碷”字略同,可知應是“斫”字的古寫,或隸定爲“陌”不確。

《古文字研究》15,頁 52

斪 斪

包山 149　　包山 187

○何琳儀(1998)　《說文》:“斪,斫也。從斤,句聲。”
　　包山簡斪,人名。

《戰國古文字典》頁 344

斲 斲

睡虎地·日乙 85 壹

○何琳儀(1998)　斲,從斤從卯,會以斧斤斫殺之意。豆聲,從卯猶從劉。《楚辭·九章》:“巧倕不斲兮”《考異》:“斲一作劉。”可資參證。檢《爾雅·釋詁》:“劉,殺也。”小篆卯與豆誤聯爲一體,即亞。《說文》:“斲,斫也,從斤、亞。斲,斲或從畫從乪。”
　　睡虎地簡斲,讀鬭。《玉篇》:“鬭,俗鬪字。”鬪從豆聲,應有所本。《孝經》注:“鬭,諍也。”釋文:“二士對戰曰鬭。”

《戰國古文字典》頁 372

釿 鈂

集成 2764 卅二年坪安君鼎　　　貨系 1348　　　貨系 557

璽彙 2963　　　侯馬 92:23

○**王樹偉**（1979）　　釿,是一個重量名稱,同時也是一個貨幣名稱。載有釿字的古幣實物,包括空首布、平首布、圜金,尚有大量存在。最常見的是平布"安邑釿"。對"釿"這個字的認識,有着漫長的發展過程。宋代錢譜對這個字引張臺説:"金邊安爪。"實是不認識。後來又把它分開讀作化（貨省）、金兩個字。"安邑二釿"讀作"安邑化二金"。今天看來頗覺可笑。大約清代晚期才逐漸肯定它是一個字。但對它的字意,衆説紛紜無有定論,更談不到它的重量問題,直到解放以後才有人重視研究它的重量。

圖四
重 13.6 克

安邑一釿銅幣,有正書倒書兩種（圖四）。安邑,是戰國時魏地,今山西夏縣。一,是數值。釿是幣名也含重量。這只幣重 13.6 克也不是初鑄。安邑一釿幣"最重的也不過 16 克"。釿和爰的重量爲何如此相同? 我的看法釿、爰根本就是一個重量兩種名詞。現提出以下四點理由:

一、戰國時期的貨幣首先鑄上地名。説明當時貨幣的地區界限嚴。大約兩地的貨幣不能通用或有一定折合率。安邑,晉地,貨幣以釿爲單位。梁,舊屬鄭,受陳、楚影響,貨幣以爰爲單位。承襲已久,鑄幣很多。魏於紀元前 340

圖五
重 13.6 克

年由安邑遷都大梁（即梁）,勢必有大量安邑釿流入於梁。兩個地區、名稱又不同的幣,人民狃於習俗,定難行用。因此魏不得不更鑄一種能起橋梁作用的新幣以溝通爰、釿,平價兩幣。新幣（圖五）:"梁充釿金當寽。"特點是把釿、爰兩個字同鑄在一個幣上"充釿以當爰"。使人民一望就知新幣既可當釿使,又可當爰用。兩種舊幣自然可以並駕齊驅各不貶值。這裏並沒有把兩地原來重量並不相等的貨幣,硬性强迫讓它們平等通用之意。魏之所以這樣做,是爲了用政治力量打破安邑、大梁兩地保守的經濟封鎖性,糾正釿、爰一物兩名的方言紛歧性。從而統一兩幣,使它們永遠沿着一比一的兑率通行,以達到繁榮經濟鞏固政權的目的。兩千餘年這一寶貴的實物流傳下來,正是讓它扮演一位昭告後世"爰釿相等"的有力證人。

不但兩幣最高重量都是 16 克,已如前述。就是偶然遇到的這三個普通實物(圖一、四、五),難得它們的重量也恰恰相等,13.6 克。可能是按一定規制減重的。

二、春秋小形斜肩橋足空首布,中有“武爰、武釿”兩種(圖六)。在同一地區所發行同一類型的貨幣,一稱爰,一稱釿。考“武”即修武。春秋晉地,在今河南獲嘉縣。這個地方正在安邑(山西夏縣)、梁(河南開封)兩地之間。當時安邑貨幣習俗稱釿,梁地貨幣習俗稱爰,已如上述。武地處於東爰西釿之間,自然不免受到雙方影響,雖它本身習俗所用貨幣也必居二者之一,但為了應付兩地的經濟勢力不得不在同一類型(自然重量也相等)貨幣裏;兼鑄爰、釿兩種。開後來戰國魏鑄釿當爰的先河,更是爰、釿自古即相通的一個實物佐證。

圖六

三、釿這個字何以能成為重量名?《說文》釿“劑斷也”。注:“以斤斧之屬制斷金鐵物也。”從幣上的古字“釿”看: ⺤(斤)旁左邊的鈍角“厂”,象器物被剞折尚未斷形。右邊的銳角“卜”象斤斧利器形,加“全”(金)為聲,“斤金為釿”,形聲也含會意。這個字形已把這個字意表達清楚。“制斷金鐵”——特指“金鐵”,是這字的獨有字意。黃金也屬金鐵,郢爰金版正需制斷使用,正用得上“釿”字。釿和貨幣即有了聯繫。

斷,是動詞。斷下來的一個量、兩個量可以叫一段、兩段。“斷,段也”可通。

截,是動詞。截下來的一個量、兩個量可以叫一截、兩截。

釿,是動詞。釿下來的一個量、兩個量何不可以叫作“一釿、兩釿”。

我國用黃金作貨幣,歷史很久。遠在周代以前,絕不始於楚國金版。但從不鑄成單個金幣,而釿斷隨時稱量使用。稱量必有一定重量單位。最早秤量黃金單位是什麼,不確知。或許就是爰。釿下來的小單位金版,要求重一爰。但不可能整齊。用時多退少補,以小額賤幣作輔助。這釿下來的小金塊,與其叫它一爰金(實際可能略重於一爰,也可能稍輕於一爰並不恰如其分)。反不如含糊叫一釿金更為正確(舊社會把幾兩黃金叫幾條子黃金,頗相似)。久而久之,人們會用一釿金重,作為日常生活中重量的形容語。最初,可能是地區性的方言土語。由習慣成合法。最後,會取爰而代之,成為法定重量名稱。“爰”反廢而不用,或只作黃金貨幣的專稱。

唐代貨幣規定一個銅錢重二銖四。宋代就正式把“錢”定為國家重量單位名稱。至今沿用千年,銖、絫反不為人知。如無文獻,人們也將不解其意。

看來釿這個字或許是上古金屬稱量貨幣時期遺留下來的一個重量名稱。我國貨幣紀元前尚有悠久的歷史。漫長的歲月,實物文獻都不足,在沒有新發現以前,準今酌古作此解釋,或許與實情相違不遠,有待以後逐步證明。這也是爰釿相等的佐證之一。

四、對一些不同算法的駁辯,解放後直至文化大革命以來也有不少的同志對釿的重量問題下過功夫研究。所見有根據山西侯馬出土上面有"□□□黃釿"的空首布與其它空首布結合得出釿的重量爲 35 克左右,又有根據"殊布當忻"布研究得出楚國一釿重 34 克左右。對這些考證,請允許我提出不同的看法共同商榷:

1.我國古代金屬鑄幣上邊的文字是有一定發展階段的。概括地講有紀地、紀值、紀重、紀年等。空首幣是我國已發現的早期鑄幣。上邊的文字極簡單。如數目字、干支……(懷疑這也是鑄地或鑄爐的代號)一直到地名如"武、盧氏"等。沒有再向紀值、紀重發展,就被形體相同而首不空的平首布取而代之,因此我們在空首布上邊的文字裏要想找到它的重量記載,是不合乎發展規律的。那時候的人還不懂得把重量記載在幣文裏,偶有極個別的幣文裏有"釿"字的,如"郱釿、公釿"及此"□□□黃釿"等。這釿字不能作重量解,只能作幣名解。如果是重量前邊一定要冠數目字,如"半"兩、"五"銖。如果把這數目字取消換成"當兩、衡銖",則解釋不通。郱釿即郱地所鑄的貨幣。公釿即公(公里)地所鑄的貨幣。"□□□黃釿"的"釿"字要也(編按:"要也"當作"也要")作幣名講。前三字不清楚,不好妄測其意。

雖然空首幣面文不紀重量,但不等於它沒有重量制度。它本身的重量就代表其重量的規制。洛陽出土的大批空首幣其中平肩一類:大型去泥修整一般 30 克;小型一般 15.3 克。前者即是二釿幣;後者即是一釿幣。雖不紀在幣文裏,流通使用,人們一見即知。從這平肩型幣制看(除極稀有的特大特小或其它類型暫不並論外),就是分一、二兩等。這裏還有一個最好的證明。首不空的平釿幣是由空首幣直接演變而來的。不但它形體脫胎空首布,就是它的重量制度也是與空首布一脈相承,所以它也有一釿、二釿兩等制(半釿稀有暫省)。到這時幣文才發展到紀值、紀重階段。那一枚侯馬"……黃釿"幣重 30.7 克,看來自屬二釿幣。把二釿幣作一釿計算,永遠得不得釿的正確數字。

圖七　重38克强

2."殊布當忻"(圖七,應釋:"沛錢當忻")。把"忻"解作"釿"字的異體。過去鄭家相也有此解。鄭氏是我國古錢學的老前輩,經多見廣對古錢學有一定貢獻。但他的說法也不是百分之百的正確當不諱言。他對古字好作創解以成一家之言,頗有站不住腳的。如以"忻"解作釿字省書:

(1)從字體結構看:釿不省書可寫作"釿"。如省書可省金作"斤"。爲什麼既省書又不全省,掐頭去尾,拋冠棄履只取中腰"十"寫作"忻"。這種解釋古字法不多見,難以使人服信。

(2)從幣面四字文法看:當時已入戰國後期,幣面文字已發展到紀地兼紀值、重。"梁寽"有正、半,"泉釿"有一、二,都有值數。此幣何無?且錢就是幣名、釿又是幣名,欠通。以忻解作"釿",背面"十貨"又當作何解釋?小銅貝裏也有書"忻"。按邏輯應該:此釿=彼釿。可是他在銅貝裏又說"斾幣背文曰十貨,大抵可值此種貝化十也"。則又變爲此釿=10彼釿。到底此幣是當一釿還是當十釿?自相矛盾難以圓其說,別人也極不易懂。

(3)再從戰國後期形勢分析:當時六國都遭秦國威脅,連年爭戰經濟困窮通貨膨脹。魏在大梁行大額減重劣幣,以不足二釿重的貨幣强作當五。與他緊鄰的楚沛地(今江蘇沛縣)有何力量獨行小額超重良幣,豈不使市場紊亂?他以不足三釿重的幣强作當十那才合乎當時形勢。

以減重當十釿貨幣作一釿解釋求取一釿的重量,解決得了什麼問題?將更引入歧途。總之此字還應從舊說釋作十斤,也就是十釿的省書合字。

《社會科學戰線》1979-3,頁192—194

○汪慶正(1988)　聳肩尖足空首布,弧襠大型布以素面爲多,少數有文字。這類布的幣面文字,除數字和符號外,有"邯鄲、呂"等。其中"邯鄲"肯定是地名。1981年5月山西稷山縣出土23枚聳肩尖足空首布,其中就有一枚"邯鄲"布。

1957年至1958年在山西侯馬晉—魏城郊發掘了一處春秋、戰國之際的鑄造聳肩尖足空首布的工場。這是一次重要的發現,可以確證這類空首布的鑄造地點。1959年又在侯馬牛村古城南的東周遺址發現了12枚聳肩尖足空首布和大量空首布的銎內範,其中一枚有"□□□黃釿"五字。新莽有"大布黃千"幣,"黃千"即衡千、當千的意思,即一個大布當一千。"□□□黃釿"亦即此布當一釿的意思。此布平襠,全長12釐米,身長8釐米,殘重30.7克,屬較小型。結合侯馬出土的小型聳肩尖足空首布"𠬝釿"並早期平肩弧足空首布中的"郱釿"及斜肩弧足空首布中的大型"三川釿",可以肯定,所有這些空首布,都是以"釿"作爲貨幣標度。馬克思曾經指出:"金、銀、銅在變成貨幣以前,在它們的金屬重量中就有這種標準……因此,在一切金屬的流通中,原有的重量標準的名稱,也是最初的貨幣標準或價格標準的名稱。"春秋、戰國之際的聳肩尖足空首大布有重 36.6 克,而傳世的"三川釿"布亦有重至 37 克以上的。較多的大肩足空首布在 34 克左右。因此,我們可以推斷,當時的"一釿"估計在 34—37 克之閒。但這是春秋、戰國之際的"一釿"之重量,它並不能代表更早"一釿"的實重。

用"釿"作爲空首布的"標度",是有其歷史淵源的。前面已敘述了"布、鎛"相通的情況,"鎛、斧"古音同。因此,"鎛、斧"在古代有時也是通用的。在金屬稱量貨幣時期,青銅斧是人們日常交換中經常使用的貨幣。《周易·旅卦》:"旅于處,得其資斧。"又《巽卦》:"喪其資斧。"直到清代末年,士大夫階層中還把外出攜帶的車旅費稱爲"資斧"。"資"可作"貲","齊貝"曰"資",當然是指資財而言。"斧",唐蘭説"大斤曰斧,小斤曰斤",是對的。青銅器居簋銘文:"君舍余三鎛,城貹(貸)余一斧,在餳貹余一斧,寮貹余一斧,趄舍余一斧,余鑄此緐郐(盤彝)。"斧、斤實際上是一件東西。湖南寧鄉商代銅罍中224 件青銅斧的出現,更證實了當時這類"斤、斧"使用的普遍性。最早的金屬鑄幣原始布的重量,可能就是當時通行的一件斤(斧)的重量,因此稱爲一"釿"。"釿"是"斤"加了"金"旁,表明了由純粹的重量單位轉變爲金屬鑄幣的貨幣單位。商代的"斤"一般在 200 克左右,隨着單位貨幣的減重,"一釿"的重量逐漸減輕,戰國末年最輕的小方足"半釿"布僅 3.5 克,一釿只重7 克左右。馬克思指出:"金屬鑄幣的名義含量與金屬含量閒最初並不顯著的差別可以發展成爲絕對的分裂。"因此,我們當然不能由此來判斷一釿的實重了。

《中國歷代貨幣大系·先秦貨幣》頁 16

○**王毓銓**(1990)　我曾經比較過以釿爲貨幣單位的空首布中期布晚期布和圜錢共 28 種 147 枚,結果如下表。選擇標本的準則是空首布記明"釿"者(此時釿單位似乎才開始,故不得不如此慎重);中期布均記釿及其數,故擇其精好者;晚期布中之明記單位數以及未記釿名和數而確知其爲釿單位及其數者。

布錢	釿單位數	鑄造地名	重量（克）						
空首布	1	三川（？）	37.30						
中期布	2	安邑	25.10	25.61	30.00	27.00	24.50	24.90	27.70
			26.50	27.00	26.00	19.00	24.60	21.25	27.40
			26.00	23.10	24.10	28.30	22.40	23.70	24.60
			25.30	26.60	28.60	29.85	29.75	17.50	26.60
			20.20	26.40	24.70	29.30	24.10	26.30	25.60
			24.35	22.20	24.00	20.90	24.85	24.80	27.00
			25.80	29.70	25.00	28.00	22.50	23.50	23.50
	2	梁	30.50						
	2	晉陽	26.65	20.08					
	1	安邑	14.00	15.40	13.75	14.25	14.07	13.62	12.56
			13.59	16.24	11.00	14.40	13.52	11.50	12.70
			12.15	12.25	12.70	12.80	13.80		
	1	皮殳	14.62	18.25					
	1	陝	13.95	12.70	16.65	13.15			
	1	蒲坂	14.05						
	1	晉陽	14.62						
	1	垣	11.61						
	半	安邑	6.57						
	半	梁	13.05	7.92	7.35	7.06			
	半	共	8.63						
	半	盧氏	8.48						
晚期布	1	邯鄲	11.87	10.95	13.75	11.20	11.22	11.17	
			12.60	11.10	12.80				
	1	茲氏	13.17						
	1	大陰	12.52						
	半	茲氏	5.30	4.69	5.10	5.45	4.10	5.50	
	半	大陰	4.60	4.78	5.00	4.60			
	半	代	14.66	11.46	12.86	14.66	13.30	13.00	
圜錢	1	桼（漆）垣	9.55	12.80					
	1	襄（？）陰	10.20						
	1	垣	9.72	8.54	10.15	8.80	9.45	8.15	
			10.00	10.40	9.20	9.30	8.90		
	1	共	9.40	10.10	9.80	9.90	9.20	9.71	8.84	9.40
	半	襄（？）陰	4.65						
	半	東周	6.60						

從上表所表現的我們可以歸結出這麼幾點:(一)在某一定時期之内,鈶單位的重量大致一樣;(二)貨幣的重量單位數一致:二鈶的大致是一鈶的倍數,一鈶的大致是半鈶的倍數;(三)在幾百年中鈶單位重量大減,從 37 克强一直降低到了 10 克左右(僅就出土後的重量言)。

《中國古代貨幣的起源和發展》頁 125—130

○**劉森**(1995)　1.先秦時期金屬鑄幣以鈶銘重,但其鈶所表示的重量較度衡量中鈶所表示的重量低。唐蘭先生云:"大斤曰斧,小斤曰斤。"王獻唐先生《中國古代貨幣通考》(上)説斧、鏟、鎛爲同器異名。按此,斧、鎛、鏟、斤初爲同器,後因器形之變而別稱之。顧頡剛先生曰:"《易》有'表其資斧',明是斧爲財貨。"(《易·旅》有"得其資斧")此可見鈶初爲器名,惟未加金字旁,而作斤。以斤所名之器,在交換過程中,漸有財貨的象徵,故"斤"加上"金"字旁爲"鈶",《説文》謂鈶"劑斷也",即言鈶的齊平義。然作爲"劑斷"用的"鈶",在戰國時期仍有器名義。《莊子·在宥篇》:"於是乎鈶鋸制焉,繩墨殺焉,椎鑿決焉。"《辭通》云:"鈶斤字之繁簡,音義並通。"鈶本於斤,斤在商代,一般重約 200 克,見於空首布作"鈶",布重平均 26 克多,見於青銅器重約 30—35 克,這説明斤與鈶重自始便不一。空首布三川鈶、公鈶(沇鈶)有重 30 克以上者,戰國末小方足平首布(半鈶布)最輕者重僅 3.5 克,尖足平首布"北兹鈶"平均重僅 5.8 克。鈶的減重,與其它貨幣的減重趨勢相伴,以鈶爲幣文的貨幣與同時的其它貨幣的輕重略同,説明鈶所表示的重量,受當時它種金屬鑄幣幣重變化的影響較大,而與衡制的關係漸遠。諸種輕重、幣文不一的"鈶"布,之所以以鈶名幣文,其因大概就在於此,因爲在一定重量的限度内,鈶可增減,故其被用作貨幣單位的迹象,便愈明顯可見了。從這種意義上講,由於先秦時期諸侯國的度量衡不一,其金屬鑄幣之重往往與衡制單位所標明的重量出現誤差或不一,因而便不能準確無誤地反映當時的度量衡制。今天,在我們以先秦幣重探討其衡制時,必須注意到這一問題,不然,將難以弄清幣重與衡重之關係。

2.《中國歷代貨幣大系·先秦貨幣·總論》關於"'鈶'是'斤'加了'金'旁,表明了由純粹的重量單位轉變爲金屬鑄幣的貨幣單位"之論,是值得商榷的。戰國時期青銅器以鈶銘重,説明"鈶"出現很久以後,並未由純粹的重量單位轉變爲金屬鑄幣的貨幣單位。

3."鈶"由"斤"而發展演變而來後,二者所表示的重量不同。斤在商代爲 200 克左右,至秦,增重爲 250 克左右,而"鈶"初重 30—35 克,至戰國末期消失之前,減重爲 12—16 克。同時,就"釿"來説,其尚有衡重與幣重之别,衡重的標準變化較小,幣重的標準變化則較大。

4."釿"的使用,有一定的地域性。從出土的青銅器皿及今見之以"釿"名幣的貨幣來看,其一般只使用於三晉及楚地。這些地區的衡制,在當時處於先進發達之列,而其以"釿"名幣文、其幣重又多輕重不一,此足可證"釿"重與衡制既相關又有别,不可概而論之。

《中原文物》1995-3,頁 96—97

○ **何琳儀**(1998)　《説文》:"釿,劑斷也。从斤、金。"

晉器釿,讀斤。

《戰國古文字典》頁 1318

○ **郭若愚**(2001)　戰國時期布形貨幣大都使用"釿"作爲鑄幣名稱。兹以所見與梁布同樣類型的橋足布例舉如下:

甫反一釿	相當梁布(三)一枚	陰晉半釿	相當梁布(四)一枚
𨦈一釿	相當梁布(三)一枚	陰晉一釿	相當梁布(三)一枚
晉半釿	相當梁布(四)一枚	虞半釿	相當梁布(四)一枚
晉陽一釿	相當梁布(三)一枚	虞一釿	相當梁布(三)一枚
晉陽二釿	相當梁布(三)二枚	安邑一釿	相當梁布(三)一枚
𠦑半釿	相當梁布(四)一枚	安邑二釿	相當梁布(三)二枚
𠦑一釿	相當梁布(三)一枚	𨰿二釿	相當梁布(三)二枚
𠦑二釿	相當梁布(三)二枚		

梁布爲了適應這種形勢,也就該鑄"釿"布兩種,見附圖一(一)(二)。此幣文字𨦈爲辛字,古璽文作𨰿或𨦈。如以此字的上半部倒書,則爲𨦈字。按辛通新。《詩·魯頌·閟宫》:"新廟奕奕。"箋:"修舊曰新。"故梁布之稱"新釿"就有"修舊"的意思,因此梁布(一)(二)的文字可

(一)　　(二)　以通讀如下:

梁布(一):"梁新釿,五十當寽。"謂此梁地所鑄之新釿布,五十個當一寽。

梁布(二):"梁新釿,百當寽。"謂此梁地所鑄之新釿布,一百個當一寽。

梁布鑄幣四種都是"寽"的代换品,因爲"寽"是我國古代一個重量單位,學者們都認爲如果將梁布實測其重量,即能求得"寽"的重量。兹以王毓銓、彭信威、陳仁濤實測的情況列表比較如下:

	梁布(一)	梁布(二)	梁布(三)	梁布(四)	寽的重量
王毓銓	(最重)(最輕) 28.02　17.40	(最重)(最輕) 15.05　7.21	(最重)(最輕) 16.00　10.82	——	
彭信威	29-30 公分	18 公分	13.5 公分	——	14.50 公分
陳仁濤	28.35 公分	14.4 公分	14.5 公分	7.03 公分	15.00 公分

《先秦鑄幣文字考釋和辨僞》頁 16

所 所

睡虎地·爲吏 24 貳　　曾侯乙 67　　包山 257　　郭店·語一 29

集成 11329 王何戈　　侯馬 156:19　　璽彙 3586

○**何琳儀**（1998）　《説文》:“所,伐木聲也。从斤,户聲。《詩》曰,伐木所所。”

魚顛匕,侯馬盟書所,處所。《廣雅·釋詁》二:“所,尻也。”《集韻》:“所,一曰,處也。”晉器所,被動助詞。

楚器所,被動助詞。　帛書所,處所。包山簡“所㠯”,讀“所以”。《論語·爲政》“視其所以”,集解:“以,用也。言視其所行用。”

古璽所,姓氏。古有虞衡主伐木之官,聞聲以爲氏。見《萬姓統譜》。

《戰國古文字典》頁 470

斯 𣂑

集粹　　郭店·語三 17　　上博五·鬼神 6

郭店·性自 34　　璽彙 0280

○**吳振武**（1983）　0280 右 兴 政鉨·右斯政鉨。

《古文字學論集》(初編) 頁 491

○**牛濟普**（1992）　“右巽政璽”,“巽”借爲“饌”。是管理楚王室飲食的官璽。

《中原文物》1992-3, 頁 90

斨 斨

璽彙 0847

○**徐寶貴**（1988）　䉈，是从斤昔聲之斨字，側略切。《説文》：“斨，斬也。”《爾雅·釋器》“魚曰斨之樊”，注：“斨，斫也。”《楚辭·怨世》“羌兩足以畢斨”，注：“斨，斷也。”《文選·東京賦》“斨猗狂”，薛綜注：“斨，擊也。”斨又通厗，如《爾雅·釋器》“犀謂之斨”，釋文：“斨，本作厗。”此璽“長斨”讀爲“張斨”。

《松遼學刊》1988-2，頁 83

斷 斸

斸睡虎地·答問 122

○**何琳儀**（1998）　斷，从斤从𢇍，會斧斤斷絶之意。《説文》：“截也。从斤从𢇍。𢇍，古文絶。𢇍，古文斷从𣎵。𣎵，古文更字。《周書》曰：詔詔猗無他技。𢇍，亦古文。”

睡虎地簡斷，斷絶。

《戰國古文字典》頁 1031

△**按**　戰國文字斷或从斤从𢇍作“斷”，爲秦系文字形體；或从刀更聲作“剗”，與《説文》䜈之古文相合，參見卷九首部“䜈”字條。

新 䉈 新 斬

秦陶 1214　　睡虎地·效律 21　　三晉，頁 51

璽彙 0281　　郭店·唐虞 5　　上博五·弟子 8

包山 6　　上博五·三德 4

○**中大楚簡整理小組**（1977）　斬爲新，《新都戈》《新弨戈》亦作斬，从木从斤，辛聲。

《戰國楚簡研究》3，頁 16

○**郭若愚**（1994）　新，《説文》：“取木也。”此用爲形容詞，謂木製也。“一新智縷"爲一對木製的"翣柳"。

《戰國楚簡文字編》頁 115

○**何琳儀**（1998）　《説文》："新，取木也。从斤，亲聲。"

　　侯馬盟書"新君弟"，讀"親群弟"。晉璽"新聚"，地名。趙尖足布"新城"，或作"辛城""亲城"，地名，見辛字、亲字。中山王方壺"新君"，新立之君。《左・昭廿七》："吳有新君。"中山王圓壺"新墜"，讀"新地"，新占領土。《戰國策・趙策》："不如盡歸中山之新地。"

　　楚器"新造、新諁、新佶、新賠"，均讀"新造"，見頌簋。《戰國策・楚策》一"楚使新造盠"，注："楚官。"楚璽"新都"，新建都城。《舊唐書・地理志》："隋開皇二年，自是漢長安故城，東南移二十里置新都，今京師是也。"楚簡"新父"，讀"親父"。《莊子・寓言》："親父不爲其子媒，親父譽之，不若非其父者也。"包山簡"新都（或作者）"，地名。見《漢書・地理志》南陽郡。在今河南新野東。包山簡"新客"，見《左・昭十八》："使司寇出新客，禁舊客，勿出於宮。"包山簡"新墊"，讀"新野"，地名，見《漢書・地理志》南陽郡，在今河南新野。

　　新郪虎符"新郪"，地名。《史記・蘇秦傳》："南有新郪。"在今安徽太和北。詛楚文"新郎"，地名。秦陶"新梁"，地名。秦陶"新安"，疑地名。

《戰國古文字典》頁 1162

○**李家浩**（2000）　"新"，疑應該讀爲"薪"，指炊爨的木材。《禮記・月令》："季冬之月……乃名四監收秩薪柴，以共郊廟及百祀之薪燎。"鄭玄注："大者可析謂之薪，小者合束謂之柴。薪施炊爨，柴以給燎。"

《九店楚簡》頁 145

【新地】中山王圓壺

○**張政烺**（1979）　新地，謂新開闢之地。中山桓公復國，徙都靈壽，王嚳時又"闢啟封疆，方數百里，列城數十"，故有此稱。

《古文字研究》1，頁 244

○**李學勤、李零**（1979）　"新地"，新占領的土地。《戰國策・趙策四》："不如盡歸中山之新地。"是趙攻中山新得之地。雲夢睡虎地四號墓所出戰國末年木牘，"新地"一詞三見，指秦新自楚國奪取之地。

《考古學報》1979-2，頁 161

【新城】貨系 1073、新城太令戈

○**鄭家相**（1958）

文曰新城，《史記·秦本紀》：“莊襄王三年，攻趙榆次、新城、狼孟。”此新城趙地，今山西朔平府朔州治。

《中國古代貨幣發展史》頁 114

○**黃盛璋**（1974）　《巌窟》說此戈（編按：新城太令戈）爲 1942 年安徽壽縣出土，並附柯昌泗的考證，引據典籍，定爲楚器。今考戈銘格式肯定屬於三晉，職官制度以及字體書法都和楚不同。柯昌泗所以定爲楚器，主要是由壽縣出土引起猜想，然後才引據文獻以證其説。我們以爲《巌窟》所云出土壽縣不外得自估人，古董商爲抬高價格，往往偽托，即使可信，亦不能定爲楚器。至於柯昌泗所引《戰國策》定新城爲楚地，僅見一時現象，未審察源流，所以是皮相之論。所引見《楚策一》：“城渾出周，三人偶行，南遊於楚，至於新城，城渾説其令曰：‘……楚王何不以新城爲主郡也，邊邑甚利之。’新城公大説，乃爲具駟馬乘車、五百金，之楚，城渾得之，遂南交於楚，楚王果以新城爲主郡。”可是緊接下面一條就説：“韓公叔齊魏，而太子有楚秦，以爭國。鄭申爲楚使於韓，矯以新城、陽人予太子。”《韓策》也記此事，鄭申作鄭疆，其餘文字基本相同。最後都説：“王曰善，乃不（弗）罪。”可見此後新城又歸韓。已成事實。按新城、陽人與宜陽靠近，周郊，原都屬周。《史記·張儀傳》：“秦攻新城、宜陽，以臨二周之郊，誅周王之罪，侵韓、魏之地。”（按《六國年表》事在秦惠王二十二年）韓向西發展，蠶食周地，這些地方都歸韓有。新城屬韓，證據很多，《史記·秦本紀》：昭王“十三年向壽伐韓取武始，左更白起攻新城”。又《白起傳》：“昭王十三年（前 294 年）而白起爲左庶長，將而攻韓之新城。”《秦本紀》還記昭王廿三年和廿五年“與韓王會新城”。但新城既處在邊邑，變化無常，楚向北發展，新城一度屬楚，上引《楚策》就是隸楚時事，但屬楚是暫時的，鄭申所以“矯以新城、陽人予太子”，當因兩地原屬韓。新城又見於方足布幣，當即同地所造。此幣正是三晉幣而非楚幣。

《歷史地理與考古論叢》頁 93—94，1983；原載《考古學報》1974-1

○**袁仲一**（1987）　新城義渠、新城邦、新城章。根據邦、章爲人名，義渠亦當爲人名，而非縣邑名。新城爲縣名。《睡虎地秦墓竹簡》編年紀：“（昭襄王）六年。攻新城，七年新城陷，八年新城歸。”秦簡整理小組注：“新城，楚地，今河南襄城。”《史記·秦本紀》記秦昭襄王六年伐楚，“七年，拔新城”。《正義》：“《年表》云：‘秦敗我襄城，殺景缺。’《括地志》云：‘許州襄城縣即古新城縣也。’”《秦本紀》又云：“（昭襄王）十三年，向壽伐韓，取武始。左更白起攻新城。”《正義》：“《白起傳》云：‘白起爲左庶長，將而擊韓之新城。’《括地志》

云：‘洛州伊闕縣本是漢新城縣，隋文帝改爲伊闕，在洛州南七十里。’”即今河南伊川縣西南。漢縣邑的設置多沿襲秦。漢之新城在今河南伊川西南，故疑秦始皇時代的新城當指此地。

《秦代陶文》頁 48—49

○**睡簡整理小組**(1990)　　新城，楚地，今河南襄城。《史記·秦本紀》記昭王六年伐楚，“七年，拔新城”。《正義》引《括地志》認爲新城即襄城。

《睡虎地秦墓竹簡》頁 8

○**石永士**(1995)　【新城·尖足平首布】戰國中晚期青銅鑄幣。鑄行於趙國，流通於燕地。屬小型布。面文“新城”，形體多變。背平素。“新城”，古地名，戰國屬趙。《史記·秦本紀》：秦昭襄王“七年(公元前 300 年)，拔新城”。在今山西朔縣西南。1963 年以來山西原平、河北易縣燕下都遺址等地有出土。

《中國錢幣大辭典·先秦編》頁 356

△**按**　　貨幣文“新城”或作“亲城、辛城”。

【新造】集成 11042

○**裘錫圭**(1979)　　新賠(造)尹——《戰國策·楚策一》記朞冒勃蘇自報官名爲“新造盬”。傳世銅兵中有楚的“郱(邦?)之新郚(造)”戈(《錄遺》566)。

《古文字論集》頁 407，1992；原載《文物》1979-7

○**李零**(1986)　　“新郚”，讀爲新造，楚國官名。《戰國策·楚一》：“朞冒勃蘇對曰：‘臣非異，楚使者新造盬朞冒勃蘇。’”鮑彪注以“新造盬”爲“楚官”。

《古文字研究》13，頁 380

【新郪】新郪虎符

○**王輝**(1990)　　新郪本魏地，《戰國策·魏策》蘇秦説魏襄(惠)王曰：“大王之國，南有許、鄢、昆陽、邵陵、舞陽、新郪。”故城在今安徽太和縣東。秦與新郪之間，隔有楚後期之都城陳，以及韓之潁川地。韓王安九年，“秦虜王安，盡入其地，爲潁川郡”。秦之攻占新郪當在此後。符稱王，不稱皇帝，故必作於統一前。

《秦銅器銘文編年集釋》頁 102

○**湯餘惠**(1993)　　新郪，本魏地，在舞陽之東(今安徽省太和縣北七十里)，見於《史記·蘇秦列傳》《戰國策·魏策》等書。公元前 241 年楚徙都壽春，秦取新郪當在此前後。

《戰國銘文選》頁 52

【新君弟】侯馬

○**李裕民**(1982) 侯馬盟書委質類:"趚及新君弟子孫,隡及新君弟子孫。"郭沫若以爲新君指新立的國君。關於新君弟一辭,我在《我對侯馬盟書的看法》(《考古》1973 年 3 期)一文中提出了新的解釋,但論述尚有不妥之處,今再申論之。

按趚和隡是位次第八、第九位的受制裁的對象。如新君指新立的國君。其弟必是擁有較大勢力的人物,爲什麼不單獨列爲一項,卻要附在趚、隡的後面? 如果新君弟是指新立國君的弟弟,爲什麼在第八、第九項中重複出現?如果偶而(編按:"而"當爲"爾")重複,可以解釋爲筆誤所致,然而幾十片盟書毫無例外,那麼,這種重複決非偶然的了。新君弟既然同時列在趚和隡的名下,足見它不可能是專稱,而是某種親屬的稱謂,其例應與同片盟書第二位受制裁的對象"先痀及其子乙及伯父、叔父、兄弟、子孫"的句例相仿。

我認爲"新君弟"應讀作"親群弟"。先說君字,單鼎:"黃孫子係君叔單。"郭沫若讀君爲群,群與單,名字之義正相應。《說文》:"群,輩也,從羊,君聲。"君群聲同,二字可以通作。《呂氏春秋·召類》:"群者衆也。"《左傳》定公元年:"鞏氏之群子弟賊簡公。"群子弟就是衆子弟。《尚書·金縢》:"武王既喪,管叔及其群弟乃流言於國。"群弟即衆弟,這裏指管叔的兩個弟弟蔡叔和霍叔,弟有親弟和從弟之別,群只表示衆,群弟可以指親弟(如《金縢》之例),也可包括從弟(如《左傳》之例),因此有時爲了更明確地表示血統關係的遠近,便加上親或從字。

《世說新語·賢媛》:"一門叔父,則有阿大、中郎;群從兄弟,則有封、胡、遏、末。"這群從兄弟就是指謝道蘊的衆從兄弟謝韶等人。

《商君書·賞刑》:"昔者周公旦殺管叔,流霍叔……天下皆曰親昆弟有過不違。"管叔是周公旦之兄,霍叔是周公之弟,此親昆弟疑本作"親兄弟"。

盟書之新讀作親,《尚書·金縢》"惟朕小子其新迎"。新字馬本作親,新君弟就是親群弟,即親弟弟們。盟書中制裁對象的界線是十分分明的,它有下述幾種:

一、某之子孫。指某人已死,需制裁死者的子孫。

二、某及其子孫。指制裁其本人和他的子孫。

三、趚及親群弟、子孫。指制裁趚本人和他的親弟弟們及其子孫。

四、先痀及其子乙、伯父、叔父、兄弟、子孫。指制裁先痀本人及其兒子、伯父、叔父、兄弟、子孫。

【新邦官】璽彙 0143

○**羅福頤等**(1981)　　新邦官。

《古璽彙編》頁 24

○**鄭超**(1986)　　新邦官不見史籍。秦國有屬邦,是管理少數民族的機構,見秦兵器銘文和秦簡。漢代因避漢高祖劉邦諱,改稱典屬國、屬國,見《漢書・百官表・序》。屬邦大概是指從屬於秦國的少數民族邦國。頗疑“新邦”當讀作“親邦”,“新、親”古音相近,可以通假。《尚書・金滕》“惟朕小子新迎”,馬本“新”作“親”,可證。“親邦”即親近楚國的少數民族邦國,與“屬邦”意思相近。新(親)邦官大概也是掌管少數民族的機構。

《文物研究》2,頁 88—89

○**曹錦炎**(1996)　　“新邦官”,不見於史籍。“新”字當讀如“親”,《書・金滕》“惟朕小子其新逆”,《釋文》“新,馬本作親”;《左傳》僖公三十一年“晉新得諸侯”,唐石經“新”作“親”;《史記・孝文本紀》“親與朕俱棄細過”,《漢書・文帝紀》“親”作“新”;戰國中山王鼎、壺銘文“鄰邦難親、賢人親”,兩“親”字皆作“寴”,此均爲“新、親”互相通假之例。“親邦”,即親近楚國的國家,璽文之“親邦官”當爲職掌親邦事務之官。

雲梦秦簡有“屬邦”,整理小組認爲是管理少數民族的機構,也見秦兵器銘文,漢代因避高祖劉邦諱改爲“屬國、典屬國”。或以爲此璽之“新(親)邦官”大概也是掌管少數民族的機構,可備一説。

《古璽通論》頁 98

【新東陽】

○**韓自强**(1988)　　新東陽宧大夫鈢　戰國楚銅官印。1976 年於阜陽縣合作社廢銅倉庫揀選。印體方形,壇座鼻紐。邊長 2.1、通高 1.6 釐米。白文,有邊欄,“大夫”二字合書。

此印與公認爲楚印的安徽壽縣所出“上場行宧大夫鈢”、《上海博物館藏印選》所收“江陵行宧大夫鈢”二印的形制、字體相似,當爲戰國時楚國官印。

春秋時以東陽爲地名的有魯邑、齊邑等。此新東陽究屬何地,尚待考證。

《文物》1988-6,頁 89

○**黃盛璋**(1993)　　韓文釋爲“新東陽宧大夫鈢”,並引據壽縣出土“上場行宧大夫鈢”與《上海博物館藏印選》所收“江陵行宧大夫鈢”,以爲與“二印的形制、字體相似”,遂定“爲戰國時楚國官印”。今按大夫合文上一字明顯不從

“邑”,不能釋爲“宫”字,因而不能與所引二楚印比附,如此定爲楚官印就失去依據,印的國別還必須另行證明。

此印定爲楚官印,主要證據就是鉥字的特殊寫法。

第一字韓文釋爲“新”字,此字左從“羊”右從“斤”,很明確,並不從“辛”,所以並不能釋爲“新”,字書皆無從羊從斤之字,故現尚不識。但東陽秦末已有,原爲楚地,秦得自楚,來源可以查明,《史記・項羽本紀》:項梁“聞陳嬰已下東陽……陳嬰者,故東陽令史,居縣中,素信謹,稱爲長者。東陽少年殺其令相,聚數千人……遂强立嬰爲長……以兵屬項梁”,“陳嬰爲楚上柱國,封五縣,與懷王都盱台”,《正義》引《括地志》:“東陽故城在楚州盱眙縣東七十里,秦東陽縣城也,在淮水南。”東陽故城 60 年代初即進行考古查勘,位於大、小雲山南。今盱眙東稍偏南約 37 公里,淮水出洪澤湖後之南約 10 公里,現尚名東陽城。城垣東西 500 米、南北 400 米。城内漢文化層厚 1.5 米,遺物豐富,原城門缺口尚可見,1965 年城内出土秦廿六年詔權,1974 年發掘東陽城東南部漢代墓葬 7 座,出土漢代陶、銅、鐵、玉、木器等大批遺物,1976 年再次發掘墓葬區並勘察試掘東陽城址,1982 年在盱眙東南 22.5 公里南窰莊窖藏出土銅壺上蓋金獸,内貯郢爰 11 塊、金餅 25 塊,銅壺上刻有燕國銘文與齊國伐燕得此壺的刻銘,窖藏距東陽城更較去盱眙爲近,大約只有 10 多公里,應是東陽縣居民所藏。秦東陽縣當得自楚,並且爲時很晚,約在滅楚最後戰役中。《史記・王翦傳》“王翦果代李信擊荆……荆數挑戰,而秦不出,乃引兵而東。翦因舉兵追之,令壯士擊,大破荆軍。至蘄南,殺其將軍項燕”,“秦因乘勝略定荆地城邑,歲餘虜荆王負芻”。蘄去東陽不遠,殺項燕在秦始皇二十三年,次年即入壽春之郢滅楚,虜負芻。秦得楚東陽顯然就在始皇二十三年至二十四年間“略定荆地城邑”的戰役中,南窰莊窖藏這批金幣應該以此時可能性最大,由使用郢爰證明物主爲楚人,時代應屬戰國末年,貯藏之銅壺有燕、齊銘刻,説明窖藏時尚爲實用之器,也只能以屬於戰國爲宜。

秦末,東陽與盱眙一帶亦爲戰亂之地,秦二世元年“東陽少年殺其令相,聚數千人”,東陽已陷於混亂之中,立陳嬰爲長後,“縣中從者,得二萬人”。二世二年項梁立楚懷王孫心爲楚懷王,都盱台也就是盱眙,窖藏於此時亦有可能。《清一統志》卷九四“泗州”“盱眙故城,在今縣東北……元學士曹元用《重修縣治碑記》:‘盱眙縣舊寓慈氏山麓,延祐庚申遷築東嶽行廟之右,秦定四年縣尹李克中以縣治卑隘,又遷臨淮府舊基,即今治也。’縣治故城在縣東北盱眙山之麓,又有漢王城在縣北三十里,相近又有霸王城、小兒城,相傳皆項氏立義帝時屯兵處,或有以爲漢縣治此"。按霸王城又名城圍子已經考古調查,在泗洪縣南 12 公里、傅圩子西南,雖爲漢城遺址,但距東陽城西北約 100 公里,顯然不是漢盱眙縣故城。今盱眙縣城乃元泰定四年所遷臨淮府舊基,《括地志》說:東陽故城在盱眙縣東七十里。而《盱眙縣志》卷一一記"東陽故城,治東南八十里",比唐代盱眙縣城多十里,但不能據此否定今東陽城爲漢東陽,因盱眙縣於元時已兩次遷徙,先秦與漢東陽即今東陽城故址。由此印發現而獲得證明,是值得重視和研究的。

《文物》1993-6,頁 79—80

○**韓自强、韓朝**(2000)　　歷史上叫東陽的地名有魯邑、齊邑等,秦國有東陽縣,在今江蘇盱眙縣東南,新東陽在什麽地方,黃盛璋先生著文也說"待考"。

　　這方"新東陽宦大夫璽"與故宫藏"下蔡宦大夫璽"大小相等,比"行宦大夫璽"小 0.2—0.3 釐米,"行宦大夫璽"都是楚國東徙陳、鉅陽、壽春時的地方流亡政權官璽,因此"宦大夫璽"和"行宦大夫璽"有早晚之别。

　　"新東陽宦大夫璽"是在阜陽廢銅倉庫揀選的,可能新東陽就在阜陽周圍,阜陽地區的古城遺址,可以界首縣光武鄉的尹城子當之,該城址面積廣大,夯土城牆和城門歷歷在目,這裏是春秋蔡國的莘邑,《春秋·莊公十年》"荆敗蔡師於莘"即此地,西漢時曾在此建置新陽縣,西晉時廢。包山楚簡的新字寫法很多如新(16)、新(154)、新(186)等。楚敗蔡後占有了莘邑,把它改稱爲新東陽,把莘寫作新,才有西漢在這裏建置新陽縣的可能。

《古文字研究》22,頁 177

忻

忻 貨系 4179

○**鄭家相**(1958)　　右貝面文忻字,倒列。按忻即釿字省筆,此貝文與斾布四布文同,又爲同屬楚鑄之一證。其曰釿者,乃當時幣名,謂此貝可作平賈之釿也。以此幺小貝化證之,則斾布與四布之忻,釋爲十斤與十化,皆非矣。斾布背文曰十貨,大抵可值此種貝化十也。

《中國古代貨幣發展史》頁 175

○**黃盛璋**(1989)　　楚金幣還用爰,有郢、陳、鄩、鄟、鄱等鎹,又有"忻"字見於蟻鼻錢和"殊化當忻、四化當忻"幣。李家浩同志曾以爰、忻爲重量單位,忻即釿,平均三四克,相當於平安君鼎之釿,郢爰重 14—17 克左右,相當於當時一兩。今查蟻鼻錢"圻"字錢,最重只有 5 克,輕僅 1 克多,則"圻"非"釿"。"殊化當圻、四化當圻",前者爲 31—37 克,後者爲 7.5 克,李家浩同志解釋,大幣一枚當一釿,四枚小幣相當一釿,正合 1:4,如此則楚釿遠比三晉幣中之釿爲重,而蟻鼻錢之圻之重量則又太輕,楚"圻"是否表重量單位尚待研究。至於郢爰等金版,用時仍需切割用稱錢衡稱量,爰亦非重量,它只是一種幣名而已。

《古文字研究》17,頁 43—44

○ **何琳儀**(1998)　圻,從土省,斤聲。垠之異文。《説文》:"垠,地垠也。一曰,岸也。圻,垠或從斤。"土旁省作╋形。參坨、垣、壑、城等所從土旁。

楚幣圻,或作斤。

《戰國古文字典》頁 1317

○ **黃錫全**(1999)　圻,有此字的銅貝比較少見。1987 年,河南固始出土 1 枚,重 4.5 克。1987 年,湖北雲梦楚王城遺址出土 1 枚,重 3.2 克。1985 年,安徽肥西出土 3 枚,平均重 4 克。1979 年,安徽亳縣城父出有 8 枚,平均重 4.1 克。上海博物館藏有 2 枚,重 5.1 克和 4.9 克。從重量上看,圻字貝均較重,過去多認其爲較早之銅貝,比較可信。

"圻"字又見於楚大布"枳比當圻"。楚大布的圻,過去多釋爲釿或斤。銅貝之"圻"是否借楚大布之"圻"作爲貝名,目前還難作抉斷。我們以爲,銅貝之"圻"與大布之"圻"可能有別,似可讀如斤、忻、欣等,表示喜悦之義。銅貝乃大衆喜愛之貨幣,故以"忻"名。

《先秦貨幣研究》頁 227,2001;原載《錢幣研究》1999-1

秝

秝集成 10895 伯秝戈

○ **何琳儀**(1998)　秝,從斤,禾聲。《龍龕手鑒》:"秝,音科。"

伯秝戈"白秝",人名。

《戰國古文字典》頁 840

劤

集成 2764 卅二年坪安君鼎

〇**黃盛璋**（1982）　　平安君爲冶客所造，冶字作▨，郭沫若同志舊釋斫客，或釋句客。冶客又見於金村方壺，“冶”字作“▨”，唐蘭同志舊釋冶客而無説明。最近朱德熙、裘錫圭同志重考此字，認爲“□母訇關”古印之“訇”同字，是“司”字而不是“冶”字，“司客”相當於《周禮·秋官》之掌客。我認爲是“冶”而不是“司”字，説詳《戰國銘刻的冶字結構演變與分國應用之研究》，這裏僅撮其要：

“▨”左旁“訇”即三晉趙器“冶”（▨）之右旁，戰國最完整之“冶”字爲“＝（呂，即銅餅料塊）、火、刀（或“刃”）、口（表鑄範）四要素組合，但常省其中一要素或二要素。四要素常見組合形式爲▨或▨，▨表刀與口（範）的配合，而▨則爲“刀”之刃部下延，表刃與口（範）之配合，“▨”亦可在左，部位可以移動，如此“▨”之左旁與戰國“冶”字相合。

戰國“冶”字右旁常從刀或刃，甚至從雙刀，如高都戈（劍）之“▨”，“▨”字右旁“比”就是雙刀，兩長畫皆直筆而各帶短畫，所以表兩刀相並，而不是“斤”字，“斤”兩筆皆屈曲相包，並無表刃之兩短畫，所以不是“斤”，而表兩刀形，與高都戈“冶”字右旁▨相同，如此“▨”右旁與戰國冶字右旁亦相符合，合起來必爲冶字無疑。

金村方壺之“▨”字右旁亦爲“▨”簡作，▨下延爲▨，上捲則爲“▨”，理正相同，王仁聰同志已指出漢篆之“▨”之右旁不過是“▨”把“匕”變成“乙”而已，這分析是正確的。至於右旁“▨”亦非從“彐”，而仍應爲從“斤”，與甲骨文“斤”字作▨或▨相似，或爲倒立之刀形，總之合起來爲“冶”字而非“司”字。

不論▨、▨都不是從台，因而決定不是“司”字，《説文》謂“冶從仌，台聲”，實際上漢篆之冶，“＝”是表銅塊之“呂”，而不是從仌（冰），▨爲▨之變作，表刀與口（範）配合，也不是“台”，“冶”是依會意造字，而不是形聲字，《説文》説解全誤，自許慎開始對冶字淵源流變迷眛不明，只能出以誤解。

　　　　　　　　　　　　　　　　　　　《考古與文物》1982-2，頁 59—60

〇**黃盛璋**（1983）　　“冶客”見於平安君鼎與金村四斗方壺，而寫法稍異，前者作“▨”。郭沫若先生釋“斫”，後者寫法不一，作“▨”較多，唐蘭先生釋“冶”而無説明。最近朱德熙、裘錫圭先生重考此字，根據“□母訇關”戰國古印，認爲其字爲從斤訇聲的一個字，即“司”字，《周禮·地官》有“司關”，故此古印之“訇”即司關，與此皆爲一字，金村方壺字隸定爲“訇”，平安君鼎則定爲“斫”。《周禮·秋官·掌客》：“掌四方賓客之牢禮、餼獻、飲食之等數與其政治。”“司客和掌客是同一職官的異名”，方壺銘文的訇客，過去多釋作冶客，這顯然是錯誤的,從字形説,從台從司很清楚,絕非冶字。我一直認爲兩字皆爲"冶"字。1973 年當王人聰先生"冶"字文章發表後,曾告鄙見,頗蒙贊同,今既有爭論,時分析論證如下,以求有助於"冶"字的實際問題解決,從而使認識最後獲得統一:

(一)平安君鼎之"□",左從"□",即三晉趙器"冶"字□右旁,此點極爲明確,常見作"□",從刀從口刃在口上。□也有在左旁的,如上引(4)卅五年虡盉,(5)新城戈。如此"□"左半與"冶"之一半完全相合。

右旁"□"與同銘釿所從斤同作,裘先生定爲從"斤"是正確的,從斤與從刀、刃同意,據上節所引,戰國"冶"字右旁有不少從刀或刃,不可缺少,個別亦有從"斤"的。這就是高都戈與劍,"冶"右旁作"□",明顯爲"斤",□字右旁與此正同,如此右半與冶字關係,也獲解決。

"□"左旁右旁皆與"冶"字相符,合起來必爲"冶"字無疑。

(二)金村方壺"□"左旁之"□"即漢篆"冶"字右旁,仿佛似"台",實際上是□的簡寫,王人聰先生已指出漢篆之"冶"不過把刀字之□變成□而已。□刀部下延則爲□,上捲就是□,正可互相印證,漢篆之"冶"左旁與此正同。此字既非從"台",決非是"司"字,因而右旁□亦不得爲"□",仍應是斤,甲骨文"斤"字作□、□,如此合之爲一字必爲"冶"字。

漢篆之"冶"右旁與"□"左旁全同,漢篆必來自秦,而秦又必與戰國文字有關,看來與東周之"冶"字有一定淵源關係。外形雖仿佛從"台",但如按《説文》"從仌,台聲"解釋,則秦漢與戰國"冶"字發展脱節,"台"聲不僅來源不明,本身也變爲不可理解。只有考明"台"出於□的變作,才能與戰國"冶"字一脈相承,符合文字發展規律,而且結構安排與損益變幻完全可以理解。

□與□都不從"台"聲。如此釋"司"就没有基礎和古印"台關"之"司"左右旁皆不同,不得是一字。

其次,從銘刻格式與鑄造制度考察,平安君鼎與金村方壺皆爲冶客所造,平安君鼎記"平安邦冶客財四分"與二年寧鼎"寧豖子得,冶諸爲財四分"格式全同,"冶客財"即"爲財"之略,金村方壺冶客下還有工名,則冶客在冶之上,身份屬冶師之類,地位在冶之上,主管冶鑄,與《周禮・掌客》性質不同,職掌亦異,金村方壺皆刻記"右内佸(曹)"乃爲王宮右私官官府(曹)所作之器,左右供後宮與官府之用,亦非爲招待賓客。

《古文字學論集》(初編),頁 434—436

【䚡客】集成 2764、2793 平安君鼎

○**朱德熙、裘錫圭**（1980）　平安鼎銘“平安邦”下一字舊或釋䚡，與字形不合。按此字亦見於附圖古璽，乃是从斤从訇聲的一個字。訇字金文屢見，由於台和司古音極近，這個字可能是在訇（司）字上加注聲符台，也可能是在台字上加注聲符司。上引古璽當讀爲“□母司關”。《周禮・地官》有“司關”之職。平安鼎銘䚡客當讀爲司客。《周禮・秋官・掌客》：“掌四方賓客之牢禮餼獻、飲食之等數與其政治。”司客和掌客當是同一職官的異名。司客又見於金村出土諸方壺。司字書作訇，不从斤。方壺銘文的訇客，過去多釋作冶客，這顯然是錯誤的。從字形説，从台从司很清楚，絕非冶字。而且方壺銘文的格式都是先記壺的容量，下邊接着是訇客二字，再記壺重，最後記工名。如果釋訇爲冶，則冶客二字與冶客之名分在兩處，不相連屬，這是無論如何也講不通的。

《朱德熙古文字論集》頁 118—119,1995；原載《文史》8

○**黄盛璋**(1982)　平安君鼎與金村方壺皆爲冶客所造，平安君鼎開頭就説“平安邦客財四分畵”，和二年寧薾“二年寧冢子得、冶譜財四分畵”格式全同，“冶客財”是“爲財”之略，可見鼎爲冶客所造，與“冶譜爲財”同，所以後加“客”字，當表來自他國有冶鑄技術的冶師，予以優待，身份雖是冶，而地位比本國冶爲高，故加“客”字以爲區別。金村方壺冶客之後還有冶人之名，也説明冶客地位在冶之上，他直接領導指揮冶一同參加實際冶鑄工作，從平安君鼎與金村壺銘看，冶客既是直接制造者，同時也兼主造者，但他身份仍離不開冶的工技，和《周禮・掌客》“掌四方賓客之牢禮、餼獻、飲食之等數與政治”任務不同，職掌有別。從鑄造制度、銘刻格式與相關器銘推考，亦必爲冶客，主管冶鑄用器，而不能是司客一類職官。

《考古與文物》1982-2,頁 60

○**黄盛璋**(1983)　至於“冶”後所以加“客”字，當表來自他國的有冶鑄技術的冶師，猶如楚器之客，而戰國各國對於有技術之他國師匠都招徠、優待，比一般工匠地位、待遇要高，從銘刻看，冶客與鑄客都是直接指導與參加實際的製造者，但又可以領導冶匠鑄器，金村方壺下尚有冶匠名，是一個重要的證據，其地位大約居於主造者之官吏與制造者之冶之閒，負責實際操作與指導，相當於三晉兵器中之冶尹，秦器中之工大人。從他在銘刻與鑄造制度中地位考察，也證明是“冶”而不是司客，這些對於研究戰國鑄造制度、技術管理與發展、他國工技使用，都是非常重要的。

《古文字學論集》(初編)頁 436—437

○**黃盛璋**(1989)　平安君鼎與洛陽金村東周墓出土之九件方壺,皆有冶客,朱德熙釋爲"司客",我在《戰國冶字的結構分析與分國應用研究》中已論證分析必爲冶客。

《文博》1989-2,頁 31

△**按**　參卷二【刞客】條。

【鄃關】十鐘 1·2

○**朱德熙、裘錫圭**(1980)　上引古璽當讀爲"□母司關"。《周禮·地官》有"司關"之職。

《朱德熙古文字論集》頁 118,1995;原載《文史》8

斯

包山 47

○**劉彬徽、彭浩、胡雅麗、劉祖信**(1991)　朝(?)。

《包山楚簡》頁 20

○**何琳儀**(1998)　斯,從斤,真聲。

包山簡"斯易",讀"慎陽",地名。見《漢書·地理志》汝南郡。在今河南正陽北。

《戰國古文字典》頁 1116

歖

集成 3710 西替盆

○**周萼生**(1960)　歖　從喜從斤,字書所無。頗疑其爲喜字。按《説文》喜古文作歆,從欠,此則從斤,以余臆測,喜字古文本從欣之省,欣爲形聲字,或省形或省聲耳。歖當爲其妹之名。

《考古》1960—6,頁 36

斗　升　科

睡虎地·效律 5　集成 2608 十一年庫嗇夫鼎　璽彙 1069

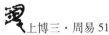上博三·周易 51

○**金祥恆**（1972）　斗，《說文》"〇，十升也，象形，有柄"，段注："上象斗形，下象其柄也。許説俗字人持十爲斗。魏晉以後作升，似升非升，似斤非斤，所謂人持十也。"按《説文》之篆字有訛。簡文隸書乃存其真。如丘關之釜"關鋄節于廩𥻫"之𥻫作〇，半斗爲料，半升爲𥻫，蓋古有半升半斗之名爲𥻫料。秦公簋刻文"□一斗七升大半升蓋"（金文餘釋）之斗作〇，升作〇。大良造鞅方量"十八年齊□卿夫□（大夫）眾來聘，冬十二月乙酉大良造鞅爰積十六尊五分尊□爲〇（升）"。新莽之方量"建量，〇（斗）方六寸，深四寸五分，積百六十二寸，容十〇（升）"。元朔三年之龍淵宮鼎"龍淵宮銅鼎容一〇（斗）五〇（升），並重十斤"。其斗作〇，其升作〇，其分別在乎一點，有點爲升，無點爲斗。漢隸如居延漢簡第二一三"以食侯馬積千二百三匹，匹一斗二升"，其斗作升，升作升，由〇〇而來，《説文》篆文之升作〇如斗同爲形訛。

《中國文字》46，頁 5169—5170

○**黃盛璋**（1989）　官斗（蓋）

斗六升半升（器）　《美劫》A 七六七壺

〇〇〇〇〇〇　　　傳淮安出土，後入美國納爾遜美術陳列館，銘爲刻款，不易施拓，陳夢家僅摹其銘文。"斗"原文作"〇"，陳氏不識，誤釋爲"文"（器銘最後"升"字摹寫亦不完整）。今按當是"斗"字，私官鼎器銘"斗"字作"〇"，與此字已甚接近，按三晉常用"𠦂"字表"半"，字從八、斗，有作〇、〇，"公芻半石"權作〇，而安邑下官鍾"斗"字作"〇"，所從之"斗"與此字均相近。器在美國，容量不詳，據陳氏所測：高 13.8，寬 16.3×12 釐米，所容不止六升，而此字爲升上之量名，故可決知必爲斗字無疑。

《古文字研究》17，頁 33—34

○**劉樂賢**（1994）　斗，二十八宿之一。《開元占經·北方七宿占》引《石氏星經》曰："南斗六星。"

《睡虎地秦簡日書研究》頁 22

○**陳偉武**（1995）　《文字徵》第 36 頁："〇4.83，匋攻午。〇5.147，咸陽午。〇《秦》548，左午。"今按，《陶匯》5.147 即《秦代陶文》321，刻款。《文字徵》從《秦代陶文》所釋。釋午殆非，《文字徵》作者亦顯信心不足，故又入於附錄，第 359 頁："〇《秦》352，〇《秦》354。"《秦》352 號"咸午"即"咸陽午"之省，秦陶文每每簡稱咸陽爲"咸"。《秦》354 獨字。"午"疑當改釋爲"斗"。斗字戰國時代通常作〇，陶文作〇當是反書，古幣文或作〇、〇，亦爲反書。

○**何琳儀**（1998） 斗，甲骨文作𣓨（合集三六二），象斗勺之形，戰國文字或作斗勺內加短橫，遂與升形體混同。斗、升一字分化，參見升字。《説文》：“𣓨，十升也，象形，有柄。”

二十八宿漆書斗，以升爲斗，二十八星宿之一，見《呂覽・有始》。

䗴，從斗，主爲疊加音符。䗴爲斗之繁文。《易・豐》“日中見斗”，釋文：“斗，孟作主。”《詩・大雅・行葦》：“酌以大斗。”釋文音主。

二十八宿漆書䗴，讀斗，北斗星。

○**曹錦炎**（2007） 上海博物館藏楚竹書《周易》豐卦簡：“九四：豐丌坿，日中見䗴。”䗴，即”斗“字繁構，原篆寫作：𩵋，字從“斗”從“主”。隸定作“䗴”，“主”當爲加注的聲旁（古文字構形中類似這種加注聲旁的例子甚多，不贅引），今本《周易》豐卦相同文字“䗴”作“斗”，可以對照。

相同構形的“斗”字，也見於上海博物館藏楚竹書《天子建州》篇。其中一章有云：“日月得其央，根之以玉䗴（斗），格陳踐亡。”是指日月依據斗柄運行，在天空出没。根，根基，本源。《老子》：“玄牝之門，是爲天地根。”河上公注：“根，元也。”“玉斗”，指北斗星，北斗七星形似銅器“斗”，以色明朗如玉，所以簡文以“玉斗”喻之。後世亦有以“玉斗”稱北斗星者，如李白《秋夜宿龍門香山寺……》詩“玉斗橫網户，銀河耿花宫”可以爲證。

這種寫法的“斗”字所從的“斗”旁構形，也見於上海博物館藏楚竹書《緇衣》篇讀爲“爵”的字，原篆寫作：𩵋，隸定作“㪷”，從“斗”，“少”聲。郭店楚簡本《緇衣》則寫作“雀”，雀字本從“少”得聲，故可互作。“㪷、雀”於今本的“爵”字，當爲通假關係。已有學者指出，“㪷”字也見於楚鄙客銅量。或有學者將“㪷”直接釋爲“爵”字，恐未確。

郭店楚簡《唐虞之道》的“升”字，寫作：𠂔，與“䗴”字所從的“斗”旁，構形實同，區別在於書寫的筆勢，這是因書手的緣故而造成的。“斗、升”在構形上本爲同源，在表示量器意義上同指，所以容易相混，在作爲偏旁時常見互作。楚文字的“斗”旁，也有作下形的：𩵋見於上海博物館藏楚竹書《周易》萃卦簡的“斛”字所從。兩相比較,從構形上分析,後者係前者的繁構。若進一步從《唐虞之道》的“升”字構形考慮,則前者爲“升”字,後者爲“斗”字。事實上,曾侯乙墓出土漆箱上的漆書二十八宿的“斗”字,構形就如此作。

　　附帶指出,包山楚簡 266 號記載“大兆之器”中的一件酒器名,寫作🔲的那個字,頗疑有可能也是“枓”(所從之“主”旁筆畫有墨暈),即“斗”字,當指挹酒用的銅斗。

《簡帛》2,頁 345—346

△按　戰國晉系文字“斗”或作🔲(眉廚鼎)、🔲(《陶彙》3.1029),與秦系文字作🔲(秦公簋蓋)、🔲(《雲夢·效律》5)者相同;趙國文字“斗”作🔲(十一年庫嗇夫鼎)、🔲(《璽彙》1069),延長字上部的曲筆,地域特色明顯,李家浩指出:“‘斗’字的這種寫法是趙國文字的特點。”趙國以“斗”爲偏旁的字也有特色,如“料”之作🔲(《貨系》2205)。

斛 𣂤

集成 2701 公朱左官鼎　　陶彙 6·51

○丁耀祖(1965)　斛。

《文物》1965-7,頁 53

○商志醰(1982)　🔲,从角从尹,讀爲尹音,🔲爲其簡化。“亭斛”即斛亭,也就是尹亭。《左傳》昭公二十三年謂王子朝入尹,當即尹亭之地。杜預注:“尹氏之邑。”《彙纂》云:“今山西汾州有尹吉甫墓,即古尹城。”

《古文字研究》7,頁 203

○湯餘惠(1993)　斛,通“斛”,容量單位。據《周禮·考工記》鄭注,一斛合一斗二升。此鼎(編按:公朱左官鼎)容 2050 毫升,戰國時期一斗爲 1750 毫升,一斗二升當合 2100 毫升,與此鼎容量接近。

《戰國銘文選》頁 12—13

△按　《說文》:“斛,十斗也。从斗,角聲。”“斛”是東周的記容單位,公朱左官鼎實測容 2050 毫升,這一數值應是東周一斛之值。

料 粹

睡虎地・效律 11　　陶彙 3・725

○吳振武（1991）　齊陶文中數見下揭用璽印鈐成的印戳陶文：

　　主𣆠合證,陶軒（陰文,圖4）

　　文末的𣆠字,丁佛言《説文古籀補補》（1925 年）首先釋爲"料"（14・2
下）。其後,顧廷龍《古匋文香録》（14・1 上）、金祥恆（92 頁下,1964 年）、徐
中舒（主編）《漢語古文字字形表》（536 頁,1980 年）等書皆從丁説。裘錫圭
先生在《戰國文字中的"市"》（1980）一文中亦疑當釋"料",他説：

　　　　齊陶數見"主（主?）𣆠"印文（見簠瓦、合證等書）,格式與齊量器印
　　文"主豆、主區"等全同,似乎𣆠也是量器之名,疑當釋"料"。《説文》：
　　"料,量也。"用以料物之器即爲料,與用以量物之器即名量同例。
按裘先生根據同類陶文判斷𣆠是量器之名是非常正確的,但舊説釋爲"料"卻
是令人懷疑的。從字形上看,這個字確實很像"料"字,但是在古文字中,我們
找不到"斗"作𣆠的例子。先秦古文字中的"斗"作𣆠、𣆠形（金 928 頁）,"升"
作𣆠、𣆠形（金 929 頁）,都跟𣆠字所從的𣆠旁有明顯的差別。戰國嗣料盆蓋銘
文中有𣆠字（金 928 頁）,從"米"從"升",舊釋爲"料"。但它跟𣆠字也不同。
可見𣆠字不大可能是從"斗"或從"升"的"料"字。另外,"料"作爲量名在文
獻上也得不到直接的證明。所以裘先生亦用"疑"字爲説。

　　根據裘先生𣆠是量器之名的判斷和近年來學者們對戰國文字資料中
"冢"字的研究,我認爲這個字也許應該分析爲從"米"從"冢"省聲,是齊量豆
區釜鍾之"鍾"的異體。

　　　　　　　　　　　　　　　　　　　　　《考古與文物》1991-1,頁 68
○魏成敏、朱玉德（1996）　"主粹"陶文,在齊陶文中凡數見,格式同於齊陶量
戳印"王豆、王區"等。此類陶文均爲齊陶量自名,已爲學術界公認。過去由
於未見"王粹"完整器,對於"粹"的釋讀及"王粹"的量值多有爭議。"𣆠"過
去多釋爲"料",最近吳振武先生釋爲"钟（鍾）",並認爲"𣆠"即齊量中最大的
鍾量。其實右旁的"𣆠"當釋爲"升",而不是"斗"。因此,"𣆠"字應釋爲
"粹"。齊有五量：升、豆、區、釜、鍾,"粹"應即五量中的升量。加"米"旁或與
糧有關,但已知陶文中的升、豆、區、釜中僅升加"米"旁,其用意待考。闞家陶

量的自名“王粝”及其器形、容量表明，粝即升，爲齊五量中的最小單位。

《考古》1996-4，頁 26

○**何琳儀**（1998）　料，从米从斗，會以斗量米之意。斗亦聲。料，來紐宵部；斗，端紐侯部。端、來均屬舌音。宵、侯旁轉，料爲斗之準聲首。《説文》：“粖，量也。从斗，米在其中。讀若遼。”

睡虎地簡料，物資。

《戰國古文字典》頁 317

斛 膦

集成 10365 斛半齐量

○**朱德熙**（1958）　斛斗小量（《三代》18・27）銘曰：

諸家釋斛，即《説文》“斞”字。應釋伞（見上節），末一字應釋焱。（中略）

同樣，斛半小量的焱字，也應讀作“膦”，“斛料焱”是“一斛又半斞膦”的省略説法，意思是一又二分之一斞強。關於斞的容量，自來説法不一，列舉如下：

一、《左傳》昭公二十六年“粟五千庾”，賈注“十六斗爲庾”。《論語・雍也》“與之庾”，包注“十六斗曰庾”。《國語・周語》“野有庾積”，注引唐尚書“十六斗曰庾”。

二、《考工記・陶人》“庾實二觳”，鄭注“觳受斗二升”，則庾受二斗四升。

三、《莊子・田子方》“緤斛不敢入於四竟”，《釋文》引李注云：“六斛四斗曰緤。”

四、《廣雅・釋器》“鍾十曰庾”。按《左》昭三年傳“齊舊四量，豆區釜鍾，四升爲豆，各自其四以登於釜，釜十則鍾”，據此，鍾是六斛四斗，庾應爲六十四斛。

綜合上説，庾的容量可以少至二斗四升，多至六十四斛，但斛半小量是非常小的，不要説六十四斛，就是二斗四升也不可能。

《考工記・弓人》：“九和之弓，角與幹權。筋三侔，膠三鋝，絲三邸，漆三斞。”鄭注：“邸斞輕重未聞。”“漆三斞”《説文》作“求三斞”，段玉裁注：“枽諸本訛求，今正。《考工記・弓人》文。鄭注‘斞輕重未聞’，許亦但云‘量也’。一弓之膠甚少，與《論語》《考工記》（案指《陶人》‘庾實二觳’之庾）絶異。”段氏認爲《弓人》的“斞”與“庾”無涉，是一種極小的量名，斛半小量正好支持了

這個説法。

　　　　　　　　《朱德熙文集》5,頁 28—29,1999;原載《語言學論叢》2

○何琳儀(1998)　斛,從斗,朕聲,疑斞之繁文。《説文》:"斞,量也。從斗,臾聲。《周禮》曰,㭷三斞。"斛原篆從曳,疑石上脱一斜筆。

　　斛斗小量,讀斞,量名。《廣雅・釋器》:"鍾十曰斞。"

　　　　　　　　　　　　　　　　　　　《戰國古文字典》頁 376

○李學勤(2005)　"臾"字原釋"曳",讀作"益",按"曳"古音在月部,"益"在錫部,恐難通假。"臾"字見《戰國文字編》。

　　"臾"即量制單位"斞"。過去著録有一件小銅量,現藏於中國國家博物館,器體正方形,有柄,柄上錯金"朕半关"3 字,看字體應屬三晉。《中國古代度量衡圖集》説明該器通長 5.5、高 2.3、口長 2.24×2.25 釐米,容積 5.4 毫升,並對其銘文做了解釋:"《説文》:'斞,量也,從斗,臾聲,《周禮》曰㭷三斞',段玉裁認爲《考工記》之斞是一種極小的量名。'关'即'朕'字右旁所從的'关',朕、縢音近,銘文中當讀爲'縢'。'斞半縢'是'一斞又半斞縢'的省略説法,意思是一又二分之一強。"設斞的"一又二分之一強"爲 1.53 斞,一斞爲 3.53 毫升。

　　以這樣的斞值計算,鼎銘"十六臾(斞)"合 56.48 毫升。

　　據蔡、趙文,鼎的實測容積式 2656 毫升。第一處銘文規定的"載四八分齎",如上述爲 2712.94 毫升,減去 2656 毫升,得 56.94 毫升,這正是"大十六臾(斞)",僅差 0.46 毫升,可謂密合。

　　　　　　　　　　　　　　　　　　　《文物》2005-10,頁 93

魁 魕

十鐘

△按　《説文》:"魁,羹斗也。從斗,鬼聲。"

料 䵼 枓

䵼 集成 10374 子禾子釜

枓 貨系 2205　 三晉,頁 59　 侯馬 1:1　 陶彙 6・173

○**沈之瑜**（1962）　“料”字據《説文通訓定聲》謂：“量物分半也，从斗从半會意，半亦聲，按五升量名。”大梁鼎銘中的“齎四分”，即是容一斗的四分之一。

《文匯報》1962-10-14

○**馬承源**（1972）　其中𣂤是半斗的專用字，《兩周金文辭大系圖録考釋》釋文222頁已有論述。這個字在布幣文字中普遍釋爲“半”字，按《漢書·陳勝項籍列傳》“今歲饑民貧，率食半菽”，孟康注：“半，五升器名也。”這個“半”字就是“𣂤”字。這一半斗的專用字與从八从**半**的半字不同，但音讀相同，故能釋作半字。

《文物》1972-6，頁18

○**朱德熙**（1979）　𣂤字當釋爲料。《説文·斗部》：“料，量物分半也。从斗、半，半亦聲。”子禾子釜又有从升从半的𤔔字。銘文説：“左關釜節于廩釜，關鈉節于廩𤔔。”郭沫若先生以爲𤔔是半升之專字。據實測，子禾子釜容20460毫升，左關鈉容2070毫升，正好相差十倍。如果𤔔指半升，則一釜僅容五升。這不但與《左傳·昭公三年》所説“齊舊四量，豆、區、釜、鍾，四升爲豆，各自其四，以登於釜，釜十則鍾；陳氏三量，皆登一焉，鍾乃大矣”的進位大相懸殊，而且一升之值大到4000毫升，也是不可能的事。由此可知，𤔔字絕非半升之謂，料字也不是半斗的專字。我們認爲，𤔔和料是一個字的兩種寫法。許慎把這個字解釋爲“量物分半”是很對的。斗和升都是量器，所以，“量物分半”的料字既可以用斗作意符，也可以用升作意符。

　　戰國時代的𣂤一般用作半字。上引（1）“公剹𣂤石”、（2）“四兩𣂤”，以及貨幣文字的𣂤字，都是明顯的例子。（3）的𣂤也應讀爲半，“五益六釿半釿四分釿”就是五鎰六釿半釿又四分之三釿。

　　上引（4）（5）（6）（7）各器的齎，顯然是一種容量單位。齎字前邊的𣂤亦當讀爲半。（中略）

　　上引諸器多數可以肯定爲三晉器。大概由於齎是三晉或三晉某些地區當時最常用的容量單位，所以齎的分數半齎、三分齎、四分齎得以分別簡稱爲半、三分、四分。這和秦漢時代最常用的容量單位是斗，所以可把半斗、三分之一斗、四分之一斗簡稱爲半、叄、四的情況是平行的。不過在戰國晚期我們已經看到了用𣂤指半斗的例子。上引（11）（12）二器銘文的“三𣂤”似應解釋爲三個半斗。如果這種解釋不誤，則這種𣂤乃是半斗的專用量名，其事必當發生在以斗爲最常用的容量單位的背景下，此與稱半齎爲半的習慣當有時代或地域上的不同。

《朱德熙古文字論集》頁116—117，1995；原載《古文字研究》1

○**羅昊**(1981)　　枓即枓字,是半斗的專用字。馬承源與郭老均有論述。《說文解字》斗部:"枓,量物分半也,从斗从半,半亦聲。"枓在古文獻中亦寫作"半"字,《漢書・陳勝項籍列傳》"今歲饑民貧,率食半菽",孟康注:"半,五升器名也。"

《考古與文物》1981-2,頁 20

○**丘光明**(1981)　　以實測器物容量校釋子禾子銅釜銘文之枡字:

陳純銅釜銘:"左關之釜,節於廩釜。"子禾子銅釜銘:"左關之釜節於廩釜,關鉶節於廩枡。"這兩句銘文中的左關釜是指陳純銅釜與子禾子銅釜,關鉶當即左關之鉶。鉶用作容量單位名稱,雖未見史書記載,但它確曾用作齊國量器單位名稱已毋容置疑,可補史書記載之闕。節,節度、法度,在此有校量、檢定之意。廩,官府貯藏糧食的倉庫。銘文大意可理解爲:左關用的量器必須以倉廩所用量器爲標準進行比對、校量。銘文中"枡"字,有人釋爲半升。經實測,十鉶正合一釜,如果一鉶相當於半升,一釜僅相當於五升,與釜的實際容量相差太遠。也有人認爲"枡"爲"枓"之誤,當是半斗。如按半斗推算,一釜則相當於五斗,兩種說法相差十倍,也仍與齊國量制不合。

《說文》斗部有"枓"字。"枓,量物分半也,从斗从半,半亦聲。"故"枓"或"枡"不是半斗或半升的專用字,只是一定量的一半。"枡"字在戰國銘文中常見,寫法的變化很多,有 ⛏、⛏、⛏、⛏、⛏ 等。如:

公𤔲⛏石(銅權)　　(《貞松堂集古遺文續編》卷下,頁 24)

再四兩⛏(小銀人)　　(《洛陽金村古墓聚英》第 18 圖)

安邑⛏鈄(貨幣)

鄭東□⛏皆(銅鼎)　　(《陶齋吉金錄》卷五,頁 6)

以上幾例皆可說明"⛏、⛏"均爲數詞"半"字,既可以冠在容量單位前面,又可以冠在重量單位前面,而不是半斗或半升的單位量名。可知"關鉶節於廩枡"的"枡"也當作"半"解釋,只是在半字的後面省略了容量單位。戰國銅器中記容的數字後面省略量名的例子很多,如:

中私官容半(鼎)　　(《三代吉金文存》卷二,頁 53)

□□城,三半鎬(鼎)　　(《三代吉金文存》卷二,頁 54)

右朕三半(鼎)　　(《三代吉金文存》卷二,頁 53)

上樂床容⛏(三分)(鼎)　　(《三代吉金文存》卷二,頁 53)

那麼,在"關鉶節於廩枡"的枡字後面省略的容量單位應該是什麼呢? 既然從《管子・輕重》已知齊國五區等於一釜,十斗也等於一釜,今已知十鉶的容量正合一釜,一鍾即相當於半區之量,因此可推證"關鍴節於廩秭"秝字後面省略的是"區"。

《文物》1981-10,頁 63—65

○**裘錫圭**(1982)　羅文認爲"斗"是半斗的專用字,因此得出魏、衞等國的斗比秦斗大 3.55 倍的結論。其實在六國銅器銘文中,"斗"字一般都應讀爲"半",當半斗講的極少見。魏器所記容量多以鬴爲單位,所謂"斗"多指半鬴。此鼎當亦同。一鬴之量約在 7000 至 7200 毫升之間,此鼎實測容量爲 3567.75 毫升,正合半鬴之數。

《考古與文物》1982-2,頁 54

○**何琳儀**(1998)　斗,從斗,八聲。疑料字省文。見料字。

　　晉器料,讀半。侯馬盟書料,或作聞,讀判。與籍亦作布、披。《左·宣十二》:"敢布腹心。"《史記·淮陰侯傳》:"臣願披腹心。"斗、聞、判、布、披,皆一音之轉。

《戰國古文字典》頁 1057

△**按**　《説文》:"半,量物分半也。從斗從半,半亦聲。"晉系文字省作"斗",與"物中分"之"半"用法相同。

升

睡虎地·效律 4　郭店·唐虞 17

○**吳振武**(1982)　銘文最後一字原報導未識,細審銘文,此字作 ,應釋爲"升"。春秋時期的銅鼎自名爲"升"者又見於安徽壽縣蔡侯墓出土的銅器銘文中,其中七件銅鼎謂:"蔡侯申之□鼎"(《壽縣蔡侯墓出土遺物》圖版肆及圖版叁壹,2)。關於此字唐蘭先生有過考證(《五省出土重要文物展覽圖録·序》),我們認爲唐先生的看法是正確的。

《考古》1982-6,頁 663

○**劉彬徽、彭浩、胡雅麗、劉祖信**(1991)　升,簡文作 。《儀禮·士冠禮》:"載合升。"注:"煮於鑊曰烹,在鼎曰升。"升鑐即升鼎,用作盛牲體的大鼎。東室有一件無蓋矮足圓底大鼎,似爲升鼎。

《包山楚簡》頁 63

○**何琳儀**(1998) 升,西周金文作 🦴(友簋)。从斗,斗杓内加圓點分化爲升,斗亦聲。升,透紐;斗,端紐。端、透均屬舌音,升爲斗之準聲首。春秋金文作 🦴(秦公簋),斗杓内加短横。戰國文字承襲春秋金文。升旁或作斗形,斗旁亦偶作升形。《説文》:"🦴,十龠也。从斗,亦象形。"

　　秦器升,容量單位。《漢書・律曆志》:"龠十爲合,合十爲升。"

《戰國古文字典》頁 143

○**李守奎**(1998) 一 🦴秦公簋 🦴曾侯乙墓衣箱漆書 二 🦴秦公簋

　　(中略)第一組是"斗"字,第二組"升"字。(中略)

　　在秦公簋"一斗七升大半升"的銘刻中,"斗、升"二字區別甚明。"斗"内增一筆便是"升"字,但這種區別形式不適應楚文字。楚文字中未見獨體的"升"字,曾侯乙墓衣箱漆書中的"斗"字與秦、齊、三晉文字的"升"字相近。

《吉林大學古籍整理研究所建所十五周年紀念文集》頁 81—82

○**袁國華**(2000) 二 《郭店楚墓竹簡・唐虞之道》"🦴爲天子而不驕"句凡兩見,一見簡一六,一見簡一七。該書釋文注釋二二云:"身,一般寫作 🦴、🦴。簡文寫作🦴(按:原書闕字形,今補),爲異體。"據此將"🦴"字隸定爲"身"。惟從"🦴"字的構形觀察,釋文的説法似不可從。"身"與从"身"的字,楚簡文字分別作:

　　🦴🦴🦴🦴(身)　　🦴(躬)　　🦴(竀)　　🦴(穿)

均與"🦴"字不類。頗疑"🦴"字的釋讀係受"射"字隸定的影響,"射"字,郭店竹簡作:🦴。其他楚簡亦屢見。包山楚簡作:🦴🦴。字皆从"弓"从倒"矢","矢"字直畫之上附加裝飾性横畫。矢字作倒寫之形,亦見於曾侯乙墓竹簡,字形皆作:🦴。從簡文内容檢視,字當讀同矢,如簡四十句云"一秦弓,矢,二秉又六";又如簡六十句云"一秦弓,九矢",均可爲證。

　　"射"字从"弓"从"矢"的組合,可從更早的甲骨文、金文追溯其根源。"射"字,甲骨文作:🦴佚九三,西周銅器銘文作:🦴靜簋,字或从"弓"从"矢";或从"弓"从"矢"从"又"。楚簡"射"字从"弓"从倒"矢"的組合,正與甲骨文相吻合。然而《郭店楚墓竹簡・唐虞之道釋文》卻將从"弓"从"矢"的"🦴",釋作从"身"从"矢"的"躲"。這可能與許慎對於該字的解釋有關,《説文解字》"射"字條下云:"弓弩發於身而中於遠也。从矢从身,🦴,篆文躲从寸。寸,法度也,亦手也。"其實清人孔廣居《説文疑疑》早已對此説提出異議,云:"射,石鼓文作🖐，从又，手也；🖐象弓矢形。小篆从🖐，疑即🖐之訛。🖐即🖐之變也。"若從"射"字的組合部件以及其演變的過程考察，孔説是極有道理的。

　　總而言之，無論從字形對比，或是從組合部件的演變情況來看，"🖐"字都不能釋作从"身"的"躬"。既然"🖐"字所从不是"身"，則將字形與之相同的"🖐"釋作"身"，便是無所據的了。

　　三　"🖐"字的釋讀，裘錫圭先生於《郭店楚墓竹簡·唐虞之道釋文》注釋（二二）云："此字似可釋爲'升'，'升'猶言'登'。下簡亦有此字。"楚系竹簡確定爲"升"的字，目前雖未見，惟該字字形的結構似有線索可循，如時代較早、屬於戰國初期的曾侯乙墓竹簡"迸"字作：🖐🖐。"迸"字出自"左迸（登）徒"一詞，《曾侯乙墓竹簡釋文與考釋》注二二〇對該字所从"斗"實乃"升"字的訛體，作了很詳細的説明。（中略）

　　春秋晚期秦公簋蓋銘"西一斗七升大半升蓋"句中"斗"字的構形作：🖐，即象有柄的"斗"的形狀。而句中"升"字的構形作：🖐，即从"斗"，而斗勺内有一短畫，此短畫的作用，乃在於與斗字有所區别。假設此爲區别古文字"斗""升"二字的通例，則郭店竹簡的"🖐"是"斗"字的可能性要比"升"字高一些：如果這樣的推論不誤，暫時又無法確定"🖐"（斗）是"升"字的訛體，則將"🖐"字釋作"升"的這一個意見，宜留待有更多相關材料時，再作進一步的討論。

　　綜合以上論據，不管將"🖐"字釋作"身"，還是釋作"升"，從字形而言，都有討論的餘地。因此下面試重新探討"🖐"字的形音義。

　　四　其實第二節的論證文字，已提供了釋讀"🖐"字的線索。前面曾經推測"🖐"字的釋讀係受"射"字隸定的影響，雖然《郭店楚墓竹簡·唐虞之道釋文》將"🖐"字隸定作从"身"的"躬"是不正確的，然而只要循着"🖐"就是"射"字的前提，將"🖐"字與甲骨文以及西周金文"射"字的構形相互比較，該不難發現"🖐"字所从"🖐"，毫無疑問就是"弓"字。

　　"弓"字或从"弓"的字，楚簡屢見，僅列舉"弓"字字形如下：

　　🖐包山楚簡　　🖐🖐曾侯乙墓竹簡

　　🖐郭店竹簡　　🖐🖐天星觀楚簡

天星觀楚簡遣策"一弓"詞例數見，其中"弓"的寫法作"🖐"者凡兩見。據上例子考察，"🖐"字與天星觀楚簡"弓"字，最爲近似，至於"·""—"互用之例，戰國文字屢見,例多不煩舉。

　　雖然已確定“彡”就是“弓”字,但很明顯的用“弓”字本義是無法合理解釋簡文意義的,下面試就《郭店楚墓竹簡·唐虞之道》“弓爲天子而不驕”句的内容,進一步考證“弓”字的字音與字義。

　　五　雖然由字形辨析,得知“彡”不是“身”字,惟以“身”義解釋文意,則甚爲妥帖,“弓”字音義的推斷,當以此爲據,故拙意認爲“弓”就是“躬”的通假字。“弓”“躬”通假之例,如《論語·子路》“吾黨有直躬者”句,《經典釋文》云:“‘躬’,鄭本作‘弓’。”可以爲證。

　　“躬”字的意義,《説文解字》云:“身也。从身从吕。𦡃躬或从弓。”“躬”字或體作“軀”,作“自身”之義,正與簡文内容吻合。這種用法與文獻所載亦相合,如《大戴禮記·哀公問五義》云:“躬爲匹夫而願富貴,爲諸侯而無財。”無論是就字的意義;還是就其語法結構觀察,簡文與文獻兩個“躬”字的用法,實無二致。

　　包山楚簡有用作“自身”義的“躬”字,字形作:𦥑。或體作“窮”:𦥒。又省作“穷”:𦥓。都是一字之異構。“躬”字見於内容爲“卜筮祭禱記録”的簡文,簡文屢見“躬身尚毋又(有)咎”“少又(有)憂於躬【身】與宫【室】”等句。“躬”字每與“身”字結成一組平行並列式雙音節詞,或作“自身”的意思。此與《郭店竹簡·唐虞之道》“弓(躬)爲天子而不驕”句中的“弓(躬)”字作“自身”之義者,用例相同。漢語由單音節向雙音節發展的痕迹,藉此似可略見一斑。

《郭店楚簡國際學術研討會論文集》頁 273—276

㪷

上博一·緇衣 15

○**陳佩芬**(2001)　雀,字形从乓从少,“乓”字中增“少”字。《説文》所無,與郭店簡“雀”字相對應。

《上海博物館藏戰國楚竹書》(一)頁 191

○**曹錦炎**(2007)　這種寫法的“斗”字所从的“斗”旁構形,也見於上海博物館藏楚竹書《緇衣》篇讀爲“爵”的字,原篆寫作:㪷,隸定作“㪷”,从“斗”,

“少”聲。郭店楚簡本《緇衣》則寫作“雀”,雀字本从“少”得聲,故可互作。

《簡帛》2,頁 345—346

翟

璽彙 1278

○何琳儀(1998)　翟,从斗,瞿聲,疑斛之異文。《説文》:“斛,挹也。从斗,
敻聲。”

　楚璽翟,人名。

《戰國古文字典》頁 483

矛 鼡

郭店・五行 41　　　集成 11911 商鞅矛鐓　　　集成 11535 越王州句矛

○何琳儀(1998)　矛,西周金文作鼡(彧簋),象矛鋒、矛骹、右矛系之形,春秋
金文作鼡(徐諮尹鉦鋮作鼡)。右矛系移於左矛系。戰國文字承襲兩周金文。
其演變之序列,具右系者爲鼡、鼡、鼡、鼡、鼡、鼡、鼡、鼡、鼡,具左系者爲鼡、鼡、鼡、鼡、鼡、鼡、
鼡。《説文》:“鼡,酋矛也。建於兵車,長二丈。象形……鼡,古文矛从戈。”
　戰國文字矛,兵器。

《戰國古文字典》頁 256

△按　戰國文字“矛”或作“鉚”,參見“鉚”字。

矝 矜

詛楚文

郭店・老甲 7

○何琳儀(1998)　《説文》:“矝,矛柄也。从矛,令聲。”
　詛楚文矝,見《廣雅・釋詁》一:“矝,大也。”

《戰國古文字典》頁 1148

○**荊州市博物館**（1998）　矜。

《郭店楚墓竹簡》頁 111

○**劉釗**（2003）　"矜"字从"矛"，"命"聲，爲"矜"字初文，"矜"字後世或作"矜"，"矜"乃訛變所致。

《郭店楚簡校釋》頁 8

○**何琳儀、程燕**（2005）　矜：帛甲、帛乙、王本作"矜"。《詩・小雅・鴻雁》"爰及矜人"，毛傳："矜，憐也。"應屬聲訓。"矜"與"憐"聲近，"矜"可能本作"矜"，後與"矜"相混。"矜"與"玲（矜）"聲音相近，故可通假。

《簡帛研究二〇〇二—二〇〇三》頁 36

○**丁四新**（2010）　矜，帛本圖版作"矜"，整理者隸作"矜"，弼本作"矜"。此字，《郭簡》讀作"矜"。廖名春、劉釗指出"矜"爲"矜"字初文，後世或寫作"矜"，而"矜"乃由訛變所致。

　　按：廖、劉説是。"矜"即"矜"字，今通作"矜"。《説文・矛部》："矜，矛柄也。从矛，今聲。"段玉裁《注》："各本篆作'矜'，解云：'今聲。'今依漢石經《論語》、《溧水校官碑》、《魏受禪表》皆作'矜'正之。《毛詩》與天、臻、民、旬、填等字韻，讀如鄰，古音也。漢韋玄成《戒子孫》詩始韻心，晉張華《女史箴》、潘岳《哀永逝》文始入蒸韻。由是巨巾一反僅見《方言》注、《過秦論》李注、《廣韻》十七真，而他義則皆入蒸韻，今音之大變於古也。矛柄之字改而爲矜，云：'古作矜。'他義字亦皆作矜，从今聲，又古今字形之大變也。"段氏説之頗爲詳晰。由此可知，漢魏諸本之"矜"字，原本很可能皆作"矜"，後來以通行之"矜"字代替之。崔仁義、劉信芳等從郭簡整理者之釋，讀爲"矜"，陳錫勇則斥之爲"並誤"。此殆勇於責過，而有失平允。"矜"，諸本《老子》不用其本義。矜，自負、自誇之義。通行本《老子》二十二章："不自矜，故長。""不自矜"與此章"勿矜"同義。

《郭店楚竹書〈老子〉校注》頁 46

秞

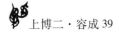

上博二・容成 39

○**何琳儀**（2004）　（編按：上博二・容成 39"秞三十夷而能之"）"秞"疑"枱"之異文。《説文》："枱，積也。"

《上海博物館藏戰國楚竹書研究續編》頁 454

○**王輝**（2004） （編按：上博二·容成 39"䣈三十夷而能之"）竊以爲此字右旁乃命字。郭店簡《老子》甲簡 7"果而弗狪"，狪作🔲，與此形近。《詛楚文》"張矜意（部）怒（弩）"作矜，讀同矜。《説文》大徐本矜字段注本改作矜。《華嚴經音義》卷二十二："特垂矜念，毛詩傳：'矜，憐也。'謂偏獨憂憐也。按《説文》《字統》：'矜，憐也。'皆从矛、令。""憐三十夷而能之"，謂哀憐衆夷而懷柔之。

《古文字研究》25，頁 320

車 車

車睡虎地·秦律 74　　車包山 267　　車集粹　　車集成 10374 子禾子釜

○**何琳儀**（1998）　車，商代金文作🔲（叔車觚），象車廂、雙輪、輈、衡、雙軛之形。西周金文作車（應公簋），僅存一輪。春秋金文作車（邵大叔斧）。戰國文字承襲兩周金文。或筆畫略有省變。《説文》："車，輿輪之總名。夏后時奚仲所造。象形。🔲，籀文車。"

子禾子釜"車人"，官名。見《周禮·考工記·車人》。

燕璽"車馬"，見《詩·小雅·十月之交》："擇有車馬，以居徂向。"

溫縣盟書車，姓氏。黃帝臣有車區，秦公族有子車氏。見《世本》。中山雜器"左車、石車"，官名。

楚璽車，姓氏。廿八宿漆書車，軫之省文，廿八星宿之一。見《吕覽·有始》。

《戰國古文字典》頁 531

【車人】

○**劉樂賢**（1994）　"車人"係古代造車及農具的木工，見《周禮·考工記·車人》。

《睡虎地秦簡日書研究》頁 271

【車大夫】

○**孫敬明**（1987）　"大夫"爲官名，此戈銘稱"車大夫"，當與古代戰車有關。戰車是春秋乃至戰國時期戰爭中主要的攻擊型裝備，其上配置戈、戟、矛等兵器。車大夫長畫戈，或當是戰車上所建長兵器。（中略）此戈銘刻之"車大夫"或與燕國之"乘馬大夫"有關。

《文物》1987-1，頁 44、47

○**黄盛璋**(1987)　（一）此戈出土即爲陳介祺所得，時閒應在晚清。從制度論，傳世有"齊城右造車戟冶期"戈(《三代》2019·1)，傳世齊印也有造車如"犛罸餳□盒（造）車之鉨"。造車爲齊官制，主造車器，也造兵車上所用兵器。齊城戟既由造車造，則造車主管者有可能爲車大夫一類職官。《德九存陶》3.1有"左討都車司馬之鉨"，屬齊陶文。車司馬見《史記·傅靳蒯成傳》："又戰藍田北，斬車司馬二人。"張晏曰："車司馬，主官車。"車大夫當在車司馬之上，故可爲主造者。只是車大夫尚未見於齊銘刻或記載，而"大夫"合文之齊文寫法，也未發現。此戈出土地點雖無記録，似應在山東，有屬齊器之可能。但就現有證據論，目前還不能訂爲齊兵器。

（二）中山王方壺"大夫"合文與此戈銘較合，而中山銅器幾全爲左、右使車所造，僅一衡帽與金銀泡飾爲私庫造。私庫爲王室之庫，左、右使車則爲中央官府製器機構，相當於齊之造車，製造車器、銅器，設置有冶，其主造者以稱左、右車嗇夫最爲多見，少數或稱冶勻嗇夫。製造者皆稱工，最後有時綴左、右蠁者，説明有造車器之吏匠。冶勻屬於左使車，而嗇夫爲其首長，稱嗇夫不稱車大夫，據此可以排除此戈不屬中山，儘管"大夫"合文與中山王方壺寫法相同。（**中略**）

據叔夷鐘，叔夷爲齊靈公之大夫，靈公命他"司予釐陶鐵徒四千人"，其中當包括製造兵車與兵器者，他雖非車大夫，但也可旁證齊造車必有主管官吏，只是至今尚未在齊銘刻中發現"車大夫"和以大夫爲主造之例，以及大夫合文的寫法。所以目前初步將此戈訂屬燕國，也不能排除今後發現齊銘刻有"車大夫"並以大夫爲主造的可能。

《文物》1987-1，頁 45—46

○**陳偉武**(1996)　**參【大夫】條。**

【車戈】

○**孫稚雛**(1982)　車戈，指兵車或其他車上所用之戈。

《古文字研究》7，頁 106

○**張德光**(1989)　車字在銘文中可能有標明用途之意，説明此戈是戰車上用的兵器。以往常見之戈銘，多爲某某之用戈，或曰秉戈、造戈、執戈等，稱車戈者少見。羅振玉《貞松集古遺文》中有一車戈銘文，戈體古樸，時代可能早到西周。

《考古與文物》1989-2，頁 84

【車逆】

○**李零**(2002)　（**編按**：上博二·容成21"朝不車逆"）會見賓客不以車迎。參看《周禮·秋官·司儀》。

《上海博物館藏戰國楚竹書》(二)頁 266

○**季旭昇**(2003)　（編按：上博二·容成 21"朝不車逆"）《周禮·秋官·司儀》："主君郊勞,交擯,三辭;車逆,拜辱……"鄭玄注引鄭司農説："車逆,主人以車迎賓客於館也。"

《上海博物館藏戰國楚竹書(二)讀本》頁 155

【車戟】

○**董珊**(1999)　車戟,爲戰車士兵所配置的戟。

《中國古文字研究》1,頁 199

軒 軒

軒 曾侯乙 50　　軒 曾侯乙 172　　軒 包山 267　　軒 璽彙 0308

○**朱德熙、裘錫圭、李家浩**(1995)　《文選·羽獵賦》李善注引韋昭曰："車有轓曰軒。"《漢書·景帝紀》"令長吏二千石車朱兩轓",顏師古注引如淳曰："轓音反,小車兩屏也。"古代建築物欄杆上的板也稱軒。《文選·曹子建〈雜詩〉》李善注引《漢書》韋昭注："軒,欄上板也。"軒車車廂兩旁有較高的屏藩,與建築物欄上有軒形近,所以二者同名。簡文的"軒"不是車名,應指車兩旁的"轓"。"反"疑當讀爲"軬"。古代比較高級的車,兩轓上部向外翻,名爲軬,亦稱車耳。《説文》："軬,車耳反出也。"《廣雅·釋器》："轓謂之軬。"一説"軒反"當讀爲"軒板"。

《望山楚簡》頁 115—116

○**中大楚簡整理小組**(1977)　軒,大夫所乘之"安車",《説文》："曲輈藩車。从車,干聲。"段注："謂曲輈而有藩蔽之車也。曲輈者,戴先生曰:'小車謂之輈,大車謂之轅。人所乘欲其安,故小車暢轂梁輈,大車任載而已,故短轂直轅。'"實指有帷幕而前頂較高的車。

《戰國楚簡研究》3,頁 50

○**彭浩**(1984)　軒,《説文·車部》："曲輈藩車也。"按先秦制度,軒車乃卿大夫所乘。《左傳》定公九年傳"肇軒",杜注："卿車。"因車上藩蔽所用之物不同而名相異,如魚軒則是以魚皮作藩蔽的。此簡軒前一字不識,可能與軒車藩蔽的質地有關。出土實物中有一件長形車蓋,很可能是這輛軒車上的。

《江漢考古》1984-2,頁 65

○**湯餘惠**(1993)　軯·軒　字右从干,當釋爲軒。簡云“一軥軒”即一乘軒車。《左傳·閔公二年》:“鶴有乘軒者。”注:“軒,大夫車。”

《考古與文物》1993-2,頁 77

○**何琳儀**(1993)　“軒”,其“車”旁左半稍殘,舊隸定爲“飦”,非是。“軒”亦見隨縣竹簡“囩軒”(4 號)。《左·閔二年》“鶴有乘軒者”疏引服虔曰:“車有藩曰軒。”

《文物研究》8,頁 173

○**陳偉**(1996)　軒。此字右部,整理小組誤以爲从戈,已有幾位學者提出訂正。此字的認讀實與對“用車”的判斷相關。將“甬”讀作“用”,不把“甬車”當車名,“一乘軒”的“軒”就必當看作車名。反過來説,將“軒”解作車名,把“一乘軒”與“一乘正車、一乘韋車”等同起來,“甬車”就必須與下文斷開,看作統攝諸車的文句。《説文》:“軒,曲輈藩車也。”段注云:“謂曲輈而有藩蔽之車也。曲輈者,戴先生曰:小車謂之輈,大車謂之轅。人所乘欲其安,故小車暢轂梁輈,大車任載而已,故短轂直轅。艸部曰:藩者,屏也。服虔注《左傳》、薛綜解《東京賦》、劉昭注《輿服志》,皆云車有藩曰軒,皆同許説。許於藩車上必云曲輈者,以輈穹曲而上,而後得言軒。凡軒舉之義引申於此。曲輈,所謂軒轅也,杜注《左傳》於軒皆曰大夫車,定九年曰犀軒卿車。”漢畫像石中有一種車,曲輈,帶傘蓋,車輿兩側豎兩塊屏板,研究者認爲就是軒車。包山大墓南室出有兩件“長方形竹車器”雙層篾編,用竹片加固成形,長 71.2、寬 42.4 釐米。這與漢畫像石所見屏板略同,大概就是簡書所載“軒”上的藩。

《考古與文物》1996-2,頁 71

○**何琳儀**(1998)　《説文》:“軒,曲輈藩車。从車,干聲。”
　　楚系簡軒,安車。

《戰國古文字典》頁 994

○**李守奎**(2000)　軒　見於包山楚簡 267 號簡。“一乘軒”與 271 號簡的“一乘正車”、273 號簡的“一乘韋車”、274 號簡的“一乘端教”、275 號簡的“一乘羊車”同爲左尹所葬“甬車”。《包山二號楚墓簡牘釋文與考釋》誤釋爲“軯”讀如軷,疏謬已被學者指出。267、268 和 272 三支簡詳記軒上之裝備,多革製品及織物,惜有些字尚不能確識,竹簡文義難以詳明。
　　車之名“軒”,屢見於典籍。《左傳》閔公二年“鶴有乘軒者”、僖公二十八年“數之以其不用僊負羈而乘軒者三百人”、定公十三年“齊侯皆斂諸大夫之軒”、哀公十五年“服冕乘軒”等文中之“軒”，杜預注或以爲“大夫車”，或只言“軒”。大徐本《説文》“軒，曲輈藩車”，小徐《繫傳》：“軒，曲輈輔車。輔，兩旁壁也。”《左傳》“鶴有乘軒者”，孔穎達疏引服虔注云“車有藩曰軒”。有藩蔽之車又名“藩”。《左傳》襄公十三年“以藩載欒盈”，杜預注云“藩車之有障蔽者”。孫機先生據漢墓壁畫考漢代之軒車爲“車廂兩側障以上連車蓋之屏”。綜合以上諸説，軒車的特點應是曲輈上揚，車廂兩側有屏蔽，上與蓋相聯。然而泛言“藩、輔、障蔽”似明實晦。包山楚簡所記軒車上尚備有“罐”之物。此字從二火，在簡文中讀爲弼，在曾侯乙墓竹簡中直書爲“弼”，是“遮蔽車廂的竹席”。但是這種東西不僅在竹簡中所記的各類軒車上有，而且各種戎車上也有，顯然軒車上的障蔽不是稱作“弼”的東西。這種“兩旁壁”究屬何物，尚需參證其他軒車的形制。（中略）

　　以上是竹簡中稱爲軒的或上面載有軒的各類車的概況。在曾侯乙墓竹簡中，120 至 121 號兩支簡是總計車數的，除了上文提到的四輛罩車帶有“圓軒”外，尚有九輛“遊車”也帶有“圓軒”，這些遊車中應該包括前文所列的魚軒、圓軒、安車等。帶圓軒的車何以稱爲遊車？《國語·齊語》“戎士凍餒，戎車待遊車之裂，戎士待陳妾之餘”，韋昭注：“戎車，兵車也；遊車，遊戲之車也。”遊車與戎車相對，是出行外遊之車，車上裝有圓軒，乘坐舒適，這些車可以很豪華，也可以很簡便。戎車中的乘車也是因平時乘駕，故也裝置了圓軒。

　　從以上出土的和典籍中關於軒車與備有軒的車的材料看，我們可以得出如下推論：

　　1.各種軒車和備有軒的車有蓋、車廂四周有幃，上與蓋聯。

　　2.帶軒的車乘坐舒適，宜於平時乘駕出行外遊。作爲戎車，也只宜平時乘坐，與旆、廣、殿等有別。

　　3.“軒”是軒車和帶軒車區別於其他車最重要的區別特徵，“軒”是這些車上非常重要的東西。

《古文字研究》22，頁 195—196

○**白於藍**（2005）　《考釋》未得確解。（中略）《考釋》云 203 號簡的車名“圓軒”是“因爲有‘圓軒’而得名”，亦不足信。因爲簡（203）車名“圓軒”後並未見記有“固（圓）軒”這種器物，相反，用作器名的“固軒”共出現五例，除簡（53）未明確記載車名外，其餘四例之前所記之車名卻分別是“鞏（乘）罇”（簡 4）、“輇車”（簡 45）、“軬車”（簡 120）、“遊車”（簡 120）。可見，在曾侯乙墓楚簡當中，器物“圂軒”之有無車名並無實質性關係。

　　筆者以爲，上引簡文(7)至(13)之“軒”均當讀爲“幰”。上古音軒、幰俱爲曉母元部字，二字雙聲疊韻，例可相通。《玉篇》：“䡴，許偃切，（中略）同幰，車幰也。”䡴、軒俱從干聲，此是軒可讀爲幰之明證。幰本是古代車上所使用的一種帷幔，或作𩏩。《説文・新附》：“幰，車幔也。”《玉篇》：“幰，車幰也。”《廣雅》：“幨謂之幰。”《玉篇》：“幨，帷也。”北周庚信《詠畫屏風詩》：“幰拂緣隄柳，蕩飄夾路花。”倪璠《注》引《倉頡篇》：“帛張車上爲幰。”又王國維《觀堂別集・魏曹望憘造像跋》：“車頂及前後，皆以衣敝之。車前衣，用兩木掌之，使與頂平而稍仰其前，此古之所謂𩏩。𩏩者，軒也。”亦可證。

　　簡文之“圂軒(幰)”（簡 4、45、53、120）似應讀爲“雲幰”。《後漢書・輿服志》：“雲氣畫帷裳，橫文畫曲轓。”帷裳亦指車幔，《詩・衛風・氓》：“淇水湯湯，漸車帷裳。”孔穎達《疏》：“以帷障車之傍如裳，以爲容飾。”可見，古代有在車之帷幔上畫雲氣之文以爲裝飾的做法。典籍常見“雲幡、雲屏、雲斾”等一類詞彙，均指上面施有雲氣形圖案。“雲幰”之用例，蓋與此同。

《中國文字》新 30，頁 195

【軒反】

○**李守奎**（2000）　軒軶　在車輪之上、車廂之側，屏之下裝有一對用以遮擋車輪帶起的塵泥之物，是爲“軶”，望山簡稱之爲“軒反”。“軒反(軶)”乃“軒”之“反(軶)”，反(軶)應是“軒”的一部分。如果把“軒反”理解爲“軒”爲“輤”，“反”爲“軶”，那簡文後文的“韋(幬)”就與“輤”重複了，因爲“韋(幬)”是“輤”的一部分。

《古文字研究》22，頁 198—199

【軒輤】

○**李守奎**（2000）　如屋之壁側立於車廂之上，上與軒蓋相接。“輤”的內部是木質方格裝圍欄，圍欄內外皆圍以皮革或織物，魚皮圍在圍欄上之表者稱“魚軒”，織物遮圍者稱爲“紡軒”。此物在望山簡中寫作“韋”，亦即“幬”。所謂“圓軒”就是兩個弧形木質圍欄側立於側，外面圍上皮革或織物，上與車蓋相連，形成一個圓形的帷幄之物。“軒”的下部是車廂，廂上裝有席或木板，這就是“弼”，這是各種車上普遍有的東西，不爲軒車所獨有。曾侯乙墓竹簡所記各種戰車上都有此物可證。

　　軒車上裝“圓軒”，大概是戰國時期楚地普遍流行的一種樣式。軒車在漢代依舊存在,只是成爲四柱連蓋,四周施圍,如漢畫像那樣的了。

《古文字研究》22,頁 198

【軒蓋】

○**李守奎**(2000)　軒蓋　這是軒或圓軒的頂部,即信陽簡"圓軒"上載的"紡
蓋",望山簡安車上的"丹組之屋"。蓋的弓柄多爲竹木所製,故楚簡蓋之別體
"蓋"從竹,割聲。蓋弓的外面和裏面皆蒙以織物或其他可遮日蔽雨之物,故
稱爲"紡蓋"或"丹組之屋",因其形狀似屋頂,故又稱爲"屋",因是軒的主體,
故又可稱爲"軒"。曾侯乙墓 51 號簡中新安車上的"上軒、下軒"很可能就是
指"華蓋"而言。曾侯乙墓出土一柄華蓋,在同一蓋柄上裝有兩個傘蓋。曾侯
乙墓 48 號簡安車上的"禪軒"頗疑即"重軒",即一柄上裝有上下兩蓋。軒蓋
處車之最高處,"軒"有高揚之義或由此引申而來。"軒、蓋"古音也相去不遠,
疑爲同源字。

《古文字研究》22,頁 198

輶 軸

龍崗 54

○**劉信芳、梁柱**(1997)　輶車:《說文》:"小車也。"《史記·貨殖列傳》:"輶車
百乘。"

《雲夢龍崗秦簡》頁 34

輕 輕

輕秦文字集證 143·168　　**輕**睡虎地·答問 93

○**何琳儀**(1998)　《說文》:"輕,輕車也。从車,巠聲。"
　　天星觀簡輕,讀經。《說文》:"經,織也。从糸,巠聲。"

《戰國古文字典》頁 786

○**陳偉武**(2003)　字見於《緇衣》簡 28:"故上不可以褻刑而翌爵。"古人因羽
毛質輕,故以"羽"爲義符作"輕"之專字。包山簡 2.189 用爲人名。

《華學》6,頁 104

【輕足】

○**睡簡整理小組**（1990）　輕足，走得快的人，見《淮南子・齊俗》等篇。

《睡虎地秦墓竹簡》頁 20

△**按**　輕足，行走迅捷。《吳子・圖國》：“能逾高超遠，輕足善走者，聚爲一卒。”

【輕車】

○**睡簡整理小組**（1990）　輕車，用以衝擊敵陣的戰車。《周禮・車僕》注：“所用馳敵致師之車也。”

《睡虎地秦墓竹簡》頁 81

△**按**　輕車，古代兵車名。爲兵車中最爲輕便者。《周禮・春官・車僕》：“掌戎路之萃……輕車之萃。”鄭玄注：“輕車，所用馳敵致師之車也。”孫詒讓正義：“輕車在五戎中最爲便利，宜於馳驟，故用爲馳敵致師之車，又兼用之田狩也。”

輣　輭　輯

包山 157

○**劉彬徽、彭浩、胡雅麗、劉祖信**（1991）　輯。

《包山楚簡》頁 29

○**何琳儀**（1998）　《説文》：“輣，兵車也。从車，朋聲。”朋下加口爲裝飾部件。

　　包山簡輣，人名。

《戰國古文字典》頁 158

輿　轝　轟

詛楚文　　睡虎地・日乙 90 壹　　包山 203

○**中大楚簡整理小組**（1977）　轟，从車从廾，字書未見。似爲輿，省臼。《禮記・曾子問》“遂輿機而往”，疏：輿，“猶抗也”。“轟遏歟之祝”，是指共舉饋豹而祭。

《戰國楚簡研究》3，頁 15

○**裘錫圭、李家浩**（1989）　　"與"字原文作"**轝**"，與《説文》"與"字古文作"**㪥**"同例。《左傳》昭公四年："縣人傳之，輿人納之，隸人藏之。"疑簡文"邊與人"與此"輿人"有關。

《曾侯乙墓》頁 528

○**曾憲通**（1993）　　郦會**轝**石被裳之祭：罷禱于邵王戠牛，饋之；罷禱于文坪柰（夜）君、郚公子春、司馬子音、蔡公子豪各戠豻，酉飤；夫人戠猎，酉飤。（簡203）

　　　　陳乙**轝**盬吉之祭：宜祭，管之高丘、下丘各一全豻。（簡 241）

　　　　觀绷**轝**盬吉之祝：塈祷祔一膚，厌土、司命各一牂；塈禱大水一膚，二天子各一牂，僕山一粘。（簡 243）

　　以上三**轝**字乃輿字之省。《廣雅·釋詁》："輿，舉也。"《釋名·釋車》同。《説文》："舉，對舉也。"鍇本一曰輿也。可見輿、舉同字。徐邈讀舉爲居御切，稱引也（見《集韻·上聲語韻》）。簡文三**轝**字正稱引之義。上文例（1）爲邵氏始祖邵王及邵㐌直系近親舉行罷禱，原見於簡 200，爲貞人石被裳所禱祝，此處由郦會所稱引，故稱曰"**轝**"云云。例（2）（3）均見於簡 237，原是盬吉爲自然神舉行的塈禱與宜祭，此處分別爲陳乙（宜祭）和觀绷（塈禱）所稱引，故亦稱爲"**轝**"。

《古文字與出土文獻叢考》頁 204，2005；
原載《第二届國際中國古文字學研討會論文集》

○**朱德熙、裘錫圭、李家浩**（1995）　　此當是"輿"之省寫，其義待考。

《望山楚簡》頁 97

○**何琳儀**（1998）　　《説文》："輿，車輿也。从車，舁聲。"或从舁省聲。

　　楚簡輿，讀舉。《説文》："舉，對舉也。从手，輿聲。"隨縣簡"輿人"，見《左·昭四年》"輿人納之，隸人藏之"，注："輿、隸皆賤官也。"

　　關輿戈"關輿"，讀"關與"，地名。

《戰國古文字典》頁 540

○**劉信芳**（1998）　　包簡"**轝**（興）、遁"爲互文，簡 203："**轝**石被常之祝。"簡 214："遁石被常之祝。""遁"即"迻"，讀如"施"，謂按卜筮所顯示的結果施行祭祀。《詩·周南·葛覃》："施于中谷。"毛傳："施，移也。"移、迻古書不甚别，是音近通用。《史記·田叔傳》："如有移德於我。"集解："徐廣曰：移猶施也。"

《簡帛研究》3，頁 35

輯 輯

陶彙 5・384

○**袁仲一**（1987） "廿輯"，《漢書・兒寬傳》"統楫群元"，注："楫，聚也，當作輯。""二十輯"，疑即二十聚。《史記・五帝紀》："一年而所居成聚，二年成邑，三年成都。"《正義》："聚，在喻反，謂村落也。"《史記・秦本紀》："（孝公十二年）並諸小鄉聚，集爲大縣。"《正義》注："萬二千五百家爲鄉，聚猶村落之類也。""二十輯"，疑是宗邑内包含有二十個小的村落。

《秦代陶文》頁 81—82

○**何琳儀**（1998） 《説文》："聶，聶語也。从口从耳。《詩》曰，聶聶幡幡。"从口从耳，會口附耳私語之意。

《説文》："輯，車和輯也。从車，咠聲。"

秦陶輯，土地面積計算單位。

《戰國古文字典》頁 1385

輅 輅

集成 11335 四年邘令戈 璽彙 2491

○**何琳儀**（1998） 《説文》："輅，車軫前橫木也。从車，各聲。"

晉璽輅，疑讀駱，姓氏。齊太公子後有公子駱，以王父字爲氏。望出内黄、會稽。見《元和姓纂》。

《戰國古文字典》頁 489

軑，从車，它聲。《集韻》："軑，車疾馳。"

四年邘令戈軑，姓氏。

《戰國古文字典》頁 866

△**按** "四年邘令戈"應釋爲"輅"，而非"軑"。

輌 輌

十鐘 睡虎地・秦律 10

△按　《説文》：“輀，車兩輢也。从車，耳聲。”

輮 輀

輀 關沮 241　　輀 睡虎地·日乙 95 壹　　輮 郭店·五行 43　　輀 上博四·曹沫 63

○李零（2004）　（編按：上博四·曹沫 63 “鬼神輮武，非所以教民，唯君其知之”）輀武　待考。

《上海博物館藏戰國楚竹書》（四）頁 284

○陳偉武（2006）　（編按：上博四·曹沫 63 “鬼神輮武，非所以教民，唯君其知之”）今按，《漢語大字典》第 1466 頁收有輀字，從孫詒讓以爲輪之訛字。筆者頗疑輀讀爲勿，勿猶弗也。《左傳·襄公二十八年》：“何獨弗欲？”《晏子春秋·内篇·雜下十五》弗作勿。統治者有操弄鬼神、控制興論的特權，軍事數術也是治軍的必備工具，我們對此曾經有所論述。上引簡文大意是：鬼神之事，不是軍事手段，不屬於教育民衆的内容，只要君王知道就行了。

《古文字研究》26，頁 278

○陳斯鵬（2007）　戰國文字“勿、参”形體混同。郭店《五行》43 “輮”字作，與此同形，故此字亦宜釋“輮”。“輮武”義待考。

《簡帛文獻與文學考論》頁 108

△按　陳劍（簡帛研究網 2005 年 2 月 12 日）將《上博四·曹沫》簡 63 之釋爲“輀”，並將“輀武”讀爲“慌芒”，可備一説。

軸 軸

軸 睡虎地·秦律 125

○睡簡整理小組（1990）　軸（音枯），見《墨子·經説下》及《雜守》兩篇，也見於馬王堆漢墓帛書《天文氣象占》。孫詒讓《墨子閒詁》認爲軸即《周禮·大行人》注引鄭衆所説的胡。一説，此字應釋爲軸。

《睡虎地秦墓竹簡》頁 49

輹 輹

輹 曾侯乙 69

○**裴錫圭、李家浩**（1989） “輹”字右旁與 124 號、133 號二簡“紫繢之縢”之“繢”所从右旁相同。

《曾侯乙墓》頁 519

○**何琳儀**（1996） 𥎓（六九）

輹，从車，复聲，應釋輹。簡文“黃金之輹”，黃銅所製車之伏兔，設於輿下當軸之處。

《于省吾教授百年誕辰紀念文集》頁 227

○**何琳儀**（1998） 《説文》：“輹，車軸縛也。从車，复聲。”

隨縣簡輹，車伏兔。設於輿下當軸之處。《廣韻》：“輹，車輹兔。”《易・小畜》：“輿説輹。”《左・僖十五年》：“車脱其輹。”

《戰國古文字典》頁 355

轂 轂

曾侯乙 74

○**裴錫圭、李家浩**（1989） “端轂”亦見於 74 號、120 號簡，176 號簡作“端轂”。“轂”字原文寫作“𣪊”，从“車”从“𣪊”，“轂、𣪊”皆从“殼”聲。新鄭兵器銘文有“端戟刃”之語，或作“鵰戟刃”，“雕”讀爲彫刻之“彫”。“端戟刃”之“端”當與“彫”同義。“端、彫”古音同屬端母，疑是一聲之轉。“敦”字古人或讀爲“彫”。《詩・周頌・有客》“敦琢其旅”，陸德明《釋文》：“敦，都回反。徐又音彫。”《大雅・行葦》“敦弓既堅”之“敦”，《荀子・大略》引作“彫”，《公羊傳》定公四年何休注引作“雕”。“敦、端”古音相近。二字聲母同屬端母。“端”字韻母屬元部，“敦”字韻母屬文部，文元二部字音關係密切。“彫”“端”相轉，猶“彫”“敦”相轉。望山二號墓竹簡所記兵器有“耑戈”，當即古書之“彫戈”。《國語・晉語三》“穆公衡彫戈出見使者”，韋昭注：“彫，鏤也。”“端轂”之“端”大概也應該當“彫”講。簡文“端轂”是車名，大概由於車轂彫鏤有花紋而得名，猶兵車“長轂”（見《左傳》昭五年）以轂長而得名。

《曾侯乙墓》頁 519

叀 叀

秦陶 1042

○**葛英會**（1992）　《秦代陶文》1042、1043（圖六・1、2）所揭陶文,釋叀。按此陶文當即專字。《說文》車部:"專,車軸耑也,从車象形。"段注云:"車軸之末見於轂外者曰專。"按此字从車从口,爲會意或指事,非象形,其義所指不在車,而在車轂外車軸的末端。此專字與叀非一字,後者作圖六・3、4 所錄之形。專从車,上下兩橫筆平直。叀不从車,上部的筆畫上舉,與車字迥然不同,絕非一字的異體。《康熙字典》車部別出一專字,作圖六・7 所錄之形,出處不詳,與此陶文顯係一字。

　　圖六・5、6 所揭二陶文,下部所从即專字。按此陶文从絲从專,應即彎之省。《說文》絲部:"彎,馬彎也,从絲从專。"古絲、兹、絲因形體近似而常常混同。何尊"王受絲大命",用絲爲兹。商尊"絲廿寽",則用絲爲絲。此陶文亦以絲爲絲之例。

圖六

《文物季刊》1992–3,頁 50

○**何琳儀**（1998）　《說文》:"專,車軸耑也。从車,象形。杜林說。轉,專或从彗。"或歸月部。

　　秦陶專,人名。

《戰國古文字典》頁 1182

軚 軚

軚 望山2・11

○**何琳儀**（1998）　《說文》:"軚,車輨也。从車,大聲。"

　　齊璽"公軚",疑讀"公閱",複姓。

《戰國古文字典》頁 925

䡛 輨

䡛 璽彙2497

○**孫文楷**（1912）　釋爲"䡛",以"䡛"爲"輨之省"。

《稽庵古印箋》

○**朱德熙、裘錫圭**（1973） 釋爲“䡓（䡓）”，見“𦣞”字條。

《朱德熙文集》卷5，頁83—85，1999；原載《文物》1973-12

○**羅福頤等**（1981） 《説文》所無，《玉篇》：“䡓，同軠，車盛貌。”

《古璽文編》頁338

○**何琳儀**（1998） 《説文》：“輨，轂端沓也。从車，官聲。”

晉璽輨，姓氏，疑讀琯。見《萬姓統譜》。

《戰國古文字典》頁1073

轘 轘

睡虎地・秦律125

貨系2481

○**汪慶正**（1988） “轘”——《匋齋録》卷二“曾”作“🔲”。此字宜隸定爲“䡓”，地望待考。

《中國歷代貨幣大系・先秦貨幣》頁20

○**何琳儀**（1990） “轘”，讀“轅”，見《左傳》哀公十年“趙鞅帥師伐齊”，“取犁及轅”，注：“祝阿縣西有轅城。”在今山東省禹城縣西南，春秋屬齊。據《左傳》記載，轅是齊、晉相爭之地。戰國這裏仍是齊、趙爭奪的要地。趙惠文王時屢犯齊國，《史記・趙世家》惠文王“二十五年，燕周將攻昌城、高唐，取之”。轅就在高唐南20公里處，一度屬趙是完全可能的。

《中國錢幣》1990-3，頁12

○**何琳儀**（1993） “轅”，見《左傳》哀公十年“趙鞅帥師伐齊”，“取犁及轅”，注：“祝阿縣西有轅城。”在今山東禹城西南，春秋晚期即是趙氏、田氏相爭之邊城。《趙世家》：“（悼襄王）四年，龐煖將趙、楚、魏、燕之鋭師，攻秦蕞不拔，移攻齊，取饒、安。”《集解》：“徐廣曰，在渤海。又云，饒屬北海，安屬平原。”果如後説，平原在戰國晚期仍是趙、齊相爭之地。又趙平原君封地在平原，可見平原所轄之“轅”屬趙是没有疑問的。

《中國錢幣》1993-4，頁35

○**何琳儀**（1998） 《説文》：“轅，輈也。从車，袁聲。”

趙三孔布轅，地名。《左・哀十》“趙鞅帥師伐齊”，“取犁及轅。”在今山東禹城西南。

《戰國古文字典》頁 988

○**黄錫全**(2001)　右中从鬼,當釋轅,疑讀懷。《書·禹貢》"覃懷底績",孔傳:"覃懷,近河地名。"或單稱懷,春秋爲鄭邑,戰國分屬趙、魏。漢置懷縣。在今河南武陟縣西南。是從魏都安邑通往中山的中閒要道。也可能是另外地點。

《先秦貨幣研究》頁 189

○**湯餘惠等**(2001)　轅。

《戰國文字編》頁 941

輈 輈

包山牘 1

○**湯餘惠等**(2001)　輈。

《戰國文字編》頁 940

△**按**　《説文》:"輈,轅也。从車,舟聲。"

軥 軥

望山 2·11

○**中大楚簡整理小組**(1977)　軥,軛下曲也,所以服馬之頸者。

《戰國楚簡研究》3,頁 53

○**朱德熙、裘錫圭、李家浩**(1995)　杠當指蓋柄。《考工記·輪人》"輪人爲蓋……桯圍……六寸",鄭玄注引鄭司農曰:"桯,蓋杠也。"《説文》:"軥,軛下曲者。"簡文以軥、杠並列,軥也應是車蓋部件,義當與《説文》有別。《方言》卷九有"車枸簍",即車蓋弓。但此墓邊箱所出傘蓋骨,蓋弓及蓋柄皆黑漆無紋,似此處所謂"敚"即指漆飾而言。

《望山楚簡》頁 119

○**何琳儀**(1998)　《説文》:"軥,軛下曲者。从車,句聲。"
　望山簡軥,車軛。

《戰國古文字典》頁 344

載　載　軎　軎

○**何琳儀**（1998）　《説文》：“載，乘也。从車，𢦏聲。”

平夜君鼎載，讀䭣。《説文》：“䭣，設飪也。”鄂君車節載，見《集韻》：“載，舟車運物也。”包山簡載，見軎字。

《戰國古文字典》頁102

輲，从車，哉聲。疑載之繁文。

隨縣簡輲，讀載。《正字通》：“載，承也。”

《戰國古文字典》頁101

軎，从車，才聲。或作軎，車、才借用豎筆及上横筆。載之省文。見載字。

齊陶軎，人名。

燕金“郾侯軎”，讀“燕侯載”，燕成公載。見《史記·燕世家》索隱引《紀年》。燕璽“右載”，讀“右宰”，官名。《禮記·中庸》“上天之載”，《漢書·揚雄傳》引載作緈。帛書《養生方·走》：“浚去其肘，以汁漬脩飯。”肘讀滓。是其佐證。

中山王方壺軎，讀載。《書·禹貢》“冀州既載”，釋文：“載，載於書也。”

包山牘軎，讀載。《史記·禮書》“側載臭茞”，索隱：“側載者，置也。”

《戰國古文字典》頁100—101

○**馮勝君**（1998）　上述六位燕王能與典籍對應者有三：郾侯載即燕成公載。《史記·燕召公世家》：“十五年，孝公卒，成公立。”《索隱》：“按《紀年》，成公名載。”又謂：“按《紀年》，智伯滅在成公二年。”則燕成公在位時閒爲公元前454—前439年，正當春秋戰國之際。

《華學》3，頁243

軍　軍　軍

郭店·老丙 9 　　　集成 2840 中山王鼎

○陳邦懷（1983）　《説文》車部：“車，圜圍也，四千人爲軍。从包省，从車。軍，兵車也。”鼎文車字从勻从車。《説文》勹部：“勻，少也。”段注：“少當作帀，字之誤也。帀者，匊也。匊者，帀也。帀徧者，帀也。是可以得勻之義矣。”段説是。帀匊與許説圜圍之義合，此爲軍从勻之義也。

《天津社會科學》1983-1，頁 67

○張桂光（1986）　車，金文作車（郾右軍矛），从車，勺（旬的本字）聲，小篆訛作軍，聲符已看不出來，形構就不好解釋了（參看表二）。

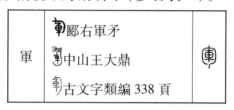

軍	車郾右軍矛	車
	軍中山王大鼎	
	軍古文字類編 338 頁	

《古文字研究》15，頁 163—164

○陳偉武（1996）　軍：庫　《璽彙》五二一四號、五二一五號，原釋庫，或當釋軍，聲符勻之二短橫不省，若省，則與庫字同形。

《于省吾教授百年誕辰紀念文集》頁 231

○何琳儀（1998）　軍，春秋金文作車（庚壺）。从車，云聲。秦國文字承襲春秋金文。六國文字則从勻聲。云、勻一字分化，由諄部轉入真部，軍从勻聲又轉入諄。軍爲勻之準聲首。齊系文字或作車、車。勻旁已有省變。軍所从勻旁由、、、、演變爲形，許慎遂以爲“包省”。《説文》：“車，圜圍也。四千人爲軍。从車，从包省。軍，兵車也。”

　　戰國文字軍，除人名外，均指軍隊、軍官。

《戰國古文字典》頁 1320

【軍市】璽彙 5708
○羅福頤等（1981）　軍市。

《古璽彙編》頁 519

【軍計】璽彙 0210
○羅福頤等（1981）　軍計。

《古璽彙編》頁 36

○鄭超（1986）　軍計之璽（《古璽彙編》0210）

　　春秋時代兵民合一,軍政和民政不分。戰國時代適應兼併戰爭的需要,出現了常備兵和雇傭兵(參看楊寬《戰國史》修訂本 232 頁),軍政和民政就開始分開了。"軍計之璽"大概是掌管軍隊情況報告的官吏所用。

《文物研究》2,頁 88

○**曹錦炎**(1996)　　見卷二【計官】條。

轄 輨

曾侯乙 10

○**裘錫圭、李家浩**(1989)　　"鑴"字在 10 號簡作"輨","禼"旁作形。"輨"字亦見於天星觀一號墓竹簡,"禼"旁作形。長沙楚帛書乙篇"禼于其王"之"禼"作(饒宗頤等《楚帛書》圖版 5.27),與天星觀一號墓竹簡相同。當是的變體。"禼"字見於雲夢秦簡和馬王堆漢墓帛書,即《説文・舛部》訓爲"車軸耑鍵也"的"鞷"(參看《釋蚩》,《古文字學論集》初編,香港中文大學 1983年)。長沙楚帛書和雲夢秦簡的"禼"用爲"害"。疑簡文"鑴、輨"即"鐼、轄"二字異體。玄應《一切經音義》卷一六:"轄,古文鞷、鐼二形。"西周中期的衛鼎(乙)銘文所記賞賜的車器,有"奉韐、虎冟(祺)、帚(?)、畫輨","帚"與簡文"鑴、輨"當指同一器物。從鼎銘和簡文上下文看,"帚"與"鑴、輨"似非指車轄。究竟何所指,待考。

《曾侯乙墓》頁 508

○**何琳儀**(1998)　　輨,從車,鞷聲。轄之異文。《一切經音義》一六:"轄,古文鞷、鐼二形。"

　　楚系簡輨,讀轄。

《戰國古文字典》頁 898

轉 轉

睡虎地・爲吏 3 叁

○**睡簡整理小組**(1990)　　傳。

《睡虎地秦墓竹簡》頁 170

○**張守中**（2003）　轉。

《睡虎地秦簡文字編》頁 211

△**按**　睡簡整理小組將字釋作“傳”爲誤釋。王輝（《中國典籍與文化》2013年 3 期 153—154 頁）將“轉”釋爲棄，文中指被遺棄的人，《孟子》“老羸轉乎溝壑”，“轉”即訓爲棄。

輸 輸

集粹　睡虎地·效律 49

○**何琳儀**（1998）　《説文》：“輸，委輸也。从車，俞聲。”
　　詛楚文輸，讀渝。《廣雅·釋詁》三：“輸，更也。”

《戰國古文字典》頁 375

軌 軌

新收 366 軌簋

○**王輝**（1990）　《文物》1965 年 11 期杜迺松《記洛陽西宮出土的幾件銅器銘文》一文認爲，軌即簋字古文。《説文》：“匭，古文簋，从匚、軌。”《史記·李斯列傳》：“飯土匭。”《周易·損卦》：“二簋可用享。”《周易音義》：“二簋，蜀才作軌。”關於其時代，他以爲軌字字體接近小篆，“在秦始皇統一前後較爲恰當”。不過秦在戰國文字已用小篆，不能肯定爲統一前後。此簋形制與長治分水嶺 M36、咸陽任家嘴殉人秦墓所出戰國晚期銅簋極相似，紋飾與旬邑縣所出高奴簋相似，故定其時代爲戰國末當無大誤。

　　簋或作朹，阜陽漢簡《詩經》一百四十二簡“每食八朹”，今本毛詩《小雅·伐木》作“每食八簋”。又山東臨淄齊故城遺址出土陶文有“王𣪉蔽（莒）里得、王卒左𣪉蔓圈北里人”等，𣪉字作𣪉，朱德熙《戰國文字所見有關廏的資料》（1983 年香港《國際中國古文字學研討會論文集》）釋𣪉，孫敬明《齊國陶文分期芻議》（中國古文字研究會第六屆年會論文）以爲𣪉即軌，爲齊之行政單位。《國語·齊語》：“五家爲軌。”可見𣪉、軌、朹、簋通用。

《秦銅器銘文編年集釋》頁 168

○**何琳儀**（1998）　《説文》：“軌，車轍也。从車，九聲。”

軌篹軌,讀篹。《說文》篹古文作匭。

《戰國古文字典》頁 167

輺 轚

上博四·柬大 18

○濮茅左(2004)　"輚",疑是《說文》"轚"字,《說文·車部》:"轚,抵也,从車,執聲,陟利切。"《說文》無"輺"字,《詩·小雅·六月》"戎車既安,如輺如軒","輺"應即"轚"字。"軒轚",又作"軒輚、軒轚、軒轅、軒輖"。《周禮·考工記·輈人》:"是故大車平地既節軒轚之任。"車輿前高後低(前輕後重)稱"軒",前低後高(前重後輕)稱"輺",引申爲輕重、高低、平衡、掌握等意。

《上海博物館藏戰國楚竹書》(四)頁 211

○陳偉(2007)　《玉篇》卷十八車部"輺"同"轚"。《集韻》卷七·六至:"轚、輺、輖、摯、轅,《說文》抵也,或作輺、輖、摯、轅。通作摯。"《詩·小雅·六月》:"戎車既安,如輺如軒。"朱熹集傳云:"輺,車之覆而前也;軒,車之卻而後也。凡車從後視之如輺,從前視之如軒,然後適調也。"《淮南子·人閒》:"道者,置之前而不輺,錯之後而不軒,内之尋常而不塞,布之天下而不窕。"《太平御覽》卷七七三引服虔《通俗文》云:"後重曰軒,前重曰輺。"雖然"如輺如軒"在《詩經》中形容戎車之安,但輺、軒的上述義涵,使得二字複合之詞,可以有失衡、傾覆之意,從而與上下文中的"大事、危"對應。濮氏説軒輺"引申爲輕重、高低、平衡、掌握等意",與竹書語境不合,以至論者未敢信從。

《簡帛》2,頁 266

輪 輪

曾侯乙 71

○裘錫圭、李家浩(1989)　"輪"即"輪"字的訛體。

《曾侯乙墓》頁 512

○何琳儀(1998)　《說文》:"有輻曰輪,無輻曰輇。从車,侖聲。"

楚系簡輪,車輪。

《戰國古文字典》頁 1346

輗  ⿰車宜

曾侯乙 76

○**裘錫圭、李家浩**(1989)　“⿰車每⿰車宜車”亦見於 120 號加 121 號簡。“⿰車宜”所从“宜”原文作⿱宀多,與古印文字“宜”或作⿱宀多(《古璽文編》184・4280)相近。“⿰車宜”是“輗”的異體,見《説文》。《集韻》霽韻於“⿰車卑”字下注云:“⿰車卑輗,車名。”於“輗”字下注云:“⿰車卑輗,車也。”不知簡文的“⿰車每⿰車宜”與《集韻》所説的“⿰車卑輗”有無關係。

《曾侯乙墓》頁 520

○**何琳儀**(1998)　⿰車宜,从車,宜聲。輗之異文。《説文》:“輗,大車轅耑持衡者。从車,兒聲。⿰車宜,輗或从宜。棿,輗或从木。”

隨縣簡⿰車宜,讀輗。《論語・爲政》:“大車無輗,小車無軏,其何以行之哉。”

《戰國古文字典》頁 860

⿱𦍌車 

包山 267

○**張守中**(1996)　⿰車垂。

《包山楚簡文字編》頁 216

○**何琳儀**(1998)　《説文》:“⿱𦍌車,連車也。一曰,卻車抵堂爲⿱𦍌車。从車,差省聲。讀若遅。”

包山簡⿱𦍌車,輂車。

《戰國古文字典》頁 880

○**湯餘惠等**(2001)　⿰車差。

《戰國文字編》頁 940

軖 

曾侯乙 154 包山 145

○**裘錫圭、李家浩**(1989)　《説文・車部》:“⿰車㞷,紡車也。从車,㞷聲,讀若狂。

一曰一輪車。”此與簡文“輇”不同義。簡文有少輇、乘輇、行輇，“輇”均用爲車名，當讀爲廣車之“廣”。“輇”从“㞷”聲，“㞷、廣”古音極近。《左傳》宣公十二年“楚子爲乘廣三十乘，分爲左右”。又襄公十一年“廣車、軘車淳十五乘”，杜預注：“廣車、軘車，皆兵車名。”《周禮·春官·車僕》“廣車之萃”，鄭玄注：“廣車，橫陳之車也。”但是，稱廣車的其實並不一定是兵車。《戰國策·西周策》“昔知伯欲伐厹由，遺之大鐘，載以廣車，因隨入以兵”，高誘注：“廣，大車也。”漢代有一種大車叫“廣柳車”（《史記·季布傳》），可能與此種載物之廣車有關。120 號是車的總計簡，所記車名既有“廣車”，又有“行廣”。“廣車”似是指斾、殿等兵車，“行廣”則是其他性質的廣車。

《曾侯乙墓》頁 513

○朱德熙、裘錫圭、李家浩（1995） 《説文》：“輇，紡車也。一曰一輪車。从車，㞷聲。”“輇㛼”當是占卜所用的工具或方法，待考。

《望山楚簡》頁 92

○何琳儀（1998） 《説文》：“輇，紡車也。一曰，一輪車。从車，㞷聲。讀若狂。”

天星觀簡、曾器輇，讀廣。《韓非子·喻老》“遺之以廣車”，集解：“廣，大車也。”

《戰國古文字典》頁 634

○陳偉武（2003） 輇：字从車，㞷聲。㞷爲“往”之初文。“輇”字屢見於隨縣簡、天星觀簡及望山簡。如“少輇、行輇”等，均用爲車名，隨縣簡 204“輇車”合文作“輇。”。傳世文獻多寫作“廣”。《周禮·春官·車僕》：“廣車之萃。”鄭玄注：“廣車，橫陳之車也。”

《華學》6，頁 100

斬 斬

斬（睡虎地·日甲 109 正貳）　斬（曾侯乙 155）　斬（郭店·六德 27）　斬（璽彙 3818）

○睡簡整理小組（1990） 斬，疑讀爲漸，《周易·序卦》：“進也。”一説，斬指一種肉刑。

《睡虎地秦墓竹簡》頁 154

○何琳儀（1998） 《説文》：“斬，截也。从車从斤。斬法，車裂也。”

晉璽“斬纚”，讀“漸離”，習見人名。《史記·刺客列傳》有“高漸離”。

睡虎地簡“斬首”，見《戰國策·秦策》：“流血漂鹵，斬首二十四萬。”

《戰國古文字典》頁 1459

輔 輣 較

集成 9735 中山王方壺　　　侯馬 88：1　　　璽彙 5706

璽彙 2496

○**羅福頤等**（1981）　汗簡輔字，或从木、甫，與璽文合。

《古璽文編》頁 337

○**何琳儀**（1998）　《説文》：“輔，人頰車也。从車，甫聲。”

晉器輔，姓氏。有虞氏後有輔氏。見《路史》。中山王方壺“輔相”，輔助。《易·泰》：“輔相天地之宜。”《左·昭廿一年》：“平公之靈尚輔相余。”

《戰國古文字典》頁 597

較，从車，父聲。輔之省文。《字彙》：“較，與輔同，頰骨也。”

晉璽較，讀輔，姓氏。有虞氏後有輔氏。見《路史》。

《戰國古文字典》頁 594

勒

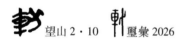

望山 2·10　　璽彙 2026

○**何琳儀**（1998）　勒，从車，力聲。《集韻》：“勒，刷繒具。”《字彙補》：“勒，彩也。”

望山簡勒，彩也。

《戰國古文字典》頁 86

軐

望山 2·8

○**朱德熙、裘錫圭、李家浩**（1995）　軐。

《望山楚簡》頁 108

○劉國勝（2003）　“軑”,當从“車”,“弋”聲,疑讀爲“軾”,指車軾。

《楚喪葬簡牘集釋》頁 110

軏

璽彙 1363

○羅福頤等（1981）　軏。

《古璽彙編》頁 147

○何琳儀（1998）　軏,从車,气聲。《龍龕》:“軏音訖。”

晉璽軏,人名。

《戰國古文字典》頁 1200

軞

包山 179

○劉彬徽、彭浩、胡雅麗、劉祖信（1991）　軞。

《包山楚簡》頁 30

○何琳儀（1998）　軞,从車,毛聲。《篇海》:“軞,公車。”

包山簡軞,人名。

《戰國古文字典》頁 329

軜

包山牘 1

○李家浩（1993）　“一軜正車”之“軜”與“一鞏(乘)正車”之“鞏”所處的語法位置相同,其義也應當相同。如果“軜”不是“鞏”字的異體,而是一個从“分”得聲的字,那麼它可能是我們目前還不知道的某個字的異體。當然,也有可能是一個已經失傳了的楚國方言字。

《第二屆國際中國古文字學術研討會論文集續編》頁 383

○何琳儀（1998）　軜,从車,分聲。

包山牘斄，疑讀棼。《説文》：“棼，香木也。从木，岑聲。”

《戰國古文字典》頁 1359

鴕

陶彙 3 · 1051

○高明、葛英會（1991）　《説文》所無。《玉篇》：“鴕，徒多切。”《埤倉》：“鴕鴕，驅疾兒也。”

《古陶文字徵》頁 231

軕

侯馬 203:7

○山西省文物工作委員會（1976）　軕。

《侯馬盟書》頁 331

○何琳儀（1998）　軕，从車，加聲。
　　侯馬盟書軕，人名。

《戰國古文字典》頁 841

△按　此字疑爲車駕之“駕”字異體。

輌

楚帛書殘片

○伊世同、何琳儀（1994）　原篆从“車”从“丙”从“口”。“口”是裝飾部件，無義。故此字可直接隸定“輌”。“輌”字書所無，似與車馬制有關，在殘片中應讀“炳”。《説文》：“炳，明也。从火，丙聲。”

《文物》1994-6，頁 84

○何琳儀（1998）　輌，从車，丙聲。疑丙之孳乳，見丙字。音變爲輌。《正字通》：“輌，通作兩。”《漢書》注：“車一乘曰一兩，言轅輪兩兩而耦也。”
　　帛書殘片輌，讀炳。《説文》：“炳，明也。”

《戰國古文字典》頁 712

⿱羽車

璽彙 1487

○**羅福頤等**(1981)　⿱羽車。

《古璽文編》頁 85

○**何琳儀**(1998)　⿱羽車,从車,羽聲。《金鏡》:"⿱羽車,音許。"

晉璽⿱羽車,人名。

《戰國古文字典》頁 463

軺

侯馬 1:69

○**何琳儀**(1998)　軺,从車,名聲。

侯馬盟書軺,人名。

《戰國古文字典》頁 834

⿰車妟

曾侯乙 71

○**裘錫圭、李家浩**(1989)　⿰車妟。

《曾侯乙墓》頁 494

○**李天虹**(2006)　從構形看,"⿰車妟"應該从"妟"爲聲,而楚簡中讀作"筵"的字也常常从"妟"聲,如上舉望山簡的"⿰亻妟",另外還有信陽簡的"⿱竹妟"等。所以,"⿰車妟"很可能也是讀作"筵"。因爲是車席,所以字也可以从"車"。

《古文字研究》26,頁 304

⿰車㑒

集成 12019 右⿰車㑒車器

○**何琳儀**(1998)　⿰車㑒,从車,㑒聲。

晉器較,讀輶。參仐字。《玉篇》:"輶,小車也。"

《戰國古文字典》頁 1064

輔

曾侯乙 63

○**裴錫圭、李家浩**(1989)　"齒輔"亦見於 58 號、63 號等簡,54 號簡作"齒鋪",天星觀一號墓竹簡作"齒桶"。望山二號墓竹簡記車馬器有"赤金桶",毛公鼎、吳彝、師兌簋、彔伯威簋等銘文記車馬器有"金甬"。疑皆指同一種車器。

《曾侯乙墓》頁 513

○**何琳儀**(1998)　輔,從車,甬聲。

隨縣簡輔,讀鋪。

《戰國古文字典》頁 425

輀

曾侯乙 76

○**裴錫圭、李家浩**(1989)　"輀輨車"亦見於 120 號加 121 號簡。"輨"所從"宜"原文作�,與古印文字"宜"或作𠀼(《古璽文編》184・4280)相近。"輨"是"輨"的異體,見《說文》。《集韻》霽韻於"輫"字下注云:"輫輨,車名。"於"輨"字下注云:"輫輨,車也。"不知簡文的"輀輨"與《集韻》所說的"輫輨"有無關係。

《曾侯乙墓》頁 520

○**何琳儀**(1998)　輀,從車,每聲。

隨縣簡"輀輨",疑讀"輫輨"。《釋名・釋車》:"輫輨,猶祕䚗也,在車軸上,正輪之祕䚗前卻也。"輫、祕、輀雙聲。

《戰國古文字典》頁 131

輺

天星觀

○**何琳儀**（1998）　鞚，从車，即聲。

天星觀簡鞚，讀軟。《集韻》：“軟，以鬃飾車也。”

《戰國古文字典》頁 1097

輪

輪璽彙 2501　　鍾璽彙 2502

○**何琳儀**（1998）　輪，从車，金聲。疑斡之繁文。《集韻》：“斡，地名，在江南。通作黔。”

晉璽輪，讀黔，姓氏。齊國黔敖。見《禮記・檀弓》下。

《戰國古文字典》頁 1395

輤

輤璽彙 0196

○**朱德熙**（1983）　釋爲“輤”。

《朱德熙文集》5，頁 160；原載《古文字學論集》（初編）

○**劉釗**（1990）　《文編》附録二三第 2 欄有字作“輤”，按字从車从青，應釋作輤。古璽青字作“肖、肖、肖”（清所从），去掉繁飾之“口”與“輤”所从之“青”應爲一字。輤字見於《玉篇》《集韻》等書。

《考古與文物》1990-2，頁 46

○**何琳儀**（1998）　輤，从車，青聲。《廣韻》：“輤，載柩車蓋，大夫以布，士以葦席。”《集韻》：“輤，喪車飾。通作綪。”

齊璽輤，讀清，地名。

《戰國古文字典》頁 822

輂

輂包山 271

○**劉彬徽、彭浩、胡雅麗、劉祖信**（1991）　輂，疑讀作梥。《廣雅・釋宮》：“梥，閣也。"此指車輢内用小木條縱橫相隔成格,以插矛、戈、戟、殳等長兵器。

《包山楚簡》頁 66

○劉信芳(1997)　"鞷、紛"應讀如"靭","鞷"字所以从木者,礙車之物用木也。

《中國文字》新 22,頁 176

○湯餘惠等(2001)　鞷。

《戰國文字編》頁 940

輴

曾侯乙 45　　璽彙 3026

○顧廷龍(1931)　輴,吳大澂云:"輴,《説文》所無,當从進省,或即推挽之推,與輐同意。"

《古匋文香録》卷 14,頁 1

○朱德熙(1954)　釋《古璽文字徵》附録——""爲"輴"。

《朱德熙文集》5,頁 4;原載《歷史研究》1954-1

○高明、葛英會(1991)　《説文》所無。《玉篇》:"輴,他回反。"《韓詩》:"大車輴輴。"輴輴,盛皃也。

《古陶文字徵》頁 231

○何琳儀(1998)　輴,从車,隹聲。《廣韻》:"輴,車盛皃。"
　戰國文字輴,人名。

《戰國古文字典》頁 1207

　輴,从車,隼聲。
　隨縣簡"輴車",讀"推車"。《韓非子·八説》:"故智者不乘推車,聖人不行推政。"或作"椎車"。《鹽鐵論·散不足》:"古者椎車無柔,棧輿無植。"

《戰國古文字典》頁 1209

【輴車】曾侯乙 45
○裘錫圭、李家浩(1989)　《韓非子·八説》:"故智者不乘推(椎)車,聖人不行推政。"《鹽鐵論·散不足》:"古者椎車無柔,棧輿無植。"疑簡文"輴車"即此"椎車"。

《曾侯乙墓》頁 515

○**李守奎**(2000)　輲車,見於曾侯乙墓46號簡,車上有"圓軒、紈表、紫裏、貂
定之毡",其他器物亦頗精美。如"紫魚之篋,孤白之聶"等。或以爲即《韓非
子・八説》"故智者不乘推(椎)車,聖人不行推政"中的"推車"。然椎車是一
種簡陋之車,與簡文所記輲車之華麗不合。與建築物欄杆上有木板相似處
不多。

《古文字研究》22,頁198

轄

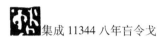集成11344 八年盲令戈

○**何琳儀**(1998)　轄,从車,沓聲。《集韻》:"轄,車釭。"
　　八年盲令戈轄,人名。

《戰國古文字典》頁1375

載

陶彙3・1161

○**高明**(1990)　載。

《古陶文彙編》頁52

瞳

曾侯乙122

○**裘錫圭、李家浩**(1989)　(編按:曾侯乙4)《汗簡》卷上之二肉部引《尚書》"類"
字作𦝛,與簡文"瞳"所从"阽"相似,當是一字。26號簡"瞳"作"邑",从"邑"。

《曾侯乙墓》頁508

○**何琳儀**(1998)　瞳,从車,阽聲。
　　隨縣簡瞳,見邑字。

《戰國古文字典》頁1103

輾

曾侯乙 150

○**裘錫圭、李家浩**（1989）　"屍"，或作"輾"。簡文所記的"屍"有大屍、左屍、右屍，與大旃、左旃、右旃相對，是"屍"或"輾"並當讀爲指殿後的兵車的"殿"。《左傳》襄公二十三年"大殿，商子游御夏之御寇，崔如爲右"，杜預注："大殿，後軍。"《文選·東京賦》"殿未出乎城闕，旃已返乎郊畛"，薛綜注："旃，前軍。殿，後軍。"

《曾侯乙墓》頁 512

○**何琳儀**（1998）　輾，从車，屍省聲。
　　隨縣簡輾，讀殿。

《戰國古文字典》頁 1233

輶

璽彙 1127

○**湯餘惠等**（2001）　輶。

《戰國文字編》頁 938

輮

輮侯馬 179:5

○**何琳儀**（1998）　輮，从車，爰聲。轅之異文。參《説文》爰"籀文以爲車轅字"。《釋名·釋車》："轅，援也，車之大援也。"《説文》："轅，輈也。从車，袁聲。"
　　戰國文字輮，人名。

《戰國古文字典》頁 938

鞏

鞏睡虎地·秦律 148

○**睡簡整理小組**（1990）　爲大車折鞣（輮）

鞣（音柔），車輪的外周。

《睡虎地秦墓竹簡》頁 53—54

輻

睡虎地・秦律 125

○**睡簡整理小組**（1990）　輻（鬲）

鬲，《史記・禮書》索隱：“縣鐘格。”即鐘架上的橫木。

《睡虎地秦墓竹簡》頁 49

轃

　

○**裘錫圭、李家浩**（1989）　“輦”，从“車”，“兗（乘）”聲。《集韻》蒸韻有一個訓爲“車一乘也”的“輦”字，或體作“轃”，即此字。“輦、輦、轃”是車乘之“乘”的專字，傳世古書只用“乘”字。

《曾侯乙墓》頁 502

○**朱德熙、裘錫圭、李家浩**（1995）　鄂君啟節“乘”字作。簡文此字下從“車”，上半與鄂君啟節“乘”字上半同形，其字亦見於戰國古印（《古璽文編》364 頁，原書誤以爲“乘車”合文）。《集韻・蒸韻》“輦，車一乘也，或作轃”，即此字。“輦”爲“乘”之分化字，古書只用“乘”字。女乘疑指婦女所乘的四周遮蔽得比較嚴密的車子。《詩・衛風・氓》“淇水湯湯，漸車帷裳”，毛傳：“帷裳，婦人之車也。”《釋名・釋車》：“容車，婦人所載小車也，其蓋施帷，所以隱蔽其形容也。”

《望山楚簡》頁 114

○**何琳儀**（1998）　轃，从車，乘聲。或隸變作輦。《集韻》：“輦，車一乘也。或作轃。”

楚簡轃，典籍亦作乘。隨縣簡“轃輦”，讀“乘田”。《孟子・萬章下》“嘗爲乘田”，注：“乘田，苑囿之吏。”

《戰國古文字典》頁 146

轊

曾侯乙 122

○**裘錫圭、李家浩**（1989）　"大轊"之"轊",簡背作"斾"。"斾"字《説文》篆文从"旆"聲,簡文从"市"聲。"旆、市"二字形音俱近,故可通用（"市"即"載"字,與"旆"皆爲脣塞音聲母物部字）。古代作戰時一般以兵車載斾置於軍前。《左傳》宣公十二年"令尹南轅反斾",杜預注:"斾,軍前大旗。"載斾的前驅兵車也可以稱爲斾。《左傳》哀公二年"陽虎曰:吾車少,以兵車之斾與罕、駟兵車先陣",杜預注:"斾,先驅車也。"因"斾"用爲兵車名,故簡文或寫作从"車"。簡文所記之"斾"有大斾、左斾、右斾。《左傳》僖公二十八年:"城濮之戰,晉中軍風於澤,亡大斾之左旃。"大斾是指中軍前驅的兵車,杜預注理解爲旗名是錯誤的。《左傳》僖公二十八年:"胥臣蒙馬以虎,先犯陳、蔡。陳、蔡奔,楚右師潰,狐毛設二斾而退之。"疑"二斾"即左斾、右斾之類。

《曾侯乙墓》頁 502

○**何琳儀**（1998）　轊,从車,斾聲。

隨縣簡轊,讀斾。

《戰國古文字典》頁 951

轚

曾侯乙 206

○**裘錫圭、李家浩**（1989）　205 號、206 號簡有"乘轚人",《孟子·萬章下》:"孔子嘗爲委吏矣,曰:'會計當而已矣。'嘗爲乘田矣,曰:'牛羊茁壯長而已矣。'"疑簡文"乘轚"即此"乘田"。趙岐注謂"乘田"爲"苑囿之吏",不知可信否。

《曾侯乙墓》頁 527

○**何琳儀**（1998）　从車,敏聲。

隨縣簡轚,讀田,田車。

《戰國古文字典》頁 1124

轑

璽彙 1254

○劉釗(1990)　《文編》附録二三第 5 欄有字作"轑",按字從車從翏,應釋作
轑。"轑"字所從之翏作"㣇",乃訛變所致。這如居延漢簡廖字作"廖",所從
之"參"也寫作"㣇"一樣。轑見於《集韻》《廣韻》等書。

《考古與文物》1990-2,頁 47

○何琳儀(1998)　轑,從車,翏聲。《廣韻》:"轑,轑轊,載形。"

楚璽轑,人名。

《戰國古文字典》頁 240

轈

璽彙 1126

○羅福頤(1981)　轈。

《古璽文編》頁 338

○何琳儀(1998)　轈,從車,售聲。疑軭之繁文。

《戰國古文字典》頁 1209

輇

包山 38

○何琳儀(1998)　輇,從車,衺聲。

天星觀簡輇,讀翟。《書・禹貢》:"羽畎夏翟。"《史記・夏本紀》翟作狄。
《詩・鄘風・君子偕老》:"其之翟也。"《北堂書鈔》一二七引翟作狄。是其佐
證。《說文》:"翟,山雉也。尾長。從羽從隹。"

《戰國古文字典》頁 757—758

轍,從攴,輇聲。疑輇之繁文。

齊璽轍,讀翟。《禮記・祭統》:"翟者,樂吏之賤者也。"注:"翟,謂教羽

舞者也。"

《戰國古文字典》頁 758

鼕

(鼚)望山 2·2

○何琳儀(1998)　鼕,從車,敎聲。軼之繁文。《集韻》:"軼,車軸。"
　　望山簡鼕,讀軼,車軸。

《戰國古文字典》頁 153

轓

![曾侯乙 75]曾侯乙 75

○裘錫圭、李家浩(1989)　轓。

《曾侯乙墓》頁 494

○何琳儀(1998)　轓,從車,番聲。《集韻》:"轓,車蔽。"
　　隨縣簡轓,見《廣韻》:"轓,車箱。"

《戰國古文字典》頁 1062

轍

![包山 273]包山 273

○劉彬徽、彭浩、胡雅麗、劉祖信(1991)　轍。

《包山楚簡》頁 38

○舒之梅(1998)　"轍"讀如"斂",《説文》:"斂,收也。"《詩·小雅·桑扈》
疏云:"斂者,收攝之名。"包山簡 268:"瓠長,繻光之組,椰轍。"知"翟轍"是
"狐報"的附屬物,謂以翟羽收攝狐報之邊緣以爲飾。"轍"字曾侯乙簡作
"聶",曾侯乙簡 1:"虒報,貘聶。"簡 5:"录魚之報,屯貂蟇之聶。"簡 16:"虒
報,屯录魚聶。"例多見。"聶"讀如"攝",《儀禮·既夕禮》:"貳車白狗攝服。"
鄭玄注:"攝,猶緣也。"《莊子·胠篋》:"則必攝緘縢。"成玄英疏:"攝,收。"
《史記·酈生陸賈列傳》:"起攝衣。"正義:"攝猶言斂著也。"知楚簡之"轍"猶

曾簡之"攝"。

《容庚先生百年誕辰紀念文集》頁 592—593

△按　或以包山簡"轍"爲"輪"之誤字。

墼

包山 188

○劉彬徽、彭浩、胡雅麗、劉祖信（1991）　轍。

《包山楚簡》頁 31

轍

九店 56・31

○李家浩（2000）　"轍"字亦見於包山楚墓一五〇號簡，原文作𩣡，與本簡作
𩣡者略有不同。"轍"从"車"从"鼠"聲，疑是"獵"字的異體。古時駕車狩獵，
故字从"車"。

《九店楚簡》頁 90

輇

信陽 2・4

○中大楚簡整理小組（1977）　輇即輴，或省作輇。《説文》："輇，輕車也。重
曰輴，輕曰輇。"

《戰國楚簡研究》2，頁 27

○劉雨（1986）　輇。

《信陽楚墓》頁 129

○郭若愚（1994）　轔。

《戰國楚簡文字編》頁 69

○劉國勝（2004）　兩字左旁从"車"，比較清楚。右旁疑作"毳"，即"氄"之
省。"毳"，見於郭店《老子》甲組 25 號簡"其毳也，易畔也"，馬王堆漢墓帛書
《老子》乙本作"脆"。《周禮・春官・小宗伯》"卜葬兆甫竁"，鄭玄注："鄭大

夫讀竁爲穿。杜子春讀竁爲毳。皆謂葬穿壙也。今南陽名穿地爲竁,聲如腐脆之脆。"簡文"轜"似當爲"橇"的異構,在此通"輴"。《書·益稷》"予乘四載",僞孔傳:"所載者四,謂水乘舟,陸乘車,泥乘輴,山乘樏。"陸德明《釋文》:"輴,丑倫反,《漢書》作'橇',如淳音蕝。""輴"與"轜、輇"一聲之轉,皆可作載柩車名。《禮記·檀弓上》"天子之殯也,菆塗龍輴以椁",孔穎達疏:"龍輴者,殯時輴車載柩,而畫轅爲龍,故云龍輴也。"《禮記·雜記上》"載以輲車",鄭玄注:"輲,讀爲輇,或作槫。許氏《説文解字》曰:'有輻曰輪,無輻曰輇。'"簡文共記三乘轜,可能用來運載棺柩、葬器等喪葬用具。

《古文字研究》25,頁 365—366

○**劉信芳**(2006)　信陽簡"轜"讀爲橇,泥行車具。轜字从車,毳聲,毳字見於郭店簡《老子》甲 25"其毳也,易畔也",王本作"脆"。《史記·河渠書》"陸行載車,水行載舟,泥行蹈毳,山行即橋",《索隱》:"毳字亦作'橇',同音昌芮反。"《漢書·溝洫志》引《夏書》"陸行載車,水行載舟,泥行乘毳,山行則梮",孟康注:"毳形如箕,摘行泥上。"如淳注:"毳音茅蕝之蕝。謂以板置泥上以通行路也。"

《古文字研究》26,頁 293

△**按**　陳偉(《車輿名試説》二則,《古文字研究》25 輯,中華書局 2010 年)認爲"轜"可讀爲"轎"或"橇",是一種代步工具,河南固始侯古堆東周大墓隨葬坑出土的三乘肩輿是先秦使用"轎"的實物遺存。

轊

集成 9735 中山王方壺

○**張政烺**(1979)　轊,字書不見,形譎異不可識,當是一形聲字。戰國時期文字滋育正繁,出現許多新形聲字。此字从車从人从牛,皆屬形符,而其基本聲符則是向,疑讀爲遹。《説文》:"遹,回避也。"

《古文字研究》1,頁 215

○**趙誠**(1979)　轊字不識,從上下文意看,當爲停、止之意。

《古文字研究》1,頁 250

○**李學勤、李零**(1979)　同行第八字結構相當複雜,應从鬲聲。鬲字見《補補》第三,原誤釋爲興,疑爲商字變體。壺銘此字从商聲,依古音對轉規律可

讀爲舍,《漢書・高帝紀》注:"息也。""亡有舍息"意即無有止息。一説肅即闋字,銘文此字應讀爲窮,《禮記・儒行》注:"窮,止也。"

《考古學報》1979-2,頁 152

○于豪亮(1979) "亡(無)有轤息"之轤字,右偏旁作𦥑,當爲牽之異體字,牽又作𢺕,故轤从𢺕聲,《詩・狼跋》:"赤舄幾幾。"《説文・手部》引作"赤舄𢺕𢺕",是知𢺕以真脂對轉讀爲幾,幾通譏,《説文・豈部》:"譏,𪟝也。訖事之樂也。"故"亡(無)有轤息"即"無有止息"。

《考古學報》1979-2,頁 178—179

○徐中舒、伍仕謙(1979) 此字左上部與釁之上部同,其下部从牛,牛血可以釁鐘,應釋爲釁字,今通作衅,隙也。"亡有衅息",謂無片刻之休息。

《中國史研究》1979-4,頁 86

○張克忠(1979) "轤",蹢字的別體。《説文》:"蹢,住足也。"从車从牛與从足同意。"亡(無)右(有)轤息",沒有休息。

《故宮博物院院刊》1979-1,頁 45

○何琳儀(1984) 諸家對本句轤字的隸定至爲分歧。我認爲只有朱德熙、裘錫圭的隸定是正確的,但未予解釋。今詳證如次:

首先,根據偏旁分析,可知轤字所从商字中的"𠂤"是辛字的異構。試看下列商:

𠕁侁518　　　𠕁攸簋　　　𠕁中山王鼎　　　𠕁古文四聲韻崔希裕篆古

辛字豎畫上的橫畫可作圓點,乃古文字習見的現象。這一圓點有時也可索性省去,如變甲骨文作𡚁,本从辛;曾伯臣作𦥑,古璽作𦥑,則从"𠂤"。另外,章字分別作𡚁(曾侯六塘鐘)、𡚁(哀成叔鼎鄭字偏旁)、𡚁(《説文》古文),也可窺見短橫、圓點消失的過程。

其次,參照商字《玉篇》作𠕁,《古文四聲韻》引崔希裕《篆古》所載另一異體啇的筆畫關係,可以確認《古文四聲韻》的"𦥑"乃是《玉篇》"𦥑"的訛變。中山王器銘中這種漏脱筆畫的現象並不乏其例,如大鼎𠕁缺一橫畫,方壺𠕁缺一豎畫,方壺𠕁圓壺亦作𠕁,後者缺一彎畫。因此,"𦥑——𦥑"的訛變與以上各例的缺筆應是同類現象。至於"𦥑"與"𦥑"實際是一字。如𦥑(侯馬盟書)或作𦥑(古璽),𦥑(鄂君啟節)或作𦥑(中山王墓帳橛劀字偏旁)。然則啇之所从"𦥑"乃是"○○"(𦥑)之訛變。

綜上分析,朱、裘隸𠕁爲商頗有根據。

《龍龕手鑒》一·九："倘，商、的二音。"按，倘應讀若"商"，倘則讀若
"的"。大鼎"克倘大邦"，倘讀敵，是其證。《龍龕手鑒》誤合倘、倘二音於一
形，非是；但其保存了轎字所从"倘"的形、音則非常可貴。然則轎本从車从牛
从倘。車與牛一般都不作聲符，（金文疑或从牛得聲，但也僅有此一例而已。）
而商作聲符在古文字和典籍中卻屢見不鮮。如：滴（甲骨文）、賫（金文）、謫
（《荀子·儒效》）、蒿（《爾雅·釋艸》）、鷸和螪（《廣韻》陽韻）、墑（《字彙》）
等。本銘倘亦从商得聲，因此轎从倘得聲讀若"商"應無疑義。

尚、常典籍通用，而與商聲韻均合。如《説苑·修文》："商者，常也。"《廣
雅·釋詁》一："商，常也。"王念孫《疏證》："常、商聲相近。故《淮南子·繆稱
訓》'老子學商容，見舌而知守柔矣'，《説苑·敬慎篇》載其事，'商容'作'常
摐'。《韓策》'西有宜陽常阪之塞'，《史記·蘇秦傳》常作商。"至於金文和典
籍中以賫爲賞（从貝尚聲）之例更是不勝枚舉。本銘轎从倘得聲，讀若商，當
然亦可讀尚或常。

《詩·小雅·菀柳》："有菀者柳，不尚息焉。"劉淇《助字辨略》："不猶無
也。"于省吾先生《詩經新證》讀"尚"爲常。本銘"亡（無）又（有）轎（尚）息"
與《詩》"不尚（常）息焉"辭例相若。又《詩·小雅·小明》"無恆安息"，《漢
書·董仲舒傳》引"恆"作"常"，亦可資佐證。

總之，本銘轎讀若常，不僅有形、音、義的根據，而且"亡有轎息"讀"無有
常息"，以《詩》"不尚息焉"交相驗證，亦若合符契。

《史學集刊》1984-3，頁 7

○**何琳儀**（1998）　轎，从車从牛从人从商，會商人發明牛車之意。疑"殷商"
之商的繁文。商人先祖王亥始"服牛"，參《世本·作篇》："胲作服牛。"《山海
經·大荒東經》："王亥托于有易，河伯僕牛。"《楚辭·天問》："該秉季德，厥
得夫樸牛。"服、僕、樸一音之轉，用牲駕車（《説文》服："一曰，車右騑。"）
《易·繫辭》下："服牛乘馬。"服《説文》引作犕，駕牛之意尤顯。轎之結構疑
爲中山白狄民族對其先祖商王亥發明牛車傳説的追憶。轎，从商（參商字），
商亦聲。

中山王方壺轎，讀尚。《淮南子·繆稱》"商容"，《説苑·敬慎》作"常
摐"。《戰國策·韓策》："西有宜陽、常阪之塞。"《史記·蘇秦傳》引常作商。
是其佐證。西周金文以賫爲賞，尤爲習見。壺銘"亡（無）又（有）轎（尚）息"，
與《詩·小雅·菀柳》"不尚息焉"辭例相若。

《戰國古文字典》頁 652—653

轡　𦆯

郭店 · 尊德 1　郭店 · 忠信 8　璽彙 2503　璽彙 2507

新收 1484 春成侯盉

○**强運開**（1935）　古鉢。《説文》：“轡，馬轡也，从絲、軎，與連同意。《詩》曰：六轡如絲。”此从𢇘，古絲字也。

《説文古籀三補》頁 243，1986

○**周鳳五**（1998）　蠻親附：蠻，《郭簡》釋作“轡”，而無説。此字又見《性自命出》簡 30：“繺繺如也。”《郭簡》注云：“疑讀如‘戀’。”按，字从車，緣省聲，當讀作“懣”，緣，古音來母元部；懣，明母元部，可通。詳見拙文《郭店楚簡識字札記》。但此處當讀爲“蠻”，《説文》：“蠻，南蠻，它種，从虫，緣聲。”這是上古對南方少數民族的不禮貌的稱呼。簡文此句謂：君子的行爲合於忠的標準，所以南方少數民族來親近歸附。

《中國文字》新 24，頁 127

○**何琳儀**（1998）　𦆯，从車，絲聲。疑轡之省文。《字彙》：“轡轡，綴也。”
長陵盉𦆯，讀鏈。盉之鏈帶。晉璽𦆯，姓氏。疑讀欒或連。

《戰國古文字典》頁 1040

𦆯，从車，緣聲。《字彙》：“𦆯𦆯，綴也。”
燕璽𦆯，姓氏，疑讀欒。

《戰國古文字典》頁 1040

○**唐友波**（2000）　(編按：春成侯盉)𦆯應即“連”字。裘錫圭以爲“‘茲’才是聯接之‘聯’的本字”。《説文》：“聯，連也。”《周禮 · 大宰》鄭玄注：“古書連作聯。”《説文》段注：“周人用聯字，漢人用連字，古今字耳。”𦆯字古文字多見之，从茲（聯）从車，此處用作聯（連）。“連”本指人力挽負之車，也就是輦。大約漢時以同从車且音近字的緣故，假連爲聯（𦆯），段玉裁所謂“人與車相屬不絕，故引申爲連屬字”，顯然是不對的。

《上海博物館集刊》2000-8，頁 156

【轡轡】郭店 · 性自 67

○**周鳳五**（1999）　字从緣聲，當讀作懣。緣，古音來母元部；懣，明母元部，可通。《説文》：“懣，煩也。”段《注》：“煩者，熱頭痛也。引申之，凡心悶皆爲煩。”簡文此處論人心之哀，謂哀甚心則哭，其始也，深沈鬱積，繼而胸懷懣悶，終而心中恆抱憂戚之思以終。至於“居喪必有夫繼繼之哀”,當讀作“漣漣之哀”,簡文言“居喪”,則與“始喪”相對而言。禮,始喪未葬則“辟踊哭泣”,既葬而返,則“心悵焉愴焉惚焉愾焉,心絶志悲而已矣”。乃内心一種經常憂戚的狀態。

《張以仁先生七秩壽慶論文集》頁 360—361

○**何琳儀**(2000)　　“繼繼”應讀“漣漣”。《詩·衛風·氓》“泣涕漣漣”,《釋文》:“漣,泣貌。”

《文物研究》12,頁 203

○**劉桓**(2001)　　《孔叢子·儒服》:“其徒問曰:先生與彼二字善,彼有戀戀之心,未知後會何期,淒愴流涕。”今語有“戀戀不捨”,戀戀皆留戀意。

《簡帛研究二○○一》頁 64

自

集成 2701 公朱左官鼎　　璽彙 3998

○**朱德熙、裘錫圭**(1973)　　見“官”字條。
○**羅福頤等**(1981)　　孳乳爲師,見克鐘。

《古璽文編》頁 339

○**王恩田**(1989)　　自,舊釋師。郭沫若、徐中舒二位先生曾舉“自”與“師”在金文中共存的例證。證明自、師有別,是很正確的。朱德熙、裘錫圭二位先生釋爲官字省文,其説可信。但解爲“食官”則可商。自字字形象兩間駢列的圓形房子,這從金文中可以看得很清楚。卜辭因契刻不便而作折筆。後又贅加意符而成“官”。官之本意爲舍,並非如《説》所説指“吏事君也”的官吏。《禮記·玉藻》“在官不俟履”,注:“官,謂朝廷治事處。”《漢書·賈誼傳》“學者,所學之官也”,注:“官爲官舍。”清代以來,徐灝、俞樾、何子貞、楊樹達等學者對此已有很好的論證。官,經籍或作館。《説文》:“館,客舍也。从食,官聲。《周禮》:五十里有市,市有館,館有積以待朝聘之客。”積,指糧食柴草。客館是用以招待過往行人賓客的食宿之處。卜辭“王作三自”(粹 597),金文“六自、八自”,自,都指客館。卜辭的“雀自、韋自”,金文的“炎自、牧自”等都是分別設在各地的客館。客館還是屯駐戍卒的地方。卜辭曰“戍于官”(合集 9.28032),金文曰“戍在古自”(遇甗)、“戍於𦎫自”(彧尊),可證。因此《小臣𧩙簋》“以殷八自征東夷”,《禹鼎》“叀西六自、殷八自伐噩侯馭方”,即可理解爲用屯駐在殷地八個客館和周人故地六個客館内的戍卒去征東夷和噩侯。總之,把自釋爲官之初文,解爲舍或客舍無論是在卜辭、金文均可豁然貫通。

《江漢考古》1989-4,頁 85

官

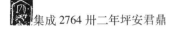

○**朱德熙、裘錫圭**(1973)　戰國銅器刻辭裏常常出現"自"字。例如:

(1)□公左🦶自重☒。(《洛陽古城古墓考》圖版 187 之 9)

(2)廿九年十二月爲東周左自傗壺。(《三代》12·12,壺)

(3)徥公左自。(又 12·15,壺)

(4)□公右自重□。(北大歷史系考古專業陳列室藏鼎)

(5)公朱右自。(《美帝國主義劫掠的我國殷周銅器集録》R434,A109, 鼎)

(6)蓋銘:公朱左自。

器銘:十一年十一月乙巳朔,左自冶大夫杕命(?)冶喜(?)鑄貞 (鼎),容一斛。　(《文物》1965 年 7 期 53—54 頁)

這類自字過去多讀爲師。左師、右師固有此官名,但以自爲師是商代和西周文字的習慣,戰國時代的兵器銘辭和璽印文字裏,師字通常都寫作帀,從來沒有寫作自的。我們認爲這些自字都是官字的簡體,理由如下:

首先,戰國印裏屢見有"安官"二字的格言印。例如:

徵 14·2　　同上　　同上

而《夢庵藏印》收有"安自"一印:

徵 14·2 下

跟上舉安官諸印對照,自字顯然是官字的簡化。《古璽文字徵》把這個自字收在官字條下是很對的。

其次,上引第(1)器"自"上一字應釋作"自環者謂之厶"的厶字。戰國璽印文字厶字寫作▽、↓、□等形,可證。"厶自"應讀爲"私官"。私官之稱數見於戰國及漢代遺物。關於漢代封泥及印章上的"私官"，我們下面還要討論，這裏先列舉戰國銅器銘文中的"私官"。

　　《三代》2·53 著録鼎銘云：(7)

原書目録稱此器爲"中囗官鼎"，官上一字未釋。《金文編》則誤認"囗官"爲一字，稱之爲中眉鼎。其實鼎銘右側一行顯然是"中厶(私)官"三字。陝西省博物館藏銅鼎銘曰：(8)

首二字亦應釋爲"厶(私)官"。私官的名稱又見於下引銅器銘文：

　　(9)邵宫私官四斗少半斗

　　　工二感

　　　廿三斤十兩

　　　十五　（《三代》14·11）

從銘文字體看，這件銅器當是秦代或戰國末年秦國的東西。銘文"官"和"工"上邊的兩個字並當釋"私"。漢印私字或作私可證。此器器形見《尊古齋所見吉金圖録》3·14 及《陶齋吉金録》5·2，與盃相似，前人多釋器銘"私"字爲"和"，以爲即"盃"之假借字（如《金文續編》2·5 下），銘文無法通讀，非是。

　　前引第一器的"厶官"無疑就是(7)—(9)三器的"私官"，這也證明"自"是"官"字的簡體。上引(2)—(6)各器的"左自""右自"也應該讀爲"左官""右官"。"右官"之稱見於《商周金文録遺》71 著録的鼎銘：

　　右官台(公)莆(?)官囗鎬(鼎)

　　此外，戰國璽印文字裏還有以下幾個從"自"的字：

　　　　𨜓徵附 16 上　　　　𨜓徵 14·2 上　　　　𨜓徵附 29 上

　　　　𨜓尊一 5·19　　　　𨜓徵 13·2 上　　　　𨜓簠 55 下（與左字爲一字）

如果我們機械地根據"自"字偏旁來分析這些字，那麼這五個字全都不可識，只能説是"今字所無"。現在我們既然知道戰國時代的"官"字可以簡化爲"自"，那麼這五個字就都有了著落，它們應分別釋爲：館、輨、輨、棺、綰。這幾個字都見於《説文》，而且都是很常見的字，並不是"今字所無"。這也是戰國時代以自爲官的重要證據。（編按：孫文楷《稽庵古印箋》已指出古印"輨"字是"輨之省"，鋭識可佩。作者寫此文時未曾注意，補識於此。）（中略）

　　從《百官公卿表》看，秦漢時代掌飲食的有司大都以"官"爲名，除了前面提到的太官、食官之外，少府屬官還有湯官、導官。師古注："湯官主餅餌。導官主擇米。"此外漢代銅器銘文裏還有酒官。在"太官"和"私官"這兩個名稱裏,"官"實際上已專指食官。戰國時代就有"私官"的名稱,壽縣楚器也有"大句(后)胆(廚)官"的職名。可見當時已有稱食官爲官的習尚。這樣看來,上引(2)—(6)諸器銘文裏的"左自(官)"和"右自(官)"也應該是食官。(5)(6)二器並以"公朱"冠於"左官""右官"之上。"公朱"應讀爲"公廚",這是左官、右官爲食官的明證。

戰國時代的銅器、陶器銘文裏還有"中官、上官、下官"等名稱,例如:

(15)中官　(《考古學報》1956 年 2 期 20 頁,陶罐)

(16)梁上官胄(容)夲(參分)　(《三代》2・53,鼎)

(17)卅三年□又上官□悥□受坪安君者也

　　上官　(《三代》4・20,鼎)

(18)𢦏

　　下官　(《三代》19・2,鍾)

(19)十年弗官胄(容)𩾏　第一　(尊古齋藏拓本)

這裏的"官"大概也都指食官。(15)的中官顯然不是宮中之官的泛稱,可能與上引(7)的"中私官"相當。西漢前期的王國銅器中有王后中官鼎,銘曰"王后中官二斗五升少半升",可以與此參證。

上引有"官"字諸器,形制不外乎壺、鼎、盃、罐、鍾幾類,都是可以應用於飲食的器具。這也是諸器之"官"當指食官的一個旁證。

最後,我們還想提一下《賓虹草堂藏古璽印》著錄的一紐戰國官印:

(21)

文曰:"北宮皮自。"自亦應讀爲官。《周禮・天官・内宰》"憲禁令于王之北宮",鄭注:"北宮,后之六宮,謂之北宮者,繫於王言之。"北宮皮官當是指掌六宮皮革之事的職官。

《朱德熙文集》5,頁 83—87,1999;原載《文物》1973-12

○李家浩(1986)　兼甬之官　此句當讀爲"永用之館","官"是"館"的初文,此處用本義,指"以祀皇祖,以饋父兄"的地方。在西周銅器銘文裏也有"官"用本義的例子,如戒鬲:"戒乍(作)荐官(館)明(盟)尊彝。""荐館"猶《文選・典引》"啟恭館之金縢"之"恭館"。蔡邕注:"恭館,宗廟,金縢之所在。"可見古代的"館"不僅是活人住的地方,而且也是宗教活動的場所。

《江漢考古》1986-4,頁 84

○劉釗（1990）　《古璽彙編》五四六三、五四六四號璽璽文作下揭形：
字形怪異。其實這是經過變形裝飾過的"長官"二字。古璽"長官"璽作下列
諸形：
從中不難看出""形的由來。

《古文字考釋叢稿》頁 170,2005；原載《考古與文物》1990-2

○陳偉武（1995）　官　《文字徵》第 76 頁"宫"字下引《陶彙》5.189，釋爲"麗
山飤宫"。今按，《陶彙》5.188 和 5.189 分別是《秦代陶文》1468 號和 1467 號
陶文，它們同辭："麗山飤官，右。"驗《秦代陶文》1467 拓片較清晰，官字作，
知《陶彙》釋 5.189 爲"官"不謬，《文字徵》非是。又，《文字徵》第 272 頁"麗"
字下引 5.190"左，麗山飤宫"即《秦代陶文》1470 片陶文，"宫"字亦當作"官"。

《中山大學學報》1995-1，頁 124

○何琳儀（1998）　官，甲骨文官作（珠二六）。从𠂤（師）从宀，會衆人在房
屋之意。館之初文。《説文》："館，客舍也。从食，官聲。《周禮》五十里有
市，市有館，館有積，以待朝聘之客。"宀亦聲。引申爲治衆之官吏。金文作
（傳卣）、（師至父鼎）。戰國文字承襲金文。或加飾筆作、、、，或借用
偏旁筆畫作、，或省宀作。《説文》："官，史事君也。从宀从𠂤，𠂤，猶衆
也。此與師同意。"

王氏官鼎蓋官，讀館。

包山簡"官事"，公事。《論語·八佾》："官事不攝。"《史記·汲鄭傳》：
"官事不廢。"即簡文"濾（廢）亓（其）官事"。包山簡"官人"，讀"館人"。
《左·昭元》："敝邑，館人之屬也。"注："館人，謂守舍。"包山簡九九、一二一、
一二四、一二五反官，讀館。

《戰國古文字典》頁 1072—1073

【官斗】官斗鼎

○黄盛璋（1989）　所謂官斗，或指用官斗校量而測得其容量爲一斗六升
半升。

《古文字研究》17，頁 34

【官攸】

○張亞初（1989）　在戰國晚期的郂陵君鑑上有"官攸亡疆"一語。"官攸"之
官也是寬的假借字。寬即銘文習見的"縮綽"和"綽縮"之寬。攸即悠長之悠。
"官攸亡疆"即寬裕、悠長、永無休止。東周銘文習見以縮爲寬，此銘作官，所

以考釋此銘文者都沒有從縮綽來加以考慮。

《古文字研究》17,頁241

【官長】睡虎地・秦律73

○**睡簡整理小組**(1990)　官長,機構中的主管官員,《後漢書・禮儀志》:"公卿官長以次行雩禮求雨。"

《睡虎地秦墓竹簡》頁38

【官府】

○**王輝**(1987)　戰國晚期,逐漸出現了"官府"這一名稱,《管子・五輔》:"不能爲政者,田疇荒而國邑虛,朝庭凶而官府亂。"《管子・小匡》:"是故聖王之處士必於閒燕,處農必就田野,處工必就官府,處商必就市井。"《管子・問篇》:"官府之藏,强兵保國。"這裏所謂官府,是國家府庫的意思。

　　《睡虎地秦墓竹簡》也多處提到官府。《秦律十八種・司空》:"官府叚(假)公車牛者□□□叚(假)人所。""居官府公食者,男子三,女子駟(四)。"《秦律十八種・内史雜》:"令欨史毋從事官府。""侯(候)、司寇及群下吏毋敢爲官府佐、史及禁苑憲盜。"這時的官府,已是行政官署的總稱,而不再是單純的府庫。

《中國考古學研究論集》頁354—355

【官嗇夫】

○**裘錫圭**(1981)　官嗇夫所以不稱令、長而稱嗇夫,主要應該由於他們是百石以下的下級官吏,是少吏、小官之長。縣令、長之下的官吏,除了丞、尉是長吏,一般都是少吏,所以縣屬各官之長一般都稱嗇夫。都官之長,秩別與縣令、長相當,他們的屬官之長,一般也是百石以下的少吏,所以也往往稱嗇夫。

《雲夢秦簡研究》頁240

△**按**　甲骨文官作𠂤,金文作𠂤,或加飾筆作𠂤、𠂤、𠂤、𠂤,或借用偏旁筆畫作𠂤、𠂤,或省宀作𠂤,爲三晉"官"字的典型寫法。

阜 𨸏

𨸏 貨系875

○**丁福保**(1941)　《古錢匯》曰:阜字減筆傳形,堂阜,齊地,桓公釋管仲處。《東亞錢志》曰:阜,堂阜也。堂阜,齊邑,《史記・齊世家》,鮑叔牙迎受管仲及堂皐,而脱桎梏,齋祓而見桓公。

《泉幣》7,頁 23

○鄭家相(1958)　文曰皐,取物皐民安之義。

《中國古代貨幣發展史》頁 69

○何琳儀(1998)　皐,甲骨文作𡴎(菁三·一)、𡴎(佚六七)。象峭崖有阪級之形,或説象三峰立置之形。或作𡴎(甲二三二七),已有省簡。金文作𡴎、𡴎(偏旁中習見)。戰國文字承襲商周文字。《説文》:"皐,大陸山無石者。象形。𡴎,古文。"
　　趙尖足布皐,陰之省簡。"大陰",地名。

《戰國古文字典》頁 251

【皐人】

○黃錫全(1995)　朱活《古錢新典》下 39 頁著録 1 枚聳肩尖足空首布,面文曾見於《古錢新探》29 頁,朱先生釋爲"自夕(?)"。不知此布與上考"亥盾"布是否同出一地。

　　古文字中自作𡴎、𡴎,皐作𡴎,區別明顯。𡴎乃皐字省變。古幣文中皐形多如此。如陰作𡴎、𡴎,陽作𡴎、𡴎,阿作𡴎等。皐下一形不甚清晰,作𡴎,似"人"或"水"字。古地名中"人"每用爲地名後綴,如柏人、列人、霍人、左人、中人、陽人、牆人、狐人、林人等。

　　"皐人"或"皐水"不見於古地名。漢有皐城縣,故城在今河北皐城縣東,屬《地理志》渤海郡。其西側一線的觀津、武城、平原等地,戰國時曾屬趙境,但不知春秋時"皐城"是否屬晉。考慮到其地與晉中心區域相距甚遠,布文的"皐□"可能與之無關。

　　古皐、父二字音近可通。如《淮南子·俶真訓》"塊皐之山無丈之材"之"塊皐",《太平御覽》引作"魁父"。釜從父聲。因此,我們懷疑布文"皐"有可能是釜或滏。《淮南子·地形訓》"釜出景"。高誘注:"景山在邯鄲西南,釜水所出,南澤入漳。"亦作滏。《史記·趙世家》趙武靈王十九年,召樓緩謀曰:"我先王因世之變,以長南藩之地,屬阻漳、滏之險,立長城,又取藺、郭狼,敗林人於荏,而功未遂……"《魏世家》載安釐王時,無忌謂魏王曰:"……若道河內,倍鄴、朝歌,絕漳滏水,與趙兵決於邯鄲之郊……"是釜或滏在邯鄲西南,本爲水名,即今之河北磁縣境滏陽河,爲趙地,春秋屬晉。因此,上列布文"皐□",很可能爲"皐水"。釜或滏作"皐",如同同類布文"列人"作"刺"。同類布中又有"邯鄲"。釜、邯鄲、列人諸地相距較近。

《先秦貨幣研究》頁 7—8,2001;原載《陝西金融·錢幣專輯》23

陵 陸墜埀

近出 1255 陽陵虎符

集成 12113 鄂君啟舟節　　楚帛書　　上博五・弟子 2

集成 10371 陳純釜　　陶彙 3・21

璽彙 0209

○于省吾（1963）　　（編按：鄂君啟節）陲作“”，各家誤釋作陵。陲字“曾姬無卹壺”作“”，晚周繒書作“”，可以互證。古文字中的陵字作“”或“”，與陲迥別。

《考古》1963-8，頁 442

○商承祚（1964）　　（編按：楚帛書）陵字作凡五見，其結構不變。山陵，殆泛指大山。于省吾釋鄂君啟節的“襄墜”爲“襄陲”，謂秦以前天子冢無名陵。有之，自漢始，並舉帛書陵字爲證，意謂亦當讀陲。襄陵讀襄陲可以通，但陲字在古今詞義多用爲“邊陲”，宋國襄地不與其他的國家相鄰近，可否名其地爲“陲”？因古代常因山陵川澤的地形名其都邑；如召陵、鄢陵、商丘、孟津、雲夢、黃池，等等，例不勝舉。疑襄陵之名不始於葬宋襄公時已有，後人只知襄公葬此，漢人以漢制而附會之。因此，我個人認爲宋襄公葬地是一回事，以襄陵命名又是另一回事，似不能因其巧合而混爲一談。帛書四見“山”之辭，如一概讀之爲“山陲”，於述義似乎不符，且子史亦只有“山陵”術語，未見“山陲”連詞，還是後人都把“山陲”一概誤寫爲“山陵”，值得考慮。陵與陲兩字的結構，於金文確有區分，則此二字在楚人使用上是否通假？怎樣處理？仍有待於進一步研究。

《文物》1964-9，頁 12

○嚴一萍（1967）　　（編按：楚帛書）此陵字繒書凡五見。其形體不變，與陳猶釜、古璽相近。與鄂君啟節之“襄陵”字完全相同。商氏亦釋陵，曰：“山陵，殆泛指大山，于省吾釋鄂君啟節的‘襄墜’爲‘襄陲’，謂秦以前天子冢無名陵。有之，自漢始，並舉帛書爲證，意亦謂當讀陲。”按于説誤。《左・僖卅二年》傳：“崤有二陵焉，其南陵夏后皋之墓也。”《史記・夏本紀》：“孔甲崩，子帝皋立。”是天子稱陵，《左傳》有之矣。《説文》：“陵，大阜也。”《爾雅・釋地》：

"陵,大阜也。"《潛夫論·慎微篇》:"凡山陵之高,非削而成,崛起也,必步增而稍上也。"不必泥於後世稱帝王冢爲山陵而謂此陸非陵字也。

《中國文字》26,頁 12

○劉宗漢(1983)　(編按:鄂君啟節)對於此字有三種説法:一、直接讀爲陵字,不加解釋。二、謂本爲襄陲,但《史記》誤書爲襄陵。三、釋爲陸字,南楚音舒讀爲陵。

按:此字就字形而論,絶非陵字,于省吾先生已做過精確的論述。金文陸字作𨸏、加土旁作𨹧,與此字形決不相類,故釋陸亦不正確。細析此字字形,應係陲字無疑;然就文義論,確又應讀爲陵字,《鄂君啟節》中之襄陲、爰陲自當爲襄陵、爰陵;義陵三器中的義陲自當是義陵;帛書用此字處,其辭"山陲"決是山陵。《上海博物館藏印選》著録一方戰國古璽,文曰"江垂行邑大夫鉨",垂字作𡍲,與此字形同而無阜旁。按其義實是江陵,故知此字省阜旁後仍爲陵義。

《禮記·檀弓》下:"工尹商陽與陳棄疾追吳師,及之。"鄭玄注云:"陳,或作陵,楚人聲。"又《爾雅·釋言》二:"誺、諉,累也。"邢昺疏引孫炎曰:"楚人曰誺,秦人曰諉。"按:陳,澄母字;誺,知母字;均屬舌上音,古讀爲舌頭音。陵、累並來母字,屬半舌音。古人半舌音與舌頭音相通的例子很多,此處不一一舉例。從上舉兩例材料看,楚方音中確有此種現象。我們知道,陲,禪母三等字。禪母屬照系,照系三等字古讀端系,爲舌頭音。根據上面的分析,在楚方音中陲字的聲母中,禪母支韻的陲字可以讀爲來母蒸韻的陵字。這就是前引那些出土資料中把"陵"寫爲"陲"的原因。楚地以陵爲下一字的雙音地名很多,其原始字形皆應爲陲字,後人依楚人讀音書爲陵字。

順便説一句,《曾姬無卹壺》中的地名漾陲,也應讀爲漾陵。

《古文字研究》10,頁 127—128

○黃盛璋(1984)　《上海博物館藏印選》5 頁載一戰國古鉨,文曰"江𡍲行宮大夫鉨",此印最早收於《瞻麓齋古印徵》與《觀自得齋印譜》。(中略)第一字是"江",第二字上從夾,頗似"乘"字頭,下較模糊。江乘見《史記》,秦始皇三十七年自會稽還過吳,從江乘渡江。1964 年我在南京下關考察,親見其故城垣一段被包築於明南京城牆之内,而磚屬魏晉。當時我和朱偰先生都定爲江乘故城,即秦始皇渡江處,印象甚深。第一次定此二字爲"江乘",特函告馬先生還以爲是個發現。稍後我多次摸挲印册,琢磨文字與國別,始辨認此字下半模糊者乃是從 土即"土"字,如此就不能是"乘",應是楚銘刻文字中常見之

"𡍳",即"垂";深感比附"江乘"之不安,所以又去信馬先生改正爲"江垂"。
（中略）

江垂不見記載,楚國亦無此地名,究爲何地,僅是發現問題,但並未解決問題。楚文字"陲、陵"之爭早在 60 年代就已開展。于省吾先生認爲鄂君啟節"襄陵"應是"襄陲"。商承祚先生則據楚帛書"山陵"不得爲"山陲",認爲一概釋陲,值得考慮,但最後未能定奪。爲了徹底弄清楚這一問題,我把已經發表的楚銘刻中有關此字的材料予以彙集,仔細分析研究,結果發現此字大抵和地理有關,用於地名後部尤爲常見,從字義與用法上,確是陵非陲,但從結構分析,釋"陲、垂"比"陵、夌"更爲有據。《説文》:"垂(陲)从土,㔫聲。"而夌(㚸)从夂、屵,屵,高大也。陸(下用~代)𡌳(下用〲代)下从土,上火、𡆥如認爲㔫之簡化,並無不可,而與"夌"比較,相差較遠。蓄疑甚久,無可取決。數年前曾與李學勤同志談論楚文字,確以"~、〲"爲"陵",而字則近垂遠陵,並告以上海博物館藏楚"江垂"鈢應是江陵,並爲戰國已有江陵之一證。但字實近"垂",未解其故。李君以爲楚文字"陵"即如此作,後來他在《江漢論壇》1982 年 7 期發表《楚國夫人璽與戰國時的江陵》,解釋此印第二字爲"从土从夌省",其實此字上既不从"夌"省,而"陵"字亦不从土,兩皆分析未當,無可取信,不能服人。1981 年在太原古文字會議上遇裘錫圭同志,我又向他共決此疑,他也以爲楚文字此字就是"陵"字,並告以曾姬無卹壺中"漾陵"可以作爲楚文字陵字之證。（中略）

注:春秋戰國文字从阜旁者往往於其右下方加土以爲增飾,所見"陳"字多如此作。"陳"字原與"土"無關,故此"土"僅爲阜旁附加,不關結構。陳純釜"陵"字亦同此作,土皆屬阜旁附加,如無阜旁,則此"土"無所依附,不能存在,鄂君啟節之~,"土"並非附屬阜旁,顯與上引"陳、陵"字不同。"陵"並不从土,印文没有阜旁,下从土,與"陵"字不能比附。

《安徽史學》1984-1,頁 41—42

○饒宗頤(1985)　《鄂君舟車節》"襄陵","陵"一作陸、一作𡌳。望山簡:"乃禱栽𡌳"俱當釋陵。故此處讀爲山陵,甚當。

《楚帛書》頁 16

○何琳儀(1986)　（編按:楚帛書）"陵",原篆作"𡍳"。蔡季襄《晚周繒書考證》釋"陵",明確不刊。類似的形體在楚系文字中習見,與中原地區作"𡌳"形者有別。但兩者間猶有蛻變之迹。檢曾姬無卹壺"陸"比常見的"𡍳"顯然多一撇筆。其中"㚜"即"夌",下从"人"形。金文"𡋇"所从"〲"亦"人"形。帛書

"🔣、🔣"所從"入"是其證。至於"火"作"🔣",可從"🔣"(《侯馬盟書》344"嘉"旁)、"🔣"(同上)、"🔣"(小篆),與"🔣"(陳純釜"陵"旁)、"🔣"(見上)、"🔣"(小篆)的平行演變關係中得到佐證。

《江漢考古》1986-1,頁 53

○**黄盛璋**(1989)　所謂"□爰金版",第二字明顯與郢爰、陳爰不同,它是楚文字的"陵",報道釋"爰",顯然誤釋。

關於楚文字的"陵、陲"之辨,是近年由於鄂君啓節的發現而引起的一個古文字學的重要爭論。我在《楚銘刻中陵、陲的考辨及其相關問題》和《戰國江陵鉨與江陵之興起沿變》中,將銅器、兵器、璽印、簡牘帛書中該字的全部寫法及其各種用例加以分析研究,確定它在楚文字中用作"陵"字,尤其多用於地名第二字尾綴,並有史籍記載爲證,如鄂君啓節之"大司馬銘陽敗晉師于襄陵之歲";有些一直用爲地名,直到現在,如《楚江陵行邑大夫鉨》中之江陵。

于省吾先生一定要讀爲"陲",連襄陵也認爲是錯誤的,應改爲陲,如此則江陵也得改爲江陲,這顯然拘執不通。但是也有不少古文字研究家簡單地認爲其就是"陵",非"陲",在字形結構與演變上又交代不出何以是"陵"而不是"陲",這對古文字研究來説,也是"囫圇吞棗",不能服人。作者老實承認楚文字中此字形結構未獲解決,不敢嘩世,但字義與用法是"陵"無疑。金版此字與楚江陵璽幾乎一樣,和蒿陵璽、義陵君鑑的"陵",都没有"阜"旁,形體結構也基本相同。

《出土文獻研究續集》頁 108

○**李裕民**(1997)　"山陲其戔、山陲不戔、以涉山陲、山陲儀(永)𡿪",鄂君啓節"大司馬邵郢(陽)敗晉帀(師)于襄陲之歲""庚爰陲",陲字,有的釋陲(于省吾《鄂君啓節考釋》,《考古》1963 年 8 期),有的釋陵(商承祚《戰國楚帛書述略》,朱德熙、裘錫圭《戰國文字研究[六種]》,《考古學報》1972 年 1 期 83 頁),兩種説法各有正確的地方,但又不完全正確。從字形上説,確是陲字,它和陵字🔣(散盤)、🔣(陳猷釜)完全不同。從用法説,不用作陲而用作陵,《説文》"陲,危也""陵,大𨸏(阜)也",楚帛書"以涉山陲"解釋成"以涉山危"就不通,只能解釋成"以涉山陵",鄂君啓節的襄陲就是襄陵,邵陽敗晉師於襄陵的史實與《史記·楚世家》的記載完全符合。地名稱某陵的很多,有的同志認爲某陵都應當是某陲,之所以稱某陵完全出於司馬遷的臆改,這種説法是没有根據的,没有政府的命令,個人在著作上亂取新地名是不會得到人們公認的。除楚帛書和鄂君啟節外,東陲鼎(《錄遺》70)的陲,曾姬無卹壺"望安茲漾陲蒿閒之無卟"的陲,都應當作陵字用。楚國竹簡中有一些雖然可以隸定但仍無法通讀,甚至用通假的辦法也無法讀通的字,可能像上述的例子,有它獨特的用法。

《文物季刊》1997-3,頁 80

○**何琳儀**(1998)　《說文》:"陵,大阜也。从阜,夌聲。"六國文字多加土旁繁文。秦國文字右下均加=,與西周金文𤱯(散盤)、𨹟(三年瘋壺)一脈相承。其中=(冰)疑爲疊加音符,陵、冰均屬蒸部。

陵右戠陵,地名,疑與今山東陵縣有關。其它陵,均地名後綴。

包山簡"陵尹",楚官。(中略)包山簡"陵人"之陵,地名。帛書陵,大阜。其它陵,均地名後綴。

陵里車書陵,地名。其它陵,均地名後綴。

古璽陵,姓氏。當出伏羲裔孫商諸侯逢伯陵之後。見《姓氏考略》。

《戰國古文字典》頁 153—154

○**劉信芳**(1998)　"陲"字於楚簡帛、銅器習見。曾侯乙簡僅見一用例(簡73),字不清晰,但約略可辨與楚人寫法相同。字隸定爲陵,已是定論。但有一問題,"陲"之隸爲"陵",主要是以辭例與文獻對照得出的結論,若僅從字形入手,恐怕很難將"陲"與"陵"聯繫起來。于省吾先生將"陲"隸爲"陲"(《金文編》即用此說法),雖然於辭例不合,但在字形上無可非議。陵字北方諸國作"陵",近有學者嘗試從字形演變的角度說明"陲"與"陵"之閒的聯繫,終覺是一件頗不容易的事情。

今按:釋陲爲陵最有力的證據見於《包山楚簡》,簡 151"坴君",簡 154 作"𦩼君",坴、𠆢作爲互換聲符,算得是楚人給"坴"字注音爲𠆢,𠆢讀筆陵切,見《說文》段注。由此可知陲是形聲字。

陲字從坴,差字從坴省,陵是蒸部字,差是歌部字,二字古音相差甚遠,何以同用"坴"作爲聲符?

解釋這一問題只能從"差、陵"二字的古代讀音入手。"差"字古有歧讀,《左傳》襄公十四年:"尹公佗學射于庾公差。"《孟子·離婁下》:"庾公之斯學射于尹公之佗。"是"差"又讀爲"斯",斯爲支部心紐字,差之爲斯,明顯不是通假,只能是保留所從之"坴"的又一讀音。本文上引"陲"即"淩"之異體,《說文》:"淩,荶也,从艸,淩聲。楚謂之荶。"又:"荶,淩也。从草,支聲。"《國

語·楚語上》："屈到嗜芰。"韋昭注："芰,菱也。""芰"古音在支部群紐,與
"蔆"不可能通轉,只能是對同一植物的又一讀音。

　　耐人尋味的是"陵"字所從之"夌"古亦有歧讀,《説文》:"夌,越也。从夊
从㒸。㒸,高大也。一曰:夌,徲也。""徲"又作"遟",《玉篇》:"夌,遟也。"釋
爲"越"之"夌"古讀如"陵",古音在蒸部來紐,釋爲遟爲陵古从夊聲,讀思佳
切(《玉篇》:"夊,思佳切,遟兒"),古音在支部心紐。"夌"之二讀,非通轉所
能解釋,乃是古音中的"歧讀"現象。此類歧讀《説文》中保留尚不在少數,湯
炳正先生嘗作《説文歧讀考源》專門論之。

　　可將上述諸字之歧讀歸納如次:

　　　差(歌部初紐)——歧讀爲斯(支部心紐)

　　　夌(蒸部來紐)——歧讀爲夊(支部心紐)

　　　蔆(蒸部來紐)——歧讀爲芰(支部群紐)

　　由於諸字之歧讀古代同音(或音近),因而差所從之"𡲢"與陵所從之"𡎰"
可視爲同源,這也是差、陵二字用同一聲符的原因。

　　試以古文字歧讀現象釋"陵"之所以作"𨺪"如上述。尚存之疑問在於:釋
爲邊陲之"陲"楚人何以書寫?這個問題不解決,或者不能排除于省吾先生之
隸定。長沙獅子嶺曾出土"長郵"戈,"郵"字作"𨞠",字从邑从垂,與"𨺪"不是
一字。

《容庚先生百年誕辰紀念文集》頁 611—612

○**季旭昇**(2003)　戰國文字"陵"一般从土,《容成氏》的"陵"字皆改从"壬"。
土、壬常見互作,如"䋆",容成氏簡 28 从"土",《璽彙》5485 从"壬"。

《上海博物館藏戰國楚竹書(二)讀本》頁 134

○**鄭剛**(2004)　這個問題要從鄂君啟節談起。

　　戰國時期的楚器鄂君啟節自發表以來,得到了充分的重視和研究,文字
已經大致認出,重要的人名、地名都被許多學者考釋過,可以説,它的基本内
容已經可以瞭解。但是,有一些問題卻至今還糾纏不清甚至成爲爭論焦點,
如出現於首句"大司馬邵鷵敗晉帀(師)于襄陵之歲(歲)"的"陵"字就還没有
一個公認的結論,有些考釋者將它定爲"陵",有的定爲"陲",有的則定爲
"陲"而通作"陵"。

　　楚大司馬昭陽(節中寫作"邵鷵")在楚懷王六年於襄陵打敗魏國(三晉之
一),這件事見於《史記》,人名、地名、時代與金節都相符合,以史書與金節相
對比,節中的"襄𨺪"應該就是史書上的襄陵,但是這個字本身與古文字中的

“陵”字卻有區別。“陵”字金文作𤼎（散盤）、𨹧（陳猷釜），璽印作𨹧（高陵），與𨹧字都不一樣，相反，這個字與古文字及小篆的“垂”字確有相似之處，這就是爲什麽會有許多學者將它考定爲“陲”的原因。

但是，𨹧字與“陲”字在字形上也還是有一定的差別的。“垂”字，小篆作𡐹，金文作𡐹（齊叔夷鎛“涶”字所從），籀文作𠂹（《説文》“騹”字籀文所從），經過比較，我們可以看出，𨹧字所從的𠂹與垂字所從的𠂹是不同的，第一，𡐹上部兩側各只有一枝，向下貫穿寫作𢆉，而垂字兩側各有兩枝，互不相連寫作𢆉；第二，𡐹字上部爲𠂆，是一橫附在一豎上，而垂字卻是𠂆，是一豎的上部向下彎；第三，𡐹字的一豎並不向下穿透，而𠂹字無一例外地要延伸下來。從這三點來看，𨹧還不能認定爲“陲”字。

從字源上説，“垂、來、禾、束”等字都是與植物有關的象形字，由於這些植物本身很相像，所以這些字的形體也有某些近似之處，再加上它們在意義上有關聯。所以在兩周金文中，這些字在用做義符時常可以互用，情況比較混亂。例如金文“華”字（《説文》從𠂹，于聲）可以寫作𢎗（郘公華鐘）、𢎗（克鼎）、𢎗（華季盨）、𢎗（仲姞匜），與“禾、來、束”字相似而與𠂹不同；金文“嘉”亦可以寫作（侯馬盟書嘉字亦禾、中、來通作）：

𢎗 陳侯作嘉姬簠　　　𢎗 郘公𨥏鐘　　　𢎗 齊鞄氏鐘

𢎗 王子申簠盂　　　𢎗 伯嘉父簠　　　𢎗 王孫誥鐘

另外，“來”字可以寫作𡐹（作册大方鼎），“棘”字從束而可以寫作𣚙（宜□之棘戈），“差”字從垂、從來、從禾通作，例繁不舉。

從這些字來看，“𠂹、來、禾、束”等字在金文中是可以混用的。但是要把𨹧字與它們中閒的某一個聯繫起來，有兩點是必須考慮的。第一，鄂君啟節的文字屬於戰國文字系統，它從兩周金文中來，但有一定的發展變化，字形上有所歧異，不能把它與金文作簡單的比附；第二，上述各字的混用大都發生在它們用作意符的時候，而𨹧字中的𠂹卻無疑是聲符，無論把它認作“𠂹”還是“夆”都不能簡單地説它與某字形近、意近而換用。因此，我們必須從戰國文字的内部去尋找線索。

𠂹字又可以寫成夾（《楚帛書》“𡐹”字所從），𠂹與夾只是在上邊一筆是否穿透上有所區別，而且從材料來看，穿透與否是一樣的。夾字又出現於戰國時代的三晉文字中，是“嗇夫”的“嗇”字所從：

𡐹 提鏈圓壺　　　𡐹 《古璽彙編》0108號印

峾鷹柱盆　　　　峾《古璽彙編》0109 號印

夾與夾、亠異文互見,分別出現在同一個字中,可以認定爲是一個字的變體。秦簡(睡虎地)麥从夾,新量斗麥从夾並可爲證。

《説文》:"嗇,愛瀒也,从來从回會意。"金文"嗇"字作㸚(周中僷匜)、㸚(沈子簋)。從歷史發展的順序來看,嗇字就是從㸚演變而來的,來字一豎縮短變成了夾,又變成了亠,這種省變的發展規律是前後一致的。因此,從"嗇"字結構和金文的寫法來看,夾、亠就是"來"字的演變。

另一方面,古文字中的"來"字可以分爲兩個序列:

甲:朱般甗　　朱長囟盉來字所从　　朱戰國來字布

乙:來牆盤、昌鼎、石鼓

甲序列中的"來"字上面一筆不穿透,而且都擺在一豎的右方,與陸字一樣;而乙序列一筆都穿透,與嗇字相同,可見,夾、夾、亠、來諸字正是保留了這一特點而將一豎縮短。"來"字一豎縮短不只是見於三晉文字,清代著録的傳世器麥尊的"麥"字作麥,所从的來正是寫作夾,這是一個有力的證據。

我們可以把"來"字的發展序列排列出來:

甲:朱般甗→夾鄂君啟節

乙:來牆盤→夾麥尊、帛書、提鏈圓壺

　　　　　→亠鷹柱盆

因此,我們可以把陸字隸定爲陸,是一個从阜从土夾聲的字,也就是"陵"字的異體字。"來"字在上古屬於來紐之部字,"陵"字在上古屬於來紐蒸部字,兩個字聲母相同,韻母相對轉,在上古是同音字可以通用。那麼,《史記》的記載可以證明並沒有錯,鄂君啟節中的"襄陸"就是《史記》的"襄陵",出土文字與史書記載略有差異是常見的現象,特別是人名和地名,史書采用了比較規範化的寫法,而在出土文字中,由於戰國文字地域性的影響和文字系統本身在發展過程中的不穩定性,一些字的寫法有些差異,例如邾器中"邾"字都寫作鼀,與史書不盡相同,但總有一定的聯繫。楚文字的"陵"字與兩周金文和北方系統的"陵"字不同,改从來聲,產生了形聲異構體,就是楚文字本身的特點。

楚文字中的"陵"字又常常省去阝而只寫作坐(《古璽彙編》0164)、坐(同上 0209),也應當隸定爲"坣",讀爲陵。

《楚簡道家文獻辯證》頁 61—65

【陵尹】

○劉信芳（2003）　職官名,又見簡 179。《左傳》昭公十二年有“陵尹喜”,爲陵地之尹。按簡文“陵尹”之前冠以“子”字,可知不是地方官。

《包山楚簡解詁》頁 163

【陵西】

○劉信芳（1996）　讀如陵夷、陵遲（饒宗頤説）。按此謂禮儀之頹替也。《詩·王風·大車·序》:“禮儀陵遲,男女淫奔。”疏云:“廢壞之意。”《漢書·成帝紀》:“帝王之道日以陵夷。”師古注:“言其頹替如丘陵之漸平也。”帛書謂一旦祀神之禮頹替,就會出現副虹之類災變。

《中國文字》新 21,頁 97

陰 陰　陰 陰

秦文字集證 52 雕陰鼎　　秦文字集證 176·645　　睡虎地·日乙 6

璽彙 0073　　　璽彙 3134

璽彙 0187

○劉彬徽、彭浩、胡雅麗、劉祖信（1991）　陰,地名。《左傳·昭公十九年》“楚工尹赤遷陰於下陰”,杜預注:“今屬南鄉郡。”在今湖北省光化縣境内。

《包山楚簡》頁 43

○何琳儀（1992）　《璽彙》二三一九至二三二三著録五方“姓名私璽”。其中姓氏作“陰”,或釋“陰”。其實根據《説文》“磬”之古文作“陘”,知“后”乃“石”字異構。然則“陰”應釋“硶”,即“崟”（形符“石”和“山”每可互換）。《集韻》:“崟,山之岑崟也。或從石。”《補補》九·五曾釋“陰”爲“崟”,本不誤。璽文“崟”爲姓氏,應讀“岑”。“岑、崟”音義均近,乃一字之分化。岑姓出周文王異母弟耀之子岑子之後,見《通志·氏族略》。

　　《璽文》一四·四“陰”作“陘、陰”等形。其實這些字也不是“陰”,而應隷定爲“陰”或“陰”。不過“陰”或“陰”在璽文中的確讀“陰”,或爲“陰陽”之“陰”,或爲人名,但不是姓氏。

　　古璽自有“陰”姓。《璽彙》二三二四“閆鈍”,首字闕釋。檢“陰晉”布幣文“陰”作“陰、陰、陰”等形（《貨幣》一四·一九〇）,從“阜”從“會”。然則

“圖”釋“陰”，殆無疑義。依此類推，《璽彙》三一六一至三一六五“姓名私璽”之中：圖、圖、圖、圖、圖均應隸定爲“侌”。下面再從字形方面補充説明：

《説文》：“霒，雲覆日也。从雲，今聲。侌，古文或省。圖，亦古文霒。”其中二古文均从“今”从“云”，不過“云”的倒正不同罷了。古璽“圖”與第一個古文形體吻合，而“圖”與第二個古文所从“圖”尤近。晚周文字“云”或作“圖”（姑發胃反劍），與上揭璽文“圖”這一偏旁比較，顯然也有演變的痕迹。如果再參照璽文“陰”作“圖”（《補補》一四·四）、“圖”（《印徵》一四·九），那麽將上揭“圖、圖”等字釋爲“侌”，是没有疑問的。

除上引五方璽外，還有“侌距”（《璽彙》三一三八），亦私名璽。“侌”均讀“陰”。《史記·龜策傳》“陰兢”，索隱：“陰姓，兢名也。”

“侌”又見於《璽彙》三晉官璽，亦讀“陰”，乃地名。

一、“侌成君邑大夫俞安”（〇一〇四）。“侌成”讀“陰成”。《戰國策·趙策》四“抱陰成，負葛薛”。程恩澤於“陰”下云“陰地凡有二處，皆在魏境，但不知何指耳”。於“成”下云“據《策》當是魏地，但不知所在。《路史》漢有陰城國，屬趙郡。或以陰成二字連讀作一地，亦可備一説”。《中國歷史地圖集》即以“陰成”爲一地，在今河南省盧氏縣和洛寧縣之閒。

二、“侌陰司寇”（〇〇六七）。“侌陰”讀“陰陰”。上“陰”是地名。戰國地名稱“陰”者：“楚陰在光化，周陰在孟津，晉陰在霍州（此與《左傳》晉陰地别）。”據璽文風格，“侌陰”可能是周、晉之“陰”。下“陰”是地名後綴，即《説文》所謂“山之南，水之北”之“陰”。璽文“侌”和“陰”形、義均有别，只不過音同而已。

三、“侌圖司寇”（〇〇六八）第二字疑“坂”之異文。《左傳》襄公九年“濟於陰阪”。“陰阪”在今河南省新鄭縣。

綜上所述，古璽“侌”或爲地名，或爲姓氏。“侌”或作“陰”，與表示地名後綴的“陰”（陰）有别，與“碞”（岑）更是截然不同的兩個字。

《古文字研究》19，頁 475—476

○**何琳儀**（1998）　《説文》：“陰，闇也。水之南山之北也。从阜，侌聲。”

晉璽陰，姓氏。周文王第三子管叔鮮之後，管夷吾七代世孫修，適夢爲陰大夫，因氏焉。見《元和姓纂》。魏橋形布“陰晉”，地名。《史記·秦本紀》惠文君六年：“魏納陰晉，陰晉更名寧秦。”在今陝西華陰。

石鼓“陰陽”，見《詩·大雅·公劉》：“相其陰陽，觀其流泉。”秦璽陰，姓氏。

《戰國古文字典》頁 1394

陰,從𨸏,金聲。陰之異文。

陰平劍"陰平",讀"陰平",地名。見《漢書 · 地理志》東海郡。在山東棗莊西南。

燕器陰,讀陰,地名後綴。

晉器陰,讀陰,地名後綴。 魏橋形布"陰安",讀"陰安",地名。見《漢書 · 地理志》魏郡。在今河南南樂東南。

《戰國古文字典》頁 1394—1395

○王聖生(2000) 秦置縣。清顧祖禹《讀史方輿紀要 · 湖廣五 · 襄陽府》："光化縣,秦漢爲陰、酇二縣。"今湖北省光化縣西。

《考古與文物》2000-1,頁 11

【陰晉】貨系 1417、集成 11135 陰晉左庫戈

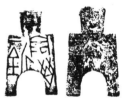

○鄭家相(1958) 文曰陰晉一釿、陰晉半釿,二等制也。《史記 · 秦本紀》:惠文君"五年,陰晉人犀首爲大良造。六年,魏納陰晉,陰晉更名寧秦"。集解徐廣曰:"今之華陰也。"然則陰晉戰國魏地,入秦更名寧秦,此布當屬魏鑄。

《中國古代貨幣發展史》頁 127

○黄盛璋(1974) 戈 陰晉左庫冶富《小校》10 · 43 · 1

第一字略有損壞,據《積古》10 · 3 摹本,定爲陰字無疑。《史記 · 魏世家》:文侯十六年"秦侵我陰晉",又《趙世家》:肅侯二年"與魏惠王遇於陰晉",證明陰晉戰國時確爲魏地。《史記 · 秦本紀》:惠文君六年(公元前 332 年)"魏納陰晉,陰晉更名寧秦",自此始入秦,地名亦改,漢高祖八年又更名陰晉,此戈銘陰晉,自在入秦以前,戈銘格式與上述韓鄭兵器第二種格式同,時代應稍早。陰晉有冶,至少有左、右兩庫,此地亦爲魏鑄幣之地,所見有"陰晉、陰晉一釿、陰晉半釿"等幣。

《考古學報》1974-1,頁 30

○汪慶正(1988) "陰晉"布。《史記 · 秦本紀》載,惠文君五年"陰晉人犀首爲大良造"。"陰晉"顯係地名,其地望在今陝西華陰。戰國屬魏。同書,秦惠文君六年(公元前 332 年)"魏納陰晉,陰晉更名寧秦"。由此可以斷定,"陰晉"釿布的下限年代是公元前 332 年。

《中國歷代貨幣大系 · 先秦貨幣》頁 18

【陰陽】秦駰玉版

○曾憲通、楊澤生、蕭毅(2001) "复華大山之陰陽"……陰陽,指山丘的

南北。

《考古與文物》2001-1,頁 52

○王輝(2001)　華山之北名華陰,之南名華陽,秦時已有其名。《史記·秦始皇本紀》:"三十六年,使者夜過華陰平舒道。"《書·禹貢》:"華陽黑水惟梁州。"宣太后弟羋戎曾封華陽君,昭襄王立太子姬爲華陽夫人,皆以封地爲號。西安北郊出土封泥有"華陽丞印"。

《考古學報》2001-2,頁 152

○鄭家相(1942)　(陽)

　　右布文曰陽,在左,在右。一傳形,二省偏旁,三缺筆,四更省曰,五兼傳形。按陽字名地甚多,在鑄行空首橋足布區域内,衛有平陽、戲陽。晉有南陽、陽樊、河陽。虢有上陽、下陽。周有陽城。鄭有陽陵。各布文篆法不一,當非一地所鑄,分别不易,姑附屬於衛平陽焉。衛平陽見《哀十六年》,在今河南滑縣南二十里。

《泉幣》10,頁 17

○周偉洲(1997)　陽丞印　陽即頻陽。《史記·秦本紀》:秦厲共公二十一年(公元前 456 年)"初縣頻陽"。《漢書·地理志》亦云"秦厲公置"。地在今陝西耀縣東。秦統一六國前後,屬秦内史,丞爲縣令佐官。

《西北大學學報》1997-1,頁 33

○何琳儀(1998)　《説文》:"陽,高明也。从𨸏,易聲。"齊系文字或加土、加山繁化(阜與土、山義近可通)。楚系文字均加土繁化。

　　戰國文字地名後之陽,均地名後綴。或省作易,參易字。

　　陽狐戈"陽狐",地名。《史記·田敬仲完世家》桓公四十三年:"田莊子伐晉,圍陽狐。"在今山東陽穀西北。

　　𣅏璽陽,姓氏。周景王封少子於陽樊,後裔避周亂適燕,因邑命氏。望出

玉田。見《廣韻》。晉璽“陽城”。以所封邑爲氏。漢世多此姓。見《姓氏考
略》。韓器“陽城”，地名。《史記·韓世家》：“文侯二年，伐鄭，取陽城。”在今
河南登封東南。陽安君鈹“陽安”，地名。《水經注·溾水》“陽安亭、陽安壙、
陽安關”（王先謙本）。在今河北完縣西。趙尖足布“陽曲”，或作“易曲”，地
名。見易字。趙尖足布“陽它”，讀“陽地”，地名。《史記·田敬仲完世家》：
“夫有宋、衞之陽地危。”在今河南濮陽附近。趙方足布“陽邑”（又見趙璽），
地名。《水經注·洞過水》引《竹書紀年》：“梁惠成王九年，與邯鄲榆次、陽
邑。”在今山西太谷東北。趙三孔布“陽湔”，讀“陽原”，地名。見《漢書·地
理志》代郡。在今河北陽原西南。二十五年陽春戈“陽春”，地名。魏璽“陽
隂”，讀“蕩陰”，見《漢書·地理志》河內郡。在今河南湯陰。

　　楚璽、楚簡陽，姓氏。信陽簡陽，疑即《玉篇》：“陽，雙也。”

　　陽周矛“陽周”，地名。《史記·李斯傳》：“蒙恬不肯死，使者即以屬吏繫
於陽周。”在今陝西子長北。石鼓陽，見《穀梁·僖二十八年》：“水北爲陽。”
秦陶“陽城”，地名。

《戰國古文字典》頁 666—667

○**王輝、程學華**（1999）　“咸陽”之“陽”作“𨸏”，比小篆簡省，北京文物商店
揀選的“寺工矛”（《文物》1989 年 6 期 73 頁圖一），“咸陽”之“陽”作“𨸏”；內
蒙古準格爾旗出土的“廣衍矛”（《文物》1977 年 5 期圖版叁·3），“□陽”之
“陽”作“𨸏”，皆與此鼎“陽”字相似。這種字形已近隸書，如漢定縣竹簡46
“陽虎”之“陽”作“陽”，即其例證。

《秦文字集證》頁 71

○**楊鳳翔**（2001）　最近在河南商水友人處看到一枚蟻鼻錢，是前所未見之品。

　　這枚蟻鼻錢長 1.8、寬 1 釐米。面呈卵圓形，穿孔在上
端，上鑄一字，隸定爲𨹔（圖一），釋爲“陽”。

　　楚文字中，從“阜”的字有時下增從“土”，如“陳”字作
“墜”，是大家熟悉的。錢上“陽”字的特點是從兩個“阜”。
這種寫法曾見於信陽長臺關和荊門包山楚簡。

圖一　“陽”字蟻鼻錢
拓片

　　《信陽楚墓》圖版一二三：2-013 簡，是遣策中記服飾的部分。有“一陽
筭”和“一少陽筭”，“陽”字都是從兩“阜”的。簡文“筭”讀爲“弁”，《說文》：
“冠也。”“陽”讀爲“䵇”，《說文》：“赤黑也。”按《儀禮·士冠禮》有“爵弁”，
注：“其色赤而微黑，如爵（雀）頭然。”簡文説的是一大一小兩件爵弁，這證明
“陽”字的釋讀不誤。

　　《包山楚簡》圖版五四至五七,125 簡有人名"敔司馬陽牛","陽"字從兩"𨸏";126 至 128 簡人名"陽錯、陽年","陽"字只從一"𨸏",可證兩種寫法通用。按楚有陽氏,是楚穆王子王子揚(陽)之後,見《左傳》昭公十七年及其注疏。

　　"陽"字釋讀,得到李學勤先生幫助,謹此致謝。

《文物》2001-9,頁 96

【陽人】

○**黄盛璋**(1974)　戈　王三年陽人命(令)卒止、左庫工帀(師)□、冶□(《善齋》古兵上 33;《小校》10.53.1)

　　此戈銘僅見《善齋》及《小校》,但兩書銘文基本没有印出,這裏僅就《小校》釋文略爲改正。這次新鄭出土的兵器銘文中也有陽人,説明陽人確是鑄造兵器之處,此戈銘中的"陽人",《小校》所釋看來是可信的。上文論證新城、陽人原屬周地,所以秦滅周時"以陽人地賜周君奉其祭祀",但周亡時僅有七邑,没有陽人。《括地志》:"陽人故城即陽人聚,在汝州梁縣西四十里。"其地在今臨汝西,《漢書·地理志》河南郡梁縣有陽人聚。漢梁縣即《戰國策·齊策》"南梁之難"的南梁,高誘注:"梁,韓邑也,今河南梁也。"南梁屬韓,其西、其北之宜陽、新城、陽城、負黍也都屬韓。戰國後期,陽人主要屬韓是没有疑問的,但此一帶爲楚之北地,與韓、魏相交接,所謂邊境之地,一彼一此,新城、陽人與南梁(當即上引《戰國策·楚策》之上梁,對韓、魏爲南,對楚則爲北)一度屬楚,但鄭申"矯以新城、陽人予太子"後,應與新城一樣又歸屬韓。陽人亦見於尖足布幣,所見有大小兩種,足證陽人確設有冶,既鑄兵器,也鑄貨幣,陽人幣與新城幣一樣都是三晉貨幣,兵器銘刻也都是三晉格式,所以不能屬楚。

《考古學報》1974-1,頁 16

【陽丘】鄂君啓車節

○**丁福保**(1938)　陽丘,《左傳》文十有六年:"楚大饑,戎伐其西南……又伐其東南,至於陽丘。"陽丘自係楚地。

《古錢大辭典》,頁 1225

○**鄭家相**(1958)　文曰陽丘。按陽丘即陽也,爲晉陽處父食邑,其曰陽邑,曰陽丘,義固相同。戰國時於地名多增邑字,或丘字等,蓋其時風尚已與春秋時有不同者矣。此布當與陽邑布同鑄於一地者。

《中國古代貨幣發展史》頁 102

○**郭沫若**(1958)　易丘殆即陽山,湖南常德縣北三十里有陽山,有風雷雨三洞之勝。

《文物參考資料》1958-4,頁5

○**譚其驤**(1962)　陽丘,當即漢代的堵陽縣,故治在今河南方城縣東六里。堵陽本秦陽城,見《漢書·曹參傳》注引應劭曰;王莽改曰陽城。

《中華文史論叢》2,頁181

○**于省吾**(1963)　郭謂"易丘殆即陽山,湖南常德縣北三十里有陽山"。按車行北上,不言逾江,則易丘無由在湖南的常德縣。《左傳》文十六年:"楚大饑,戎伐其西南,至于阜山,師于大林,又伐其東南,至于陽丘,以侵訾枝。"杜注但言"大林、陽丘、訾枝皆楚邑",自來解春秋地理者以爲都在江北鄂西,大體不誤,孔疏也謂"楚西有戎"。陽丘失考已久,今以此節"自鄂往、庚易丘、庚邡城"證之,則陽丘當在鄂北的大隧、直轅、冥阨三隘道(見《左傳》定四年注)之南,由三隘道再北抵方城,這都是春秋戰國時代楚人與上國往來的重鎮和要路。

《考古》1963-8,頁446

【陽平】

○**丁福保**(1938)　右布面文似陽平二字,陽平即衞之莘。《春秋·桓十六年》傳杜注:"莘,衞地,陽平縣西北有莘亭。"《漢志》陽平屬東郡,《後漢志》:"陽平侯國有莘亭。"高士奇曰:"晉屬陽平郡,隋改清邑,又改莘縣,屬武陽郡,唐屬魏州,宋屬大名府,今因之,元屬東昌路,今屬東昌府。"

《古錢大辭典》頁1242,1982

○**程紀中**(1992)　"陽平"("陽坪"布),重4.85克,底色深暗,而背皆有斑斕綠銹。該布係1990年從錦州市高俊武先生處換得。據講1988年出土於遼寧當地。此布尚未見報道過。布面文字據遼寧省文物鑒定委員會委員、遼寧省錢幣學會秘書長吳振強先生考釋,作"陽平"("陽坪"),今據此說。吳先生處收藏有另一枚,與此文字風格雷同,拓片見《中國民間錢幣藏珍》書中吳振强君提供的一品。

《中國錢幣》1992-4,頁44

【陽曲】

○**李家浩**(1980)　"陽"字或寫作"易"(見《東亞錢志》3.10下)。古代"陽、唐"二字音近,常常通用。據文獻記載,先秦以"陽"或"唐"爲地名的有多處("唐",也有作"鄡"的,如晉公盨銘文稱其先祖爲"鄡公")。"陽匕"之"陽"的地望因此難以確定。

《中國語文》1980-5,頁375

○**黄錫全**（1993）　　陽曲　山西定襄北。

《先秦貨幣研究》頁 352

【陽安】貨系 2303

○**裘錫圭**（1978）　這種幣文的第一字,古錢學家釋爲"匋、宓"或"涂"(《辭典》下 14 頁),都與字形不合。近人有釋作"安"的,可以信從。這個字所從的  是"女"字的簡體。"郾"字所從的"妟",燕伯匜作 ♀(《金文編》658 頁〔見 1985 年版 841 頁〕),燕國兵器有時作 ♀(《三代》19·42〔《集成》18·11190〕郾王職戈等),古印有時作 ♀(《古徵》6·4),可證。此字"女"旁中直兩側加小點,《古徵》所收的"安"字也有在"女"字中直兩側加點而作 宇的(7·4)。

古代以安陽爲地名的地方很多,燕國境内也有安陽。《水經注·滱水》:"又東得蒲水口,水出西北蒲陽山……又南逕安陽亭東。《晉書地道記》曰:蒲陰縣有安陽關,蓋安陽關都尉治。世俗名斯川爲安陽壙。"從安陽亭、安陽關、安陽壙等名稱,可以推知這一帶在古代一定有過以安陽爲名的城邑。安陽關故址在今河北省完縣西北,跟燕邑曲逆、唐等故址極近。它所從得名的安陽在戰國時代也應該是燕邑。這個安陽大概就是燕安陽布的鑄造地。（中略）

承李家浩同志見告,已故的孫貫文先生據前些年喀左燕國遺址所出"易安都"陶文,認爲《水經注·滱水》的地名"安陽"仍當從戴震校本作"陽安",此布面文亦當讀爲"陽安"。其説似可從。

《裘錫圭學術文集·金文及其他古文字卷》頁 219—220、228,2012;
原載《北京大學學報》1978-2

○**黄盛璋**（1983）　陽安君不見記載,三晉布幣中常見有"安陽",但寫法、讀法皆不止一種,中有一種自右向左讀,應讀"陽安"（見《古錢大辭典》及《歷代古錢圖説》二,20 頁）,而與其他安陽幣字序不同,字作反書,寫法也不相同,舊皆讀爲"安陽",今與陽安君劍銘參證,可定爲陽安而非安陽,地望尚待考查。

《考古》1983-5,頁 473

○**徐秉琨**（1985）　布面文字爲"安""陽"二字可以認定。但作爲戰國時期燕國的一個地名,應是"安陽"抑是"陽安"尚須作進一步考察。蓋布錢文字雖一般讀序爲自右而左,但古代金文恆有反文,幣文更是如此。諸如平州、文陽、大陰、高都、宅陽、安陽、中都、兹氏等等布文都有此類情況,甚且有文字上下倒置者,其例甚多,固不足異。此布文字雖一般爲 安字在右,然如《古錢大辭典》圖一七二所收,亦有 安字在左者。

歷史文獻對燕國地名記載甚少,是否有"安陽"或"陽安"均無證。欲解決此問題必須參考考古資料。

1978年,遼寧省博物館文物工作隊在遼寧建平縣水泉遺址的發掘中,在遺址上層(戰國文化層)發現了一塊陶片。這似是一件罐形器物的肩部碎片,存一殘耳。陶片上有一長條形印銘,文曰"易安都王氏鋘"。承發掘者李慶發同志同意,現將這一陶文的拓片揭載於後。按戰國陶文文例,前三字"易安都"是地名。鋘字於戰國銘文時可見到,羅福頤《古璽文編》釋"鉢",李學勤《戰國題銘概述》釋"鍴",説"燕國璽印的印面多呈條形,有細長的柄,自名爲鍴"。此六字全文意爲易安都"王氏"所作陶器之印。秦漢以後行郡縣制,"都"這一城邑稱號漸行廢棄,故"陽安都"是先秦時燕國地名。

值得注意的是陶文"易安"二字與錢文"☖""易"二字寫法相同,尤其是安字的寫法與錢文、璽文更是一致。同是燕國北方的古城邑,未有可以巧合如此者。故錢文與陶文所反映的應是同一地名:燕國的陽安都。而布面文字也應讀陽安而不是安陽。布應稱"陽安"布。

"易安都"陶銘

關於陽安之地現在何處,因資料所限,尚無法確定。但考慮到陶器多是本地製作,又因易於損壞而難以遠運,故陽安應在陶片出土地不遠,即不離建平一帶,是可以肯定的。李慶發同志言,現水泉之西南約十八里處保存着一處戰國城址,方圓約五百餘米,地面分布有戰國時期陶片等遺物。疑此城或即陽安都之所在。陽安可以鑄錢,其必是遼西的一個重要城鎮。

建平一帶在戰國時期約處於燕之右北平與遼西兩個鄰郡交界處之附近。秦漢時期北方郡、縣的區轄大約仍燕之舊,但《漢書·地理志》遼西與右北平兩郡均無陽安縣,説明漢時此城已經棄置。但《地理志》有"陽樂"縣,爲遼西郡治所在地。"陽安"與"陽樂"如姊妹稱,或是同時建置的兩個都邑,或"陽樂"係即"陽安"之名遷地改作,皆已無考。《漢書·地理志》在汝南郡有陽安縣,説者謂在今河南確山地,東漢在附近又置陽安郡。然河南與建平相距甚遠,所志自非一地。或係漢代因汝南既有陽安,爲免重名致淆,而廢遼西陽安之稱,亦未可知。然亦已無考。

安字如此寫法,明確者至今已有三例,即陽安布、陽安陶銘與文安都璽。陽安、文安皆燕地,可知在秦統一文字前,燕國安字通如此作,係一地區性特點。

陽安布爲繼襄平布之後,可明確認定爲遼寧地區鑄造的第二種燕國布幣,兩布一在遼東,一在遼西,對研究當時遼寧地區的商業經濟情況,提供了重要的線索。

《中國錢幣》1985-1,頁 9—10

【陽邑】

○**鄭家相**(1943)　（陽邑）

　　按右布文曰陽邑,《春秋・文六年》傳:"晉殺其大夫陽處父。"高士奇曰:"漢陽邑縣是也。"在今山西太谷縣東北二十里,戰國屬趙。

《泉幣》20,頁 29

○**石永士**(1995)　【陽邑・平襠方足平首布】戰國晚期青銅鑄幣。鑄行於趙國,流通於三晉及燕等地。屬小型布。面文"陽邑",形體多變。背無文。"陽邑",古地名,春秋屬晉,戰國歸趙,在今山西太谷東南。

《中國錢幣大辭典・先秦編》頁 265

○**石永士、高英民**(1995)　【易邑・尖足平首布】戰國晚期青銅鑄幣。鑄行於趙國。屬小型布。面文"易邑",形體稍異。背鑄以數字。易,陽字省體。陽邑,古地名,春秋屬晉,戰國屬趙。《左傳・文公六年》:"晉殺其大夫陽處父。"高士奇曰:"漢陽邑縣是也。"在今山西太谷東北。1979 年河北靈壽有出土。

《中國錢幣大辭典・先秦編》頁 334

【陽狐】

○**崔恆升**(2002)　陽狐戈:"陽狐。"戰國魏地,有二:一説在今河北大名縣東北。《史記・魏世家》:文侯二十四年,"秦伐我（按指魏）,至陽狐"。一説在今山西垣曲縣東南。《史記・田敬仲完世家》:"（齊）宣公四十三年,伐晉,毀黄城,圍陽狐。"或説在今山東陽谷西北。按魏文侯二十四年爲公元前 422 年,齊宣公四十三年爲公元前 413 年,其間相隔九年。又《魏世家》與《田敬仲完世家》正義引《括地志》同爲"陽狐郭在魏州元城縣東北三十二里",當爲一地。然因魏陽狐先爲秦所伐,後又爲齊所圍,故而誤爲兩地。

《古文字研究》23,頁 222

【陽春】

○**裘錫圭**(1981)　近年黄坡的一個戰國墓出土一把銅戈,銘文爲"廿五年,陽皀（春?）嗇夫緩（?）,工帀（師）鈛,冶韌"。從字體看大概是三晉的東西。陽皀似爲地名,嗇夫緩可能是縣邑嗇夫。傳世三晉古印有"庱厉嗇夫"印。印文前二字不識,有可能也是邑名。或釋第一字爲"庾"或"廚"(臾、廚音近),如果可信,此印就很有可能是官嗇夫印。三晉兵器、銅器銘文中,縣邑之長多稱令。也許陽皂嗇夫等是治理比縣小的邑的。性質與秦的鄉嗇夫相近。

《雲夢秦簡研究》頁 242—243

○**黄盛璋**(1987)　陽春不見戰國記載,作爲三晉地名,以後記載亦無可參考。惟宋玉《對楚王問》中有陽春:

> 客有歌於郢中者,其始曰:下里巴人,國中屬而和者數千人;其爲陽
> 阿薤露,國中屬而和者數百人;其爲陽春白雪,國中屬而和者數十人。

舊注僅以陽春白雪爲高曲名。下里爲地名,陽阿亦爲地名,漢上黨郡有陽阿,秦、漢上黨郡來自韓、趙、魏,原當爲三晉地,但曲名薤露前之陽阿,可能爲楚地。是否自三晉傳入,缺乏證據。《淮南子・俶真訓》"足蹀陽阿之舞",注以"陽阿古之名倡也",恐是望文生訓。《淮南子・說山訓》"欲美和者,必先始於陽阿、采菱",是陽阿爲地名,當即陽阿薤露之省稱,陽春亦當爲地名,三曲皆流行於郢中,此時當皆爲楚地,或近楚。其中下里巴人,明爲巴人之舞曲,蓋爲下里之巴人所歌舞者,巴人周初即善歌且舞,至漢初猶然。陽阿據《淮南子》亦當有歌有舞,具體曲名當爲薤露,因爲陽阿地方所創,故前冠陽阿,除上黨郡有陽阿外,楚地有陽丘,見於《左傳》及鄂君啟節,後者可確定在方城之西,南陽之東北,不知是否爲一地? 戈銘陽春屬魏,而曲名陽春應屬楚地,韓、魏均有南陽,原得自楚,後與楚接境,戈銘與曲名陽春可能爲一地,則應在楚、魏交界之南陽一帶。

《文博》1987-2,頁 57—58

【陽城】璽彙 4038—4047

○**鄭家相**(1943)　(陽城)[古文字]

　　按右布文曰陽城,見《趙策》,程恩澤曰,陽城本韓地,《秦本紀》昭襄王五十一年,將軍摎攻韓取陽城負黍是也,在今河南登封縣東四十里。

《泉幣》17,頁 11

○**黄盛璋**(1974)　陽城　《史記・韓世家》:"文侯二年伐鄭取陽城。"亦見《鄭世家》。《周本紀》:赧王"五十九年秦取陽城負黍",亦見《秦本紀》。在公元前 385 年到前 256 年間,陽城自是韓地。故城即今登封東二十里之告成鎮(乾隆《一統志》引舊志)。

《考古學報》1974-1,頁 18

○**李先登**（1982）　“陽城”陶量：

　　共出土完整者三件、殘片六件，皆鈐印有“陽城”二字陰文印。茲例舉如下。

　　其一，告東冶 T2H＝:2:1977 年 12 月 1 日出土。泥質灰陶。圓形，直口，平沿，直腹，平底。腹壁磨光，飾有壓印弦紋。通高 10.9 釐米，口外徑 16.6 釐米，壁厚 1.2 釐米，腹深 9.3 釐米，實測容積 1690 毫升。

　　口沿上豎向鈐印“陽城”陰文長方印三方，作三角等距離排列，印文外框高 1.2 釐米，“陽城”二字爲陰文，橫排，自右向左讀。腹壁外側及外底刻畫“五”字三個。

　　其二，告東冶 T2H＝:1:1977 年 12 月 1 日出土。泥質灰陶。形制、紋飾與告東冶 T2H＝:2 相同，惟略小。通高 10.4 釐米，口外徑 16.6 釐米，壁厚 1.1 釐米，腹深 9.8 釐米，實測容積 1690 毫升。

　　口沿上橫向鈐有“陽城”陰文長方印兩方及刻畫一個陰文“三”字，印文外框寬 1.3 釐米。腹壁外側刻畫兩個“五”字。

　　其三，告東井 2:2:1978 年 7 月 26 日出土。形制與告東冶 T2H＝:2 相同。口沿上亦豎向鈐印“陽城”陰文印；而内底鈐印“公”字陰文長方印一方，陰文外框高 1.6 釐米，寬 1.5 釐米。“公”字乃官府用器之標識。“陽城”量上同時鈐印“公”字印記，這説明“陽城”量器乃官府之量器。

　　其四，告東冶 T3:7:殘陶量，口沿上橫向鈐印“陽城”印一方，無印框，“陽城”二字較告東冶 T2H＝:1 爲小，字高 0.5 釐米，寬 1.1 釐米。

　　上述陶量上的“陽城”二字的字體結構與“陽城倉器”上的“陽城”二字很相似，亦屬於戰國時期。完整的戰國時期的陶量器，過去發現不多，這次發現的既有明確的出土地點，又有地名的印記，這就爲度量衡史的研究提供了重要的資料。

　　上述“陽城”陶量，其中有些出土於陽城戰國冶鐵遺址，它們可能是給冶鐵工人發口糧時用的量器。官府量器在冶鐵遺址的大量發現，這也從一個側面説明這處冶鐵遺址是官手工業作坊。結合上述“陽城倉器”，説明戰國時期陽城設有官倉和手工業，而官營冶鐵工人的口糧是取給於官倉的。再者，陶量出土數量較多，説明需要量大，也就是工人人數較多。這也是戰國時期陽城官手工業發達的一個反映。

○**梁曉景**(1995)　【陽城・平襠方足平首布】戰國晚期青銅鑄幣。鑄行於韓國,流通於三晉、燕等地。屬小型布。面文"陽城"。背無文。"陽城",古地名,戰國韓地。《孟子・萬章》:"禹避舜之子於陽城。"《史記・周本紀》:赧王五十九年(公元前256年)"秦取韓陽城"。在今河南登封東南。

《中國錢幣大辭典・先秦編》頁282

【陽陵】

○**周偉洲**(1997)　陽陵□丞　或云第三字殘存尉字屍下部,如此則封泥爲"陽陵尉丞"或"陽陵邑丞"。陽陵係秦莊襄王與帝太后的合葬陵名,地在茝陽(亦作芷陽)(見《史記・秦本紀》索隱及《秦始皇本紀》《呂不韋列傳》);傳世有秦"陽陵虎符"及西漢初之"陽陵邑丞"封泥(《齊魯封泥集存》)。西漢陽陵爲景帝陵,且爲縣,在咸陽,近出有"涇置陽陵"瓦當,則與秦及西漢初陽陵邑非一地。按秦漢邑相當於縣級,"皇后、太子、公主所食曰邑"(《漢官歸儀》)。秦陽陵邑地在今西安霸橋東。秦併六國前後,其屬秦内史。

《西北大學學報》1997-1,頁33—34

○**湖南省文物考古研究所、湘西土家族苗族自治州文物處**(2003)　縣名,地望不詳,在洞庭郡轄下。

《中國歷史文物》2003-1,頁14

○**王焕林**(2005)　從"環書道遠"云云,足以推知,此縣不可能屬洞庭郡所有。按,傳世陽陵虎符,王國維已考定爲秦代兵符。陽陵是秦人故地殆無疑問。《清一統志》云:"故城在今咸陽西四十里。"其説可從。

《吉首大學學報》2005-4,頁159

【陽源】璽彙2316

○**吳振武**(1996)　釋爲"陽源",見"潒"字條。

《華學》2,頁49—52

【陽隂(陰)】璽彙0009

○**吳振武**(1983)　陽(蕩)隂(陰)都之□君𡇳(府)。

《古文字學論集》(初編)頁487

陸 𨽫 隑 陸

珍秦140

包山 62

燕下都 462・6

○**湯餘惠**(1986)　平陸左戟作，此字古璽繁寫作(2318)，或省一旁作(《類編》455 頁)，戟銘又省略了義符"阜"。

《古文字研究》15，頁 10

○**何琳儀**(1998)　陸，商代金文作(父乙卣)。從𨸏，坴聲。西周金文作(義伯簋)，從雙坴。春秋金文作(邿公鈺鐘)，附加土旁。戰國文字承襲春秋金文。六國文字從六或雙六，秦國文字從坴。《説文》："陸，高平地。從阜從坴，坴亦聲。𨹟，籀文陸。"

　　齊兵"平陸"，地名。

　　晉璽"北陸"，地名。

　　楚簡"安陸"，地名。

　　秦陶"安陸"，地名。

　　古璽陸，姓氏。見坴字。

《戰國古文字典》頁 225—226

阿 阿 陸

貨系 2489　　璽彙 0993

集成 11041 平阿左戈　　璽彙 0313

○**鄭家相**(1958)　右布面文阿，背文十二朱，僅見小者，應有大者。按阿即春秋之柯邑，魯莊公會齊桓公，曹沫劫盟，即其地。戰國曰阿，今山東陽谷縣之阿城鎮。

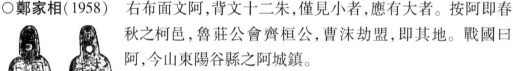

《中國古代貨幣發展史》頁 147

○**裘錫圭**(1978)　三孔布面文有作"阿"的(《發展史》147 頁)。《發展史》認爲"阿即春秋之柯邑……戰國曰阿，今山東陽谷(穀)縣之阿城鎮"。

　　戰國時有兩個阿。《發展史》所舉的是屬齊的東阿。此外還有燕趙之間的西阿。《史記・趙世家》"(成侯)十九年……與燕會阿"，《正義》："《括地志》云:故葛城,一名依城,又名西阿城,在瀛州高陽縣西北五十里……以齊有東阿,故曰西阿城……"又"(孝成王)十九年,趙與燕易土……燕以葛、武陽、平舒與趙",《正義》亦引《括地志》葛城即西阿城條。成侯十九年趙、燕會阿時,阿也許還是燕邑。孝成王十九年燕、趙易地以後,阿就一定包括在趙國疆域之內了。戰國時齊國似乎沒有鑄過布錢。阿三孔布應該是趙國的阿地所鑄造的。

《裘錫圭自選集》頁 91,1994;原載《北京大學學報》1978-2

○何琳儀(1993)　"阿",屬燕,見《趙世家》:成侯十九年"與燕會阿"。據《正義》,"阿"又名"葛"。趙孝成王十九年,燕、趙易土,"燕以葛、武陽、平舒與趙"。戰國晚期,"阿"顯然應屬趙。

《古幣叢考》(增訂本)頁 164,2002;原載《中國錢幣》1993-4

○梁曉景(1995)　【阿・三孔平首布】戰國晚期青銅鑄幣。鑄行於趙國,流通於三晉等地。屬小型布。面文"阿"。背鑄"十二朱",背首穿孔上鑄"廿"合文。"阿",古地名。戰國有東西兩阿邑;齊有東阿,在今山東陽谷阿城鎮。趙有西阿,《史記・趙世家》:成侯十九年"與燕會阿",即西阿,在今河北保定東。因齊爲刀幣區,沒有鑄行過布錢,故此阿應屬趙國的西阿。

《中國錢幣大辭典・先秦編》頁 380—381

○何琳儀(1998)　《説文》:"阿,大陵也。一曰,曲阜也。从阜,可聲。"

齊器"平阿",地名。

趙三孔布阿,地名。《史記・趙世家》成侯十九年:"與燕會阿。"在今河北保定東。

楚璽"平阿",地名。

《戰國古文字典》頁 853

○郭若愚(2001)　三孔布十二銖布。此幣文"阿"指阿陵。《史記》"高祖功臣表":"六年,封郭亭爲阿陵侯。"《太平寰宇記》:"故城今任邱縣東北,秦屬鉅鹿郡。"任邱今作任丘,河北保定東南地。阿陵故城在今河北任丘縣東北二十里。

《先秦鑄幣文字考釋和辨僞》頁 29

阪 朊

石鼓文·作原　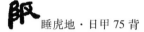睡虎地·日甲 75 背

○**何琳儀**（1998）　《説文》：“阪，坡者曰阪。一曰，澤障。一曰，山骨也。从阜，反聲。”

　　石鼓阪，坡。

《戰國古文字典》頁 980

【阪險】睡虎地·日甲 75 背

○**睡簡整理小組**（1990）　阪險，險峻之處，《吕氏春秋·孟春紀》注：“傾危也。”

《睡虎地秦墓竹簡》頁 220

△**按**　漢簡有“依阪險”之語。

隅 䧢

睡虎地·日甲 40 背貳

△**按**　《説文》：“隅，陬也。从𨸏，禺聲。”《睡虎地·日甲 40 背》“西南隅”，角落。《詩·邶風·静女》：“静女其姝，俟我於城隅。”

險 䧢

睡虎地·語書 12

上博六·用曰 1

○**何琳儀**（1998）　《説文》：“險，阻難也。从阜，僉聲。”

　　秦陶險，人名。

《戰國古文字典》頁 1460

○**曹錦炎**（2007）　（**編按**：上博六·用曰 1“多險以難成”）“㠯（以）”可讀爲“而”。“難成”，《文子·微明》：“故事或可言而不可行者，或可行而不可言者，或易爲而難成者，或難成而易敗者。”《大戴禮記·誥志》：“政不率天，下不由人，則凡事易壞而難成。”又《史記·曆書》：“則凡事易壞而難成矣。”“易壞”，猶“險”之

謂也。《淮南子·氾論訓》:"有易爲而難成者,有難成而易敗者。"

《上海博物館藏戰國楚竹書》(六)頁 286

○劉釗(2008) (編按:上博六·用曰1"多險以難成")按:將簡文"險"字與上引典籍中的"易壞"二字相對比,解釋不得要領。簡文中"多險"的"險"應該訓爲"艱",乃"困苦"之意。典籍中"多艱"一詞多見,而"多險"卻很少見,所以簡文的"多險"就是"多艱"。《楚辭·九歌·山鬼》:"路險難兮獨後來。"王逸注:"其路險阻又難,故來晚暮。"王逸訓"險難"爲"險阻又難"不够準確,其實"險難"就是"艱難",古代"艱、險"可以互訓,《詩·小雅·何人斯》:"彼何人斯,其心孔艱。"朱熹《集傳》:"艱,險也。"從《後漢書》開始,後世典籍中出現"艱險"和"險艱"二詞,都是同義複合詞,正是"艱、險"同義的證明。

《中國文字研究》10,頁 3

陮 陮

望山 2·13

△按 《説文》:"陮,陮隗,高也。从𨸏,隹聲。"

隗 隗

十鐘

○何琳儀(1998) 《説文》:"隗,陮隗也。从阜,鬼聲。"

秦璽隗,姓氏。赤狄姓,隗潞子嬰兒是也。見《通志·氏族略·以姓爲氏》。

《戰國古文字典》頁 1185

隥 隥

隥侯馬 156:20

隥侯馬 156:23

○何琳儀(1998) 《説文》:"隥,仰也。从阜,登聲。"

侯馬盟書隥,人名。

《戰國古文字典》頁 139

陟 𨺹 偗

陶彙 3・1292

○**何琳儀**（1998）　陟，甲骨文作𦨮（寧滬一・五九二）。從阜從步，會雙足登高之意。金文作𦨮（沈子簋）。戰國文字步旁中閒加田形或⚠形爲飾，阜旁作人旁，與古文𨺹吻合。《説文》：“𨺹，登也。從阜從步。𨺹，古文陟。”

齊陶陟，人名。

《戰國古文字典》頁 51

陷 𨺾

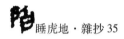睡虎地・雜抄 35

○**何琳儀**（1998）　《説文》：“陷，高下也。一曰，陊也。從阜從臽，臽亦聲。”

青川牘“陷敗”，崩塌破敗。《六韜・犬韜・戰騎》：“闉將之所以陷敗也。”

《戰國古文字典》頁 1444

隊 𨺶 墜

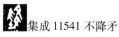集成 12108 新郪虎符

𨺶包山 168

○**何琳儀**（1998）　《説文》：“隊，從高隊也。從阜，㒸聲。”

韓璽“武隊”，讀“隊（編按：“隊”當爲“武”字之誤）遂”，地名。

《戰國古文字典》頁 1225

降 𨺼 隆 墬

𨺼睡虎地・日乙 134

墬郭店・五行 12　　𨺼集成 2840 中山王鼎

𨺼集成 11541 不降矛

○商承祚(1982)　　陟从二止向上有登意,降从二止向下有降意,變而爲降,古意全失,金文皆不如此作也。此又增止,意益明顯。亦有增土者,《金文編》附入土部以爲不識之字,非是。

《古文字研究》7,頁51

○陳曉捷(1996)　“降高”。　“降”與“絳”通。“高”爲陶工名。絳地有二:《詩經唐譜》:“穆侯遷都於絳,孝侯改絳曰翼,獻侯又北廣其城方二里,命之曰絳。”晉景公遷都新田後謂之故絳。“今天在天馬-曲村遺址不僅發現了晉穆侯墓,而且發現了穆侯以前厲侯墓及厲侯以前諸晉侯墓,可見穆侯並無遷都之舉”,“故絳即今翼城縣與曲沃縣交界處之天馬-曲村遺址”,“周初此地應該名唐”。《左傳・成公六年》:“晉遷於新田,又命新田爲絳。”建國後在山西侯馬發現有東周城址、鑄銅遺址及盟誓遺址,研究者都認爲此地應爲晉景公所遷之新田。

　　“當陽克”。《漢書・地理志》南郡有當陽縣。其地在今湖北當陽市。“克”爲陶工名。

　　絳與當陽固未注明何時所置,後人多認爲是漢代設立。但在此兩地都發現有大量東周遺址。由此可見在秦統一以前,當地已是一個重要的人口聚居地。漢代置縣多沿襲秦,則當陽與絳在秦代應已立縣。

《考古與文物》1996-4,頁2

○何琳儀(1998)　　夅,从二倒趾,會向下之意。降之初文。或説夅爲降之省文。詳降字。《説文》:“夅,服也。从夂、牛相承不敢並也。”以服釋夅爲降之引申義。

　　降,甲骨文作降(粹九○一)。从阜从夅,會自山阜降下之意。夅亦聲。金文作降(散盤)。戰國文字承襲金文。或加土旁繁化(阜、土義近)。《説文》:“降,下也。从阜,夅聲。”

　　燕兵“不降”,讀“無窮”,地名。窮从呂(雍)得聲,與降相通。《戰國策・魏策》“得垣雍”,帛書《戰國縱横家書》雍作壅。是其佐證。“無窮”,見不字。

　　秦陶降,讀絳,地名。《左・莊廿六年》:“士蒍城絳。”在今山西曲沃西。

《戰國古文字典》頁267

　　隆,从止,降聲。降之繁文。

　　中山王鼎隆,讀降。

《戰國古文字典》頁267

○**王望生**（2000）　　“降高”“降獲”（8、9）。“降”與“絳”通。“高”“獲”爲陶  工名。秦代置縣。《詩譜·唐譜》：“穆侯遷都於絳，孝侯改絳爲翼，獻公又北廣其城方二里，命之曰絳。”《左傳·成公六年》：“晉遷於新田，又命新田爲絳。”在山西侯馬發現了重要的東周城址、鑄銅遺址及盟誓遺址，研究者普遍認爲此地就是晉景公所遷之新田。

8　　　9

《考古與文物》2000-1，頁 10

隕 隕

集成 2840 中山王鼎

○**何琳儀**（1998）　　《説文》：“隕，从高下也。从阜，員聲。”

　　中山王鼎隕，見《孟子·盡心》下“亦不隕厥問”，注：“隕，失也。”亦作損。《字彙》：“損，失也。”

《戰國古文字典》頁 1315

陸 𨼊　隆 陸 陸 隋

包山 22

郭店·語四 22

郭店·唐虞 26

郭店·老甲 16

包山 184

璽彙 2937

○**劉釗**（1990）　　《文編》十四·七第 6 欄有字作下揭形：

2772　　　　2769　　　　0831

　　字還見於《古璽彙編》2937 號璽。《文編》隸作“陸”，以不識字列阜部後。按字从阜从“𡊬”，“𡊬”字从土从肉。侯馬盟書隋字作“𨸝”，去掉从之“又”，與古璽“陸”字形同。古璽“陸”即應爲“𨼊”之省體，戰國文字中省去“又”旁者習見，例不贅舉。故古璽"㑷"字可釋爲"隋"。

《文編》附錄十六第 3 欄有字作"䢔"，按字從辵從㑷，"卩"疑爲阜字形變，字應釋作"隨"。

《古文字考釋叢稿》頁 161，2004；原載《考古與文物》1990-2

○劉彬徽、彭浩、胡雅麗、劉祖信（1991） 隋，簡文寫作䢔、㑷、㑷、㑷，《汗簡》隋字作㑷王子庶碑，《説文》有陸、墮，均與簡文所見第一、二形相似。第三形爲第一形之省。第四形將從邑改作從田。

《包山楚簡》頁 42

○劉信芳（1996） "陪"讀如"陸"，即陸氏之陸。（中略）

惟簡文又有地名之"陸"，六二"安陸"，陸字作"㑷"，其字異體作"㑷"（簡一八一），從邑作。

綜上可知，姓氏之"陪"與地名之"陸"本是二字，然讀音相同，自《史記》諸典籍將姓氏之"陪"移録爲"陸"，"陪"字遂被淘汰。

《考古與文物》1996-2，頁 79

○何琳儀（1998） 陸，從阜，左聲（或繁化爲坴聲）。《説文》："陸，敗城阜曰陪。從阜，坴聲。墮，篆文。"墮既爲篆文，陸則應爲古文。

包山簡陸，讀隋，姓氏。隋氏，侯爵。今隨州是其地，楚滅之，子孫以國爲氏。見《通志・氏族略・以國爲氏》。

《戰國古文字典》頁 878

金文作㑷（不嬰簋）。從阜，匋聲。（匋，從二勹。勹，從土，勹聲。）陶之異文。（匋，從缶，勹爲疊加音符。）《説文》："陶，再成丘也，在濟陰。從自，匋聲。《夏書》曰，東至於陶丘。陶丘有堯城，堯嘗所居，故堯號陶唐氏。"匋，從二勹，與"再成丘"義合。

包山簡陶，讀陶，姓氏。陶唐氏之後。見《姓苑》。

《戰國古文字典》頁 237

陪，從田，陪省聲。參墮、遁或省㑷。疑墮之異文。

包山簡陪，讀隋，姓氏。

《戰國古文字典》頁 879

○李守奎（1998） 包山楚簡有下列字形

A 㑷陸包 168　　B 㑷陪包 22　　C 㑷郖包 167

D 㑷郖包 62　　E 㑷陸包 163　　F 㑷陪包 171

上列六個形體中，B、C、D、E、F 五形用法相通。

邔司馬之州加公𨟳瑞，里公 B 得　　（包 22）

邔司馬之州加公𨟳逗，里公 F 得　　（包 24）

邔司馬之州加公𨟳偳，里公 D 得　　（包 30）

B 得、F 得、D 得顯係同一人名，B、F、D 異文。

鄹郢 C　　（包 167）

鄹郢人 F　　（包 171）

C、F 爲同一人名之異寫。

從辭例上看，B、C、D、E、F 可以系聯在一起，互爲通用。包山楚簡《考釋》據《汗簡》隋之古文作𩊠，把 A、D、E、F 並釋爲“隋”，學者多承其説。通用未必同字，上例諸字，尚需區別。

A 形當是《説文》“陸”字之來源。

《説文·阜部》：“陸，敗城阜曰陸。从阜，𡎺聲。𡎺，篆文。”前人已經指出，《説文》無“𡎺”字。今據楚簡可知，陸當係由“𡋻”訛變而來，陸之篆文从土，尚存古意。

《説文·肉部》：“隋，裂肉也。从肉，从陸省。”《汗簡》之𩊠，實爲陸字，以陸爲隋，屬同聲假借。《汗簡》所録古文多借字，不煩舉例。

B 形是在陸字上增加邑旁，成爲姓氏專字，楚文字中大量的邑部字大都是分化出的姓氏專字。

鄐實際上就是今隨州之“隨”，隋姓之“隋”。

《説文·辵部》：“隨，从也，从辵、𡎺省聲。”𡎺即陸之篆文，隨、陸古音極近。《左傳·桓公六年》：“楚武王侵隨。”杜預注：“隨國，今義陽隨縣。”《通志·氏族略二》：“隨氏，侯爵，今隨州是其地。楚滅之。子孫以國爲氏……至以周齊不遑寧處故，去走作隋。”

隋字《廣韻》有徒果切，今音 duò；又有旬爲切，今音 suí。古音皆在歌部，當是一聲之轉。從諧音系統看，也可證隋、隨本音同或音近。隋从陸省聲，隨从𡎺省聲，𡎺爲陸字篆文，隋、隨理當音同或音近。

從以上分析我們可知，隋姓之隋，本由隨國之隨省變而來，在楚文字中，本作陸，後加邑成專字鄐。

C 形𨻐是 B 形𨻒的省形，即省去一個“圣”形。D 形𨻕則是 C 形的進一步省略，省去了“土”上的“又”形。

E 形當是《説文》之"嶞"字。《説文·山部》有嶞、嶞二字。

嶞，山皃。從山，陸聲。

嶞，山之墮墮者，從山，從惰省聲。

大徐已指出嶞、嶞一字，段玉裁更詳申一字之説。包山簡𡐨字當即嶞字之來源，字從阜從山，所從𡥝當是 C 形𡐨所從𡙁的變形。

陸（篆文作𡐨，今隸作墮）與隋、嶞、嶞衆字音義並近，後者皆以陸爲聲，當是一字之分化。

F 形𡐨與 C 形異文，其構字原理與 D 相同，當是從田，從陸聲，字可釋作嶞，與鄥字可能是一字異寫。也可能並不完全相同，但從陸省聲當是没有什麽問題。

通過以上分析，我們可以把所列 A、B、C、D、E、F 六形分别釋爲陸（A）、鄥（B—D）、嶞（E）、嶞（F）。陸、嶞二字見於《説文》，鄥爲隨國之隨和隋姓之隋的本字，嶞可能是鄥字的異體。

最後談一下"陸"字的結構。

《説文》據訛變之形，以爲從阜，從"奎"聲，前人已指出其非。楚簡之陸字，嚴格隸定，當是"陛"。字從阜從二"圣"，用作偏旁，可以省作"陞"和"阰"，所從之土旁可能兼有表意和表音的作用。陸在定紐歌部，土在透紐魚部，聲紐同屬舌頭音，韻部據王力先生擬音，魚韻爲[a]，歌韻爲[ai]，主要元音相同，似可旁轉。

《説文》由於不明"陸"字的結構，所以在分析"陸"聲字時頗爲混亂。如隋從陸省聲，墮從惰省聲，隋、惰從𡐨省聲。就楚文字而論，未見隋形，鄥、鄥、阰、陛、陸諸形，皆可視爲從陸聲或陸省聲，依照《説文》當是從陸聲或陸省聲。

《簡帛研究》3，頁 24—26

○**黄德寬、徐在國**（1998）　老甲 16 有字作𡐨，原書釋爲"墮"；唐 26 有字作阰，裘錫圭先生讀爲"惰"（159 頁），可從。包山楚簡中有一姓氏字作𡐨、𡐨、𡐨、𡐨等形，《簡帛編》釋爲"隋"，是正確的。古璽文字中有如下一字：𡐨（《璽文》345、2772）、𡐨（《璽文》2769），原書隸作"阰"。我們認爲此字應釋爲"隋"，字在璽文中用作人名。古璽文字中還有𡐨、𡐨（《璽文·附録》414 頁）二未識字。"𡐨"與包山簡"𡐨"字上部相同，應釋爲"隋"，在璽文中用作人名。

《吉林大學古籍整理研究所建所十五周年紀念文集》頁 100

○**陳偉武**（2000）　《唐虞之道》簡 26："四枳朕陛，耳目聦明衰，僅天下而受（授）取（賢），退而羧（養）其生。""四枳朕陛"，裘錫圭先生按語指出應讀爲

“四肢倦惰”。學者多信從。今按,讀“枳”爲“肢”、讀“朕”爲“倦”甚確,讀
“陡”爲“惰”仍可疑。望山二號楚墓遣策“觟冠”,整理者指出即“獬冠”;包山
簡“违茍”、九店簡“违凶”,筆者分別讀爲“解拘、解凶”,並認爲:“从圭得聲之
字可與‘解’字或从‘解’得聲之字相通,甚至‘觟’字就是‘解’之異構,爲後起
之形聲字。”因此,郭店簡“陡”字疑可釋爲“崖”。古代狹窄字每寫作“陝”,从
阜,夾聲,亦作厭,从厂,夾聲,知从阜从厂爲可替換的義近形符。《説文》:
“厂,山石之厓巖,人可居。象形。”又:“陝,隘也。”“厭,屛也。”段注:“厭與陝
音同義近。”簡文“陡(崖)”爲疑紐支部字,可讀爲見紐支部字的“解”,解即
懈,“朕(腾)陡(解)”同義連文。《禮記·雜記下》云:“三日不怠,三月不解。”
鄭玄注:“解,倦也。”

《華學》4,頁 76

○**劉信芳**(2001)　(編按:郭店·語四 22“山亡隋則阤”)簡文“墮”應讀爲“隋”,《詩·
周頌·般》:“陟其高山,隋山喬嶽。”毛傳:“高山,四嶽也。墮山,山之隋。隋,
小者也。”《説文》:“隋,山之隋隋者。”蓋主峰四周之群峰爲“隋”。“隋”又稱
“巒”,《爾雅·釋山》:“巒,山隋。”《説文》:“巒,山小而鋭。”亦即大山旁有小
山之峰突起者。所謂“山亡墮則阤”者,謂主峰無群巒陪侍,則易崩阤也。
“阤”,山之崩也。《郭店》疑“隋”爲“墜”,“墜”不成其字,非是。

《簡帛研究二〇〇一》頁 205

○**劉信芳**(2003)　字讀爲“隋”或“隨”。字形可參郭店簡《老子》甲 16“先後
之相墮也”之“墮”字。惟楚簡另有姓氏“隋”字,則“陡”乃隋氏之別。《通
志·氏族略》二:“隨氏,侯爵,今隨州是其地,楚滅之,子孫以國爲氏。”

《包山楚簡解詁》頁 171

△**按**　字主要見於楚系文字,用爲姓氏,讀爲“隋”。

阬 阬

 睡虎地·語書 12　　 曾侯乙衣箱

○**睡簡整理小組**(1990)　阬(音坑)閬(音浪),高大的樣子。

《睡虎地秦墓竹簡》頁 16

○**何琳儀**(1998)　《説文》:“阬,閬也。从阜,亢聲。”加土旁繁化,土與阜旁
義近。

二十八宿漆書阮,讀宂。二十八星宿之一。見《吕覽・有始》。

《戰國古文字典》頁 637

防 防 埅

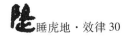 璽彙 1334

○何琳儀(1998) 埅,從阜從土,方聲。防之繁文。《説文》:"防,隄也。從阜,方聲。埅,防或從土。"

燕璽埅,讀防,姓氏。魯藏(編按:"藏"當爲"臧"字之誤)氏采邑,因氏。《後漢書・鍾離意傳》有防廣。見《姓源》。

《戰國古文字典》頁 714

隄 隄

 睡虎地・效律 30

○何琳儀(1998) 《説文》:"隄,唐也。從阜,是聲。"

青川牘隄,見《逸周書・作雒解》"隄唐",注:"隄,謂爲高之也。"《荀子・王制》"修隄梁",注:"隄,所以防水。"

《戰國古文字典》頁 751

陘 陘

秦印

○徐少華(1997) 簡 159:鄄公嘉之告言之攻尹;簡 162:戊寅,鄄□尹□。

"鄄"是戰國中期楚國境内的一個地方政區名稱,以春秋戰國時期"楚僭稱王,守邑大夫皆稱公"和"縣尹皆稱公"的慣例分析,鄄應是楚縣,"鄄公嘉"即戰國中期楚鄄縣之縣公。"□尹"當是公嘉之屬吏。另簡 188 還有"壬辰,上鄄邑人周喬……"的記載,"邑"爲縣以下的基層單位之一,"上鄄邑"或是楚鄄縣内以"上鄄"爲名的一處聚邑。

鄄地何在,簡文整理者未作説明,我們認爲當即《春秋》僖公四年齊桓公率諸侯之師伐楚所次之"陘"。按陘、鄄均從"巠"得聲,古文字中"邑"旁在左

在右並無區別（爲統一起見，下文一並作"陘"），其地望，西晉杜預注説："陘，
楚地，潁川召陵縣南有陘亭。"《後漢書‧郡國二》汝南郡"召陵"縣司馬彪原
注"有陘亭"，梁人劉昭補注曰："《左傳》僖四年齊伐楚，次陘，杜預曰在縣
南。"漢晉召陵縣，在清代郾城縣（即今河南郾城縣）東三四十里，則位於召陵
縣南之故陘亭、春秋之"陘"當不出今河南郾城縣東南、漯河市以東地帶，簡文
之"陘"當即此。

　　楚地之"陘"，文獻中又作"陘山"，《春秋》經、傳所記齊師所次之陘，《史
記‧楚世家》作"陘山"即爲明證，其爲春秋以來楚國北境要塞之一，戰國時期
更是楚魏韓爭奪的重點。據《史記》的《楚世家》和《魏世家》記載，公元前329
年楚威王死後，"魏聞楚喪，伐楚，取我陘山"，《史記集解》引徐廣曰陘山"在
密縣"；《史記正義》引《括地志》云："陘山在鄭州新鄭縣西南三十里。"與徐廣
説相同，其後的《元和郡縣志》《讀史方輿紀要》等均作此説，皆誤。新鄭原爲
鄭都所在，韓哀侯二年（公元前375年）滅鄭，並由陽翟徙都於新鄭，此後直至
爲秦所滅，韓一直以此爲都，魏所取楚之陘山，決不可能在韓都近旁30里處，
而應是春秋齊師伐楚所次之陘山，即漢晉召陵縣南之陘亭。

　　這裏有一問題值得説明，上引《史記》所載漢晉召陵縣南之陘（或陘山）於
公元前329年爲魏所取，而"包山楚簡"所載爲公元前323年楚大司馬昭陽敗
晉師於襄陵之後若干年内的史實，若以召陵之陘山釋簡文之陘，於楚懷王中
後期仍爲楚地的話，則又與公元前329年魏伐楚取陘山的史實相矛盾，當作何
解釋？對此，我們曾結合有關文獻記載作過清理，據《水經注‧汝水》引《史
記》曰："楚昭陽伐魏，取郾。"另《元和郡縣志》《太平寰宇記》等書均有此條引
文，當沿《水經注》而來，但此文不見於今本《史記》，或爲北魏時酈道元所見古
本《史記》所有。昭陽所取之郾，《水經注》《元和郡縣志》等並説是"故魏下
邑"的漢晉郾縣，在今河南郾城縣南、漯河市近西的汝水南岸地帶，春秋中期
至戰國早中期當爲楚地，其入魏應在楚威王死後，魏乘喪伐楚取陘山之時。
關於昭陽取郾的時間，記載不明，我們曾推測當在《楚世家》所載楚懷王六年
（公元前323年）楚師敗魏於襄陵、取八邑之時。從文獻記載楚昭陽出將入相
的活動時間主要爲懷王前期，而此間發生於楚魏之間的戰事只有懷王六年一
次，郾位於襄陵西南，應是昭陽進軍襄陵途中所取，則位於郾邑東南不遠的陘
山，當一並爲楚師所收復。50年代安徽壽縣出土的《鄂君啟節》和新出包山簡
文均以"大司馬昭陽敗晉師於襄陵"作爲楚國紀年的標志，説明這次戰事於楚
來説意義重大。也正是在這次重大行動之後，包山楚簡的記載中即出現了

“陘公、陘□尹”,説明昭陽伐魏取郢的同時,確實一並收回了戰略要地陘山,從
而證明我們以前就這一帶疆域形勢的盈縮消長所作的分析和推測是基本正確
的,簡文的記載正好彌補了有關文獻之不足。如果説“陘公、陘□尹”爲楚陘縣
之縣公及其屬吏的推論不誤,則楚於公元前 323 年伐魏收復郢、陘山諸地之後,
旋即於陘山一帶置縣,以加强對這一戰略要地的控制和北方魏、韓諸國的防禦。

《武漢大學學報》1997-4,頁 102—103

○**何琳儀**(1998)　《説文》:“陘,山絶坎也。从阜,巠聲。”

秦璽陘,人名。

《戰國古文字典》頁 785

○**李學勤**(2000)　　(編按:秦駰玉版“东方又士,姓爲刑法,氏亓名曰陘”)東方諸侯作法典
治民,“其名曰經”,説的是《法經》。

《故宫博物院院刊》2000-2,頁 44

○**連劭名**(2001)　　(編按:秦駰玉版“东方又士,姓爲刑法,氏亓名曰陘”)“陘”,讀爲“經”,
《釋名・釋典藝》云:“經,徑也,常典也。如道路無所不通,可常用也。”《韓詩
外傳》卷二引《孟子》曰:“常之謂經。”

《中國歷史博物館館刊》2001-1,頁 51

○**王輝**(2001)　　(編按:秦駰玉版“东方又士,姓爲刑法,氏亓名曰陘”)“陘”疑讀爲經。
《玉篇》:“經,常也。”即典常,刑典。《周禮・天官・大宰》:“五曰刑典,以詰
邦國,以刑百官,以糾萬民。”李悝所著刑法稱《法經》,亦是明證。

《考古學報》2001-2,頁 149

隱 隱

 十鐘　睡虎地・答問 125

○**何琳儀**(1998)　㠯,金文作（散盤）。从爪从工,會意不明。秦國文字或从
干旁作（或省作）,似有雙手持盾隱蔽之義。楚國文字作,下又旁訛作止
旁。參《古文四聲韻》隱作（三・一五）。《説文》:“㠯,所依據也。从爪、工。
讀與隱同。”

《説文》:“隱,蔽也。从阜,㥯聲。”(《説文》:“㥯,謹也。从心,㠯聲。”)

秦陶“隱成”,地名。睡虎地簡“隱官”,官名。

《戰國古文字典》頁 1309

【隱官】

○**睡簡整理小組**（1990）　隱官工，據簡文應爲在不易被人看見的處所工作的工匠，參看秦簡《法律答問》"將司人而亡"條。《史記·秦始皇本紀》及《蒙恬列傳》有"隱官"，正義釋爲宮刑，恐與此無關。

《睡虎地秦墓竹簡》頁 55

○**湖南省文物考古研究所、湘西土家族苗族自治州文物處**（2003）　隱官，刑徒名，亦見於雲夢睡虎地簡和張家山漢簡等，指在不易被人看見的處所工作的曾受過刑的人。

《中國歷史文物》2003-1，頁 21—22

隈 隁

包山 46

○**何琳儀**（1998）　《說文》："隈，水曲（編按：原文脱一"隈"字）也。从阜，畏聲。"　包山簡隈，人名。

《戰國古文字典》頁 1187

陝 陜

中原文物 1989-4，頁 92

○**牛濟普**（1989）　出自陝縣西漢初期墓的陶罐上，有印陶"陝市、陝亭"（圖：63、64），見於黃河水庫考古工作隊《1957 年河南陝縣發掘簡報》。"陝市"易識，

63　　　　　64

近於秦統一文字後的小篆。"陝亭"的"陝"字作：夾，"夾亭"即"陝亭"，夾乃陝之省（省形符存聲符）。"亭"字篆法也近大篆，"陝亭"二字爲先秦文字。估計陶器製作的年代是戰國晚期。在西漢中出現秦代遺物，或秦代墓中出戰國器物是有可能的。

《中原文物》1989-4，頁 92

陭 陭

近出 1136 陭氏戈

【陭氏】陭氏戈

〇**樊瑞平、王巧蓮**(1999) "陭氏"爲地名,《漢書・地理志》記上黨郡有陭氏縣。《中國歷史大辭典》歷史地理卷云陭氏縣在今山西安澤縣東南。此戈的出土,證明陭氏縣在戰國時已置。

《文物》1999-4,頁 87

隃 隃

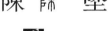睡虎地・秦律 81

△**按** 《説文》:"隃,北陵西隃鴈門是也。"《睡虎地・秦律》81"其責勿敢隃歲","隃"讀爲"逾",義爲超过。

阮 阮

秦印 陶彙 3・907

〇**何琳儀**(1998) 《説文》:"阮,代郡五阮關也。从阜,元聲。"

秦陶阮,人名。

《戰國古文字典》頁 1017

陳 陳 墜

集成 11653 廿九年高都令鈹 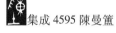集成 4630 陳逆簠

璽彙 0281 包山 61 集成 4595 陳曼簠 陶彙 3・6 璽彙 1460

〇**李學勤、祝敏申**(1989) 或以爲下从"土"是田齊之"陳"的特點,這無疑是正確的,但還不全面。應該説,那時期从"阜"下皆有"土",才是齊文字的特點。看東周東西土文字兩大體系,秦即西土"阜"旁作阝,東土作𨸏,是基本區別。但在東土(可分四系)中唯有齊才有从"土"的,這一特色可上溯到春秋晚期的陳逆簠。一些"阜"下有"土"的字,如"陵、陘、阿、阱"等等,看來都是齊國的文字。

《文物春秋》1989 創刊號,頁 15

○張德光(1989)　從銘文中的陳字結構看,此戈非早期陳國之器。迄今發現陳國銅器銘文所見陳字的寫法,均爲"敶",從陳從攴。如東周初期之陳侯簋,春秋時期之陳公子甗、陳侯盤、陳子匜、陳伯元匜等。而此陳字作"�",從土不從攴。陳字從土乃田齊銅器銘文之特點。如陳喜壺、陳滿簠、陳侯午敦、陳肪簋、陳逆簠、子禾子釜等。所以,陳渚戈應爲山東田齊之物。

《考古與文物》1989-2,頁 84

○湯餘惠(1993)　墜,字下從土,即田齊陳氏之"陳"。陳、田音近,《史記》稱齊陳氏爲田氏。金文中嬀姓之"陳"寫作"敶",與田齊之"墜"有異。

《戰國銘文選》頁 13

○何琳儀(1998)　陳,西周金文作𡫩(九年衛鼎)。從阜,束聲(束形變爲𡭽)。陳,定紐;束,定紐。陳爲束之準聲首。春秋金文作𡫩(陳侯鬲)、𡫩(陳侯簋敶作𡫩)、𡫩(陳公子甗敶作𡫩),束演變作東(束、東一字分化)。或作𡫩(鈇侯之孫鼎敶作𡫩),東下加土繁化爲重(東、重一字分化)。陳又爲束、重之準聲首。戰國文字承襲春秋金文。齊系文字下多從土,與陳之三體石經《僖公》作𡫩吻合。或從𡫩(束),上承西周金文。燕系文字作𡫩、𡫩,東訛作車(或雙車),遂分化爲陣(參陣字)。晉系文字或從束,或從東。楚系文字均從重,阜旁或作𡫩,由𡫩訛變。秦璽(編按:"璽"當爲"系"字之誤)文字從東。《説文》:"𡫩,宛丘,舜後嬀滿之所封。從阜從木,申聲。𡫩,古文陳。"古文字尚未見從申之陳,舊據《説文》小篆及古文隸申聲首,非是。

陳肪簋蓋陳,國名。見《史記·陳世家》。

陳侯器"陳侯",讀"田侯",即齊侯。齊器陳,姓氏。嬀姓,初封虞城,後封於陳,今陳州治宛丘縣是也。本太昊伏羲氏之墟,周武王克商,十求舜後,以備三恪,得胡公滿,封之陳以奉舜祀,子孫以國爲氏。見《通志·氏族略·以國爲氏》。

晉器陳,姓氏。

楚器陳,姓氏。楚金版、楚璽○二八一陳,地名。《戰國策·秦策》一:"荊王君臣亡走,東伏於陳。"在今安徽淮陽。

睡虎地簡陳,見《廣雅·釋詁》一:"陳,列也。"

古璽陳,姓氏。

《戰國古文字典》頁 1132

【陳往】

○滕黄(1986)　《鄂王城遺址調查報告》報道了兩件銅戈(實爲戟),其中一件援稍昂,長胡二穿,闌側有圓銎,徑 2.2 釐米,似柄從銎内穿出,頂端加矛即成戟,直内上刻有"￼"二字(文見《江漢考古》1983 年 3 期)。我們認爲此二字應釋爲"陳往",乃人名,曾二見:

一、于省吾先生著《商周金文録遺》578 號爲陳眰戟,胡部有銘文八字(重文一):"陳眰之歲,偌(造)賡之戟。"

二、《書道全集》卷一(日本平凡社 1965 年版 211 頁)著録一枚兩面的楚私印,一面爲"陳逃",一面爲"陳往",當是一名一字。(參見裘錫圭先生説,見《考古學報》1980 年 3 期 295 頁)。

"陳往"或作"陳眰",如同"均"或作"坰"(《古璽文編》13.6),楚王酓章(鎛)又作酓璋(戈),乃同字異寫。

楚國文字中的陳,與金文中齊陳專用字之陳的寫法類似,大多從土作。不同的是,楚陳字所從之東的豎筆頂端每每向左撇出一筆,東下部的左右一撇一捺與曰中閒的一横連寫。如酓悍盤、鼎、楚簡等文中的陳字即如此。這大概是楚國文字的一種習慣寫法。

鄂城出土銅戈的陳字從￼。此形有兩種可能:一是從東省去￼下一横,借用下面土之上一筆。如同城字作￼,又作￼(《古璽文編》13.9)。另一種可能是從束,如同從東一樣,下部一撇與一捺與￼下部一横連寫。古文字中陳字從束者習見,無庸舉例。

往字上從之,下從壬,乃是戰國文字的特點,如中山圓壺、楚簡、鄂君啓節等往字或從往之字即如此。

"陳眰之歲"乃以事記年,猶如楚簡中常見的"某某問王于￼郢之歲"、大賡鎬"秦客王子齊之歲"等。陳眰戟與同采的另一件銅戈相似,時代一致,當屬戰國,是楚偌(造)賡之戟。鄂王城所出銅戈應是陳往自作之器。從以"陳眰之歲"作爲記年分析,陳往其人並非楚國等閑之輩,然究屬典籍之何人,尚待研究。

《江漢考古》1986-1,頁 63

【陳爰】

○鄭家相(1958)　右金版,金質,面文陳爰二字,陰文,印成,尚存殘缺六枚,係未全剪鑿者,亦壽州出土。原物爲孫幼泉舊藏,現不知流落何所,兹據《綴遺齋彝器考釋》摹入。據云,器重一兩强。按陳古國名,在今河南懷寧縣治,後爲楚所滅,頃襄王嘗徙都之,此金版乃楚都陳時所製也。

《中國古代貨幣發展史》頁 200

○朱活(1983)　陳在今河南淮陽,原爲周武王滅商后所封的嬀姓小國,始封之君爲胡公滿,相傳是舜的後代,建都宛丘,國土有今河南東部和安徽一部分。公元前 534 年(楚靈王七年)爲楚所滅,《左傳·昭公十一年》(編按:當爲十二年)記載了楚靈王的話:"今我大城陳、蔡、不羹,賦皆千乘。"楚平王立(前 527 年),陳得復國,到了公元前 478 年(陳閔王二十一年),又爲楚所滅,其地入於楚。陳既是楚之出賦千乘的大城,又是楚國汝潁、淮潁閒交通要道上的主要城市,"鄂君啟節"所揭示的"自鄂往,庚陽丘,庚邡(方城)、庚膚(莧)禾(和)、庚畐焚、庚繁陽、庚高丘、庚下蔡、庚居巢、庚郢(壽春)"。繁陽就在今安徽臨泉銅城。高丘就是宛丘,即陳。繁陽與陳相距不遠,所以《左傳·襄公四年》:"楚師爲陳叛故,猶在繁陽。"杜注:"繁陽,楚地,在汝南銅陽縣西。"即今之臨泉銅城。楚一度把它作爲國都,可見其地位重要。陳爰爲楚的陳城所鑄,可以置信。

《江漢考古》1983-3,頁 33

○曹桂岑(1983)　陳爰:是一種近似方形和圓形的黃金版,面上鈐有正方形"陳爰"。在河南扶溝、襄城、淮陽;安徽臨泉、壽縣;陝西咸陽等地均有出土。除咸陽市窰店路家坡村出土八塊較完整的"陳爰"外,餘皆爲切割後的碎塊。完整的"陳爰"正面有 12—17 方鈐印,其重量分別爲 230、235、249、250、258、265 克。"陳爰"的平均重量在 250 克左右,最輕者爲 230 克,最重者爲 265 克,較"郢爰"爲輕。

《楚文化研究論文集》頁 133

○蔡運章(1995)　【陳再·金版】或名"陳爰"。戰國黃金稱量貨幣。鑄行於楚國。多呈不規則的曲版狀或圓餅形。面鈐陰文方印,印文"陳再",背或側面有卜、旺、企、曰、商、杁、刧等刻文。"陳",古地名,公元前 438 年其地入楚。前 278 年頃襄王遷都於此,在今河南淮陽。"再"通作稱。《爾雅·釋詁》:"稱,度也。"1970 年以來安徽六安、臨泉,陝西咸陽,河南襄城,山東費縣等地有出土。

《中國錢幣大辭典·先秦編》頁 25—26

【陳得】陶彙 3·21

○張政烺(1935)　右陶文往歲臨淄出土,家兄履賢得之益都,凡九字,曰:"平

陵墬导立事歲郤公。"與傳世"㝵墬陳导丕㣇王㝵"陶蓋一人之器。吳愙
齋釋"㝵"爲"平",丁佛言釋"墬"爲"陵"(見《説文古籀補補‧附
録》),並與此同,皆可確信。

　　"墬"即田敬仲完之氏。金文凡陳國之"陳"作"敶",齊田氏之
"田"作"墬"。例證確鑿,湛然不紊。故《左傳》《論語》等書猶齊之
田氏爲"陳",省土字。"墬"字从土,陳聲。古者"陳、田"聲相近,或即"田"之
形聲字,而與陳國之"敶"音同字別(《史記》"敬仲之如齊,以陳字爲田氏",明
其有別也)。然本作"墬"而《國策》《史記》改作"田"者,疑《史記》本《國策》,
而《國策》則取便書寫,固爲省叚,猶其以"趙"爲"肖",以"齊"爲"立"也(見
劉向《校戰國策書録》)。"墬"字形體特重疊,又與"陳、敶"字近易混,故"趙、
齊"兩字不亡,而"墬"終亡矣。(中略)

　　"墬导"之名除此陶及"平陵墬导丕㣇王㝵"陶外,又見《簠齋藏陶》,僅"墬导"
(墬导,見第八册 12 頁)兩字,"墬"字右旁微泐,然焯然可辨。金文則子禾子
釜(《愙齋集古録》第二十四册)及墬羈壺(《支那古銅精華》第二百一十三圖)
皆有之,而首注意之者則爲郭沫若先生。墬羈壺銘曰:

　　　　隹王五年,奠□墬导再立事歲,孟冬戊辰,大臧□□子墬羈内(入)伐匽
　　　　(燕)□邜之隻(獲)。

郭因五年伐匽之文遂謂"此齊襄王五年齊軍敗燕師時所獲之燕器。言'奠□
墬导再立事'者,即國復之後重任舊職也。言'内伐匽□邦'者,即追亡逐北進
而侵伐燕之某邑。凡此均爲田單復齊時所應有之事"(《兩周金文辭大系考
釋》220 頁)。今按此考定實未確。《史記‧田敬仲完世家》:"襄王在莒五年,
田單以即墨攻破燕軍,迎襄王於莒,入臨淄。齊故地盡復屬齊。"《燕世家》:
"齊田單以即墨擊敗燕軍,騎劫死,燕兵引歸。齊悉復得其故城。"皆言齊復其
故城,不聞有入伐燕之事。

　　　　　　　　　　《張政烺文史論集》頁 46—51,2004;原載《史學論叢》2

【陳棱】陶彙 3‧6

○陳根遠、陳洪(1995)　　從清光緒二年(公元 1876 年)金石學家陳介祺注意
收集帶字齊陶片開始,迄今齊陶文的大量發現爲我們研究戰國齊的手工業、
量制、歷史地理、文字學提供了寶貴的第一手資料。近歲高明先生成《古陶文
彙編》將散見齊陶文搜羅殆盡,爲齊陶文研究提供了極大方便。1987 年我們
在山東鄒平進行考古發掘,見到采集於當地的一片齊陶殘片(見圖),其上陶
文保存之完整,文例之典型,堪稱齊陶文之遺珠。遂不敢專美,介紹如次:

此陶文爲用特製璽印抑按於泥質灰陶陶量上。陶量不存而陶文獨完,不幸中大幸也。陶文略呈竪長方形,邊長 4.4×4.8 釐米,其文曰:“句華門陳棱再鄁廩均亭釜璽。”12 字分 3 行排列,有竪畫界格。

　　“陳棱”乃戰國齊著名立事者,其督造之陶器見諸《古陶文彙編》尚有 10 片:

　　　　3.6 華門陳棱叁右里敀亭豆

　　　　3.7 華門陳棱再□□敀□□

　　　　3.8 □□陳棱叁左里□亭豆

　　　　3.9 華門陳棱再左□□亭□

　　　　3.10—11 華門陳棱叁左里敀亭□

　　　　3.12 王孫陳棱再左里敀亭區

　　　　3.13 王孫陳棱立事歲左里敀亭區

　　　　3.14 陳棱左敀亭區

　　　　3.16 王孫陳棱右敀均亭區

　　清周霖《三代古陶文字》尚存一片:

　　　　陳棱再立事左里敀亭□

　　以上陶文均出於齊故都臨淄。

　　陶文“陳”作“墜”,有別於舜後嬀氏之陳(敶)和楚惠王十年(公元前 479年)被楚兼併之河南淮陽嬀氏之陳(陣),爲田氏代齊後齊陳之獨特寫法,亦見於齊銅器、兵器、璽印。根據“王孫陳棱”陶文,陳棱乃齊王之後。

　　“華門”乃陳棱居住之地。過去學者均認爲華門當在臨淄。而此陶文華門前冠“句”,句乃地名,李學勤先生疑爲“朐”。此爲首見,而此陶獨出鄒平,爲探討華門所在提供了新的綫索。

　　“再”可看作“再立事歲”之省稱。如“立事歲、叁”均指任職屆數。“‘立事’即‘位事’或‘蒞事’。蒞事者即器物的督造者”。

　　“再”下字不甚清,暫隸定爲“鄁”,此爲地名,乃齊國倉廩所在地之一。此陶文當爲陳棱管轄下的鄁廩工匠所造。

　　“鉤”亦有作“均”者,如 3.16:“王孫陳棱右敀均亭區。”《説文》:“一曰匠也……《逸周書》有鉤匠。”

　　“亭”舊釋爲“亳”。李先登先生 1978 年提出舊之釋“亳”者可能爲“亭”。此説得到李學勤、鄭超、石加先生的贊成。俞偉超先生提出陶文中的亭當是一種管理市場的官署，乃市亭之簡稱，戰國已有。“亭釜”如前引陳棱陶量之亭豆、亭區等均“表明是市場核正的量器，也有官定的性質”。

“釜”乃齊之量制單位。《左傳·昭公三年》：“齊舊四量：豆、區、釜、鍾，四升爲豆，各自四登于釜，釜十則鍾。”注：“釜，六斗四升。”以前陳棱量尚未見完整釜陶文，此亦是陶可珍之處。

末字“鉨”乃抑按陶文所用特製璽印之自名。“鉨”字除見於其它齊陶文如“谷坥區鉨”等，尚見於齊古璽、封泥、銅器，亦戰國齊獨有之字，裘錫圭先生考之甚詳。從位置看，各印鉨（陶文亦同）均出現於陶文之末，居一般古印中“鉨”（璽）的位置，其字從“金”亦與“鉨”同，意思當與“鉨”一致。裘先生傾向釋“節”。

陳介祺舊藏戰國“右里故鉨”銅斗，器身有十字界格印式“右里故鉨”，前皆釋末字爲“鋓”，以爲銅器自名。通“盌”，故獨劃此器屬盌類。《説文》云：“盌，小盂也。”稱此爲挹水器。實際此器余亦疑爲作器者用璽印抑於母範而得，乃“物勒工名”之例。“鉨”同“鉨”。因陳介祺《簠齋古印集》中還有一“右里故鉨”古璽與此文同，再從這片陶文及其它璽印陶文資料看，“鉨”斷無器物自名之可能。

陳棱陶量在已知十五六個齊陳立事者所督造陶器中，以長篇工飭朱文並施邊欄或豎界獨樹一幟。此陶文之發現又爲陳棱陶文研究增一珍貴資料。

《考古與文物》1995-6，頁 90—91

【陳璋】集成 9703 陳璋方壺、集成 9975 陳璋甗

○**周曉陸**（1988）　陳璋入：“陳璋”，因《賓》的有些拓片不精，郭沫若、丁山等先生釋爲“陳騂”，不確。陳夢家等先生讀爲“陳璋”是對的。《戰國策·燕策》、《齊策》記爲“章子”，《秦策》記爲“田章”，《孟子·離婁下》記爲“匡章”，齊國將領。

《考古》1988-3，頁 260

○**曹錦炎**（1990）　陳璋，人名，即古籍中的田章。陳夢家指出，伐燕之主將，《戰國策·燕策》作“章子”，就是《秦策》“趙且與秦伐齊，齊懼，令田章以陽武合於趙而以順子爲質”之田章，也就是壺銘之陳璋，《孟子·離婁下》則作匡章。按陳説可信，田齊之陳氏，古籍均作田，金文、陶文均作𡊋（陳），這是因爲陳、田古音相通的緣故，此其一；田章稱“章子”，猶如田盼之稱“盼子”、田嬰之稱“嬰子”、田文之稱“文子”，所謂“皆以名子之”也，此其二；田章與孟子、惠

施同時,並事威、宣二王,年代吻合,此其三。又,章與璋乃同音可假。所以,説陳璋即田章,並無扞格不通之處。至於《孟子》及《吕氏春秋·愛類篇》田章作"匡章",我們推測"匡"字乃"田"字之訛,古籍在輾轉傳抄的過程中,文字出現魯魚亥豕的現象,是不足爲怪的。

《東南文化》1990-1,頁 212

【陳竘】莒公孫潮子鐘

○**王恩田**(1998)　陳竘即陳舉,與齊閔王同時,是田齊宗室。《戰國策·齊策六》:"齊孫室子陳舉直言,殺之東閭,宗族離心。"鮑本注:"公孫家子,猶字室云。"陳舉被殺於閔王奔莒之前。《史記·田齊世家》齊閔王四十年奔莒,《年表》同。據錢穆《先秦諸子繫年》考證,閔王奔莒在十七年(前 284 年),《史記》誤。應是這批銅器的年代下限。

《遠望集》頁 314

【陳盞】近出 1142 陳盞戈

○**王輝**(1991)　山西省博物館藏一戈,寬援中胡,援面扁平無脊,略顯上揚,内側反鑄"陳盞車戈"4 字。近時,張德光同志作"陳盞戈小考"(《考古與文物》1989 年 2 期),刊布了有關資料。張氏以爲陳字作墬,從土,爲田齊器銘特點;器與山東濰縣發現之武城徒戈相似,武城徒戈李學勤先生定爲戰國早期田乞之物。張氏據此定陳盞戈爲齊宣王至田齊威王之間物,時在公元前 455 至公元前 321 年間,其説近是。唯張氏不識盞字,云:"從盞字的位置來看,當係人名無疑。以往發現陳器銘文中的人名,大都爲單字名,在田齊器銘中出現有陳得、陳猶、陳騂等人。陳盞爲何人? 不見經傳。"

我以爲盞字從戔得聲,而其下所從〜〜當爲皿字之殘,字當釋盞。盞字楚器王子申盞盂(《三代》18.12.5)、大府鼎(《小校》2.58)作，，即爲明證。

盞字不見於《説文》正文,《方言》:"盞,杯也。"字亦作琖。《説文》徐鉉本新附字玉部有琖字,云:"琖,玉爵也。夏曰琖,殷曰斝,周曰爵。從玉,戔聲。或從皿。"又《禮記·明堂位》:"爵用玉琖仍雕。"《經典釋文》:"琖,夏爵名,用玉飾之。"看來盞或琖,實際上是一種玉作或玉飾的爵、杯類酒器。

值得注意的是,《説文》收有一個瓘字,與琖均從玉,古音又都是元部字,讀音接近。《説文》:"瓘,玉也。從玉,雚聲。《春秋傳》曰'瓘斝'。"《説文》所引《春秋傳》,即《左傳》昭公十七年文:"若我用瓘、斝、玉瓚,鄭必不火。"對這個瓘字,各家説法不一,但瓘多與斝連讀而不斷開,把瓘看作斝的定語。杜預

注:"瓛,珪也。"杜氏的説法受到王引之的批評。王氏《經義述聞》:"瓛斝與玉瓚對文,瓛乃玉石之名。"而楊伯峻《春秋左傳注》則説瓛當讀灌。楊氏説:"瓚,杓也。玉瓚即圭瓚,《尚書・文侯之命》'圭瓚',《傳》云:'以圭爲杓柄,謂之圭瓚。'孔疏引鄭云:'圭瓚之狀,以圭爲柄,黄金爲勺,青金爲外,朱中央。'王國維《觀堂集林・釋斝》:'斝,古人不獨以爲飲器,又以爲灌尊。'《周禮・司尊彝》:'秋嘗冬烝,祼用斝彝黄彝。'……按瓛當作灌,灌斝即灌尊。斝所以盛鬯,瓚所以用灌也……用瓛斝以瓚,即用以祭神,禳除火灾。"瓛杜氏以爲圭,王氏以爲玉石,楊氏指出"玉瓚"即"圭瓚",《傳》文"斝"前之瓛不是圭、玉,是很對的。但楊氏引王國維説,只能證明斝有灌祭的用途,並不能肯定斝前的瓛一定要讀爲灌,因爲文獻並無"灌斝"的例子,故楊氏的讀法仍有疑問。徐鉉説盞(琖)、斝、爵是同一器物在不同時代的稱呼,盞(琖)與瓛音義又相近,故極有可能《傳》中文"斝"與"瓛"相並列,瓛讀爲盞或琖,指玉作或飾的爵。《傳》文謂用圭瓚取酒,盛入琖(瓛)與斝中,"用以祭神,禳除火灾"這樣解釋,似亦可通。

如以上解釋不誤,則陳盞就是陳瓛。

《左傳・哀公十一年》記春秋末年,齊有武將陳瓛,曾與魯作戰。《傳》云:"(魯)師入齊軍,右師奔,齊人從(縱)之,陳瓛、陳莊涉泗,孟之側後入以爲殿。"哀公十五年,他曾代表齊出使楚國。《左傳》云:"齊陳瓛入楚。過衛,仲由(杜注:仲由,子路)見之,曰:'天或者以陳氏爲斧斤,既斫喪公室,而他人有之,不可知也;其使終饗之,亦不可知也。若善魯以待時,不亦可乎? 何必惡焉。'子玉(陳瓛字)曰:'然,吾受命矣,子使告我弟。'"杜注:"弟,成子也。"由這一段話我們可以知道陳瓛是齊國執政者成子陳恆之兄,且他不單是一介武夫,還極有政治頭腦。魯哀公十一年爲姜齊簡公之元年,公元前484年,其時陳瓛地位尚低。四年之後,他出使楚國,其時姜氏勢力日弱,田氏勢力日強,但因還有其它勢力較強的競爭對手,所以田陳氏能否最終代替姜氏而據有齊國,還沒有明朗化,故他在齊國政局將發生大變動時聽信子路的話,以結好鄰國魯國(子路:魯人,故爲魯打算),爲個人預謀出路,必有一定地位,且有政治野心,估計至少在三四十歲。

《左傳・哀公十七年》又記:"趙鞅圍衛,齊國觀、陳瓛救衛。得晉人之致師者。子玉使服而見之。曰:'國子實執齊柄,而命瓛曰無辟晉師,豈敢廢命,子又何辱?'簡子曰:'我卜伐衛,未卜與齊戰。'乃還。"從這一段話更可以看出陳瓛善於應付各種關係。"國子"指齊之上卿國氏,在這裏指國觀。其時國氏僅有上卿之名,實際擅齊政者爲陳瓘之弟成子,陳瓘代弟率師,必爲主帥。但他把救衛主帥的責任推給國觀,表示自己是服從國氏命令的,從而緩和與晉的矛盾,也給晉帥簡子(趙鞅)一個臺階,結果晉軍主動撤退。史載田成子(陳恆)爲了奪取姜氏政權,在國內大斗貸,小斗收,以收攬人心。看來,其兄陳瓘把這一手法運用到了國家交往中,兄弟二人,何其相似乃爾。

我們估計,陳瓘最多活到齊宣公初年(齊宣公元年爲前 455 年),這時他已六七十歲。陳瓘不會活到宣公後期(宣公在位 51 年),更不會活到田齊時代(前 386 年之後)。陳瓘爲春秋末戰國初人,戈從形制看也是這個時代之物。

古行車戰,陳瓘既爲高級將領,宜有"車戈"。金文有車卣,車字作🜩,象戈建於車上。"車戈"者,明其用途爲車戰也。

春秋末,齊晉屢有交戰,陳瓘且曾率軍救衛,與晉卿趙鞅作戰。陳盇車戈大概是某次齊晉作戰中晉軍的得獲物,故其在山西出土。

　　　　　　　　　　　　　　　　　　《考古與文物》1991-6,頁 78—79

【陳之新都】璽彙 0281

○上海書畫出版社(1979)　陳之新都。

　　　　　　　　　　　　　　　　　　　　《上海博物館藏印選》頁 10

○劉釗(1991)　舊著録於《上海市文管會藏印》,後收録於《古璽彙編》,編號爲 0281。《古璽彙編》釋爲"陳之新□",後一字不識。此璽爲方形白文帶有邊框,陳字和之字的寫法爲典型的楚文字風格,爲楚璽無疑。《上海博物館藏印選》將此璽釋爲"陳之新都",非常正確。按信陽楚簡"戔(賤)人剛恃,天辵(作)于刑者……""以成其明者",者字都作"壴",與璽文都字所從之者作"🕱"形體相同,只不過璽文都字所從"者"字下部一橫與兩邊的筆畫連寫在一起而已。"陳"爲地名,即今河南淮陽,本爲陳國國都,魯昭公八年被楚所滅。楚頃襄王二十一年(公元前 278)楚自郢遷至此爲都。此璽當爲徙陳建都後不久所製,故曰"陳之新都"。

　　　　　　　　　　　　　　　　　　　　　《江漢考古》1991-1,頁 74

除 餘

 石鼓文・作原　除睡虎地・效律 58

○**李學勤**（1985） 除即建除,説明《日書》與建除家有關。

《江漢考古》1985-4,頁 61

○**劉樂賢**（1994） 除,即《史記・日者列傳》的建除。此處稱爲秦除,可見是起源於秦。

《睡虎地秦簡日書研究》頁 33

○**何琳儀**（1998） 《説文》:"除,殿陛也。从阜,余聲。"

青川牘除,見《禮記・曲禮》"馳道不除",注:"除,治也。" 青川牘"除道",見《左・莊四年》:"除道梁溠。"

《戰國古文字典》頁 536

【除陛】睡虎地・爲吏 10
○**睡簡整理小組**（1990） 除陛,臺階。

《睡虎地秦墓竹簡》頁 171

陛 陛

睡虎地・爲吏 10 叁

○**睡簡整理小組**（1990） 除陛,臺階。

《睡虎地秦墓竹簡》頁 171

陓 陓

睡虎地・爲吏 8 伍　　珍秦 4

○**睡簡整理小組**（1990） 陓,疑爲郤字之誤。閒郤,即閒隙。

《睡虎地秦墓竹簡》頁 174

院 院

院睡虎地・答問 186

○**睡簡整理小組**（1990） 院,《説文》作寏,云:"周垣也。"即圍牆。估計律文對越院有處罪的規定,所以本條對越過兩里之閒的牆垣算不算越院作了解釋。

《睡虎地秦墓竹簡》頁 137

△按　《説文》卷十四:“院,堅也。”與秦簡用法有別。《説文》卷七訓“周垣”之“宐”或體作“院”,與秦簡用法相合。兩者之閒應爲同形字的關係。

㷍 㷼

陶彙 5・99　　十鐘

○袁仲一(1987)　“㷍”與“隧”通假。《文選・西京賦》:“旗亭五重,俯察百隧。”《西都賦》:“九市開場,貨別隧分。”薛綜注:“隧,列肆道也。”四川省新繁縣出土的東漢市井畫像磚,在市牆四周圍繞的市井内有十字形的四隧,把市井分成四個區。市樓位於四隧的交叉點上。隧的兩側爲列肆,隧上有來往的行人。因此,作爲市井人行道的隧和市井内的市樓(又名旗亭)一樣,可視爲市井的象徵。“咸陽㷍(隧)”是“咸陽市隧”的省文,和“咸陽市”是同義語,亦表明其產品是咸陽市井官署的製陶作坊生產的。

《秦代陶文》頁 54

○何琳儀(1998)　㷍,从火,隊聲。爞之省文。《説文》:“爞,塞上亭守燧火者。从閶从火,遂聲。㷍,篆文省。”

杜虎符㷍,讀爞。

《戰國古文字典》頁 1225

阢

集成 12113 鄂君啟舟節

○于省吾(1963)　織令名阢,阢即阢字,節文“尻”(《説文》訓尻爲處,訓居爲蹲)字从“兀”作“尻”,是其證。阢爲从阜几聲的形聲字。《史記・周本紀》有“耆國”,徐廣謂“耆一作阢”。

《考古》1963-8,頁 443

○何琳儀(1998)　阢,从阜,几聲。《字彙》:“阢,崔也。”

鄂君車節阢,人名。

《戰國古文字典》頁 1191

阡

璽彙 2232

○**何琳儀**(1998)　阡,从阜,于聲。

魏璽"阡陰",讀"舞陰",地名。《詩·小雅·斯干》"君子攸芋",箋:"芋當作幠。"《禮記·少儀》"祭膴",注:"膴讀如鄦。"

《戰國古文字典》頁 458

陃

璽彙 2325

○**何琳儀**(1998)　陃,从阜,山聲,土爲繁化部件。

燕璽陃,讀山,姓氏。見山字。

《戰國古文字典》頁 1049

阰

璽彙 2331

○**羅福頤等**(1981)　阰。

《古璽彙編》頁 228

○**何琳儀**(1998)　阰,从阜,牛聲。

晉璽阰,姓氏。

《戰國古文字典》頁 40

阤

㘝璽彙 3455

○**黃錫全**(1986)　古璽有㘝字,《文編》列入附録二四。兩方印文是:

　　㘝《彙編》三四五五　　㘝《彙編》三四五七

按𨸆字左從阜,如古璽陵作<u>..</u>(《彙編》一一二八),陰作<u>..</u>(《彙編》四〇七二),陽作<u>..</u>(《彙編》四〇四三)等。三體石經《皋繇謨》予作<u>..</u>,石鼓文迓作<u>..</u>,𨸆字所從之<u>..</u>應是予字稍省。《汗簡》阜部録碧落文序字作<u>..</u>,今碑作<u>..</u>,與古璽𨸆字形體類同,應是一字。《説文》無𨸆字。《玉篇》𨸆,"今作序",不排除是宋代修訂《玉篇》時據《汗簡》增補。

古有序姓。《禮記・射義》"序點揚觶",疏:"序,氏。點,名也。"𡧪字所從之<u>..</u>當是古矢,如医作<u>..</u>(瓶文)、<u>..</u>(康侯簋)、<u>..</u>(《彙編》一〇八四)等。從宀從矢即𡧪,字書不見,疑爲室字,<u>..</u>乃至字倒書省一畫。古文字中倒書之例習見,如至字就有倒作<u>..</u>、<u>..</u>者。璽文第二字下筆借邊款作<u>..</u>,與侯馬盟書<u>..</u>、三體石經<u>..</u>同,即亡字。"𨸆亡𡧪璽",當讀"序亡室璽"或"序無室璽"。

《古文字研究》15,頁 137

○何琳儀(1998)　𨸆,從阜,予聲。序之異文。《集韻》:"序,《説文》東西牆也。或作𨸆。"

古璽𨸆,讀序,姓氏。出楚附敘之後。見《路史》。

《戰國古文字典》頁 568

阩

阩 包山 36　　阩 侯馬 156:22

阩 包山 40

○山西省文物工作委員會(1976)　阩同隥。

《侯馬盟書》頁 373

○何琳儀(1998)　阩,從阜,升聲。　《集韻》:"阩,登也。"

侯馬盟書阩,人名。

《戰國古文字典》頁 144

【阩門有敗】

○劉彬徽、彭浩、胡雅麗、劉祖信(1991)　門,借作問,《説文》:"訊也。"徵問,驗問,召問。

《包山楚簡》頁 42

敗,借作害,又敗即有害。

《包山楚簡》頁 42

○夏禄（1993）　《包簡》篇題“受賄”類案例“定讞”部分的結語，大多用“茅門有敗”一語。《包簡》讀爲“阤門有敗”，理解爲“徵問有敗”，或有理解爲“登門有敗”。是誰徵問誰？怎麼叫徵問有敗？是誰登誰的門？怎麼叫登門有敗？聯繫有關楚簡上下文都難以解釋清楚。

我們還是從字形是“茅”還是“阤”開始討論，簡文如附圖（12）A、B、C、D諸型，A型，从辵从丑从中，“中”爲“草”初文，“丑”爲“扭”初文，在古文字結構部件中，“丑”和“又”可以互換。从丑持草，作爲部隊行進的族識、標志，聯繫楚史就是至今仍習用的成語：“名列前茅”的“茅”。

(12) A.　　 B.　、　、　 C.　、　 D.　、　(闁)　、　(茅)

《左宣十二年傳》：“蒍敖爲宰，擇楚國之令典，軍行右轅，左追蓐，前茅慮無，中權後勁，百官象物而動，軍政不戒而備，能用典矣。”杜注：“或曰：‘時楚以茅爲族識。’”《辭源》釋爲：“行軍時用茅爲旌，持旌先行，如遇變故或敵人，便舉旌警告後軍。”簡文附圖（12）A字形正反映了“从丑持茅草爲旌，行進”的含義，當是“前茅”的“茅”本字。簡文“　門有敗”，應讀“茅門有敗”。

苞茅是楚人作爲旌幟，具有原始植物圖騰崇拜孑遺的一種草，如果在郢都的宮廷或宗廟的交通要道上，有一處以兩堆土阜上插有苞茅的標識象徵生殖崇拜的門，叫“茅門”就不足爲奇了。楚簡文从阜的“茅門”的專字，阜代表插有茅旌的土堆，或兩阜爲門，或楚宮某門邊有植有茅草的一座土堆（即牂牁、圖騰柱），因而名爲“茅門”。“茅門”在《墨子》一書中作“前矛大旗”。矛就是“紅纓槍”，也是男性象徵的標識，楚軍以紅纓槍爲“前茅”開路辟邪，或宮門插有紅纓槍作標識，叫茅門都是有可能的。詳民俗學家林河先生有關“牂牁”的論述。楚史楚莊王曾在茅門頒布楚法，叫作“茅門之法”，“茅門”也就成了“楚法”的省稱。

簡文“茅門有敗”的“茅”，最多的一體（12）B、C、D型，从阜从丑，可以視作（12）A型等的簡體字，也可以理解爲後起形聲字。从丑不从升，丑與簡文干支“子丑寅卯”的“丑”完全相同。方言中有柳、扭不分的，柳與茆皆从卯得聲，“阤門”讀“茆門”也就有線索可尋了。《正字通》：“凡物鉤固者皆曰鈕。”《新華字典》：“鉚，用釘子把金屬連在一起：鉚釘、鉚眼、鉚接、鉚工。”鉚字今讀卯，《集韻》讀柳。na、la不分的古方言區“阤”讀“茆”若“茅”，並非絕無可能。

《韓非・外儲説》：“一曰楚王急召太子，楚國之法，車不得至於茆門，天雨，廷中有潦，太子遂驅車至於茆門。廷理曰：‘車不得至茆門，非法也。’太子

曰:‘王召急,不得須無潦。’遂驅之。廷理舉殳而擊其馬,敗其駕。”同書又作:
“荆莊王有茅門之法,曰:‘群臣、大夫、諸公子入朝,馬蹄踐霤者,廷理斬其輈,
戮其御。’於是太子入朝,馬蹄踐霤,廷理斬其輈,戮其御。”同書同一故事,茅
門亦作茆門。“茅門之法”的嚴肅性,反映了楚莊王創導的“重法精神”,由於
該法頒布於茆門,“茅門”就是“楚法”的代稱,“茅門有敗”就是“敗壞了楚法”
的法律習慣用語。楚國崛起南蠻之地,爭霸中原,豈獨憑其地廣物豐的地理
條件,楚莊王的創導法治,在古代社會實屬進步之舉,爲楚國的富國強兵提供
了良好的政治環境。《包簡》中許多有關法律和吏治的簡文,都是珍貴的研究
楚史的原始資料,足補文獻之不足。

《江漢考古》1993-2,頁 83—85

○**葛英會**(1996)　　“阶門有敗”是《包山》文書簡受期簡文的又一習用語,均
用於受期文書的末尾。《集韻》:“阶,登也。本作陞。”《爾雅·釋詁》:“陞,登
也。”《秋官·司民》:“掌登萬民之數……歲登下其死生。”注云:“登,上也;
下,去也。每歲更著生去死也。”簡文阶即爲登、上之義。《説文》:“門,聞
也。”簡文門即用此義。受期簡“阶門”即登聞,上聞,上報治獄簿籍文書以便
司寇聽訟弊獄。簡文敗,其義應爲覆。《爾雅·釋言》:“敗,覆也。”《冬官·
考工記》注:“詳察曰覆。”《包山》簡文及先秦典籍中,楚司寇之職皆稱司敗,
敗字似乎就是取其劾察之義。簡文“阶門有敗”當即將治獄文書上報司寇並
乞以詳察。

《南方文物》1996-3,頁 93—94

○**劉信芳**(1996)　　“受期”一組簡均以“阶門又(有)敗”作爲結束語(其中簡
六四脱“阶門又敗”四字,簡七七不屬於“受期”簡,原整理者有誤植),句例可
參前引。

　　“阶門”是楚司法官府名,楚有所謂“茅門”,《韓非子·外儲説右上》:“荆
莊王有茅門之法。”清儒孫詒讓云:“茅門下作茆門,《説苑·至公篇》與此略
同,亦作茅。案茅門即雉門也。《説文》隹部雉古文作鷈,或省爲弟,與茅形近
而誤。《史記·魯世家》築茅闕門,即《春秋》定二年經之雉門兩觀也。諸侯三
門庫、雉、路,外朝在雉門外。茅門之法,廷理掌之,即《周禮·秋官》朝士掌建
邦外朝之法也。”王先慎集解:“孫説茅即弟之誤,是也,《御覽》六百三十八引
正作弟,可證。”雉門爲古代審案之所在,《周禮·秋官·朝士》:“掌建邦外朝
之法,左九棘,孤卿大夫位焉,群士在其後;右九棘,公侯伯子男位焉,群吏在
其後;面三槐,三公位焉,州長衆庶在其後;左嘉石,平罷民焉;右肺石,達窮民

焉。”鄭玄注：“雉門設兩觀，與今之宮門同。”賈公彥疏：“九棘之朝，斷罪人之朝也。”是楚之所謂“阩門”，周、魯之所謂雉門也。

“阩門”讀如“登門”（阩、登音通，學者多證之），“登、雉”同有理獄之名，《詩・大雅・皇矣》：“誕先登於岸。”鄭箋：“誕，大；登，成；岸，訟也……當先平獄訟，正曲直也。”《左傳》襄公元年：“且不登叛人也。”杜預注：“登，成也。”《方言》卷六：“雉，理也。”是登門、雉門皆爲理獄之門，名稱不同，内涵則一。“阩門又敗”猶言敗壞法庭。《左傳》昭公十四年載晉國叔魚與雍子爭鄐田一案，“雍子納其女於叔魚，叔魚蔽罪刑侯”。叔向認爲叔魚有“鬻獄”之罪，論其罪名爲“貪以敗官爲墨”，意即貪贓枉法，使司法官府蒙受污名。“阩門又敗”之“敗”與此同例。

《簡帛研究》2，頁 18—19

阩

 包山 185

○何琳儀（1998）　阩，从阜，木聲。
　　包山簡阩，不詳。

《戰國古文字典》頁 397

陕

 睡虎地・秦律 118

○睡簡整理小組（1990）　陕（決）。

《睡虎地秦墓竹簡》頁 47

阤

 集粹　　　包山 86　　　上博二・容成 7

○劉信芳（2003）　字又見簡 185，字从阜，委省聲，讀音如“危”，郭店《緇衣》簡 31“愿”即“恑”字，另解。

《包山楚簡解詁》頁 84

○**何琳儀**（2004） （編按：上博二·容成7“四向豚”）“豚”字當爲“委”之異文。《左傳》成公二年“王使委於三吏”,注:“委,屬也。”《國語·越語》“委制於吳”,注:“委,歸也。”

《上博館藏戰國楚竹書研究續編》頁 451—452

○**顏世鉉**（2006） （編按：上博二·容成7“四向豚”）鉉按,簡文“豚”,讀作“綏”;“豚”,所從“禾”可視爲“委”之省聲。以下略述“禾”和“綏”聲近相通的關係。中山國鼎銘“匥賃之邦”,徐中舒、伍仕謙先生讀爲“委任之邦”,《汗簡》“魏”字作“丙”,均是此類。郭沫若先生說,戈纓謂之沙,旗纓謂之綏,或爲之緌,冠纓謂之蕤,此等是一物之名,亦是一音之轉;又說:“緌從委得聲,委從禾得聲,禾聲與綏沙古音同在歌部,歌部音漢初已多轉入支,故乃讀如蕤。”故簡文當斷讀作“四向綏和”。《詩·大雅·民勞》:“民亦勞止,汔可小康！惠此中國,以綏四方。”《尚書·盤庚》:“天其永我命于茲新邑,紹復先王之大業,厎綏四方。”《爾雅·釋詁》:“綏,安也。”

《詩·周頌·桓》:“綏萬邦,屢豐年。”鄭箋:“綏,安也。”《左傳》宣公十二年:“其六曰:‘綏萬邦,屢豐年。’……和衆、豐財也。”孔疏云:“綏萬邦,和衆也。屢豐年,豐財也。”清馬瑞辰《毛詩傳箋通釋》卷三十“桓”云:

　　《詩》以“桓”名篇,桓當爲和之假借,桓與和古同聲通用……宣十二年《左傳》引《詩》“綏萬邦,屢豐年”,以證武德之和衆豐財。以“和”名篇蓋取經“綏萬邦”之義。綏本訓安,安即和也,《周書·謚法解》“好和不爭曰安”是也。

陳奐《詩毛氏傳疏》卷二十六云:“綏,猶和也。”可見“綏”和“和”,有義近的關係。

簡文“四向綏和”,“綏和”可視爲同義詞連用;西漢成帝有年號名曰“綏和”。又有“綏靜”,《左傳》成公十三年:“文公恐懼,綏靜諸侯。”前引古書所謂“綏四方、綏萬邦”,與“四向綏和、綏靜諸侯”都是相近的意思。

《簡帛》1,頁 187—188

阹

石鼓文·田車

○**何琳儀**（1998） 阹,從阜,矢聲。埃之異文。典籍作雉。《集韻》:“埃,城三堵也。或作坺。"《正字通》:"坺,同雉。《左傳》作雉。"

　　石鼓陕,讀雉。《左·隱元》"都城過百雉",注:"方丈曰堵,三堵曰雉。一雉之牆,長三丈,高一丈。"

《戰國古文字典》頁 1217

△按　石鼓文已有"雉"字,見卷四。

阾

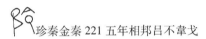珍秦金秦 221 五年相邦呂不韋戈

○王輝(1990)　阾、丞二字張先生連讀作令丞,他説:"'令丞'的令字左旁從阝作阾。'令丞'是掌管'工室'主要官吏的職稱。在漢代少府所屬官吏中有'考工令丞',當爲秦之遺制。"但一則令字商周秦漢器物未見從阝(阜)者(參看容庚《金文編》及《秦漢金文編》),二則"令丞"也不見於其它秦器,它器皆稱工師某、丞某、工某,故張先生這個説法似可商榷。有人認爲阾是擔任"工室"這一職官的人名,是。阾有人釋鄰,非是,阾字從阜,阜秦漢器作阝或阝、阝,而鄰乃鄰之簡化字,古文字並無從邑令聲之邻字,戰國鄰字或借嬰爲之,中山王嚳鼎:"嬰邦難竊(親)。"故字仍應隸作阾。阾字見於《玉篇》云"阪也",《廣韻》以爲是嶺之古文。

《秦銅器銘文編年集釋》頁 91

○何琳儀(1998)　阾,從阜,令聲。《玉篇》:"阾,阪也。"

　　五年相邦呂不韋戟阾,人名。

《戰國古文字典》頁 1148

陀

集成 9735 中山王方壺

○徐中舒、伍仕謙(1979)　陀,同施。秦嶧山刻石"陀及帝王"。又銀雀山竹簡"施"皆作"陀"。《左傳·隱公元年》:"愛其母,施及莊公。"

《中國史研究》1979-4,頁 86

○李學勤、李零(1979)　第七行"以施及子孫",《詩·皇矣》:"施于孫子。"

《考古學報》1979-2,頁 151

○**于豪亮**（1979）　陀讀爲施,古从它得聲與从也得聲之字常相通假,如《左氏春秋·桓公十二年》:"公會杞侯、莒子,盟于曲池。"《公羊傳》作"殹蛇"。《詩·羔羊》:"委蛇委蛇。"《釋文》作虵,云:"本又作蛇,沈讀作委委虵虵,韓詩作逶迤,云公正皃。"《文選·馬汧督誄》注引作"逶迤"。《周禮·職方》:"川曰虖池。"《漢書·地理志》同,班固自注作"虖沱"。凡此皆从它得聲與从也得聲之字通假之例,故陀得讀爲施。

《考古學報》1979-2,頁 178

○**張政烺**（1979）　陀字見秦嶧山刻石:"功戰日作,流血於野,自泰古始。世無萬數,陀及五帝,莫能禁止。"陀蓋讀爲施,《詩·大雅·皇矣》"既受帝祉,施于孫子",箋:"施,猶易也,延也。"

《古文字研究》1,頁 212

○**何琳儀**（1998）　陀,从阜,它聲。《玉篇》:"陀,陂陀,險阻也。"

　　中山王方壺"陀及",讀"施及"。《漢書·禮樂志》:"衆庶熙熙,施及夭胎。"注:"施,延也。"

　　楚器陀,讀地。楚簡"陀宝",讀"地主"。《史記·封禪書》:"二曰,地主,祀泰山、梁父。"土地之神。

《戰國古文字典》頁 865

㫑

 侯馬 156:1　　㽥 郭店·唐虞 27

○**何琳儀**（1998）　㫑,从阜,寺聲。

　　侯馬盟書"平㫑",讀"平時"。見時字。侯馬盟書㫑,讀恃。

《戰國古文字典》頁 45

阽

　　𣂴 包山 119 反

○**劉彬徽、彭浩、胡雅麗、劉祖信**（1991）　隙。

《包山楚簡》頁 25

○**裘錫圭**（2006）　又有"秀阽":

　　(12)宵□敨(識)之,秀陷、秀□、秀□、鄲賞、宵陵、秀□、秀腹志、鄲遠。
此條之末雖無"爲李"二字,但根據包山簡中屢見的"某某識之,某某爲李"的
文例,可以斷定秀陷等人也是爲李的。一般認爲"秀陷"和"秀几"是同一人
名的異寫。《史記·周本紀》"明年敗耆國",《集解》:"徐廣曰:一作'阢'。"
"陷"應即"阢"之異體。"舀"字用作偏旁的"楈、陷"這兩個例子,也説明"舀、
几"可通。

《古文字研究》26,頁 253

陒

璽彙 2329

○**羅福頤等**(1981)　屬羌鐘城作,與此偏旁形近。

《古璽文編》頁 346

○**何琳儀**(1998)　陒,從阜,城聲。疑陒之異文。《玉篇》:"陒,山地名。"
　　晉璽陒,讀城,姓氏。見城字。

《戰國古文字典》頁 811

陓

包山 86

○**吳振武**(1993)　釋爲"陣"。(參"斈"條)

《第二屆國際中國古文字學術研討會論文集》頁 283

○**何琳儀**(1998)　陓,從阜,夸聲。《廣韻》:"陓,陽陓,地名。"
　　包山簡,人名。

《戰國古文字典》頁 462

○**湯餘惠等**(2001)　陓。

《戰國文字編》頁 953

○**孟蓬生**(2009)　簡 10:"毋離(壅)川,毋剚(斷)陓(洿)。"整理者李零先生
云:"陓讀'洿',《廣雅·釋詁三》:'洿,聚也。'指水流所積聚。"
　　今按:李先生讀"陓"爲"洿",其説可從。不過,這個"洿"就是"洿池"之
"洿"。《廣雅·釋詁三》:"洿,聚也。"王念孫《疏證》:"洿,水之所聚也。"《楚

辭・九歎・怨思》：“漸藁本於洿瀆。”舊校云：“洿，一本作污。”王逸注：“洿瀆，水溝也。”《説文・水部》：“污薉也。一曰小池爲污。”可見“洿”就是水池或水溝的意思，也就是水積之處，但不必訓其義爲“積聚”。

《簡帛》4，頁 190

陣

璽彙 1541　　郭店・成之 23

○**何琳儀**（1998）　陣，从阜，東聲（東訛作車形或雙車形），陳之異文。《集韻》：“㇄，列也。亦作陣。”《顏氏家訓・書證》：“行陳之義取於陳列耳，此六書爲假借也。《蒼雅》及近世字書皆無別字，唯王羲之《小學章》獨阜傍作車。”《正字通》：“陳，音陣，軍伍行列也。”

燕璽陣，讀陳，姓氏。見陳字。

《戰國古文字典》頁 1132

陞

璽彙 2266

○**朱德熙、裘錫圭**（1981）　“陞及新君弟子孫”的“陞”字，1 號不晰，5 號右旁从“𦫵”。3 號寫作：，右旁从“斗”。古文字中“斗”和“升”形體極相似，盟書此字與“陞”字通用，自應釋“阩”。“阩”當即“陞”字初文。“陞”字見於戰國印文及匋文。

《睿》13.4　　《徵》14.3

“升、登”皆蒸部字，古音極近，《説文》“扴”字重文作“撜”，所以“陞、阩”可以通用。（編按：上引《睿》13.4 一例，近已有學者指出不應釋作陞。）

《朱德熙文集》5，頁 58，1999；原載《文物》1972-8

○**羅福頤等**（1981）　《説文》所無，《玉篇》：陞，進也，與升同。

《古璽文編》頁 344

○**何琳儀**（1998）　陞，从阜，升聲。《集韻》：“陞，登也。或省。”又《廣雅・釋詁》一：“陞，上也。”

晉璽"亡陘",地名。

《戰國古文字典》頁 144

○湯餘惠等(2001) 陘。

《戰國文字編》頁 951

陞

陞 侯馬 156:19　陞 貨系 2484　陞 璽彙 3021

○何琳儀(1998) 陞,從阜,坴聲。疑阱之繁文。《説文》:"阱,陷也,從阜從井,井亦聲。穽,阱或從穴。汬,古文阱,從水。"

晉璽陞,讀邢。姓氏。周公第四子,封於邢,後爲衛所滅,子孫以國爲氏。見《元和姓纂》。韓陶陞,據出土地河南温縣疑即"邢丘"。《左·宣六》:"赤狄伐晉,圍懷,及邢丘(編按:原作"圍邢丘")。"在今河南温縣東北。趙三孔布"五陞",讀"五陘",地名。《禮記·月令》:"百官靜事毋刑。"注:"今《月令》刑爲徑。"《史記·淮南衡山列傳》:"太子即自剄不殊。"《漢書·淮南王傳》剄作刑。是其佐證。

《戰國古文字典》頁 817

陡

陡 侯馬 156:11

○何琳儀(1998) 陡,從阜,志聲。
侯馬盟書陡,讀時,見時字。

《戰國古文字典》頁 47

△按 侯馬盟書"陡"爲"峙"之異體。

陧

陧 陶彙 9·45

○顧廷龍(1931) 陧,《説文》所無,疑即楚郢之郢。

《古匋文舂録》卷 14,頁 2

陼

侯馬 179:13

○何琳儀（1998）　陼，從阜，豆聲。豎之異文。《集韻》："豎，峻也。或從豆。"侯馬盟書陼，人名，或作隥。陼、隥雙聲。

《戰國古文字典》頁 371

△按　侯馬盟書"陼"爲"隥"之異體。

阱

璽彙 1547　　璽彙 2575

○羅福頤等（1981）　阱。

《古璽文編》頁 346

○吳振武（1983）　1547 孫阱・孫阱（陞）。

《古文字學論集》（初編）頁 499

○湯餘惠等（2001）　阱。

《戰國文字編》頁 952

陟

包山 85　　包山 2

○劉彬徽、彭浩、胡雅麗、劉祖信（1991）　隥，簡文作陟、陟、陟、陟。《説文》徵字古文作數，曾侯乙編鐘銘文徵字作異、異等形，與《説文》徵字古文之左旁相同。簡文所從之屮也與《説文》徵字古文左旁相近，省去口部，陟、陟從升得聲，通作徵。《尚書・洪範》"念用庶徵"，鄭注："驗也。"

《包山楚簡》頁 40

○朱德熙、裘錫圭、李家浩（1995）　阱。

《望山楚簡》頁 109、112

○何琳儀（1998）　隥，從阜，岦聲。岦旁或省屮作屮，與升旁混同。或加止旁繁化。

包山簡隥,讀徵。見諮字。包山簡"隥門",讀"徵問"。見邎字。

《戰國古文字典》頁 141

△按　"阧、陞、阩"等字爲一字異寫。

隖

壐彙 0011

○ **何琳儀**(1998)　隖,从阜,岡聲。**工**爲土收縮豎筆所致,乃疊加形符。参陰字阜下所从**工**形。隖爲岡之繁文。《正字通》:"隖,俗岡字。"

燕壐"隖陰",讀"强陰"。《説文》剛古文作弜(强),是其佐證。强陰,地名,見《漢書·地理志》雁門郡。在今内蒙涼城東。

《戰國古文字典》頁 730

阬

陶彙 6·60

○ **何琳儀**(1998)　阬,从阜,兒聲。下或加土旁爲飾。如果移土旁與兒旁借用筆畫作🜚(参郳作🜚),即與陛字結構吻合。《説文》:"陛,危也。从阜,从毀省。徐巡以爲陛,凶也。賈侍中説,陛,法度也。班固説,不安也。《周書》曰,邦之阢陛。讀若虹蜺之蜺。"陛,舊歸疑紐月部。茲據戰國文字以陛爲兒之準聲首。陛,疑紐;兒,泥紐;均屬鼻音。《説文》陛讀蜺,是其佐證。

韓陶阬,姓氏,疑讀蜺(霓)。見《奇姓通》。

《戰國古文字典》頁 762

障

陶彙 5·384

○ **高明、葛英會**(1991)　《説文》所無,《類篇》:"障,山名,在雁門。"

《古陶文字徵》頁 257

○ **何琳儀**(1998)　(隸定爲"障")障,从阜,韋聲。嶂之異文。《集韻》:"嶂隸作嶂。或作障。"《説文》:"嶂,山也。在鴈門。从山,韋聲。"

秦陶"桑障",地名。

《戰國古文字典》頁 493

陞

壐彙 0519

○**何琳儀**（1998）　陞,从阜从土,臣聲。
燕壐陞,人名。

《戰國古文字典》頁 1127

隖

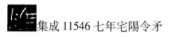 集成 11546 七年宅陽令矛

○**何琳儀**（1998）　隖,从阜,馬聲。《方言》十三:"隖,益也。"
七年宅陽令戈隖,疑讀馬,姓氏。

《戰國古文字典》頁 608

隊

壐彙 1381

○**羅福頤**（1981）　隊。

《古壐彙編》頁 149

○**何琳儀**（1998）　隊,从阜从心,采聲。疑隆之異文。
晉壐隊,人名。

《戰國古文字典》頁 1060

陞

壐彙 1380

○**羅福頤**（1981）　陞。

《古壐彙編》頁 149

○何琳儀（1998）　隥，从阜从止，采聲。疑墥之異文。《廣雅·釋邱》："墥，冢也。"

《戰國古文字典》頁 1059

△按　晉璽"隥"字疑爲"隥"之異體。在同系的侯馬盟書中，常常可以看到書寫者有意識地拿常見的形符去替代文字中的某個形符，如"𧥣"之作"𧥦"、"𩾃"之作"𩾄"、"𩊠"之作"𩊡"都是用常見的"心"符去替代原字中的某個形符。

陵

郭店·尊德 14

○黃德寬、徐在國（1998）　尊 14 有字作𨺉，原書隸作"陵"，無説。我們認爲此字所从的𨽶與包山楚簡陵字所从的𨽸（《簡帛編》68 頁）相同，應隸作"陵"，釋爲"陵"。簡文："教以支（辯）兑（説），則民執（勢）陵倀（長）貴以忘。"陵字義爲"犯"。玄應《一切經音義》卷九引《蒼頡篇》："陵，侵也。"《玉篇·阜部》："陵，犯也。"《廣韻·蒸韻》："陵，侮也。"《書·畢命》："世禄之家，鮮克有禮，以蕩陵德，實悖天道。"《韓非子·奸劫弒臣》："正明法，陳嚴刑，將以救群生之亂，去天下之禍，使强不陵弱，衆不暴寡。"

《吉林大學古籍整理研究所建所十五周年紀念文集》頁 105

隝

𨺴璽彙 0830

○何琳儀（1998）　𨺴，从阜从土，喬聲。疑墧之繁文。
　　燕璽𨺴，人名。

《戰國古文字典》頁 295

隱

集成 9734 舒盉壺

○張政烺（1979）　隱，从心，隱聲，字書不見，隱與差音近，疑讀爲差。

《古文字研究》1，頁 243

○**李學勤、李零**（1979）　　正始石經殽字古文作🖌,壺銘第四十三行第二字疑以之爲聲,可讀爲遥,《莊子·秋水》注:"長也。"

《考古學報》1979-2,頁 161

隡

集成 428 冉鉦鍼

○**何琳儀**（1998）　　隡,從阜,彊聲。疑疆之異文。《説文》:"畺,界也。""疆,畺或從彊、土。"

冉鉦鍼隡,讀疆。

《戰國古文字典》頁 638

墢

曾侯乙 63

○**裘錫圭、李家浩**（1989）　　"墢",從"阜"從"土"從"杲"從"攴"。望山二號墓竹簡記車馬器有"繡緅聯縢之緥""丹緅聯縢之緥"等。"緥"所從"杲"與此字所從"杲"形近,疑"墢"與"緥"指同一種東西。

《曾侯乙墓》頁 515

○**何琳儀**（1998）　　墢。

《戰國古文字典》頁 1521

隮

石鼓文·田車

○**何琳儀**（1998）　　隮,從阜,齎聲。(《説文》:"齎,等也。從齊,妻聲。")片,斨之省文,爲疊加音符。妻,清紐;斨(析),心紐;均屬齒音。隮,疑隮之繁文。《廣韻》:"隮,升也。"

石鼓隮,讀隮。

《戰國古文字典》頁 1266

厽　厸

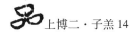上博二・子羔 14

○**劉信芳**（2003）　厽：“參”之省形。“參鈂”謂三合之鈂。

《包山楚簡解詁》頁 21

○**季旭昇**（2003）　厽：“參”之省體分化字，戰國文字作爲數量詞時與“三”混用無別。

《上海博物館藏戰國楚竹書（二）讀本》頁 35

○**馮勝君**（2007）　上博簡（編按：上博簡《緇衣》篇）**厸**即“參”之省，用爲“三”。兩周金文中“參”“三”有時互作，如“三軍”（《集成》272–8、285）又作“參軍”（《集成》2840），“三門”（《集成》2839）又作“參門”（《集成》2838），“三分”（《集成》2105）又作“參分”（《集成》2451、10362），“三壽”（《集成》2826）又作“參壽”（《集成》193、260）等。但“三”和“參”在用法上還是有區別的，如“三”後面可以接年、月、千、萬等，而“參”不可，金文中的“參有嗣”（《集成》2832、6013 等）也從不作“三有嗣”。

金文“參”字本作𠂤（衛盉，《金文編》1120 號）、𠂤（克鼎，同上）等形，戰國文字有所簡省，寫作𠂤（魚顛匕，同上）、𠂤（中山王鼎，同上）。上博《緇衣》中的**厸**和信陽簡中的𠂤，當是在上述形體的基礎上省簡而成。信陽簡“教□晶歲，教言三歲”，“晶、三”互作，用法無別。馬王堆帛書《要》篇二三子之“三”也寫作“厽”。

《郭店簡與上博簡對比研究》頁 119—120

絫　絫

十鐘

○**何琳儀**（1998）　絫，從糸，晶省聲。《説文》：“絫，增也。從厽從糸。絫，十黍之重也。”又：“厽，絫坺土爲牆壁。象形。”疑厽爲秦國文字，晶爲六國文字。

秦璽絫，人名。

《戰國古文字典》頁 1264

四  三

石鼓文·鑾車

先秦編,頁 277　　包山牘 1　　燕下都 463·11

楚帛書　　郭店·性自 9

集成 9734　舒盜壺　　集成 4646 十四年陳侯午敦

○**徐中舒**(1933)　三,古四字,積畫爲之。《攈古録·陳侯午錞》作三,失摹
一畫。

　　　　《徐中舒歷史論文選輯》頁 406,1998;原載《史語所集刊》3 本 4 分

○**商承祚**(1964)　四字帛書有回、四兩體寫法。春秋末的金文四字作**田**(鄅孝子
鼎)、**四**(郘鐘)、**回**(郊王鐘),戰國大梁鼎**四**,各省變其筆勢,至小篆乃規範爲四。

　　　　　　　　　　　　　　　　　　　　　　　　　　　　《文物》1964-9,頁 13

○**中大楚簡整理小組**(1977)　四作**卅**,字亦見五里牌竹簡遣策。戰國文字四
常可寫作**卅**,其以書寫不慎,中閒兩筆上伸出頭,乃成**卅**形。此簡器名之前皆
爲數目字,如“六貢鼎、二卵缶、二盤”等等,依上下文例,“**卅**盌”釋四盌,則文
從字順,如釋“**卅**(串)盤”則突兀難通。按,盌,“小盂也”,“盂,飯器也”(《說
文》),易言之,實即今所謂飯碗。“**卅**盌又蓋”,乃指四隻有蓋的飯碗。

　　　　　　　　　　　　　　　　　　　　　　　　　　《戰國楚簡研究》3,頁 55

○**中大楚簡整理小組**(1977)　囗四。才医賦。

　　第一字所從不明,因此不知此器爲何物。**卅**爲四,《石刻篆文編》卷十四
所引戰國博塞,“四”字結構相同。江陵望山二號楚墓遣策的“四”字,還是積
畫成三,鼎字寫作**鼎**,此“**卅**”字的出現,和第一簡鼎字作**鼎**,均爲戰國末期文字
的特點,可以作爲此墓是戰國末期楚墓的佐證。雲夢秦簡和馬王堆出土《老
子》甲本“四”字作**四**,則可以作爲此墓不晚於秦的反證。《長沙發掘報告》記
載此墓出土文物有四件的爲大銅壺四、銅鈁四、席四張。此簡所記不可能是
席子,應爲銅壺或銅鈁。壺或鈁戰國時期又可稱鉇或鉼。

　　　　　　　　　　　　　　　　　　　　　　　　　　《戰國楚簡研究》4,頁 21

○**李家浩**(1984)　“連囂之囗三”最後一字是數字。戰國印文最後一字是數
字的還見於下録二印:

公釆之四。(《古璽彙編》504・5560)

西□巨四。(《古璽彙編》55・0316)

第一印"釆"字亦見於下錄楚印：

司馬釆鉩(璽)。(《古璽彙編》7・0042)

此字與三體石經古文"狄"相同。"公釆之四"和"司馬釆璽"都是官印,把"釆"釋爲"狄"在此無法講通。按馬王堆三號漢墓帛書篆書陰陽五行"醉"字所從"卒"旁寫作"釆",這是因爲"釆"包含有"卒",所以作爲"卒"來用的。《古璽彙編》337 號"倅廇(府)"印,"倅"即"倅"字,"釆"旁亦用作"卒"。據此,疑上錄二印之"釆"也是作爲"卒"來用的。"公卒"是指縣公所屬的卒,"司馬卒"是指司馬所屬的卒。

第二印"西"下一字不識。"西□"當是地名。《漢書・吳王劉濞傳》:"膠西王、膠東王爲渠率(帥),與菑川、濟南共圍臨菑。""渠帥"猶言"將帥"。"渠帥"之"渠"或作"醵"。《廣雅・釋言》:"將、醵,帥也。"《古璽彙編》0174 號印:"武關叔。"

以同類關印"武關粻(將)璽、这關醬(將)棓"例之,"叔"當讀爲"醵"。"渠、醵、叔"三字古音相近,當是一聲之轉。《春秋》定公十五年"齊侯、衛侯次于渠蒢"之"渠",《左傳》《公羊傳》並作"蘧"。《荀子・修身》"有法而無志其義則渠渠然",楊倞注:"渠,讀遽。古字渠、遽通。"《史記・孔子世家》人名"雍渠",《戰國策・趙策四》作"雍疽",《韓非子・難四》作"雍鉏"。即其證。"渠"從"巨"聲,故"渠、巨"二字古通。如"螶"字或體作"蝶";《書・禹貢》"渠搜",《列子・穆天子》作"巨蒐"。據此,疑印文"巨"應該讀爲"渠帥"之"渠"。"西□巨"即"西□"這個地方的將帥。《漢書・文帝紀》:二年"九月,初與郡守爲銅虎符、竹使符",顏師古注引應劭曰:"銅虎符第一至第五,國家當發兵遣使者,至郡合符,符合乃聽受之。竹使符皆以竹箭五枚,長五寸,鐫刻篆書,第一至第五。"傳世漢代虎符有"某郡左幾、某郡右幾"的銘文,與應劭説合。"連囂之□三、公卒之四、西□巨四"三印之"三、四",當與漢虎符、竹使符第一至第五的記數性質類似。《戰國策・韓策二》記楚圍韓雍氏,韓求救於秦,秦使公孫昧入韓,公孫昧對公仲説"……司馬康三反之郢矣,甘茂與昭獻遇於境,其言曰收璽,其實猶有約也",鮑彪注:"璽,軍符。收之者,言欲止楚之攻韓。"可見戰國時期璽印具有兵符的作用。"公卒之四"和"西□巨四"是軍璽,所以有與漢虎竹使符第一至第五性質類似的記數。"連囂之□三"最後一字也是數字,與"公卒之四、西□巨四"二印相同,亦應該是軍璽,"連囂"即職掌軍事的官。上文曾經提到《史記·淮陰侯傳》索隱引張晏曰,以“司馬”釋“連敖”。司馬也是管軍事的官。看來張晏的説法大概是對的。

《江漢考古》1984-2,頁48—49

○**李學勤**(1984)　　上賢村壺銘中的“四”字也不易讀釋。按《三代吉金文存》20.60.2有廿四年銅梃,其銘文開端爲“廿四年”,“四”字作三角形,下加突出的兩筆。這件梃的“年”字从“土”,爲燕國文字所習見。“四”字的同樣寫法,又見於戰國晚期的磬折式明刀,如《東亞錢志》43.2背文“左四”。這樣寫的“四”字,只要下面兩筆外移,便成了上賢村壺“四”字的模樣。“四”的這一特殊寫法,是上賢村壺國別的又一證據。

　　我們曾談過燕早期明刀“四”字作重畫的“三”,到晚期明刀和陶文才改作“四”。上賢村壺用“四”的寫法,可見時代當爲戰國晚期。

《文物》1984-6,頁27

○**何琳儀**(1993)　　《貨系》(下文所引貨幣文字編號均見此書)有一習見數目字,編者引陳鐵卿説釋“百”。其形體大致可分四類:

A ▽ 3567(圖一)　　　B △ 3558(圖二)　　　C 〇 3559(圖三)　　　D 〇 3121(圖四)

　　(中略)筆者認爲燕明刀數目字的四式均應釋“厶”讀“四”,下面從形體、音讀、異文等方面予以證明。

　　一、戰國文字“厶”與“私”習見:

齊系▽陶彙3.417“高闕厶(私)”

燕系▽璽彙4130“厶(私)句(鉤)”

晉系▽卅六年私官鼎“厶(私)官”　　　〇璽彙4589“厶(私)璽”

　　　〇中私官鼎“厶(私)官”　　　〇中山121“厶(私)庫”

楚系〇包山128“王厶(私)司敗”

秦系𣱵邵公盍“厶(私)工”　　　𣱵璽彙4623“厶(私)璽”

這些形體與上揭燕明刀背文四式相較,多可找到對應關係,無疑應是一字。

　　二、從上古音分析。“厶”屬心紐脂部,“四”屬心紐質部;二字聲紐相同,韻部也恰是陰聲和入聲的關係。二者讀音顯然十分接近。

　　三、曾侯乙墓出土石磬木匣漆書數目字“一、二、三、四、五、七、九、卅四、十四”,其中的“四”字均作〇形,與上揭燕明刀D式吻合無閒。這是“厶”可讀“四”的佳證。

　　以上三條證據説明“厶”與“四”可能是一字分化。細心的讀者也許會提出疑問:既然燕幣以“厶”爲“四”,那麼燕幣中標準的“四”字又如何解釋?

眾所周知,商周文字"四"均作☰形,並一直延續使用至戰國,見齊圜錢
"賹四朱"、趙尖足布背文"十四"等。春秋晚期才出現與小篆形體相同或略有
變化的"四",例如:

A 𝕎郘王子鐘　　B 𝕎楚帛書　　C 𝕎貨系 4189

D 𝕎邿鐘　　　　E 𝕎大梁鼎

以上 C 式是由 A、B 式兩撇延長的結果。D、E 式分別在"四"內增"一"或
"二",乃裝飾筆畫,並無深意。燕幣文字除保存古寫☰之外,若干變體均由戰
國文字"四"形演化:

　　　𝕏 3499　　　𝕏 3077　　　𝕏 3079　　　𝕏 3553

如果省簡其兩撇即成▽形。換言之,戰國文字"四"是在"厶"的基礎上增加兩
撇筆演變而來。這既有形的變化,也有音的分化(參上文)。類似的分化現象
參見"向"—"尚"、"豕"—"彖"、"丂"—"兮"、"平"—"釆"等形音關係。

關於"四"的本義,《説文》:"四,陰數也,象四分之形。"實不足爲訓。近
代學者或推測"四"爲"呬"之本字,亦有未安。因爲"四"的外圍並非"口"字,
當然"兼口舌氣象之也"也就失去依據。從形體分析,與其說"四"爲"呬"之
本字,不如說"四"爲"厶"之分化字。

無獨有偶,數目字"六"也是"入"的分化字,即在"入"下加兩撇筆成爲
"六"。不過這一分化發生在甲骨文,比"厶"與"四"的分化時間要早得多。
饒有趣味的是,燕刀幣銘文"入"與"六"均爲數目字:

　　　　左入(六)3425　　　左六 3426

這一現象與上面論及的"厶"與"四"有平行對應關係。廣義而言,二者均屬假
借;狹義而言,二者實屬分化。因此,燕刀幣銘文以"厶"爲"四",且同在刀幣
銘文中出現,也就不足爲奇了。

最後用燕刀幣銘文辭例驗證以上結論是否正確,茲選有代表性者十二例:

左厶 3323　　　右厶 3556　　　右一厶 3564　　　右三厶 3566

右四厶 3731　　右五厶 3567　　右六厶 3569　　右七厶 3573

右八厶 3575　　右廿厶 3577　　右千厶 3580　　右萬厶 3733

以上"四"字均處個位數,讀"四"十分通順。後二例讀"右一千零四、右一萬
零四"。至於"右四厶"即"右四四",應讀"右四十四"。十位數"四"采用標準
字形,個位數則以"厶"爲"四",這大概是書寫者爲求其變化,將"四"故意寫
成兩種形體,相當後代書法藝術中的所謂"避複"。

就現有材料分析,以"厶"爲"四"在燕國明刀中最爲習見,齊國刀幣一見

（《貨系》3799"齊𣓏厶刀"），晉系布幣偶見（尖足布"甘丹"背文、小直刀背文），楚系漆書二見（見上文所引）。由此可見，以"厶"爲"四"的現象，在戰國文字中較爲普遍。（中略）

綜上所述，燕明刀背文▽、○等形不應釋"百"（背文"百"作全形），而應釋"厶"讀"四"。"四"是"厶"的分化字，這一分化發生在春秋戰國之際，"四"形一直使用到今天。

《古幣叢考》（增訂本）頁 24—29,2002；原載《文物春秋》1993-4

○何琳儀（1998） 四，甲骨文作亖（甲五〇四），表示四物。指事。西周金文作亖（盂鼎），春秋金文作亖（秦公簋）。春秋晚期金文或以厶爲四，參曾侯乙墓漆書"一、二、三、四、五"作一、二、三、○、×。厶、四均屬心紐脂部，四爲厶之準聲首。或加分化部件八形作卣（徐王子鐘），或加短橫爲飾作卣（邵鐘）。戰國文字承襲商周文字。燕系文字或作▽、卣、卣、卣，晉系文字或作○、卣，後者加二短橫爲飾，楚系文字或作○、卬、卬（或作卣與晉系文字相同），秦系文字作四。《説文》："卣，陰數也，象四分之形。卬，古文四。亖，籀文四。"戰國文字亖、○、卣同時使用，故仍從舊説，四聲首獨立。

中山王圓壺"四方"，見《詩·大雅·皇矣》："監觀四方。"中山王圓壺"四駐"，讀"四牡"。《詩·衞風·碩人》："四牡有驕。"

帛書"四興"，四時。《漢書·禮樂志》："四興遞代八風生。"注："應劭曰：四時遞代成陰陽，八風以生也。"帛書"四寺"，讀"四時"。《易·恆》："四時變化，而能成久。"

《戰國古文字典》頁 1283—1285

【四比】貨系 4148

○丁福保（1938） 近見海鹽張燕昌《金石契》摹刻一幣，形與十貨大幣同。長寸六分、廣八分，蓋即十貨之子。錢文曰"四布當十化"。四作卬，餘文同大幣，惟四布文在面，當十化文在幕爲異。此又莽十布橫書之所本，何以小大直相等。則此品自當十，大幣又當小幣之十，實當百矣。當十何以名四布？其重得扶布十分之四也。《金石契》目爲連幣，以兩幣一正一倒，四足相連，係出範後未經剖析者，蓋偶然耳。以爲專名者非，釋爲四布當千者亦非。【癖談】

《古錢大辭典》頁 2154,1982

《金石契》曰："右連幣兩面有文，或釋四布當千。"按連幣之名，見於高似孫《緯略》及鄭樵《通志略》，蓋出範後未經剖析者，兩家俱定爲商制，洵古泉奇品，粵東潘舍人毅堂，有爲好古君子也，己酉冬，歸自京師，道出錢塘，泊舟江上,余與趙晉齋造訪,賞其所攜書畫及古泉幣,達旦別去,晉齋以連幣贈行。余亦贈以石勒豐貨,而毅堂以金錯刀相報,美人之意,令人服膺弗失矣。【古泉匯考】

《古錢大辭典》頁 2155,1982

四布(背)當十化 兩面五字,制同前而小,四布當十化,猶言四枚可直十化金也。與前品大小懸殊,故一當十,四當十。所直亦懸殊,此即後世當一當十錢所由昉。此布確係連幣之剪斷者。【錢匯】

《古錢大辭典》頁 1182,1982

右面文二字曰"見比",背文三字曰"當斤一"。

按:𡩟,古文導字作𡩟,從𡩟,是爲見字,讀若現,便也。當斤一者,言以此與斾比,比之則小而便,乃直錢二十五,當各六銖之十,當半兩之五也。其範形與斾比,若一特大小其制,爲子母相權之法。究新莽貨幣,其原蓋出於此,故範形仿佛,直亦二十五也。【文字考】

《古錢大辭典》頁 1182,1982

右一品,此劉青園之所謂四比當一斤者,茲從馮氏《金石索》中摹出。【所見錄】

《古錢大辭典》,頁 1182—1183,1982

右布亦見《金石略》。一面爲商貨,一面爲四布,亦商布也。《六書略》云:"'商貨'商作𡩟,復作𡩟,復作𡩟,復作𡩟,復作𡩟,復作𡩟,復作𡩟。"則商貨多矣,今皆未見,附志之。【錢略】

《古錢大辭典》頁 1182,1982

四布四布(背)當十化當十化 此即前品未經剪斷者,俗名曰"連布",以其連而不斷名之也。"十"字泐其橫畫。《匯考》又載有兩面四布四布同文,及兩面當十化當十化同文二種,世或有之,今俱未見,凡同文泉皆錯用泉範,乃工匠之誤,非別種也。【錢匯】

《古錢大辭典》頁 1182,1982

又見比面背文同。據陳壽卿曰,求之吳子苾太史,得此拓本,乃出範時偶未分斷者,《金石契》亦載此種,謂之連幣。【文字考】

《古錢大辭典》頁 1182,1982

右商連幣 按連幣亦見《金石略》,各家不著録。江秋史有此幣,續於宜泉處得拓本。三五古幣不盡傳,言金石者多不著録。《通志略》《路史》閒及之,皆本董逌《錢譜》。今董譜不傳,鄭羅輒多穿鑿,以所目驗參二家相應而可辨者臚於右，其他平陽安陽梁邑襄垣之屬，陸友仁所謂先秦古幣多以地紀者是，別以類圖於後，或亦指爲古皇金幣，未可據也。外有幣首方而空，多出豫省，或識一字二字，或左或右，皆古篆，不盡地名。近人目爲鏟布，亦曰空口幣，又呼農器幣。按管子以刀布爲下弊，布亦幣也，故謂之鏟布。《説文》："鏟，鏶也。鏶，鍱也。或曰銅鐵椎鍊成片曰鍱。"是一義也。鮑照《蕪城賦》"鏟利銅山"，注引《倉頡篇》："鏟，削平也。"又一義也。或曰鏟與産同。《廣雅・釋詁》："産，貨也。"是又一義也。鏟亦作鏺，或省作剗，鏺與錢聲相近，方回《續古今考》云："《詩》所謂錢農器也。上聲，以泉幣爲錢，不知自何時始，小學書無此字。"江秋史亦云："錢取錢鎛之義，於農器爲近。"則目爲鏟布，名雖無據，義自可通。譜録無徵，莫詳時代，商周彝器字體略同，非三代以下物也，爲類列於古幣之次。【錢略】

《古錢大辭典》頁 1182—1183，1982

○**鄭家相**（1958）　此布文曰四戔，背文當釿。四爲泗省，亦紀地，即泗水也。因沛地臨泗水，故以四字著文，其著文雖異，而鑄地則一，所以異其文者，蓋便民易於分别也。此布多二枚相連，俗稱連布，亦有剪斷者，二個連布，或四個斷布之重，等一㫃布，可知連布二，或斷布四，均值㫃布一也。行使時欲一則連之，欲二則斷之，可因需要之便利，與㫃布雖屬兩種形式，而制可分二等，其法固巧矣。然二個連布分之爲四，等一㫃布，則四字亦可作紀數解，謂此四錢可當平賈之釿也。

《中國古代貨幣發展史》頁 134

○**郭若愚**（1991）　釿布小型的一種，面文爲"四布當釿"，我認爲"四"字應是"貝"字，即"貨"字之省文。此四字即"貨幣當釿"。

《中國錢幣》1991-2，頁 60

○**黄錫全**（1995）　根據"杬比堂忻"布及"四比堂忻"的文字特點，此種布幣也當屬楚。

首先，正如以往諸家所指出，从十从斤的"忻"字，除此種布外，目前僅見於楚國銅貝。三晉的"釿"字均从金从斤，不見作"忻"。而我們討論的布幣有同於楚貝的"忻"，當是判定國别的典型例證。

第二，"四比堂忻"之"四"字的寫法，目前也僅見於楚系文字。數目字"四"的寫法也有地域特點，也是判定國别的典型字例。如下舉之例：

秦　石鼓文　陶文

三晉　吕鐘　大梁鼎　平安君鼎　二年寧鼎

燕　　　𫝆陶文　　　　　　　　　　𫝆𫝆𫝆𫝆明刀背文

楚　　　𫝆𫝆𫝆𫝆包山楚簡　　　　　　𫝆銅錢牌

布幣　　𫝆四比堂圻布　　　　　　　𫝆陶範角上文字

從上列文字可以看出，與我們討論的布文“四”形相近者，只有燕和楚。而燕之“四”字的寫法與布文有所區別，布幣又不可能是燕布。布文最接近的還是楚。鄂東南出土的銅錢牌，經考訂應是楚，包山楚簡、望山楚簡無疑是楚，所以，布文“四”形理當是楚字。

“堂”所從的土作𡉚。這種寫法不獨三晉，楚文字也有。如《包山楚簡》的郢(41)、坡(188)、壄(2050)諸字便是例證。“堂”形所從的“尚”，與熊前鼎、熊感鼎的“嘗”形類似，只是省一口。“堂”字省口，見於中山王墓兆域圖、古璽及《説文》古文。布文“堂”假爲“當”。

這種字體修長、飄逸的風格，與曾侯乙編鐘、蔡侯墓銅器、曾姬無卹壺、熊前鼎等銘文近似。因此，從文字特點及風格分析，這種布幣也當判定爲楚幣。

《先秦貨幣研究》頁 216，2001；原載《中國錢幣》1995-2

○梁曉景(1995)　【四比・平襠方足平首布】戰國中晚期青銅鑄幣。鑄行於韓、楚等地。面文“四比”，背鑄“當圻”，四字連讀，意爲此幣四枚相當於一釿之重。一般通長 4—4.1、身長 2.9—3、肩寬 1.9—2.1、足寬 1.9—2.1 釐米，重 7.5—8 克。常見有將兩枚“四比當圻”布足與足連鑄一起，稱爲連布。一般通長 8.1—8.3、身長 6.1—6.2、肩寬 1.8—1.9、足寬 1.9—2.1 釐米，重 14.5—17.7 克。均罕見。

《中國錢幣大辭典・先秦編》頁 276

【四分】

○曹錦炎(1985)　“四分”兩字爲合文，這是指鼎的容積。他器有“庮(容)四分”(梁廿七年鼎)、“庮(容)叁分”(上樂鼎)等，可資比較。四分是指該鼎的容量爲四分之一䉓而言。“四分”前一字殘存數筆，當是容、載一類的字，有可能是“受”字。

《考古》1985-7，頁 634

【四朱】

○鄭家相(1958)　此種面文僅著四朱二字，不著地名，或圓形，或方形，大小不一，所見頗多。方形之穿亦有上下兩端直貫者，大抵各地因繁就簡，多有製造，非一地物也。

《中國古代貨幣發展史》頁 194

【四駐汸汸】舒蚉圓壺

○**李學勤、李零**（1979）　　"四牡汸汸"也見於《詩》,異文頗多,如《車攻》作"四牡龐龐",《烝民》作"四牡彭彭",《説文》引《詩》則作"四牡騯騯"。

《考古學報》1979-2,頁 161

○**于豪亮**（1979）　　"四駐(牡)汸汸",《詩·北山》、《烝民》並云"四牡彭彭",《説文·馬部》引作"四牡騯騯"。《大明》:"駟騵彭彭。"《清人》:"駟介旁旁。"汸、彭、旁、騯並音近相通。

《考古學報》1979-2,頁 182

○**朱德熙、裘錫圭**（1979）　　《詩·小雅·北山》又《大雅·烝民》:"四牡彭彭。"《説文》引作"四牡騯騯"。"汸汸、彭彭、騯騯"並同。

《朱德熙古文字論集》頁 105,1995;原載《文物》1979-1

○**李仲操**（1987）　　"四牡汸汸",則是指其出行奔波不息的樣子。《詩·北山》:"四牡彭彭,王事傍傍。"《傳》云:"彭彭然不得息,傍傍然不得已。"正與此同。這段是敘述王譻出奔的景況。

《中國考古學研究論集》頁 344—345

○**湯餘惠**（1993）　　四牡,指一車所駕四馬。汸汸,即騯騯。《説文》:"騯,馬盛也。從馬,旁聲。《詩》曰'四牡騯騯'。"《詩經》又作"旁旁、彭彭",音近義同,形容駕車之馬肥碩壯健。

《戰國銘文選》頁 41

【四時】

【四寺】

○**李零**（1985）　　這裏可能不是春、夏、秋、冬四時,而是指下文之"宵""朝""晝""夕",參荀悦《申鑒》:"天子有四時,朝以聽政,晝以訪問,夕以修令,夜以安身。"《淮南子·天文訓》:"禹以爲朝、晝、昏、夜。"

《長沙子彈庫戰國楚帛書研究》頁 73

○**何琳儀**（1986）　　"四寺",《書·堯典》載帝令義、和"以閏月定四時成歲"。

《江漢考古》1986-2,頁 82

○**劉信芳**（1996）　　四時,《春秋公羊傳》隱公六年:"四時具然後爲年。"《左傳》昭公元年:"分爲四時,序爲五節。"《書·堯典》記帝堯命義仲、義叔、和仲、和叔分別爲春、夏、秋、冬之正,與帛書所記類似。

《中國文字》新 21,頁 78

○**李零**（2000）　　四時,既可指一年分爲春、夏、秋、冬四時,也可指一日分爲宵、朝、晝、夕四時。據馬王堆帛書《禹藏圖》,月亦可四分。

【四神】

○**李學勤**(1984)　很多研究帛書的學者將"是生子"與下面的"四"連讀,以爲所生四子就是下文講的四神,我們不同意這種説法。澳大利亞國立大學的巴納已經指出,"四"字應連下讀。下面的兩句是"四□是襄,天埈是各(格)",是四字對偶句,就語法而言,"四"字是不能連上讀的。《四時》這一章的主體是包犧,不是四子。

○**李零**(1985)　是生子四☒,當指生子四人。此四子也就是下文的"四神"。(中略)按帛書記四子與《書・堯典》所記堯時分守四方,"欽若昊天,曆象日月星辰,敬授民時"的羲仲、羲叔、和仲、和叔,即所謂羲、和四子非常相像。《國語・楚語》:"及少昊氏之衰也,九黎亂德,民神雜糅,不可方物……顓頊受之,乃命南正重司天以屬神,火正黎司地以屬民,使復舊常,無相侵瀆,是謂絕地天通。其後,三苗復九黎之德,堯復育重、黎之後不忘舊者,使復典之,以至於夏、商。"《書・堯典》孔傳:"重、黎之後,羲氏、和氏世掌田地四時之官。"《史記・天官書》:"昔之傳天數者,高辛氏以前重、黎,與唐虞羲、和。"按照這些古書記載的傳説,從顓頊以至於夏、商,一直都有世代相襲掌守田地四時的官守,他們在顓頊的時代是叫作重、黎,在堯、舜以至於夏、商的時代是叫作羲、和。並且《國語・鄭語》《山海經・大荒西經》《大戴禮・帝系》等許多古書還説,重、黎是顓頊之後、楚人之先。可見這裏代表的實際上是楚人的傳説系統。重、黎或羲、和四子其所職與帛書四子是相同的,所以二者應當是一回事。但是帛書所記有一點是新鮮的,這就是它把四子的年代説得更早,直接以之爲伏羲、女媧之後。這使我們聯想,羲、和二氏中的"羲"可能就是源自於伏羲,而"和"則是源自於女媧(和、媧均古歌部字,聲紐亦相近)。這裏帛書提到四子於夏商之際失其職守。古文尚書《胤征》篇説:"羲、和廢厥職,酒荒于厥邑……惟時羲、和,顛覆厥德,沉亂于酒,畔官離次,俶擾天紀,遐棄厥司。乃季秋月朔,辰弗集于房,瞽奏鼓,嗇夫馳,庶人走。羲、和尸厥官,罔聞知。"保留的就是這一傳説。帛書全篇講羲、和四子最多,這不是偶然的。古人説"數術者,皆明堂羲、和史卜之職也",帛書是數術家講曆忌之書,自宜爲其所祖。

○何琳儀（1986）　　“四神”，即上文“是生子四”，女媧之四子。

《江漢考古》1986-2，頁 81

○劉信芳（1996）　　按帛書“四子、四神、四時”三位一體，“四時”是時間概念，即春、夏、秋、冬四季，是客觀存在；而“四子、四神”則是“四時”的人格化和神化，是“四時”在初民思維中的產物。帛書的作者認爲：四時的產生，是先祖（神）推步的結果，也就是認識的結果。

《中國文字》新 21，頁 77—78

【四興】楚帛書

○李零（1985）　　四興，疑指四時代興，《呂氏春秋·大樂》：“四時代興，或暑或寒，或短或長，或柔或剛。”

《長沙子彈庫戰國楚帛書研究》頁 60

○何琳儀（1986）　　“四興”，見《漢書·禮樂志》“四興遞代八風生”，注：“應劭曰，四時遞代成陰陽，八風以生也。臣瓚曰，舞者四懸代奏也……師古曰，瓚説是也。”以帛書“發四興閲”驗之，應劭説並非無據。又參《新書·容經》。

《江漢考古》1986-1，頁 55—56

【四踐】

【四淺】楚帛書

○李零（1985）　　四踐，踐與躔音義相通，《説文》：“躔，踐也。”指四時星辰的躔度，即下篇所説“天踐”和“天步”。

《長沙子彈庫戰國楚帛書研究》頁 58

○高明（1985）　　商承祚讀“四淺”爲四踐。陳邦懷云：“按《史記·五帝本紀》‘載時以象天’，《索隱》：‘載，行也。言行四時以象天。’《大戴禮》作‘履時以象天’。履，亦踐而行也。帛書‘四淺’，謂踐四時之常。”

《古文字研究》12，頁 386

○劉信芳（1996）　　“淺”讀如“殘”，泛指殃咎。《逸周書·文傳》：“天有四殃，水旱饑荒。”殃、殘義近。《山海經·西山經》：“是司天之厲及五殘。”郭璞注：“主知災厲五刑殘殺之氣也。”

《中國文字》新 21，頁 91

【四極】

【四呕】楚帛書、秦駰玉版

○李學勤（1984）　　什麼是三天、四極，不易詳考。明代黃佐《文藝流別》卷十七引《五行傳》云：“東方之極，自碣石東至日出榑木之野。”“南方之極，自北户

南至炎風之野。”“中央之極,自昆侖中至大室之野。”“西方之極,自流沙西至三
危之野。”“北方之極,自丁令北至積雪之野。”除去中央,詳舉了四極的位置。
這段傳文似乎進一步證明了帛書和《洪範五行傳》相通的關係。不過清代輯
注《尚書大傳》的學者雖多收録這段文字,但多有懷疑,這裏姑且存而不論。

《楚史論叢》初集,頁 149

○**高明**(1985)　四極即四方,《爾雅》云:“東至於泰遠,西至於邠國,南至於濮
鉛,北至於視票(編按:“視票”當爲“祝栗”之誤),謂之四極。”

《古文字研究》12,頁 380

○**饒宗頤**(1985)　四下一字殘泐,各家多釋𠥓,讀爲四極。

《楚帛書》頁 29

○**何琳儀**(1986)　“𠥓”,嚴引李棪齋補足殘文,讀爲“極”,可從。“四極”,見
《淮南子·覽冥訓》“蒼天補,四極正”。

《江漢考古》1986-2,頁 82

○**劉信芳**(1996)　四極　《離騷》:“覽相觀於四極兮,周流乎天余乃下。”《淮
南子·覽冥》:“往古之時,四極廢,九州裂,天不兼覆,地不周載,火爁炎而不
滅,水浩洋而不息,猛獸食顓民,鷙鳥攫老弱。於是女媧煉五色石以補蒼天,
斷鼇足以立四極。”按帛書“四極”既是方位概念,又是季節概念。季節與方位
本互相聯繫。蓋以日晷測日影,“景短、景長、景夕、景朝”爲日影之四極,四極
持正,則四方四季各有所歸矣。

《中國文字》新 21,頁 82

○**曾憲通、楊澤生、蕭毅**(2001)　“四極”,當指四方極遠之地或四境。《楚
辭·離騷》:“覽相觀於四極兮,周流乎天余乃下。”朱熹集注:“四極,四方極遠
之地。”秦李斯《嶧山刻石》:“威動四極。”

《考古與文物》2001-1,頁 51

○**連劭名**(2001)　“四極”,《楚辭·離騷》云:“覽相觀於四極兮,周流乎天余
乃下。”《爾雅·釋地》云:“東至於泰遠,西至於邠國,南至於濮鉛,北至於祝
栗,謂之四極。”“四極”即“四表”,《尚書·堯典》云:“光被四表,格于上下。”

《中國歷史博物館館刊》2001-1,頁 51

○**王輝**(2001)　“四極”本指四方極遠之地。秦《嶧山刻石》:“皇帝立國,維
初在昔,嗣世稱王,討伐亂逆,威動四極,武義直方。”神話傳説亦指四方的擎
天柱。《淮南子·覽冥訓》:“往古之時,四極廢,九州裂,天不兼覆,地不周
載……於是女媧煉五色石以補蒼天,斷鼇足以立四極……蒼天補,四極正。”

長沙子彈庫戰國楚帛書有"奠三天、奠四極"的話,李零也以爲四極指擎天柱,而"三天"則指日、月、星三辰。

《考古學報》2001-2,頁 147

【四國】

○**季旭昇**(2003)　四國義同"四方"。先秦"國"字同"域",方域也。先秦典籍常見的"四國",絕大部分都要釋爲"四方",而不能釋爲"四個國家"。

《上海博物館藏戰國楚竹書(二)讀本》頁 21

宁 甾

甾錢典 410

○**何琳儀**(1998)　宁,甲骨文作甾(前四·二五·七),象貯藏器之形。貯之初文。《説文》:"貯,積也。从貝,宁聲。"金文作甾(宁未盉)。戰國文字承襲商周文字。《説文》:"甾,辨積物也。象形。"

　　趙尖足布宁,疑讀賈。金文貯子匜之貯讀賈,可資參證。《左·桓九》:"賈伯伐曲沃。"在今山西襄汾東。

《戰國古文字典》頁 539—540

叕 𣥠

𣥠睡虎地·日乙 145

○**湯餘惠**(1989)　雲夢睡虎地秦墓出土簡策《日書》,有兩例結體相同的字寫作:第 1040 號簡　　𣥠同上

睡虎地秦墓竹簡整理小組釋爲"叕"。第 1040 號簡簡文云:

　　行祠:東南行祠道左,西北行祠道右。其謫曰大常。行合三土皇耐爲
　四席＿叕,其後亦席,三叕,其祝曰:"毋王事唯福,是司勉飲食,多投福。"

"叕"疑當爲"餟"。《説文》食部:"餟,祭酹也。"《玉篇》:"餟,張芮切。祭酹也,餽也。亦作醊。"慧琳《一切經音義》引《字林》:"醊,謂以酒澆地祭也。"按之簡文文意,這兩個字釋爲"叕"確不可易。

　　由秦簡叕字的寫法,可以進一步推考它的構形和本義。《説文》:"叕,綴聯也。象形。"從地下出土未經後人改篆的秦簡寫法看,叕字本該是從大的,

手足處加⺀，疑象有所繫縛之形，字義引申則有連綴之義，小篆作叕，傳世字書《汗簡》作⺀(下之二)、《六書通》下入聲“屑”引《義云章》作⊗(裰字所從)，都是簡文的變體，訛舛的迹象不難尋繹。

　　叕字的構形和本義考明之後，可以進一步斷定齊國陶文：

　　　　紹遷隻圍南里⺀(《叕録》附編 2 頁)

末尾陶工名應即叕字。

《古文字研究》15，頁 61—62

○**何琳儀**(1998)　　叕，金文作⺀(交君子𠤳)。從大，四肢各著一筆表示綴繫之物。指事，大亦聲。綴之初文。《楚辭・遠逝》“綴鬼谷於北辰”，注：“綴，繫也。”戰國文字承襲金文。楚系文字作⺀、⺀、⺀，與乘易混。《説文》：“叕，綴聯也。象形。”小篆形體有訛。

　　睡虎地簡叕，讀綴。

《戰國古文字典》頁 926

綴　緅

璽彙 1460　　　　陶彙 3・147

○**湯餘惠**(1989)　　a　　叕《匋文編》附録 44 頁

　　b　　緅《季木》52・2　　緅《璽》1460　　緅《璽》3519　　緅《補補》附録 27

例 a 釋“綴”，當無問題；例 b 右下從口，丁佛言釋末例云“疑綴字”，甚是。戰國文字每附加口旁爲贅符，前文已有論述。《六書通》下入聲“屑”引《六書統》歠字作叕，叕旁之下亦加口旁爲贅符，可以證實“緅”也一定是“綴”的繁文。

《古文字研究》15，頁 62

○**陳偉武**(1995)　　綴，《文字徵》第 306 頁附録：“緅3.147；緅3.623。”今按，湯餘惠先生援引《説文古籀補補》附録 27 緅字，謂“丁佛言釋末例云‘疑綴字’，甚是。戰國文字每附加口旁爲贅符……‘緅’也一定是‘綴’的繁文”。

《中山大學學報》1995-1，頁 124

○**何琳儀**(1998)　　綴，從糸，叕聲，口爲裝飾部件。《説文》：“綴，合箸也。從叕從糸。”

齊器綴,人名。

《戰國古文字典》頁 927

亞 亞

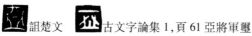詛楚文　　古文字論集 1,頁 61 亞將軍璽

包山 145 反　　郭店·語三 1　　上博六·天甲 11

○**李守奎**(1997)　　九店 56 號墓第 58 號殘簡爲"凥(居)東南多壾(墓)"。釋作"壾"之字位於簡之末端,略殘,作"壾"形,釋"壾"讀不通辭例,且與字形不合,楚文字土字或土旁不作"土"形,字當是"亞"字之殘。

　　亞字在包山楚簡中有如下形體:壾包山 145 簡反面　　壾包山 213 號簡

　　九店 58 號殘簡字與包山簡"亞"字上部相近。"多亞"當讀爲"多惡",簡文之意是説居住在東南則多有不利,包山 213 號簡。"少又(有)亞於王事","亞"字用法相同。"凥(居)東南多亞"與 59 號簡之"凥(居)之福"正反相對。

《江漢考古》1997-4,頁 69

○**何琳儀**(1998)　　亞,甲骨文作亞(前七·三九·二)。或説象墓道之形,待考。金文作亞(延盨)。戰國文字承襲商周文字,或加飾筆,或有變異。《説文》:"亞,醜也。象人局背之形。賈侍中説以爲次弟。"

　　楚簡亞,讀惡。《淮南子·説林訓》"反爲惡",注:"惡,猶害也。"楚璽亞,次。

　　石鼓"亞箬",疑讀"猗儺"。《詩·檜風·隰有萇楚》"猗儺其枝",傳:"猗儺,柔順也。"詛楚文"亞駝",神名。

《戰國古文字典》頁 441—442

○**李家浩**(2000)　　(七)組五八號簡"☐☐凥(居)東南多壾(基)☐"之"壾",原文下部筆畫略有殘缺。有人據包山楚墓竹簡"亞"作壾、壾等,説此字應該是"亞"字,讀爲"惡"(李守奎《江陵九店五六號墓竹簡考釋四則》,《江漢考古》1997 年 4 期 69 頁)。此説可從,釋文當據之改。

《九店楚簡》頁 139

○**劉信芳**(2003)　　讀爲"惡",《左傳》定公五年:"(楚昭)王曰:善,使復其所,吾以志前惡。"杜預《注》:"惡,過也。"

《包山楚簡解詁》頁 228

○**曹錦炎**（2007）　（编按：上博六·天甲11"臨食不語亞"）"臨"，面對，《詩·小雅·小旻》："如臨深淵，如履薄冰。""飤"，同"食"，食物。"亞"，讀爲"惡"，《老子》："天子皆知美之爲美，斯惡已。"郭店楚簡文、馬王堆帛書本"惡"作"亞"；《禮記·緇衣》"惡惡如［惡］巷伯""故上之所好惡""則民不得大其美而小其惡"等句，郭店楚簡本、上海博物館藏楚竹書本"惡"均作"亞"。《緇衣》"慎惡以御民之淫""而惡惡不著也"等句，上海博物館藏楚竹本作"惡"同，郭店楚簡本"惡"作"亞"。又，《儀禮·覲禮》："路下四亞之。"《白虎通·考黜》引"亞"作"惡"；《史記·韓信盧綰列傳》："封爲亞谷侯。"《集解》引徐廣曰："亞一作惡也。""惡"，壞，不好，《韓非子·說疑》："不明臣之所言，雖節儉勤勞，布衣惡食，國猶自亡也。"

《上海博物館藏戰國楚竹書》（六）頁329

○**劉釗**（2008）　（编按：上博六·天甲11"臨食不語亞"）按：注釋引典籍"布衣惡食"之"惡"爲例訓簡文的"惡"爲"壞、不好"，這一訓釋不夠準確。

"惡"在古代漢語中可用爲"污穢"義，泛指污穢之物。《左傳·成公六年》："土厚水深，居之不疾，有汾澮以流其惡。"杜預注："惡，垢穢。"

"惡"又可具體專指某一種污穢之物。

"惡"可用爲指"糞便"，如趙曄《吳越春秋·句踐入臣外傳》："適遇吳王之便，大宰嚭奉溲惡以出。逢戶中，越王因拜請嘗大王之溲以決吉凶，即以手取其便與惡而嘗之。"又《漢書·昌邑哀王劉髆傳》："陛下左側讒人衆，多如是青蠅惡矣。"顏師古注："惡即矢也。越王句踐爲吳王嘗惡，亦其義也。"

"惡"又用爲指"精液"，如馬王堆漢墓帛書《五十二病方·治瘙方》中提到有"男子惡"一劑藥，經學者研究，"男子惡"就是指男子的精液。《證類本草》卷十五"人精"條引《肘後方》和《備急千金藥方》卷六"七竅病"下都有用"人精"調和"鷹矢"治瘙痕的方劑，與馬王堆帛書《五十二病方》用"男子惡"治療瘙痕的記載正合。

在中古漢語中，"惡"還可用爲指產後之血水。如《外臺秘要方》卷三十四"產婦忌慎法六首"謂："凡婦人產乳，忌反支月，若值此月，當在牛皮上若灰上，勿令水血惡物著地。"又《備急千金要方》卷三"婦人方"謂："治產後惡血不除，上搶心痛煩急者，以地黃汁代醇酒。"文中"惡物、惡血"皆指婦人產後之血水。歷代醫方婦人方中大都有治"惡露"諸方，"惡露"亦指婦人產後血水不淨。

古音"惡"在影紐鐸部，"汙（字亦作"污"或"洿"）"在影紐魚部，聲紐相同,韻爲嚴格的對轉關係。"汙"的本意即爲"污穢",所以"惡、汙"二字音義皆近。古代"汙"也可指"經血",《説文・女部》:"姅,婦人汙見也,从女,半聲,漢律曰見姅變不能侍祠。"這裏的"汙"就是指經血。"汙"指經血與中古"惡"可指"產後之血水"用法相近。《備急千金要方》卷三"婦人方"謂:"產婦雖是穢惡,然將痛之時,及未產已產,並不得令死喪汙穢。"又:"兒始落地,與新汲井水五咽,忌與暖湯物,勿令母看視穢汙。"文中既言"穢惡",又稱"穢汙",顯然"穢惡"就是"穢汙"。《禮記・月令》謂:"其味酸,其臭羶。"孔穎達疏:"水受惡穢,故有朽腐之氣。""惡穢"也即"汙穢"。

　　總括以上論述,可知古代"惡、汙"相通,"惡"包含着豐富的指代,既可專指具體的污穢之物,又可泛指所有的污穢之物。從常理推理,吃飯時語及污穢之物,確爲人所忌諱。因此上引《上博六・天子建州》甲本簡11"臨飤(食)不訐(語)亞(惡)"中的"亞(惡)"字就不能簡單地訓爲"壞、不好",而應具體地理解爲"污穢"之意。簡文"臨飤(食)不訐(語)亞(惡)"意爲"吃飯時不要談及污穢之物"。

　　　　　　　　　　　　　　　　　　　　《中國文字研究》10,頁1—2

【亞將軍】

○**湯餘惠**(1983)　　戰國璽印中有"亞將軍鉨",璽文四字,首字舊不識,我們認爲應即亞字古文。(**中略**)

　　關於此璽的時代和國別,在如下的比較中可以找到答案。璽文"牁"即醬字古文,借爲將軍字,字體風格與信陽221簡相近;軍字所从勻聲作**ㄱ**,是勻字省形,戰國楚"軍計之鉨",軍字做**軍**,从勻聲不省可證;與璽文"鉨"字構形相同的例子還見於戰國楚"計官之鉨、正官之鉨"和解放前長沙楚墓出土的"文**㺇**信鉨",因此可以斷爲戰國楚璽。

　　戰國楚職官有將軍之職,而且分爲若干等級。楚成王十六年,齊桓公率兵入侵楚國的陘山,楚成王使將軍屈完以兵禦之,可見遠在春秋楚國已設此職。入戰國之後,楚將項燕曾任將軍,屈匄任大將軍,逢侯丑任禆將軍,此外楚國還有上將軍,見於《説苑・尊賢》。楚國將軍一職等次較爲複雜,亞將軍應即其一。楚有亞將軍正如楚職官令尹、尹之外還有亞尹。《爾雅・釋詁》:"亞,次也。"亞將軍意爲次將軍,不過其品位究竟當次於何職之下,尚有待進一步研究。古書未見戰國楚設亞將軍一職的記載,此璽可以彌補古書楚職官的闕失。

　　　　　　　　　　　　　　　　《考古與文物增刊・古文字論集1》頁64

○**曹錦炎**（1996）　楚官有將軍之職，見《史記・楚世家》成王十六年："楚成王使將軍屈完以兵禦之，與桓公盟。"將軍之職分爲若干等級，有大將軍、上將軍、將軍、裨將軍等，見《史記》及《説苑・尊賢篇》。亞將軍應即其一。《爾雅・釋詁》："亞，次也。"亞將軍意爲次將軍，比將軍低一個等級。

　　據《漢書・陳平傳》，劉邦曾"以（陳）平爲亞將，屬韓信，軍廣武"；又《灌嬰傳》記灌嬰攻楚將龍且時"身生得亞將周蘭"，"攻苦、譙，復得亞將"，劉邦、項羽均爲楚人，故職官多沿用楚制，"亞將"當即"亞將軍"之省稱。可證"亞將軍"必爲楚官。

《古璽通論》頁 95—96

五 　　

陶彙 5・403　　集成 85 楚王酓章鎛　　包山 173　　璽彙 0353

陶彙 3・662

○**劉信芳**（1995）　《包山楚簡》"五氏"之人有：

　　　五皮。（33）

　　　五慶。（173）

　　　莫敖之州加公五陽。（181）

　　　五子婦。（185）

　　　伍佗。（191）

　　　五生。（211、299、233、246、245、232）

　　按"五"即"伍"。《潛夫論・志氏姓》謂"伍氏"爲楚公族，看來是可信的。伍氏最著名者爲伍子胥。伍子胥帶吳師入郢，楚人未絶伍氏，實因伍氏本爲楚公族。

《江漢論壇》1995-1，頁 60

○**何琳儀**（1998）　五，甲骨文作 （林一・一八・一三），積五橫畫表示數字。原始指事，與一、二、三、四造字方法相同。或作 （類纂三二三〇），積五橫畫不便書寫，故以二斜筆交午代替原始指事字。或作 （鐵二四七・二），上下加橫繁化。金文作 （臣辰盉）。戰國文字承襲商周文字。《説文》：" ，五行也。从二，陰陽在天地閒交午也。 ，古文五省。"或説 爲互之初文，象收繩器之形。假借爲數字。《説文》：" ，可以收繩也。从竹，象形。中象人手所推握也。互,筡或省。”

八年五大夫弩機“五大夫”,爵名。《史記·秦紀》:“武王二年,初置丞相,爵五大夫第九。”

晉璽五,姓氏。五氏本伍氏,避仇改爲五。見《通志·氏族略·以名爲氏》。趙三孔布“五陘”,讀“五陘”,地名。《戰國策·趙策》:“絶五陘。”在今河北井陘北。魏璽“五都”,泛指繁盛之市。《文選·登徒子好色賦》:“周覽九土,足歷五都。”《西都賦》:“州郡之豪傑,五都之貨殖。”

楚璽“五渚”,地名。《史記·蘇秦傳》“乘船出於巴,乘夏水而下漢,四日而至五渚”,集解:“五渚在洞庭。”楚璽五,姓氏。信陽簡“五浴”,見《博物志》:“每朔望浴著,必五浴之。”包山簡“五帀”,讀“五師”。《周禮·地官·小司徒》:“五師爲軍,以起軍旅。”包山簡五,姓氏。

《戰國古文字典》頁 505

○李家浩(2000)　　三七號至四〇號四簡的下欄文字爲(五)組,講的是五子日、五卯日和五亥日的禁忌。

十天干與十二地支相配,組成甲子、乙丑等所謂的六十花甲,用來記日。每個地支在六十花甲中共出現五次。此組簡所説的“五子、五卯”和“五亥”,分別是指甲子、丙子、戊子、庚子、壬子,乙卯、丁卯、己卯、辛卯、癸卯和乙亥、丁亥、己亥、辛亥、癸亥。

《九店楚簡》頁 102

【五十】

○曹錦炎(1980)　　第二,原文作者在解説一枚“梁夸釿全當寽”的魏國布幣時謂:“新幣:‘梁充釿金當寽。’特點是把釿、爰兩個字同鑄在一個幣上‘充釿以當爰’,使人民一望就知新幣既可以當釿使,又可當爰用。”這裏需要説明的是,作者在解説時對其所釋的“金(全)”字避而不談,而在注文中解説同類型的“梁誇釿𡔝當寽”魏布時又謂:“此幣文‘梁充釿五干當爰’意即梁地所鑄五釿幣,兩枚可當十爰。或從左釋‘五十二’不足取。”我們不禁要問,爲什麼一個國家的同種類型的貨幣,在相同部位上“全”字和“𡔝”會有二種不同的解釋,這未免自相矛盾吧。而且,所謂“梁地所鑄五釿幣,兩枚可當十爰”並無其他證據。其實,幣銘的“𡔝”乃是“五十”二字合文,其右下所從的兩小橫即“＝”是合文符號。這種合文和合文符號在西周後期至戰國時期的古文字中是習見的。如:《中山王方壺》銘中“大夫”二字合文作“夫”,《令狐君壺》銘中“至于”二字合文作“𦍋”;同時也有數目字合文之例,如 1953 年長沙仰天湖出土的戰國竹簡第三簡簡文中數目字"一十二"作"𠂔二",平山戰國墓中出土的《姧盠壺》銘末數目字中"三十"下也有同樣的合文符號。以上所引都是幣銘"𠬪"應釋爲"五十"的例證,這是古文字釋讀中的慣例。

由此可見,原文的結論都是建立在這些誤解銘文的基礎上的,當然也就靠不住了。

《社會科學戰線》1980-4,頁 215—216

○郭若愚(1983)　　"五十"梁布作𠬪,是"五"和"十"的合文,"="是合文符,這在戰國文字中是常見的。因爲梁布"五十"的合文符寫得太大,使人錯認是"二"字,這就長時期來產生了許多奇妙的解釋:

李佐賢《古泉匯》:"五者,謂一枚可直一金之五枚;二十者,謂二枚可直一金之十枚也。一枚直五,二枚直十,數目了然,令民易曉。"

吳大澂《釾説》:"以二釾當一鋝,以二當十也。舊説五以一當五,二十以二當十,或亦不謬。"

劉師陸《虞夏贖金釋文》:"五者,此一枚準彼五枚也,彼之一枚,既直安邑金四,則此之一枚準彼五枚,當直安邑金二十,故於五下注云二十。此自有書契以來夾行字注之祖也。"

對於此説,亦有人提出懷疑:

秦寶瓚《遺篋録》:"中閒注數曰五,又雙行曰二十,古人謂一直五,二直十,似矣。然二直十有二字,一直五無一字,究嫌不妥,且既云一直五,何必複言二直十,古人愚不至此,不如直曰五枚直二十也。"

還有其他一些不同的解釋是:

馬昂《貨布文字考》:"𠙻古通互,十二即十二並書,交二爲互,互十二者,言以二數互至十二數,分之即二十四數也。"

方若《古化雜詠》:"文曰梁奇金化五二十當爰者,此金化爲本,爰五作四準,可當爰二十也。"

許元愷《選青小箋》:"今文曰五十二當鋝,猶之後代當五當十,皆以少當多,是五十二宜爲銖之數,不得爲斤之數。今據布文以推此布即贖刑之鋝,鋝重一百六十銖,而此布五十二銖當鋝,其罰百鋝者,用此百布也。"

蔡云《癖談》:"作𠬪,蓋紀數也,鋝重十一銖五絫二黍,此丨𠙻二似紀其零數。又思筆算一作丨,十亦作丨,古人文簡,但作丨,便可意會爲十一,而鋝之全數在是矣。"

《董祐誠文甲集》:"梁幣文云釿五二十當寽……回環讀之,當作釿五當丂十二。"

　　近年戰國竹簡有所出土,所書關於十及十的倍數大都使用合文符"二",其書寫亦十分突出。今以竹簡摹本與梁布文字比較如下:

一、亖(一十)　仰天湖竹簡 3

二、卅(二十)　信陽竹簡 212

三、卅(三十)　信陽竹簡 220

四、罷(四十)　信仰竹簡 206、222

五、罷(五十)　梁布文字

　　從以上數字可知罷是戰國時期"五十"的通行書寫法,"="是合文符,不是數字,一目了然。

《中國錢幣》1983-3,頁 3—4

【五木】楚帛書

○何琳儀(1986)　帛書青、赤、黃、白、墨等"五木",或云即"改火"之五木。按,帛書"五木"疑與典籍"建木、若木"等神木相似。據上下文意,知其可以支撐天體。"五木"之顏色與五行的關係頗得注意。

《江漢考古》1986-2,頁 82

【五正】楚帛書

○李學勤(1982)　"五正",從上下文看是神名,見《左傳》昭公二十九年:"故有五行之官,是謂五官……木正曰句芒,火正曰祝融,金正曰蓐收,水正曰玄冥,土正曰后土。"

《湖南考古輯刊》1,頁 69

○饒宗頤(1985)　五正者,《管子·禁藏》:"發五正。"

《楚帛書》頁 62

○李零(1985)　《左傳》昭公二十九年記蔡墨之言:"故有五行之官……木正曰句芒,火正曰祝融,金正曰蓐收,水正曰玄冥,土正曰后土。"

《長沙子彈庫戰國楚帛書研究》頁 60

○高明(1985)　正當讀作政,指四時治民之五政,即《管子·四時篇》所載,春夏秋冬四季,均循時"發五政",五政的內容每季各不相同,文繁而不錄。

《古文字研究》12,頁 387

○何琳儀(1986)　"五正",《左傳》隱公六年"翼九宗五正",注:"五正,五官之長。"《左傳》昭公廿九年:"故有五行之官,是謂五官……木正曰句芒,火正曰祝融,金正曰蓐收,水正曰玄冥,土正曰后土。"

"五正"，陳引《管子・禁藏》："發五正。"張佩綸云："正，政通。五正與五法、五刑、五藏相次，非五官正也。"按，"五正"讀"五政"，與上文群神五正不同。參俞樾《古書疑義舉例》"上下文同字異義"條。

《江漢考古》1986-1，頁 56

○**劉信芳**（1996）　《國語・楚語下》："於是乎有天地神民類物之官，是謂五官。"五官即五正也。《左傳》昭公二十九年："故有五行之官，是謂五官……木正曰句芒，火正曰祝融，金正曰蓐收，水正曰玄冥，土正曰后土。"

《中國文字》新 21，頁 94

【五至】上博二・民之 2

○**季旭昇**（2003）　五至："物至"指徹底瞭解天地萬物之理，當然包括人民之所欲，"志"（心之所之爲志，這裏指執政者的心之所之）也要跟着知道，完全瞭解天地萬物之理及人民的好惡之情就是"志至"，《孟子・離婁下》："舜明於庶物，察於人倫。"與本簡所説相近。能完全瞭解天地萬物之理及人民的好惡之情，就能制定各種政策、規定來導正人民，使之趨吉避凶、各遂所生，這就是"禮至"。禮是外在的規範，要以樂來調和，才能恭敬和樂，《禮記・文王世子》説："樂所以修内也，禮所以修外也。禮樂交錯於中，發形於外，是故其成也懌，恭敬而温文。"這就是"樂至"（"樂"音岳）。音樂能够傳達人民最直接的情感，人民苦多樂少，要由此瞭解他們心中的哀痛，"三亡"中説"無服之喪"，《孔子家語・六本》："喪紀有禮矣，而哀爲本……無服之喪，哀也。"這就是"哀至"。五至，都是"極致"於民，這就是鄭注説的"凡言至者至於民也"。能"至"於民，當然就能成爲"民之父母"了。能真正瞭解人民的哀痛，爲人民解決，人民才能得到快樂；如果不能瞭解人民所樂何樂，施政不能真正照顧到人民的需求，那麼人民就會陷入哀痛之中了，這就是"哀樂相生"。

《上海博物館藏戰國楚竹書（二）讀本》頁 9

【五宊】楚帛書

○**何琳儀**（1989）　首字饒據殘文"𠫓"補"五"，可從。按，"五妖"應與《荀子・儒效》"三日而五災至"有關。"五木之精、五正、五妖"都是五行思想的反映。

《江漢考古》1989-4，頁 49

○**劉信芳**（1996）　"宊"從"夭"聲，本義指草木未成，人之夭折。"五宊"與下文"四殘"相對成文，乃數術家之杜撰，未可視爲典常也。

《中國文字》新 21，頁 91

○饒宗頤（2003）　　五宊，劉信芳謂泛指妖星，引《河圖》説歲星之精，流爲天棓，熒惑之精，流爲祈旦，填星之精，流爲無殘，太白之精，流爲天樹，辰星之精，流爲枉矢。

《饒宗頤二十世紀學術文集・卷三》頁 268

【五祀】秦駰玉版

○曾憲通、楊澤生、蕭毅（2001）　　"五祀先祖"，五祀和先祖。五祀指古代祭祀的五種神祇。《禮記・月令》："（孟冬之月）天子乃祈來年于天宗，大割祠于公社及門閭，臘先祖五祀。"鄭玄注："五祀，門、户、中霤、竈、行也。"玉版裏説的"孟冬十月……事……五祀先祖"和《禮記・月令》説的"（孟冬十月）臘先祖五祀"，在時閒上是完全一致的。

《考古與文物》2001-1，頁 51

○連劭名（2001）　　"五祀"，文獻中有數説，《周禮・大宗伯》云："以血祭祭社稷五祀五岳。"鄭衆云五祀爲王者於宮中祀五色之帝，鄭玄云五祀爲五官之神。《禮記・祭法》云："諸侯爲國立五祀，曰司命，曰中霤，曰國門，曰國行，曰公厲。"《禮記・曲禮》下云："祭五祀。"鄭注："謂户、竈、中霤、門、行。"《白虎通・五行》云："門、户、井、竈、中霤。"

《中國歷史博物館館刊》2001-1，頁 5

○王輝（2001）　　"五祀"爲古祭禮中的五種神，但其含義諸説不同。《周禮・春官・大宗伯》："以血祭祭社稷、五祀、五岳。"鄭衆以五祀爲王者於宮中祀五色之帝，鄭玄以五祀爲五官之神，即句芒、蓐收、玄冥、祝融、后土。又《禮記・祭法》："諸侯爲國立五祀，曰司命，曰中霤，曰國門，曰國行，曰公厲。"《禮記・月令》："春……其祀户，祭先脾。夏……其祀竈，祭先肺。中央……其祀中霤，祭先心。秋……其祀門，祭先肝。冬……其祀行，祭先腎。"所祭也是五祀神。睡虎地秦墓竹簡《日書》乙 40 簡貳："祀五祀日，丙丁竈，戊己土，〔甲〕乙户，壬癸行，庚辛口〔門〕。"簡文"土"即中霤。《月令注》："中霤，猶中室也，土主中央，而神在室。"玉簡"五祀"與天地、山川、先祖並列，或與《月令》、《日書》乙、《祭法》所説同。

《考古學報》2001-2，頁 147—148

【五差】

○李零（1998）　　望山簡和天星觀簡還提到"五差（佐）"和"云君"，前者見《史記・天官書》，即水、火、金、木、填五星；後者疑即《九歌》中的"云中君"。

《李零自選集》頁 62

【五陞】貨系 2484

○裘錫圭（1978） 下揭三孔布面文作“五陞”。“井、巠”（坙）古音至近，“五陞”當即“五陘”。《戰國策・趙策二》：“至（王）遂胡服率騎入胡，出於遺遺之門，踰九限之固，絕五徑（鮑本作徑），至榆中，辟地千里。”黄丕烈《札記》謂五徑之“徑”是“陘之假借”。《戰國策補釋》：“五徑……或爲五陘之譌。《爾雅・釋山》：山絕，陘。疏謂山形連延中忽斷者名陘。《吕氏春秋》天下九塞，井陘其一。地記太行八陘，其第五陘曰土門關，即井陘也。”（編按：《元和郡縣圖志・卷十七・河北道二》“恆冀節度使恆州井陘縣”條：“井陘口，今名土門口，縣西南十里。即太行八陘之第五陘也……《述征記》曰：其山首自河内，有八陘，井陘第五。”）《漢書・地理志》常山郡有井陘縣，應劭注：“井陘山在南，音刑。”疑幣文五陘即指井陘，戰國時當爲趙邑。

一說“五、苦”音近，“五陞”當讀爲“苦陘”，苦陘在今河北省無極縣東北，戰國時爲趙邑。

《裘錫圭自選集》頁 93，1994；原載《北京大學學報》1978-2，頁 75

○梁曉景（1995） 【五陞・三孔平首布】戰國晚期青銅鑄幣。鑄行於趙國，流通於三晉等地。屬小型布。面文“五陞”。背部鑄“十二朱”。“五陞”，讀如五陘，古地名，戰國屬趙。《戰國策・趙策》：“絕五陘。”在今河北井陘北。

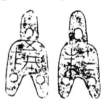

《中國錢幣大辭典・先秦編》頁 375

○郭若愚（2001） 三孔布十二銖幣。幣文“五陞”，自上向下讀。陞通陘。《元和郡縣志》：“太行首始河内，北至幽州，凡八陘：一軹關陘，二太行陘，三白陘，四滏口陘，五井陘，六飛狐陘，七蒲陰陘，八軍都陘。此皆兩山中隔以成隘道也。”井陘居八陘之五，故稱五陘。《元和志》：陘山在井陘縣東南八十里，四面高，中央下如井，故曰井陘。“《史記》：“（趙武靈王）二十一年攻中山……王並將之……趙希并將胡代趙與之陘。”《正義》：“陘，陘山也，在并州陘縣東南十八里。”今故城在河北省井陘縣東北與獲鹿縣接壤。

《先秦鑄幣文字考釋和辨僞》頁 30

【五起】

○季旭昇（2003） 五起：典籍上五種可以發揮“三無”的記載。鄭玄《孔子閒居》注說：“君子習讀此詩，起此詩之義，其說有五也。”

濮茅左先生原考釋依簡的長短算字數，在這裏補了“於此而已乎孔子曰何爲其然猶有五起焉子夏曰□”這二十個字及一個空白，使得本簡共有三十七字。旭昇按：這樣補，字數似乎太多了一點。《民之父母》每簡所寫的字數都是在三十一至三十五字之間，《禮記·孔子閒居》此處作"'言盡於此而已乎？'孔子曰：'何爲其然也！君子之服之也，猶有五起焉。'子夏曰：'何如？'"《孔子家語·論禮》則作"'言盡於此而已？'孔子曰：'何謂其然？吾語汝，其義猶有五起焉。'子貢曰：'何如？'"比照其他簡最高的字數——三十五字，此處只能補十九個字，試補如下："'於此而已乎？'孔=（孔子）曰：'猶有五起焉。'子夏曰：'所謂五起。'"似乎比較通順。

《上海博物館藏戰國楚竹書（二）讀本》頁 19

【五師】

○**劉信芳**（2003）　疑是直屬楚國的軍隊。周代有所謂"六師、八師"，《詩·大雅·棫樸》："周王于邁，六師及之。"毛《傳》："天子六軍。"鄭《箋》："二千五百人爲師。今王興師行者，殷末之制，未有周禮。《周禮》五師爲軍，軍萬二千五百人。"《詩·大雅·常武》："整我六師。"禹鼎銘文："西六師、殷八師伐噩侯、馭方。"舀壺："更乃祖考作家司土于成周八師。"《周禮·夏官·序官》："凡制軍，萬有二千五百人爲軍，王六軍，大國三軍，次國二軍，小國一軍。軍將皆命卿。二千五百人爲師，師帥皆中大夫。"楚"五師"史書闕載，《左傳》一書所載楚師，如襄公十八年"楚公子午帥師伐鄭"，昭公五年"蒍射以繁揚之師會于夏汭"。僅知楚師有國家直屬軍隊與地方軍隊之別，而未詳其建制。《春秋穀梁傳》襄公十一年："古者天子六師。"依此禮，楚爲諸侯，此所以稱"五師"歟？

《包山楚簡解詁》頁 23—24

△**按**　《清華簡二·繫年》簡 42 亦有"五鹿"一語，可參看。

【五鹿】璽彙 3275

○**曹錦炎**（1985）　戰國印文裏有一個從"虍"從"五"的字：

（1）[字]忑彙 3275　　　（2）事[字]彙 1764　　　（3）王[字]彙 0458

（4）邿[字]彙 2103　　　（5）肙[字]彙 2762

《古璽文編》認爲是單字，隸定爲"麆"，作爲《説文》所無之字附於卷十鹿部。按（1）作[字]，下有合文符號，顯然應該是合文，絕非單字。（2）—（5）雖省略了合文符號，仍應看作合文。合文不加合文符號"＝"，在古璽文字中並不罕見，如"司馬"可作[字]，"司工"可作[字]，"上官"可作[字]，"其母"可作[字]，"空侗"可作[字]（見《古璽文編·合文》），等等均是。

"麤"應當釋爲"五鹿"，严爲鹿之省。印文中合文的兩個字,往往省去其中一個字的一部分(或兩個字都省去其中一部分),這在古璽文字中不乏其例,如:

司馬彙 3782　　　公孫彙 3918　　　敢于彙 4023

馬是彙 3297　　　斁之彙 2676　　　相如彙 0565

所以,"五鹿"合文當然可以寫作"麤"。

五鹿,本爲地名,後以地名爲氏。《風俗通義》:"氏於官者,三烏、五鹿。(五鹿)衛邑也。晉公子重耳封舅犯於五鹿,支孫氏焉。漢有少府五鹿充宗,代郡成陽縣有五鹿氏。"漢印亦有"五鹿良印",見《漢印文字徵》。

上引印文,五鹿用作姓氏,其餘各例似都作爲人名。

《考古與文物》1985-4,頁 82

○陳漢平(1989)　　古璽文有字作 (3275)、 (0458)、 (1764)、 (2103)、 (2762),《文編》收入附錄,據第一例合文號知此五體俱爲二字之合文。《文編》262 頁收有慶字十例,書作 、 ,而慶字从鹿省,故知上列合文五例爲"五鹿"合文。五鹿原爲地名,同名五鹿者有二地,一在衛國,一在晉國,或説爲一地,爲晉國略取衛國地。晉文公封舅犯於五鹿,其子孫遂以爲氏。今據古璽文字可知,五鹿在周代不僅作爲地名及族氏字,亦有爲人名者。"五鹿忻"爲氏,"史五鹿"爲人名。

《屠龍絶緒》頁 276

○吳振武(1989)　　此璽重新著録於《古璽彙編》(三二七五)。璽中字《古璽文編》隸定爲"麤"(348 頁," ＝ "號誤割成"－")。

今按, 應釋爲"五鹿"二字合文,原璽此字右下方有合文符號"＝"甚明。此璽中的"五鹿"是複姓,漢印中"五鹿"複姓亦習見(看《漢印文字徵》十・四及《漢印文字徵補遺》十・二)。《通志・氏族略》"以邑爲氏"條下謂:"五鹿氏,姬姓。《風俗通》:衛邑也,晉公子重耳,封舅犯於五鹿,支孫氏焉。漢有少府五鹿充宗。代郡成陽縣有五鹿氏。"可知"五鹿"原是地名。《古璽彙編》將此璽列入姓名私璽類不確,應改歸複姓私璽類。古璽中另見有不帶合文符號的"五鹿"合文,作 、 、 等形,多用作人名(看《古璽彙編》二一○三、一七六四、二七六二、○四五八)。古人亦往往用地名作人名,如漢印所見人名中有"張郪、李郪、樂郪"(均見《漢印文字徵》六・二十二)、"王安定"(同上七・十四)、"留安丘"(同上八・十一)、"趙常山"(同上九・六)、"徐於陵"(同上十四・八)等等。古璽中名"五鹿"者當與此同例。

《古文字研究》17,頁 273—274

○**陶正剛**（2001）　第二行第三字“釐”，曹錦炎在《戰國璽印文字考釋（三篇）》釋五鹿合文，本爲地名，後爲氏名。《風俗通義》：“氏爲官者，三烏、五鹿。（五鹿）衛邑也。晉公子重耳封舅犯於五鹿，支孫氏焉。漢有少府五鹿充宗，代郡成陽縣有五鹿氏。”（見《考古與文物》1985 年 4 期）《左傳·僖公二十三年》：“重耳過五鹿，飢而從野人乞食。”杜預注：“今衛縣西北有地名五鹿。陽平元城縣東亦有五鹿。衛地五鹿後歸晉國。”此處五鹿爲人名。

《古文字研究》21，頁 191—192

【五渚】璽彙 0343

○**李家浩**（1984）　《古璽彙編》0343 號“五渚正璽”，其文如下：

“渚”字原書缺釋，《古璽文編》作爲不認識的字收在附錄裏（見該書 419 頁）。其實只要我們把此字的右旁與《侯馬盟書》313 頁所收的“者”字比較一下，就會發現這個字應該是“渚”字。《戰國策·燕策二》：“秦之行暴於天下，正告楚曰：蜀地之甲，輕舟浮於汶，乘夏水而下江，五日而至郢。漢中之甲，乘舟出於巴，乘夏水而下漢，四日而至五渚。”《史記·蘇秦傳》也有如此相同的記載。印文“五渚”，當是這裏所説的“五渚”。“五渚正”即管理五渚的長官。

但是有的古籍“五渚”卻誤作“五都、五湖”。《戰國策·秦策一》：“秦與荆人戰，大破荆，襲郢，取洞庭、五都、江南。荆王亡奔走，東伏於陳。”《韓非子·初見秦》“五都”作“五湖”。《史記·蘇秦傳》裴駰集解和酈道元《水經注·湘水》引《戰國策·秦策一》，“五都”並作“五渚”，與印文合，可見南北朝時裴、酈所見的本子不誤。“渚、都”二字皆从“者”聲，形音俱近，故傳本“渚”訛爲“都”。“五湖”常見於古書，舊認爲是太湖，其地在長江下游故吳國境内，非秦“襲郢取洞庭”時所取之地。《韓非子·初見秦》的“五湖”，當是“五渚”之誤。

關於“五渚”的地望有不同説法。《水經注·湘水》：“凡此四水（指湘水、資水、沅水、澧水）同注洞庭，北會大江，名之五渚。《戰國策》曰‘秦與荆人戰，大破之，取洞庭、五渚’，是也。”

《史記·蘇秦傳》裴駰集解也認爲五渚在洞庭。司馬貞索隱：“按：五渚，五處洲渚也，劉氏以爲宛鄧之間，臨漢水，不得在洞庭。或説五渚即五湖，益與劉説不同也。”

據《秦策一》記載，秦破郢之後所取得楚地以“洞庭、五渚、江南”爲序。郢在今湖北江陵，位於江北；洞庭在郢的東南，位於江南；而宛鄧在今河南南部、湖北北部。秦取宛是在秦昭王十五年,取鄧是在秦昭王二十八年,而“襲郢,取洞庭、五渚、江南”是在秦昭王二十九年以後的事。是“襲郢,取洞庭、五渚、江南”之前宛鄧之間早已爲秦所有,不會秦取了洞庭後又北上宛鄧之間取五渚,然後又南下取江南。很顯然,劉氏的説法不足爲信。前面已經説過,五湖在長江下游的故吳國境内,非秦所取的五渚。索隱引或説也不可信。以情理而論,當以酈、裴説近似。至於是否像酈所説湘、資、沅、澧四水“同注洞庭,北會大江,名之五渚”,有待研究。

《江漢考古》1984-2,頁 45—46

【五大夫】集成 11931 五大夫青弩機

○**湯餘惠**（1993）　爵名,除燕以外,戰國時代楚、魏、秦等國皆有五大夫（見《戰國策·楚策》,又《魏策》及《睡虎地秦墓竹簡·封診式》）,秦漢時代爲二十等爵中的第九等爵。

《戰國銘文選》頁 66

○**李裕民**（1997）　攻  燕下都陶文《考古》1962 年 1 期　五大夫弩機《三代》20.57（中略）

此器銘“囗右囗攻君五大夫青其,攻涅”,稱工爲攻是燕器特色,從銘文格式和字體看屬燕無疑,攻君五大夫青其可能就是燕王詈戈的右攻君青其,五大夫是爵稱,這和商鞅稱大良造鞅（商鞅戟《三代》20、21）又稱大良庶長鞅（商鞅矛鐓《三代》20.60）同例。羅振玉誤認首字爲秦,斷爲秦器是不對的。羅的錯誤,朱德熙、裘錫圭《戰國文字研究》已指出,但文中僅認爲六國器,未定國別。

《文物季刊》1997-3,頁 82、85

六

 石鼓文·鑾車　　 集成 09710 曾姬無卹壺　　 集成 11327 六年格氏令戈

 集成 4506 鑄客簠

陶彙 6·206

○**何琳儀**（1998）　六,甲骨文作∧（京津七四一六）、∧（甲三〇六九）,與入作∧（前四·二九·五）、∧（拾四·一五）同形。入,日紐;六,來紐;均屬舌音,古本一字。六,甲骨文或作六（前七·三九·一）,金文作介（保卣）,均附加兩撇筆爲分化部件。戰國文字承襲商周文字。《説文》:“宍,《易》之數陰變於

六,正於八。从入从八。"。

　　石鼓"六繛",讀"六彎"。《詩・秦風・駟驖》:"駟驖孔阜,六彎在手。"

《戰國古文字典》頁 224—225

△按　甲骨文"六"或作ᐱ(《合集》17890),與"入"作ᐱ(《合集》9695)者同形。東周文字"入"與"六"依然有同形者,如"入"有作ᐱ(《侯馬》156:20,"出入"之"入")者,"六"有作ᐱ(《貨系》768,"十六"之"六")者。

【六室】_{集成 4506 鑄客簠}

○朱德熙(1954)　（編按:鑄客簠"鑄客爲王后六室爲之"）我認爲六室就是六宮。宮與室本來是同義字。《説文解字》宀部:"宮,室也。"《爾雅・釋宮》:"宮謂之室,室謂之宮。"六宮之名始見《周禮》及《禮記》。《周禮・天官冢宰》下内宰"以陰禮教六宮",鄭注云:"鄭司農云:'陰禮,婦人之禮。六宮,後五前一。王之妃百二十人,后一人,夫人三人,嬪九人,世婦二十七人,女御八十一人。'玄謂六宮,謂后也。婦人稱寢曰宮,宮,隱蔽之言。后象王,立六宮而居之,亦正寢一,燕寢五。教者不敢正言之,謂之六宮,若今稱皇后爲中宮矣。"鄭玄説"婦人稱寢曰宮",又説六宮,"正寢一,燕寢五"。可見六宮也就是六寢。《禮記・文王世子》"諸父守貴宮貴室"注"謂守路寢",又"諸子諸孫守下宮下室"注"下室,燕寢"。路寢(按即正寢)、燕寢可以稱室,則六宮也可稱六室。

　　《考工記・匠人》:"内有九室,九嬪居之。外有九室,九卿朝焉。"賈疏:"九卿九室,相對而言之。九卿九室是治事之處,則九嬪九室亦是治事之所。"林昌彝《三禮通釋》卷七十二（編按:七十三）,内九室外九室條:"九嬪所居,則後宮耳。"他認爲内九室就是後宮,最爲得要。六室與九室數有多寡,然而都是指的後宮。

　　六宮是王制,諸侯夫人則僅有三宮。《禮記・祭義》"卜三宮夫人世婦之吉者",鄭注:"諸侯夫人三宮,半王后也。"

　　《春秋》僖公二十年"西宮災",《公羊傳》:"西宮者何? 小寢也。小寢則曷爲謂之西宮? 有西宮,則有東宮矣。魯子曰,以有西宮,亦知諸侯之有三宮也。"何休云:"禮:夫人居中宮,少在前;右媵居西宮,左媵居東宮,少在後。"

　　據此,則所謂三宮,乃是東宮、西宮、中宮,然而《説苑・修文篇》卻説:"《春秋》曰,壬申公薨於高寢。《傳》曰,高寢者何,正寢也。曷爲或言高寢,或言路寢? 曰:諸侯正寢三,一曰高寢,二曰左路寢,三曰右路寢。"劉向所説三寢,不以東西分而以左右分。六宮細目,不見載記,無法詳考,然傳世古器有左宮車書,又有下宮車書(均見《三代》一八・三五),當是掖庭的車乘。銘曰“左宫”,則更有“右宫”可知。

　　《三代》三・一九有鑄客鼎,銘曰:“鑄客爲王句七府爲之。”府即府字,戰國文字府多寫作府。七府不詳。傳世戰國銅器銘有“大府”(《三代》一零・一大府簠)、“中府”(同書一八・一九导成侯小器)、“少府”(同書一八・三九少府小器)之名。大概都是掌府庫貨藏的官職名,七府當即此類。漢代尚有“大府”(《北堂書鈔》設官部引漢官儀)、“中府”(同上)、“少府”(同上)。職司容有變易,名稱則猶沿古制。

　　本篇論到的十三件器,辭例、書法都跟集胠爲太子時所鑄各器(“集胠考”4 至 9 各器)相同,顯然也是考烈王在位時所作。各器所稱“王后”當係考烈王之后。

《朱德熙古文字論集》頁 16—17,1995;原載《歷史研究》1954-1

○**李零**(1992)　六室,即《周禮・天官冢宰》内宰“以陰禮教六宫”之“六宫”。六宫是王之后妃所居,亦稱“六寢”。

《古文字研究》19,頁 147

七　丂

睡虎地・答問 6　　信陽 2・12　　包山 110

先秦編 573

○**鄭家相**(1941)　右布文紀數七字,在右。

《泉幣》8,頁 25

○**何琳儀**(1998)　七,甲骨文作十(後下九・一)。象二物切割之狀,切之初文。《説文》:“切,刌也。从刀,七聲。”《廣雅・釋詁》一:“切,斷也。”二:“切,割也。”金文作十(矢簠)。戰國文字承襲商周文字。一般説來,古文字七作十、十,十作丨、十。二者形近易混,故戰國文字已出現作十、七、七、七之七,以與十區别。三體石經《僖公》作七,即代表此類形體。《説文》:“丂,陽之正也。从一,微陰從中衺出也。”

　　隨縣簡“七大夫”,爵位名。《漢書・高帝紀》:“七大夫以上,皆令食邑。”注:“七大夫,公大夫也,爵第七。”廿八宿漆書“七星”,廿八星宿之一。見《吕覽・有始》。

《戰國古文字典》頁 1098

○王輝(2001)　　"齒"後一字爲數字七。牛馬幼時歲生一齒,故古人常以齒數代其年歲。睡虎地秦墓竹簡《封診式·爭牛》:"即令令史某齒牛,牛六歲矣。"古人很在乎牛的年歲。(中略)簡銘告神以牛的齒數,是説牛犧正當壯年,健壯肥碩,宜於敬獻。

《考古學報》2001-2,頁 151

【七月】璽彙 5333

○吳振武(1989)

此璽重新著録於《古璽彙編》(五三三三)。璽中🄰字《古璽文編》隸定爲"圿"。(172 頁)。

今按,🄰應釋爲"七月"二字合文。此璽僅作"七月",當是一種記月用璽。又戰國姓名私璽中有"王🄰"(《古璽彙編》○四六二)、"鄪(曹)🄰"(同上一六一三)、"𤔲(尹)🄰"(同上二七六七)、"弜🄰"(同上二九三四)、"事(史)🄰"(同上一八四一)等璽。璽中🄰、🄰、🄰都是人名,疑應釋爲"五月、夒(褮)月、釿月"合文。古人常以出生月份爲名,如生在一月名"一月",生在二月名"二月"等等。這在古書是較常見的(參袁文《古時對普通老百姓的稱呼——古人稱謂漫談之七》,《歷史知識》1982 年 6 期)。而戰國人記月除用序數詞外,還用一些其他名稱,如齊有"褮月、歠月"(見子禾子釜和陳猷釜),楚有"夐月、紡月、爨月"(見望山楚簡和雲夢秦簡《日書》甲種)等。故名"夒(褮)月、釿月"者也可能是以出生月份爲名,惟不知其相當於幾月。

《古文字研究》17,頁 281

○林素清(1990)　　七·四🄰、🄰、🄰等字,《文編》分別隸定爲圿、圿、𦜗,疑誤。按上述各字疑皆合文形式,當讀爲"五月、七月、中月"。

《金祥恆教授逝世周年紀念論文集》頁 103

【七府】

○李零(1992)　　戰國文字府多作寶,傳世銅器有大府、中府、小府之名。"府"上一字原銘作十,他器多作十,驗之原器橫畫並不通連,舊釋"七"是不對的,我們懷疑是"小"字。小府也就是少府。少府是秦漢沿置的職官,見《漢書·百官公卿表》和《續漢書·百官志》。其屬官很多,舉凡衣食住行各種事宜,皆有專職司之。

《古文字研究》19,頁 148

【七星】睡虎地·日甲 48

○**睡簡整理小組**（1990）　七星，二十八宿之一。南方七宿的第四宿，有七顆。

《睡虎地秦墓竹簡》頁 188

【七信】貨系 4183

○**李家浩**（1973）　布幣：與當時三晉地區通行的平肩方足布形制相同，只不過體型狹長，首有一穿孔而已。布幣有大小兩種，大型一般全長約 11、身長8.3 釐米，肩寬 3.3、足寬約 4 釐米，一面鑄有"殊布當忻"四字，另一面鑄有"十貨"二字。秦寶瓚《遺篋録》卷三上著録一枚"殊幣"錢，其文字與常見的"殊布"略有不同，面文作"朱匕當斤"，背文亦爲"十貨"二字。小型布也鑄有文字，一面爲"四布"二字，一面爲"當忻"二字。字均陽文。上海博物館藏四枚"殊布"，重量各爲 37、35、34.5 及 31 克，"四布"一枚重 7.5 克。這兩種布幣出土非常少，而且地點多不詳。《遺篋録》所著一枚"係徐州出土"。解放後，在江蘇丹陽和浙江杭州等地有少量的發現。

《考古》1973-3，頁 192

○**朱活**（1984）　背文"十𢆶"釋作"十貨"是不必爭論的。（中略）銅貝在當時的通稱可能是"貨貝"或"貝貨"，因而"十貨"就是十個"貝貨"，那就是十個蟻鼻錢。

《古錢新探》頁 203

○**李家浩**（1986）　楚國的重量單位除了戚、坐朱、朱、𤲟以外，還有兩個重量單位"釿"和"信"：

　　　c 斨比（幣）堂（當）忻（釿）。（布幣　《奇觚室吉金文述》19・5—7）
　　　d 四比（幣）堂（當）忻（釿）。（布幣　同上 12・10 下）

c 幣的背面還有兩個字：

　　　e 七信。

"七"字舊釋爲"十"是不對的。古文字"七"與"十"的區別是"十"字的豎畫長，橫畫短，有的或寫作一點；"七"字的橫畫長，豎畫與橫畫大致相等，有的甚至比橫短。e 的第一字具有後者的特點，可以改釋爲"七"。"信"字舊釋爲"貨"。按此字右旁與漢印文字"真"近似，故改釋爲"信"。這個字亦見於下録耳杯銘文：

　　　f 冢（重）十六信。（《陶齋吉金録》5・3）

從耳杯銘文來看，"信"當是一個重量單位。據幣文和實測，c 與 d 的比值是 1:4，釿與信的比值是1:7；一釿之重約在 35 克左右，一信之重約 5 克左右。

　　最後應該指出，在湖南長沙、湖北江陵等地戰國中晚期楚墓裏出土的砝碼,以及金餅的重量,都與秦國的斤兩制大致相同。看來楚國似使用着兩套衡制,至少在戰國中晚期是這樣。一套是以圈、朱、坴朱、㦰和鈣、傎等爲單位的衡制,一套是以斤、兩、朱爲單位的衡制。

《江漢考古》1986-4,頁 86

○汪慶正(1988)　楚大布背文的"十貨",當是指對更小型單位貨幣的換算而言,目前的解釋是,一個大布對十個楚銅貝的換算比價。但這種形制不一樣的貨幣,很難設想是同時使用的,而且楚貝的出土是大量的,楚布則極爲少見,説明其鑄造時間不長,鑄量極少。最近,河南省新鄭市郊出土了"枎戔當忻"及"四戔當忻"布的陶範,這是一次重要的發現。

《中國歷代貨幣大系·先秦貨幣》頁 25

○郭若愚(1991)　大型鈣布背文有"十貨",學者們都認爲是指十個蟻鼻錢,即是一個大型鈣布可兑换十個㓁字蟻鼻錢。我認爲蟻鼻錢重量差很大,從 0.6 至 3.6 克,一枚大型鈣布重 37 克,在一般情況下,十枚蟻鼻錢的重量抵不上一枚大型鈣布。鑄"大錢"的目的,就是要超越十枚蟻鼻錢的重量,否則可以不必鑄大錢的。我意"十貨"是指十枚"貨幣當鈣",即一枚大型鈣布换十枚小型鈣布,是兩級制。1985 年河南新鄭鑄錢遺址出土了三個大型鈣布和一個小型鈣布的石範,可見其是一套貨幣,應該有它們的兑换率。

《中國錢幣》1991-2,頁 60

○黃錫全(1994)　大布背文,目前學術界主要有十貨、七貨或十傎、七傎之説。我們主張釋爲"七傎"。先秦文字中,我們還没有見到貝作㓁形者,但漢帛書《老子》甲本和武威漢簡、漢印之"貨"與我們討論的布文相似,故有的學者據此主張布文應釋"貨"。

傎　傎　傎

但是,我們也曾注意到,秦漢文字的貝形除此字外,多不作㓁,而"真"字多從此形。如下舉之例:

臭　臭　臭　臭　瘨　瀆　傎　傎　傎

所以,我們認爲,上列漢代的"貨"字,當是因其形與"真"類似而混用或誤用,秦漢文字的"貝"或從貝之字均不如此作則是最好的例證。所舉漢印"貨",也可能就是"傎"字。有學者根據一耳杯文"冢(重)十六傎",指出傎爲重量單位。如以 1 大布重 35 克左右計算,則 1 傎之重爲 5 克左右,與 1 枚較大的楚銅貝之重大致相當。

《先秦貨幣研究》頁 205,2001;原載《中國錢幣》1994-2

○蔡運章(1998)　背文"十貨",《廣雅・釋詁》謂"貨,貝也",是説這種錢可以兑换 10 枚銅貝(即蟻鼻錢)之義。

《中國錢幣論文集》3,頁 160

○陳劍(2002)　見卷八尸部"屟"字條。

【七幾】上博二・從甲

○馬承源等(2002)　"幾",讀爲"機",事物之關鍵,亦事物變化之所由生。上博竹書《曾子》有云:"是故耳目者,心之門也,好惡之幾(機)也。"《管子・權修》:"察能授官,班禄賜予,使民之機也。"《禮記・大學》:"一家仁,一國興仁;一家讓,一國興讓;一人貪戾,一國作亂。其機如此。"揆諸簡文,"七機"雖僅見"獄、悁(威)、🖍(?)、悎(恟)、罰"五事,然皆爲從政者日常面對,且最易產生變化之關鍵。

《上海博物館藏戰國楚竹書》(二)頁 222

○陳美蘭(2003)　七幾:七種容易引起危殆的事。(中略)周鳳五先生《從甲》認爲"簡文'七機'指的是爲政者的七種不當措施以及所招致的七種不良後果"。

　　美蘭按:根據簡文,周文對"七機"的内涵理解是正確的,唯"幾"字可以本字解讀,不必讀爲"機"。幾,從人上有幺或絲綁縛,戈加其上,《説文》:"幾,微也,殆也。從絲從戍。戍,兵守也。絲而兵守者,危也。"釋形小誤,但本義爲危殆,當可信(參季師旭昇先生《説文新證・幾》308 頁),以"幾"字本義釋讀,正與簡文密合無閒。

《上海博物館藏戰國楚竹書(二)讀本》頁 74

九 九

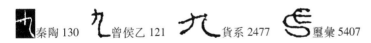

秦陶 130　　曾侯乙 121　　貨系 2477　　璽彙 5407

○鄭家相(1941)　右布文紀數九字,在左在右。

《泉幣》8,頁 25

○石永士、高英民(1995)　【九八・尖首刀】春秋中晚期青銅鑄幣。鑄行於燕國,流通於鮮虞、中山等地。屬大型尖首刀。面文"九八",上端"九",反書,下端"八",横書,疑即"九十八"合文。

《中國錢幣大辭典・先秦編》頁 428

○**石永士**（1995）　【九〜・尖首刀】春秋中晚期青銅鑄幣。鑄行於燕國。屬中型尖首刀。幕文"九〜"，第二字待考。

《中國錢幣大辭典・先秦編》頁 428

○**何琳儀**（1998）　九，甲骨文作𝄞（前四・四〇・三），象手臂形。借體象形。或謂肘字初文。金文作𝄞（盂鼎）。戰國文字承襲金文。《説文》："九，陽之變也。象其屈曲究盡之形。"九从又，又亦聲。

趙三孔布"九門"，地名。《史記・趙世家》武靈王："十七年，王出九門。"隸《漢書・地理志》常山郡，在今河北藁城西北。

帛書"九州"，見《書・禹貢》："九州攸同。"《帝王世紀》："冀、兗、青、徐、揚、荆、豫、梁、雍，九州顓帝所建。"帛書"九天"，見《楚辭・離騷》："指九天以爲正兮。"注："九天，謂中央、八方也。"又《天問》："九天之際，安放安屬。"注："九天，東方皥天、東南方陽天、南方赤天、西南方朱天、西方成天、西北幽天、北方玄天、東北方變天、中央鈞天。"九里墩鼓座"九礼"，即"九禮"。《周禮・秋官・掌交》："九禮之親。"注："九禮，九儀之禮也。"《大戴禮・本命》："九禮，冠、婚、朝、聘、喪、祭、賓主、鄉飲酒、軍旅，爲九禮。"

《戰國古文字典》頁 165

○**黃錫全**（1998）　鑄有"九"字的刀，盂縣、藁城、平山靈壽故城等地均有出土。盂縣出土者有 1 枚九字作𝄞，書於刀之中上部。通長 16.8、最寬 2.2 釐米，重 15 克。靈壽出土的 1 枚作𝄞，書於刀之上部，通長 16.7、最寬 2.6 釐米，重 12.9 克。藁城出土的 1 枚，文字作"𝄞〜"，豎式，八字橫書，或疑爲九十八合文，通長 17、最寬 2.6 釐米，重 18 克。

根據藁城出土者，我們認爲"九"下的"八"爲數字八，其上之"九"雖爲九字，但非指數字九，爲不使產生誤解，故將"八"字橫書，以示區別。這個"九"應是地名或國名，很可能就是白狄之一的仇由國之"仇"。仇本从九聲。仇由，或作仇繇（《韓非子・説林》）、厹由（《戰國策・西周策》）、仇猶（《史記・樗里傳》）、仇首（《淮南子》高誘注）等。仇由當是"九"之緩音，如同國名邾或鄒稱邾婁、訾婁，鄆稱鄆衍，越稱於越，"旃"緩讀爲"之焉"，"諸"緩讀爲"之乎"，"椎"緩讀爲"終葵"，等等。由、首、猶、繇諸字音近。但也可能是"仇"與"由"原本爲二部，後合而爲一，或者既稱"九"，又稱"斿"。

仇由，春秋時白狄國，公元前 489 年爲晉之智氏所滅，其地在今山西盂縣東北半里，與盂縣所出刀幣地理正好相合。《韓非子・説林》："智伯將伐仇縣,而道難不通,乃鑄大鐘遺之。仇繇除道納之而仇繇亡。"

【九女】璽彙 3001

○**羅福頤等**(1981)　　閭奻。

《古璽彙編》頁 284

○**施謝捷**(2002)　　《古璽彙編》3001 著録"賈奻"私璽,原釋文作"賈(編按:見上)奻"。

　　璽中人名"奻"字,其構形與古璽裏的複姓"九單(咎單)、九侯(鬼侯)"寫作"䡺、㚟"相似。頗疑"奻"字應該是"九女"二字合文。古文字中的"如"往往借用"女"字,古璽裏習見的人名"相如"之"如"多作"女",因此,作爲人名的"九女"當讀爲"皋如",春秋越王句踐時五大夫之一即名"皋如",見《左傳・哀公二十六年》:"夏,五月,叔孫舒帥師會越皋如、舌庸、宋樂筏納衛侯,文子欲納之。"亦見於《國語・吳語》,是其比。

《語文研究》2002-4,頁 31—32

【九天】楚帛書

○**嚴一萍**(1967)　　九　此字大部漫滅,各家釋"九",是。

　　天　《楚辭・天問》:"九天之際,安放安屬。"注:"九天:東方皞天、東南方陽天、南方赤天、西南方朱天、西方成天、西北方幽天、北方玄天、東北方變天、中央鈞天。皞亦作昊,變一作㷖,一作鸞。"按《吕氏春秋・有始覽》及《淮南子・天文》,又稱此九天爲九野。《淮南》注曰:"九野,九天之野也。一野千一百一十一隅也。""九天"後,商氏以爲有缺字一,非。

《中國文字》26,頁 13

○**李學勤**(1984)　　"九天",見《楚辭・天問》:"九天之際,安放安屬?"參見《吕氏春秋》和《淮南子》,王逸和後世學者注釋《楚辭》,對此有很多討論。帛書"彼九天則大側","則"的用法同"即",句意是九天即使大爲傾側,其觀念和《天問》講九天安放安屬顯然是有關的。祝融説,即使九天傾側,也不敢違背(?)天命,炎帝表示允可,這樣日月的運行便恢復了,故云"乃爲日月之行"。

《楚史論叢》初集,頁 149—150

○**高明**(1985)　　如《楚辭・天問》:"九天之際安放安屬?"王逸注曰:"九天:東方皞天、東南方陽天、南方赤天、西南方朱天、西方成天、西北方幽天、北方玄天、東北方變天、中央鈞天。”《太玄・玄數》云:“九天:一爲中天,二爲羨天,三爲從天,四爲更天,五爲晬天,六爲廓天,七爲減天,八爲沈天,九爲成天。”

《古文字研究》12,頁 380

○饒宗頤(1985)　　九字僅存九形,商氏讀爲九天是也。九天一名見於《楚辭》,《離騷》云:“指九天以爲正兮。”《九歌・少司命》:“登九天兮撫彗星。”《大戴禮・五帝德》:“平九州,戴九天。”賈誼《新書・耳痹篇》:“大夫種……割白馬而爲犧,指九天而爲證。”九天實楚人之慣語。銀雀山漢簡《孫子兵法》:“動于九天之上。”《史記・封禪書》:“九天巫祠九天。”《索隱》:“漢武帝立九天廟於甘泉。”《三輔故事》:“胡巫事九天於明神臺。”匈奴亦有祀九天之俗。

《楚帛書》頁 29

○何琳儀(1986)　　“九天”,《楚辭・天問》“九天之際,安放安屬”,注:“九天,東方皥天、東南方陽天、南方赤天、西南方朱天、西方成天、西北方幽天、北方玄天、東北方變天、中央鈞天。”

《江漢考古》1986-2,頁 82

○李零(2000)　　“九天”,古書多見。在《孫子・形》中是與“九地”相對,在《淮南子・原道》中是與“九野”相對,二者都是按四方八位加中央做九宮式分布。“九天”各天的具體名稱,見《吕氏春秋・有始覽》和《淮南子・天文》。這種概念應與式法有關。今遁甲式亦有“九天、九地”。

《古文字研究》20,頁 172

【九州】楚帛書

○高明(1985)　　繒書“九州丕平”乃謂將天下均爲九州。古所謂九州,記載各不相同,《禹貢》謂爲:冀、兗、青、徐、揚、荊、豫、梁、雍。《爾雅》謂爲:冀、幽、兗、營、徐、楊、荊、豫、雍。《周禮・夏官・職方氏》謂爲:揚、荊、豫、青、兗、雍、幽、冀、并。

《古文字研究》12,頁 379

【九侯】璽彙 1095、3446

○施謝捷(1996)　　周進《魏石經室古璽印景》19 頁和 40 頁也分別著錄下揭二鈕戰國私印:

 　　　　後被重新著錄於《古璽彙編》3446 和 1095,釋文爲“□侯陞”和“侯□”,印得很不清楚,而且有些筆畫被剪掉了。

　　我們認爲,上揭二璽印文可分別釋爲"九侯陛"和"九侯獀"。古璽印中的
"㕥"字作下列諸形:

《璽彙》3860,公孫㕥　　同上 4109,率□㕥　　同上 3505,宋(?)㕥

戰國金文中的"九"或作下列諸形:

《金文編》950 頁,盗壺　　同上,僕兒鐘

"从九"或"九"的寫法與璽印文"九侯"之"九"相同,可見我們將印文"侯"上
一字釋爲"九",顯然是很合適的。

　　上揭二璽印中的"九侯獀"一例在右下方由合文符號,據此則"九侯"應該
是古代的複姓,諸姓氏書均無記載。《史記・殷本紀》説:"(紂)以西伯昌、九
侯、鄂侯爲三公。九侯有好女,入之紂。九侯女不憙淫,紂怒,殺之,而醢九
侯。"裴駰《集解》引徐廣曰:"(九侯)一作'鬼侯'。鄴縣有九侯城。"張守節
《正義》引《括志地》云:"相州滏陽縣西南五十里有九侯城,亦名鬼侯城,蓋殷
時九侯城也。"知"九侯"爲殷紂時三公之一。紂醢九侯事,他書亦載,《戰國
策・趙策三》説:"昔者,鬼侯、鄂侯、文王,紂之三公也。鬼侯有子而好,故入
之於紂,紂以爲惡,醢鬼侯。"

　　《禮記・明堂位》説:"昔殷紂亂天下,脯鬼侯以饗諸侯。""鬼侯"即《殷本
紀》的"九侯","鬼"與"九"古音相近,故通用。姓氏"九侯"當同殷紂時的九
侯(或作鬼侯)有關,其來源與姓氏"夏侯、柏侯、韓侯"等也相似。後世姓書有
"九"姓,明陳士元《姓觿》:"九,舉有切。《姓考》云:紂時有九侯,即鬼侯也。
後有九氏。"今釋出前揭二璽的"九侯",知戰國時還有以"九侯"爲氏的,可補
姓書之闕。既明"九侯"爲複姓,則前揭二璽印應改歸在《璽彙》"複姓私
璽"類。

《南京師大學報》社科版 1996-4,頁 126—127

○**吳振武**(1998)　《璽彙》"姓名私璽"類 1095、3446 是下揭兩枚陽文私璽:

1095　　3446

這兩枚私璽原皆著錄在周進《魏石經室古璽印景》(1927 年)一書中,可惜
《璽彙》翻錄的鈐本不甚清晰。從我們所見到的原書看,兩璽右側姓氏字顯
然都應釋爲"九侯"。《璽彙》釋 1095 合文爲"侯",釋 3446 爲"□侯",均有
問題。

　　按古書中有"九"氏,無"九侯"氏。前人多認爲在"九"氏的幾個來源中,
有一個來源於商紂王時的九侯。如《姓觿》(上聲二十五有)"九"氏條下謂:

“《姓考》云,紂時有九侯,即鬼侯也,後有九氏;又云九方皋之後;又夷姓,《金史》由九住。”按商紂王時有九侯,見於《史記》。《史記·殷本紀》:“(紂)以西伯昌、九侯、鄂侯爲三公。九侯有好女,入之紂。九侯女不憙淫,紂怒,殺之,而醢九侯。”《集解》引徐廣曰:“(九侯)一作‘鬼侯’。鄴縣有九侯城。”既然“九”氏中有一部分是從九侯來的,那麼古璽中出現“九侯”氏應該是不奇怪的。古代姓氏中類似的這種由複姓變爲單姓的情況是很常見的(參《通志·氏族略六》“省言”下)。這也説明舊説是可以信從的。

又,因“九侯”一作“鬼侯”,舊以爲“鬼”氏中也有一部分來源於九侯。

上揭兩璽從風格上看,均屬三晉。

《出土文獻研究》3,頁 85

【九單】璽彙 3384

○施謝捷(2000)　《古璽彙編》3384 著録下揭一私璽:

原釋文作“軌辻”。

　　按原釋“軌”者應是“九單”二字或“九單”合文,在璽文中用爲姓氏。“九單”應讀作“咎單”。《詩·小雅·大東》“有洌汜泉”,釋文:“汜字又作晷。”《爾雅·釋水》“水醮曰厬”,《釋文》:“厬又作漸。”《説文》水部引作“汜”。《説文》厂部:“厬,仄出泉也。从厂,晷聲。讀若軌。”《爾雅·釋水》:“汜泉穴出。”作“汜”。從“九”聲字與從“咎”聲字既可通假,則將“九單”讀作“咎單”應該沒有問題。“咎單”係商湯之臣,見於《書序》:“咎單作《明居》。”孔傳:“咎單,臣名,主土地之官。”淩迪知《萬姓統譜》:有“咎單”複姓,謂即源出湯臣咎單氏。後世“咎”氏也有源自“咎單”氏的,林寶《元和姓纂》卷七:“咎,《風俗通》云湯司空咎單。《左傳》咎,舅犯字也。”邵思《姓解》卷一:“咎,湯有臣咎單,主土地之官也。”參照《通志·氏族略》,“九(咎)單”氏當爲“以名爲氏”。

既説“九單”爲複姓,則原來把此璽歸在“姓名私璽”類,失之。

《中國古璽印學國際研討會論文集》頁 34—35

【九嗌】

○羅福頤等(1981)　九益。

《古璽彙編》頁 163

【九城之臺】上博二·容成 44

○李零(2002)　九城之臺:即“九成之臺”。按:《郭店楚墓竹簡·老子甲》第二十六簡“九成之臺”同此,馬王堆帛書本和傅奕本亦作“九成之臺”。嚴遵本作"九重之臺"。王弼本作"九層之臺"。《吕氏春秋・音初》："有娀氏有二佚女,爲之九成之臺,飲食必以鼓。"似古本多作"九成之臺"。

《上海博物館藏戰國楚竹書》(二)頁 284

○**蘇建洲**(2003)　九城之臺:即九成之臺、九重之臺、九層之臺。原考釋指出《郭店・老子甲》簡 26"九城之臺",馬王堆本帛書《老子》和傅奕本作"九成之臺",王弼本作"九層之臺"。《尸子・君治》："人之言君天下者瑶臺九纍,而堯白屋。"《吕氏春秋・季夏紀・音初》："有娀氏二佚女,爲之九成之臺。"高誘注:"成猶重。"城,通"成"。簡文"城"是把"土"旁寫在"成"旁之下,並把"土"與"丁"的筆畫共用(參李家浩先生《讀〈郭店楚墓竹簡〉瑣議》,《中國哲學》20 輯 349 頁)。

《上海博物館藏戰國楚竹書(二)讀本》頁 174

禽 禽

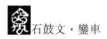石鼓文・鑾車

○**何琳儀**(1998)　禽,金文作(不嬰簋)。从离省,今聲。《説文》："禽,走獸總名。从厹,象形。今聲。禽、离、兕頭相似。"

石鼓禽,見《左・襄廿四》"收禽挾囚",注:"禽,獲也。"

《戰國古文字典》頁 1391

离 离

货系 2441　　璽彙 3119

○**何琳儀**(1998)　离,甲骨文作(後下一・四)。象長柄鳥網之形。可硬性隸定爲罼。典籍通作離、罹、羅。《説文新附》："罹,古通作離。"《集韻》："罹,與羅通。"《方言》七:"羅,謂之離;離,謂之羅。"鳥網爲离(離),引申有捕獲網羅之意。甲骨文罼均有捕獲之義。《儀禮・大射》"中離爲綱",注:"離,猶過也,獵也。"以獵釋離(聲訓),似亦可證離確有捕獵之意。《詩・邶風・新臺》"鴻則離之"、《詩・王風・兔爰》"雉離于羅",其離均當釋被捕獲。甲骨文離作(前六・四五・四),从隹从罼,捕獲之意尤顯。罼、離一字分化,舊多釋罼

爲禽，非是。參禽字。禸，金文作（禽簋禽作），或演變作（不嬰簋禽作）。戰國文字承襲金文。或从禸从林，會林中設網捕獲之意，林亦聲（禸、林均屬舌音來紐）。或省林爲屮，或省屮爲中，遂爲秦文字及小篆所沿襲。《説文》：“，山神獸也。从禽頭从屮从中。歐陽喬説，离，猛獸也。”所謂“山神獸、猛獸”之离，本字應作螭。《左·宣三》：“螭魅罔兩。”《文選·西京賦》：“挖熊螭。”

　　晉璽离，姓氏。黄帝時明目人离婁之後。見《路史》。趙器“离石”，讀“離石”，地名。《史記·趙世家》肅侯二十二年：“秦殺疵河西，取我藺、離石。”在今山西離石。

《戰國古文字典》頁 870—871

【離石】

○**丁福保**（1938）　萬石，注見圓足布。【錢匯】。有釋萬石者非也，胡石查釋離石，可從。圜足布圜金化同。【補録】

《古錢大辭典》頁 1242，1982

○**丁福保**（1942）　《叢稿》曰，离石，舊稱萬石，釋礪，誤。《國策》，蘇屬謂周曰，章攻趙，取藺離石祁者皆白起。程春海《國策地名考》曰，離石縣東北有離石水，又有石山。贊按，古幣多紀地名，此幣爲之繁文，《説文》九部字下云，山神獸也，从禽，頭从屮。徐鉉曰，从屮義無所取，疑象，此幣离字从狀，正取象獸角形，必小篆者爲从屮，鉉謂取象形，猶能窺見古人制字之義。

　　編者按，此布《古泉匯》作萬石，非是，爲離之古文，狀象獸之兩角，小篆省作，隸書變爲离，离離爲古今字，江氏《尚書集注》，歐陽書今文，如豺如离，《史記·周本紀》作如豺如離，又《易》離卦本作离，自後儒以离卦之离爲離，而古又亡矣，今見此布尚作，此古文之僅存者，甚可寶貴。考離石在山西汾陽縣西北百七十里，戰國趙邑，《戰國策》曰，秦攻趙離石，拔之，北有離石水，故名，今仍名離石縣，屬山西省政府。

《歷代錢譜》，《泉幣》14，頁 194

○**鄭家相**（1958）　文曰離石，分大小二等，形制與藺字圓足布同。蓋藺與離石二地相鄰故也。注見離石尖足小布。按圓足布，僅見藺與離石二種，各有大小二等，形制同面文亦同。惟背文紀數字，所見幾各個不同，最少數爲一字，最大數則有六十餘，可知當時鑄額不少。然欲求其紀數字之完備，則難矣。

　　文曰離石。按离爲離省，即離石，見《西周策》。《漢志》西河郡有離石縣

（今山西永寧州治），縣東有離石水（今之三川河），又有離石山（今之赤松嶺），縣蓋以此名。程恩澤曰：“今山西汾州府永寧州寧鄉縣臨縣，皆其地也。”《史記・趙世家》：“肅侯二十二年，秦取我藺、離石。”是離石爲趙地。

《中國古代貨幣發展史》頁 138、113

萬

○商承祚（1964）　　（編按：楚帛書“爲禹爲萬”）卨爲商之先公，古書或寫作契、偰。

《文物》1964-9，頁 13

○嚴一萍（1967）　　（編按：楚帛書“爲禹爲萬”）萬，商氏釋卨，誤。此字與甲篇第十一行第十七字及乙篇第三行第卅一字“滿”所從之萬，完全相同，當是萬字。商氏附會爲商之先公契，不可信。《説文》：“萬，蟲也。”“爲禹爲萬”，似言萬物化生之意。

《中國文字》26，頁 5

○饒宗頤（1985）　　（編按：楚帛書“爲禹爲萬”）萬不詳何人，有讀爲卨，於形不近。佐禹平水土者，《呂覽・求人篇》所記有五人，又有大費，見《秦本紀》。帛書萬字作𧒒，明顯可辨，萬當即冥。冥爲玄冥。《山海經・海外北經》：“北有禹疆，人面鳥身。”郭璞注：“字玄冥，水神也。”江陵鳳凰山八號墓出土龜質漆畫，其神正是人首鳥足，説者以玄冥當之（《文物》1974 年 6 期）。大費之子曰大廉，實鳥俗氏。玄冥及大費均是人面鳥身，蓋東方之鳥夷也。萬與冥皆明母，字可通。

　　《國語・魯語》及《禮記・祭法》，皆言：“商人郊冥而宗湯。”冥爲殷先神，故與禹駢列。古代傳説，以冥代表北方之神，爲顓頊佐。如《尚書大傳》：“北方之極，帝顓頊神玄冥司之。”《淮南子・時則》：“北方之神……顓頊，玄冥之所司者，萬二千里。”帛書以萬配禹，禹屬夏而萬（冥）指商，以冥當之，尚無不合。

《楚帛書》頁 15—16

○李零（1985）　　（編按：楚帛書“爲禹爲萬”）萬，商承祚、陳邦懷讀爲卨，即商契，契字本作卨，見《史記・司馬相如列傳》及《漢書・古今人表》。

《長沙子彈庫戰國楚帛書研究》頁 66

○劉釗（1992）　《説文》：“离，蟲也，从厹象形，讀與偰同。𥝥古文离。”先秦古文字中没有离字，目前所見最早的离字是漢代竊字所從的偏旁。《説文》：“竊，盜自中出曰竊，从穴、米，离、廿皆聲也。廿，古文疾，离，偰字也。”《説文》對竊字的説解極爲牽强，對竊字所從“廿”“离”的分析也大有問題。歷來治《説文》的學者大都對此字有過闡釋，卻都不足爲信。按漢帛書的《老子》乙本前古佚書竊字作“𥨊”，漢帛書《戰國縱横家書》竊字作“𥨭”，皆从宀从米从萬，所體現的應是早期的構形。古文字宀、穴二旁可以通用，小篆竊字从穴，乃從漢帛書竊字从宀變來。又小篆竊字所從之“离”，實乃“萬”字之變形。漢祝睦後碑竊字作“𥨭”，所從之“离”即漢帛書竊字作“𥨊”所從“萬”字之變。漢孔彪碑竊字作“𥨭”，萬字已經變爲“离”字。這與厲字本从萬，漢武英碑作“𠪋”，而漢尹宙碑作“𠪋”；㼢字本从萬，劉寬後碑作“𥱻”，而婁壽碑作“𥱻”，所從“萬”字也都變爲與“离”字形體很接近的“𡴋”“𡴋”形如出一轍。至於小篆竊字所從之“廿”，則很可能是萬字所從之“艸”的訛變，這與離字漢帛書《老子》甲本作“𩀱”，而《老子》甲本後古佚書作“𩀱”，“艸”也訛變爲“廿”是相同的變化。通過以上的分析我們可以論定，离字本是漢代从萬字分化出的一個字，即萬字經過形變，分化出了與其讀音相近的“离”字。甲骨文萬字作“𧒽”，本象蠍形，因語言中蠍字與萬字的讀音相近，故用蠍形假借記録語言中“萬”這個詞。金文萬字作“𧒽”，加上一横飾筆，又作“𧒽”，纍加上“丿”形飾筆，這與禹字作“𠔉—𠔉—𠔉”，禽字作“𠔉—𠔉”是相同的演變。萬的本字小篆作“𧒸”，訓爲“毒蟲也”。後世又造形聲字作“蠍”。萬爲蠍的初文，應有蠍的讀音。古音蠍在曉紐月部，二字疊韻。离字《説文》訓爲“蟲”，與萬字訓爲“蟲”正相合，故可知萬字和离字在音義上都有聯繫，這更證明了离字乃是萬字的分化字的可能。

楚帛書有下面一句：“□逃爲禹爲萬，以司域襄（壤）。”萬字作“𦊆”，商承祚先生和陳邦懷先生皆讀“萬”爲“离”，非常正確。或釋禹爲蟲，或訓禹萬二字爲蟲，都是錯誤的。禹即夏禹，萬即离，也即商契，典籍离與契、偰通。契乃商之先祖。商陳二先生雖然將“萬”讀爲“离”，但因不明离字的來源，字形上没有解釋清楚，所以這一正確的意見未被公認。我們前邊論證了“离”乃“萬”的分化字，帛書以“萬”爲“离”也就很好理解了。由此還可以知道商先祖之名本字應作“萬”，而离爲分化字，契、偰則是假借字。

《江漢考古》1992-1，頁78

○**劉信芳**（1996）　《説文》：“萬，蟲也。”《荀子·議兵》：“慘如蠆蠆。”“蠆”與
“萬”同。馬王堆帛書《老子》乙本“蜂癘蟲蛇”，“癘”字傅奕本作“蠆”。帛書
“爲蛇爲萬”，謂諸凶神虐鬼幻化逃亡，變成了蟲蛇之類。

《中國文字》新 21，頁 74

○**何琳儀**（1998）　萬，甲骨文作𧒒（前三·三〇·五），象蝎類之形。西周金文
作𧒒（免盤），或繁化爲𧒒（頌簋）。春秋金文作𧒒（邾公𨧨鐘）。戰國文字承襲
金文，或省上方二足。《説文》：“萬，蟲也。从厹，象形。”萬或歸元部，然从萬
得聲之蠆、屬準聲首則歸月部。故萬不宜歸元部。疑萬古本屬月部，後因借
万爲萬，遂因万聲而入元部。月與元入陽對轉。

因脊敦“𠭥萬”，讀“世萬”，即“萬世”之倒文。《書·大甲》中：“實萬世無
疆之休。”

晉壐“萬金”，見《史記·平準書》：富商大賈，“財或累萬金”。梁十九年
亡智鼎“年萬”，即“萬年”之倒文。《書·洛誥》：“萬年厭于乃德。”令狐壺“萬
啻年”，讀“萬億年”。《書·洛誥》：“公其以千萬億年。”

帛書萬，讀蠆。《説文》：“蠆，蜂也。脩爲蠆，圜爲蠆。”（中略）

詛楚文“枼萬”，讀“世萬”，即“萬世”之倒文。秦吉語歲（編按：疑衍）“萬
歲”，見《韓非子·顯學》：“千秋萬歲。”

《戰國古文字典》頁 959

万，甲骨文作𠃌（甲三九一三），形義不明。或疑亥、万一字分化。西周金
文作𠃌（舟方卣），春秋金文作𠃌（單𧊒戈）。戰國文字承襲商周文字。《集韻》：
“万，數也。通作萬。”

戰國文字万，典籍作萬。

《戰國古文字典》頁 1077

○**陳斯鵬**（2007）　（編按：楚帛書“爲禹爲萬”）至於“萬”之讀作“离”，則是由於音形
俱近而造成的假借。馬王堆帛書《戰國縱橫家書》51 行“竊”字作𥨳，聲旁
“离”即被替換成“萬”，可相印證。“离”古書又作“契”或“偰”。“號咷”爲何
琳儀先生所讀，其是；《楚辭·九歎·怨思》：“孽臣之號咷兮，本朝蕪而不治。”
王逸注：“號咷，讙呼。”此寫禹、离爲黿黿、女填化生而出時的歡呼雀躍之狀。

以禹、离爲黿黿、女填所化，這在以往所知的神話資料中似乎還沒有出現
過。但女媧有化生之功的傳説卻是來源頗古的。《山海經·大荒西經》：“有
神十人，名曰女媧之腸，化爲神，處栗廣之野。”可見女媧之化生神人已有先

例。帛書説黿盧、女填化生禹、卨,正與此相類。

《簡帛文獻與文學考論》頁 11

【萬千】

○林泊(1991)　　"萬千"　篆體,刻於一缶的肩部。

《考古》1991-5,頁 411

【萬金】璽彙 4484—4492

○羅福頤等(1981)　　萬金。

《古璽彙編》頁 409—410

【萬姓】睡虎地·爲吏 51

○睡簡整理小組(1990)　　萬姓,見《漢書·谷永傳》,即百姓。

《睡虎地秦墓竹簡》頁 170

【萬歲】璽彙 4493

○羅福頤等(1981)　　萬歲。

《古璽彙編》頁 410

○王輝(2001)　　此印於著録甚多,其中有出於重慶市巴縣冬笋壩 M49 墓者,該墓一般認爲時代屬秦漢之際。

　　萬歲乃祈求長壽之辭。《詩·魯頌·閟宮》:"萬有千歲,眉壽無有害。"

《四川大學考古專業創建四十周年暨馮漢驥教授百年誕辰紀念文集》頁 308

禹　虎　壘

集粹　　璽彙 5125　　璽彙 0904　　楚帛書
郭店·成之 33　　上博二·子羔 10

○商承祚(1964)　　(編按:楚帛書"爲禹爲萬") ,陳邦懷釋禹,非常正確。金文禹鼎作 ,秦公簋作 ,《説文》及魏三體石經禹之古文作 ,此其訛變。禹指夏禹。

《文物》1964-9,頁 15

○嚴一萍(1967)　　(編按:楚帛書"爲禹爲萬")商氏據陳邦懷釋禹,謂即夏禹,不可信。禺邗王壺之禺作 ,與此形近,字當釋禺。《説文》:"禺,母猴屬。"《山海經·南山經》"招搖之山,有獸焉,其狀如禺",注:"禺似獼猴而大,赤目長尾。"

《中國文字》26,頁 4

○陳邦懷(1981)　　(編按:楚帛書"爲禹爲萬")"禹",帛書原作 ,《説文解字》:"禹,

蟲也。"段玉裁云:"夏王以爲名,學者昧其本義。"字象爬蟲之形。🔣且辛禹聊
鼄作🔣,禹鼎省變作🔣。因禹字用爲夏王之名,故古文禹有作人首形者。瘚鐘:
"用🔣(寪)光瘚身"(通録編鐘"用寪光我家"可爲參證),"寪"(讀作宇,訓大)
字所從即作人首形之🔣。《史記·五帝本紀》:"禹者,黄帝之玄孫,而帝顓頊之
孫也。""离",本義亦爲蟲,字亦象爬蟲之形,《説文解字》:"离,蟲也。🔣,古文
离。"因离字用爲殷先公之名,故《説文》古文作人首之形。离又作契。《史
記·殷本紀》:"殷契,母曰簡狄,有娀氏之女,爲帝嚳次妃。三人行浴,見玄鳥
墮其卵,簡狄取吞之,因孕生契。契長而佐禹治水有功。"《史記·五帝本紀》
謂帝嚳爲帝顓頊族子,是知契爲顓頊族孫也。又按:《史記·楚世家》:"楚之
先祖,出自帝顓頊高陽。"帛書序述禹及离者,禹爲顓頊之孫,离爲顓頊之族
孫。二人皆爲楚之先祖也。

　　　　　　　　　　　　　　　　　　　　　　　　《古文字研究》5,頁 239

○**李零**(1985)　　(編按:楚帛書"爲禹爲萬")禹字殘,陳邦懷釋出爲禹,即夏禹。

　　　　　　　　　　　　　　　　《長沙子彈庫戰國楚帛書研究》頁 66

○**高明**(1985)　　(編按:楚帛書"爲禹爲萬")過去多釋禹爲夏禹,釋萬爲离,謂爲商
契,商承祚釋遴爲逃,引《荀子·非相篇》"禹跳湯偏"爲解。按本節所述皆爲
庖犧、女媧開化天地之事,距夏禹、商契尚遠,突然插入"禹跳湯偏"一事,與全
文不合,故所釋不確。禹萬《説文》皆謂"蟲也",爲字當訓如,《經傳釋詞》卷
二:"爲猶如也。"遴字初見,字書無,前一字殘,"□遴爲禹爲萬"義如驅除如
禹、萬等毒蟲。

　　　　　　　　　　　　　　　　　　　　　《古文字研究》12,頁 377

○**何琳儀**(1986)　　(編按:楚帛書"爲虫爲萬")"爲虫爲萬",陳讀"爲禹爲离",嚴讀
"爲禺爲萬"。按,雲夢簡 942"憂"作"🔣",青川木牘"離"作"🔣",仰天湖簡
"塁"作"🔣",帛書"萬"作"🔣","滿"作"🔣",凡此可證戰國文字"禹、禺、萬"
均應從"厹"(蹂)。而帛書"🔣"並不從"厹",其非"禹"和"禺"可以斷言。其
實帛書自有"禹",見甲篇"虡"字所從之"🔣"。"🔣"乃"虫"。戰國文字"虫"
作"🔣"或"🔣",頭呈尖形。這與"🔣"(見《説文》"螯"古文"蛵"之所從)或
"🔣"頭呈圓形,應是平行演變關係。另外《古文四聲韻》引王存乂《切韻》
"獨"作"🔣";其右下作"🔣",與帛書正合。尖形和圓形"虫"亦均見甲骨文和
金文,在斜筆上加贅畫是晚周文字的通例。"禹"雖亦"虫"之分化(禹,匣紐;
虫,曉紐;均屬喉音),但二者形體在晚周則判然有别。《廣韻》上聲尾韻:"虫,

鱗介總名。”《説文》：“萬，蟲也。”以古文字驗之，虫屬蛇類，萬屬蝎類，後來均由專名轉爲泛稱。“爲虫爲萬”是上文“參化”的結果。嚴謂“似言萬物生化之意”，近是。《説文》：“媧，古之神聖女，化萬物者也。”《淮南子·説林訓》：“黃帝生陰陽，上駢生耳目，桑林生臂手，此女媧之所以七十化也。”《山海經·大荒西經》注：“女媧，古神女而帝者，人面蛇身，一日七十變。”《路史·後紀》二注又謂“女媧七十二化處其位”。帛書“參化唬姚，爲虫爲萬”指女媧化育萬物，與典籍均言變化之多（參聞一多《神話與詩·七十二》）。

《江漢考古》1986-2，頁 79

○**曾憲通**（1993）　（編按：楚帛書“爲禹爲萬”）錫永先生依陳邦懷釋爲禹字，即夏禹。選堂先生發現帛文所記多與禹事相關，進一步證成其説。嚴一萍氏認爲釋禹不可信，以字如禺邗王壺之禺字，改釋爲禺。並引《説文》以禺爲母猴屬佐證。然細察帛文🦎字，其主體實作🦎，上體之“🦎”象蟲首，故《説文》以“蟲”説之。外加〇者，乃突出蟲之頭部，與禺字從鬼頭之田無涉。🦎同禹鼎之🦎、秦公簋之🦎、戰國印文之🦎，《説文》古文及三體石經古文之🦎皆一脈相承，其形狀雖變化不一，而其主體作🦎、🦎、🦎、🦎、🦎等，卻是萬變不離的。容庚先生謂“萬”字“甲骨文作🦎、金文作🦎，後漸變而爲🦎、爲🦎，遂若從厽而析爲二字”（《善齋吉金圖録》萬父己鐃）。🦎演變爲禹，與🦎演變爲🦎屬同類現象。

《長沙楚帛書文字編》頁 47—48

○**劉信芳**（1996）　（編按：楚帛書“爲禹爲萬”）“蛇”字帛書作“🦎”，商承祚、陳邦懷、饒宗頤釋“禹”；嚴一萍釋“禺”；何琳儀謂“‘禹、禺、萬’均應從‘厽’。而帛書‘🦎’並不從‘厽’，其非‘禹’和‘禺’可以斷言”。因改釋作“虫”。按何琳儀先生否定🦎非“禹、禺”之理由是很充分的，然釋爲“虫”則亦未爲得也。包山簡凡虫皆作“🦎”，“🦎”可分析爲從〇從🦎（《楚帛書》放大照片清晰可辨），“🦎”可以認爲是“🦎”字添加裝飾筆畫所致，正似所謂畫蛇添足者。而“〇”作爲字符，又見於以下例：

🦎君包一四三　　　🦎君曾六五　　　🦎君曾二〇一

字即鄂君”無疑。鄂君封地即《漢書·地理志》南郡“杞”縣。“鄂”字從邑從“柤”，柤即“杞”之異寫。包山簡凡“以”均作“🦎”，而“以、巳”古本一字，《説文》解“目”字“從反巳”，蓋本同源字之故也。如是則“🦎”字從虫巳聲甚明，無疑是“蛇”字。

《中國文字》新 21，頁 73—74

○**何琳儀**（1998）　禹，西周金文作🦎，春秋金文作🦎（秦公簋）。從虫從九。九形爲分化部件,参禺、禽、離、萬等字下部。許慎以諸字豎筆與九形合成之厹旁,實不能獨立存在。應删。戰國文字承襲金文,或加飾筆。《説文》:"禹,蟲也。从厹,象形。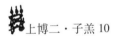,古文禹。"

戰國文字禹,人名。

《戰國古文字典》頁 463—464

○**李家浩**(2000)　"黄帝"下一字殘存下半"内"旁。"黄帝"是傳説中的歷史人物,那麽其下之字也可能是傳説中的歷史人物。"禹"字下半从"内"。頗疑簡文此字是夏禹之"禹"的殘文。

《九店楚簡》頁 114

○**馬承源**(2002)　墨　即"禹",傳説中夏人始祖,在西周的文獻和金文中已載其事迹。東周時代關於禹的傳説,典型者見於《大戴禮記・五帝德》,漢儒説見《史記・夏本紀》。

《上海博物館藏戰國楚竹書》(二)頁 195

【禹步】睡虎地・日甲 111 背

○**睡簡整理小組**(1990)　禹步,一種巫術的步法。《尸子・君治》:"禹於是疏河決江,十年未闚其家,手不爪,脛不毛,生偏枯之疾,步不相過,人曰禹步。"

《睡虎地秦墓竹簡》頁 224

卨　卨

上博二・子羔 10

○**馬承源**(2002)　卨　亦作"离、契",傳説中商人始祖。《説文・内部》:"卨,蟲也。从厹,象形。讀與偰同。卨,古文卨。"所列古文與簡文相近,但簡文筆畫更繁。簡文字形象頭上出有三歧的動物,上下肢都有所象徵,此爲契名的本字。

《上海博物館藏戰國楚竹書》(二)頁 195

○**季旭昇**(2003)　商的始祖,後世作契。《説文解字》:"卨,蟲也。从厹,象形。讀與偰同。卨:古文卨。"簡文頭部與《説文》古文相近,還保留了動物形狀的頭形;但是身體則訛變成从"大"加兩"止"形,兩"止"形又繁化爲四"止"形。

《上海博物館藏戰國楚竹書(二)讀本》頁 38

嘼　嘼

嘼　郭店·成之 22　　　嘼　楚帛書　　嘼　集成 9719 令狐君嗣子壺

○**嚴一萍**（1967）　嘼嘼，酓忎鼎戰作嘼，其左半與繒書同。商氏謂“嘼下从百，則非嘼字”，實誤。

《中國文字》26，頁 8/頁 3020

○**饒宗頤**（1985）　（編按：楚帛書）嘼即單，可讀爲檀（如鄭櫟邑大夫單伯，通作檀）。《管子·地員篇》兩言楢檀。此數者皆宜作木名解之，正以表示圖中四時異色之木。鄭司農引《鄹子》云：“春取榆柳之火，秋取柞楢之火，冬取槐檀之火。”鄹衍言四時取火各異其木，其中有棗、有檀。

《楚帛書》頁 22—23

○**李零**（1985）　（編按：楚帛書）金文有兩種寫法，一種作嘼，一種作嘼，這裏是用後一寫法。楚王酓忎鼎和酓忎鼎“戰”字所从單即用此，又《古文四聲韻》的單字和禪字所从的單，亦用嘼爲單。這裏嘼亦當讀單，巴納德讀單，可從。朱四單，即帛書右下角之赤木，代表南方和夏天，下領四至六月。

《長沙子彈庫戰國楚帛書研究》頁 70

○**何琳儀**（1986）　（編按：楚帛書）原篆作“嘼”，舊釋“嘼”。按，《古文四聲韻》“單”引《籀韻》作“嘼”，與帛書合。單、嘼一音之轉，古均屬舌頭音。

《江漢考古》1986-2，頁 81

○**裘錫圭、李家浩**（1989）　（編按：曾侯乙簡）“驒”字亦見於 185 號簡，从“馬”从“嘼”。古文字多以“嘼”爲“單”。《古文四聲韻》獮韻“單”字下引《籀韻》作“嘼”。命瓜君壺：“朿朿嘼嘼，康樂我家。”“朿朿”當讀爲“閒閒”。《廣雅·釋訓》：“閒閒，盛也。”“嘼”用爲“單”。“單單”當讀爲“嘽嘽”。《詩·大雅·武常》“王旅嘽嘽”，毛傳：“嘽嘽然盛也。”（李零同志亦有類似的説法）“戰”字所从“單”旁，戰國楚器作“嘼”（《金文編》825 頁），《古文四聲韻》線韻引《籀韻》亦同。所以此字應釋爲“驒”。《詩·魯頌·駉》“有驒有駱”，毛傳：“青驪驎曰驒。”

《曾侯乙墓》頁 529

○**何琳儀**（1998）　嘼，甲骨文作嘼（乙六二六九）。从單，下加口形爲分化符號。單，端紐；嘼，透紐。端、透均屬舌音，嘼爲單之準聲首。舊多依據《唐韻》

“許救切”歸曉紐,茲據《集韻》之“丑救切”歸透紐。西周金文作🔊(盂鼎),或單旁下加丙(柄之初文)旁繁化作🔊(王母鬲)。春秋金文作🔊(邵鐘)。戰國文字承襲兩周金文。《説文》:“🔊,犙也。象耳、頭、足厹地之形。古文嘼下从厹。”

令狐壺“東_嘼_”,讀“簡簡優優”。《淮南子·時則》“優優簡簡”,注:“優簡,寬舒之貌。”《史記·夏本紀》“擾而毅”,集解:“擾一作柔。”《説文》厹篆文作蹂,而《説文》嘼之古文亦从厹。可證嘼與憂音近。

楚璽、包山簡嘼,姓氏。疑讀畜。檢《玉篇》:“嘼,六嘼,牛、馬、羊、犬、雞、豕也。養之曰嘼,用之曰牲,今作畜。”是其佐證。嘼姓,出炎帝後,望出天水。見《路史》。帛書“朱□嘼”,南方神名。

《戰國古文字典》頁 217

△按　“嘼”在戰國楚文字多讀爲“單”,卷二重見。

獸 獸 獸

石鼓文·鑾車　　集成 286 曾侯乙鐘

包山 142　　上博五·鬼神 6

○**何琳儀**(1998)　獸,甲骨文作🔊(鐵三六·三)、🔊(甲一八一)、🔊(寧滬二·一一一)、🔊(拾六·三)。从犬从干(或从單),會驅犬持干進犯狩獵之意。嘼亦聲。西周金文作🔊(史獸鼎)。春秋金文作🔊(王子午鼎),从嘼,嘼亦聲。《説文》:“獸,守備者。从嘼从犬。”

包山簡“寞獸”,官名。包山簡“宇獸”,地名。曾器獸,樂律名。

石鼓獸,讀狩。《詩·小雅·車攻》:“搏獸于敖。”《文選·東京賦》注引獸作狩。是其佐證。《公羊·桓四年》“冬曰狩”,注:“狩,猶獸也。”《國語·齊語》“田狩畢弋”,注:“狩,圍守而取禽也。”

《戰國古文字典》頁 218

【獸鐘】曾侯乙編鐘

○**崔憲**(1997)　楚律名,律位在ᵇA,律高爲 814 音分。獸鐘在銘文中共出現 29 次,並大部分用於句首,可見在楚律名中的重要地位,亦見楚國音樂在曾侯乙編鐘上的應用價值。

《曾侯乙編鐘鐘銘校釋及其律學研究》頁 28—29

甲

陶彙 5·449　　　包山 46

郭店·老甲 26

璽彙 1715　　　包山 90

○鄭家相（1958）　按齊刀背上三畫，是爲乾卦，天地人之道也。背中✚是爲甲字，《説文》：“甲，東方之孟，陽氣萌動，从木，戴孚甲之象。”蓋三畫爲卦象之首，甲字爲天干之首，刀背著此，爲其規制而含有意義者。故凡齊刀之背制，大抵如此，或有釋爲三十兩字者，實誤。

《中國古代貨幣發展史》頁 77

✚　是爲甲字，即各種齊刀背中之一豎一點也。

按乾字甲字，爲各種齊刀之背制，但小形節墨刀，多數無此制，有之亦各自獨立，絕少與其他文字並著者，蓋小者，次於大者故也。

《中國古代貨幣發展史》頁 82

○羅福頤等（1981）　（編按：璽彙 1715“𧾷”）止。

《古璽文編》頁 31

○朱德熙、裘錫圭、李家浩（1995）　簡文“甲”字作𧾷，當即田字省寫。

《望山楚簡》頁 97

○王人聰（1996）　司馬止。

《香港中文大學文物館藏印續集一》頁 167

○劉釗（1997）　編號 110（見圖二十）之璽釋文作“司馬止”。按印文第三字非“止”字，乃“乍”字，古璽“乍”字大都如此作。釋文應改正爲“司馬乍”。

《中國篆刻》1997-4，頁 48

○高智（1997）　《古璽彙編》著録如下諸印：

1. 1715　　2522　　2. 3147　　3148

3. 0417　　0896　　2160　　2564

4. 1022　　2372　　3006　　3246　　5. 1781　　3000

1.兩印中第二字均作“𧾷”形，由於此形與“止”字古文字形體相近，故《古璽彙編》釋爲“止”,《古璽文編》列入“止”字條下,今按:此字與古璽中的“止”或從“止”之字的形體、筆勢均不相同。仔細分析,“止”第二筆均作斜線或彎曲形,如古璽“止”作“（图）”(0327)、“（图）”(0895);“步”作“（图）”(0906);“正”作“（图）”(3490)、“（图）”(1397)等形,“（图）”形正與包山楚簡中“（图）”字作“（图）”(225),“（图）”作“（图）”(224),“（图）”作“（图）”(一三二反)、“（图）”(一四一),“（图）”作“（图）”(一六二)等形所從相同,故此字當釋爲“乍”,從以下諸釋中亦可證明此釋“乍”不誤。

2.以上兩印中的“（图）”字,《古璽彙編》缺釋,《古璽文編》收入附録,按此字上從“（图）”與上面所釋“（图）”實爲一字,正與金文中“乍”作“（图）”(《齊鎛》)形同,下從“寸”,在古文字中從“寸”與從“又”往往無別,可以互作,如“事”古璽作“（图）”(1714),又作“（图）”(1796),金文“寺”作“（图）”(《鼄羌鐘》),又作“（图）”(《吳王光鑑》)等,因此此形當與金文“复”作“（图）”(《會肯鐘》),與包山楚簡中“作”作“（图）”(二〇六)、“（图）”(二一六)、“（图）”(一二六)、“（图）”(一三一)等所從相同,與“作”作“（图）”(二〇五)所從亦同,故此字當釋爲“复”即“作”字。

3.此四印中第二字分別作“（图）、（图）、（图）”三形,舊均釋“肯”。今按,此字上從“（图）、（图）、（图）”,根據上面“乍、作”二字所釋,可知爲“乍”形,尤以古璽2160之“（图）”上所從“（图）”與包山楚簡中衆多的“作”字作“（图）”形所從無別,下從“肉”明顯,故此字當釋爲“胙”字,古璽用爲人名。

4.所列四印第二字均作“（图）”形,《古璽彙編》《古璽文編》皆釋爲“魝”,今按:根據上面“乍”字所釋,此字右邊從“（图）”當爲“乍”,左邊“魚”旁無疑,故此字當釋爲“鮓”字,古璽均用爲人名。

5.此二印中,左形均作“（图）”,《古璽彙編》《古璽文編》均釋爲“症”,今按:此字從“（图）”是“疒”旁是正確的,内從“（图）”,據上所釋,是“乍”無疑,故此字當釋爲“疒乍”字,古璽用爲人名。

《第三屆國際中國古文字學研討會論文集》頁852—854

○劉釗(1998) 《古璽彙編》1715號璽作:（图）

“（图）”字《古璽彙編》釋爲“止”,《古璽文編》列於“止”字下。字亦見於2522號璽。按釋“（图）”爲“止”是錯誤的。古文字中的“止”字從不寫成如“（图）”豎立的形狀,中閒也從不寫成相交的一横筆和一豎筆。吳王夫差矛乍字作“（图）”,與“（图）”形體很近,只是一豎筆没有連下而彎向了一邊。郾王職劍乍字作“（图）”,與“（图）”的差別亦只是多出一小横。楚會前匠乍字作“（图）”又作“（图）”,包山楚簡乍字作"￼"(簡 225)，傺(作或柞)字作"￼"，可見"￼"相當於"￼"，而"￼"同古璽"￼"顯然應該是一個字。古璽胙字作"￼"(4045)，又作"￼"(2036)，可見"乍"字確可寫作"￼"，如此上揭古璽"￼"無疑應釋爲"乍"。乍字見於《説文》，在璽文中用爲人名。

《古璽彙編》2372 號璽作：￼

其中"￼"字還見於 1022、1821、3246、3006 等號璽。這個字《古璽文編》釋爲"觚"。按字書無"觚"字，此字所从之"￼"非"止"字，釋"觚"是錯誤的。上面曾論證古璽"￼"爲"乍"字，如此則"￼"字無疑應釋爲"鮓"。鮓字見於《廣韻》《集韻》，在璽文中用爲人名。

《古璽彙編》3000 號璽作：￼

其中"￼"字還見於 2948、1897、1781、1660、1661 號璽。此字《古璽彙編》和《古璽文編》皆釋爲"症"。通過以上對古璽"￼""￼"等字的分析，可知"￼"所从的"￼"也是乍字，所以"￼"字應釋爲"痄"。《集韻》上聲馬韻："痄，痄疷，創不合也。一曰病甚。"《玉篇》："痄，仕加切，痄疷，病甚也。"古人起名不避疾惡字，痄字在璽文中用爲人名。

　　　　　　　　　　　　　　　　　　　　　　《考古與文物》1998-3，頁 78

○何琳儀(1998)　甲，甲骨文作￼(前七·三一·一)，構形不明。或作￼(後上三·一六)，與七字同形。金文作￼(兮甲盤)、￼(利簋)。戰國文字承襲商周文字，或延長中閒豎筆作￼、￼，遂演變爲小篆￼。或省一邊短豎作￼、￼、￼，或省上與右外框作￼。《説文》："￼，東方之孟，陽氣萌動，从木，戴孚甲之象。一曰，人頭宜爲甲，甲象人頭。￼，古文甲。始於十，見於干，成於木之象。"

魏方足布"甲父"，地名。《左·昭十六》"賂以甲父之鼎"，注："甲父，古國名。高平縣昌邑東南有甲父亭。"在今山東金鄉南。

隨縣簡甲，鎧甲。《左·襄三》："組甲三百，被練三千，以侵吳。"注："組甲，漆甲成組文。"

新郪虎符"甲兵"，戰爭。《禮記·燕義》："若有甲兵之事。"詛楚文甲，鎧甲。

　　　　　　　　　　　　　　　　　　　　　　　《戰國古文字典》頁 1427

○李家浩(2000)　本墓竹簡的"甲"字皆寫作￼，从"乚"从"屮"。"屮"即"才"字。按"甲"字金文或作￼(《金文編》960 頁)，楚國文字或省作￼(見包山楚墓竹簡九〇號、望山一號楚墓竹簡七一號、一六三號等），⿰⿱止即此種省寫的訛體。

《九店楚簡》頁 100

○**田煒**（2006） 古璽中有一個寫作⿱止的字,在《璽彙》中共有兩例,此字也見於《香港中文大學文物館藏印續集一》110 號璽,兩書編者均釋爲“止”。劉釗、高智兩位先生根據包山楚簡“阼”字作⿰,又作⿰,“𠬝”字或作⿰等材料,認爲⿱止就是⿱止的異體,將⿱止改釋爲“乍”,未妥。就形體而論,其釋讀有兩種可能:一、釋爲“亡”。下面我們把戰國文字中“乍、亡”二字的部分形體羅列出來,以資比較:

乍 ⿰⿱䳒鐘　　⿱止郭店・忠信之道簡 6　　⿱止郭店・緇衣簡 2

亡 ⿰上博二・民之父母簡 5　　⿱止郭店・老子甲簡 29　　⿱止郭店・老子甲簡 1

我們不難發現二者在形體上有根本的區別:“乍”字比“亡”字多一筆。“阼、𠬝”等字所從的“乍”寫作⿱止,實際上是形近偏旁的訛混。《天津市藝術博物館藏古璽印選》第 35 頁著錄了左揭一方古璽,印文“士正亡厶”是古璽中常見的熟語,其中“亡”字正作⿱止。二、釋爲“甲”。楚簡“甲”字作⿰、⿱等形,或省作⿱止。1986 年在河北柏鄉縣東小京戰國楚墓出土的象牙干支籌中,“甲”字亦作⿱。從古人的命名習慣來看,我們傾向於後者。古代素有以天干爲人名的傳統,在目前著錄的戰國私璽中,自“乙”至“癸”九個天干字均有以爲人名之例,卻獨不見以“甲”爲名的,今釋⿱止爲“甲”正可補此遺缺。

《古文字研究》26,頁 387—388

○**荆門市博物館**（1998） （編按:郭店・老甲 26—27“九成之臺,甲[於累土]”）甲,疑爲“作”之誤。

《郭店楚墓竹簡》頁 116

○**李零**（2002） （編按:郭店・老甲 26—27“九成之臺,甲[於累土]”）“作”,原作“甲”,整理者以爲是“乍”字之誤,讀爲“作”。按古人恆以“起蓋”言營建之事,此字也有可能讀“蓋”（“蓋”是見母月部字,“甲”是見母葉部字,讀音相近）。

《郭店楚簡校讀記》（增訂本）頁 9

○**楊澤生**（2009） （編按:郭店・老甲 26—27“九成之臺,甲[於累土]”）根據字形,⿱的確是“甲”字,但是在郭店竹書中讀爲“作”的“乍”字又的確與⿱很接近,所以上述處理意見都不是沒有道理的。下面我們討論“作”或“甲”的含義。

帛書本和王本跟簡本“甲”字對應的字分別是“作”和“起”。顯然,“作”

和“起”與上下文的“生”和“始”是一個意思。《詩·魯頌·駉》：“思無斁，思馬斯作。”毛《傳》：“作，始也。”《荀子·致士》：“道之與法也者，國家之本作也。”王念孫曰：“作者，始也。始亦本也。”《史記·李斯列傳》：“明法度，定律令，皆以始皇起。”“起”即“始”。由此，“甲”讀爲“蓋”之説是不可取的。那麼“甲”是否一定要看作“乍（作）”之誤呢？其實未必。正如《禮記·郊特牲》説：“日用甲，用日之始也。”“甲”作爲十干之首，引申而有開始的意思，《法言·先知》：“先甲一日易，後甲一日難。”李軌注：“甲者，一旬之始，已有之初也。先之一日，未兆也；後之一日，已形也。夫求福於未兆之前易，救禍於已形之後難。”“先甲一日易，後甲一日難”大意就是，先開始一天便容易，後開始一天就困難了。

　　因此，簡文“九城之臺，甲於累土”也是説九城之臺開始於累土。

《戰國竹書研究》頁 65—66

○**丁四新**（2010）　（編按：郭店·老甲 26—27“九成之臺，甲［於累土］”）“甲”，郭店簡僅見此一例。不過，與包山 141、143 號簡同字比較，此字正當釋作“甲”。劉釗隸作“乍”，疑非。“乍”，郭店簡多見，如《語叢二》42 號簡、《忠信之道》6 號簡等，與前舉包山簡“甲”字寫法極爲相近。郭店簡整理者以其爲“乍（作）”字之誤，蓋是。“乍、作”本同字。《説文·人部》：“作，起也。”嚴遵本、弼本等作“起”，與“作”屬於同義換用之例。廖名春已指出。李零謂“甲”或當讀作“起蓋”之“蓋”，魏啟鵬讀作“狎”，殆非。

《郭店楚竹書〈老子〉校注》頁 140

【甲少】

○**何琳儀**（2002）　1986 年，在安徽肥西新倉鎮豐樂河畔發現五種載有銘文的銅貝。其中一枚雖見於舊著録，然多係翻刻本，或摹本，且無出土地點，故不爲學界所重。最近柯昌建《楚貝布文新釋》對這枚罕見的銘文詳加考證。該文除徵引釋“安、禾”二説，又提出釋“術”新説。

　　誠然，楚銅貝銘文多載單字，見於《貨系》有“巽”（4134）、“君”（4164）、“圻”（4168）、“行”（4170）、“百”（4171）等。不過也有載雙字者，如“坒朱”（4153）。學術界一般都認爲“朱”應該釋“銖”，“坒”應是限制“銖”的詞彙，筆者舊曾也有疑似之説，尚待驗證。既然銅貝銘文已有雙字之例，那麼肥西新出銅貝銘文也可能爲雙字。其排列位置與“坒朱”均爲上下結構。

　　上字似可隸定“甲”。衆所周知，商周文字及小篆“甲”作

　　　　　　田 前編 7.31.1　　　　⊕ 分甲盤　　　　甲 小篆

從字形分析,商周文字如何演變爲小篆? 必須解釋兩點癥結性的問題:(1)封閉的四框演變爲一邊有缺口。(2)"十"形演變爲"T"形。值得慶幸的是,近幾十年楚系文字的大量發現,使第一個答案得到解決。試舉若干楚系文字"甲"如次:

A Ⅲ包山 12　Ⅲ包山 165　　　B Ⅲ隨縣 135　Ⅲ廿八星宿漆書

A、B 二式與上揭商周文字相比,明顯皆省一邊外框。小篆也有一邊外框,只不過缺口向下而已。現在肥西新出銅貝銘文則可解決第二個答案。具體演變序列如次:

Ⅲ兮甲盤→　　Ⅲ包山 12　　→　　Ⅲ新郪虎符
　　　　　　　　　　　　　　　　　　　↓
　　　　　　　　Ⅲ肥西銅貝　　→　　Ⅲ小篆

從"十"演變爲"T"的平行關係,説明肥西銅貝銘文的隸定並非沒有道理。

下字嚴格説來應隸定"尐"。《説文》:"尐,少也。从小,乀聲。讀若輟。"(子結切)其實"少、尐"古體同源。古文字往往不拘其書寫方向,其例甚多,上揭"甲"之 A 式與 B 式邊框缺口或左或右亦屬這類現象。考察戰國文字辭例,也可得到驗證。例如空首布"尐曲"(《貨系》60)即"少曲",楚簡"尐大"(《信陽》2.18)即"少(小)大","尐釣"(《包山》265)即"少(小)釣(勺)",曾簡"尐軒"(《隨縣》50)即"少(小)軒"等。許慎讀"尐"如"輟",來源可疑,也許屬音變。現據戰國文字完全可以判定"少"與"尐"確爲一字。

銅貝銘文"甲少"可讀"甲小",然而頗難理解。暫作如下推測:

1."甲小"指上等銅貝幣值小者。

2."甲"訓"輔"。《廣雅・釋詁》四:"押,輔也。"王念孫曰:"押者,《孟子・公孫丑》篇,相與輔相之。丁公著本相作押,音甲。引《廣韻》押,輔也。押、狹聲相近。"所謂"甲(押)少(小)"似指輔助性小型貨幣。在楚幣系統中,銅貝可能爲輔助金版而製。

當然"甲少"也可能另有解釋,以上推測僅供參考。

《古幣叢考》頁 237—239

乙

 睡虎地・日乙 31 貳　 包山 7　貨系 0101　　燕下都 216・8

○**劉節**（1935）　（編按：齊章鎛）乙字宋人釋之，誤。唐蘭氏謂乙爲曾侯之名，亦未確。乙宗者，小宗之意也。楚與曾雖非同姓，但以附庸小國故，因自稱乙宗。新得楚簠器底以干支爲次，則乙宗爲小宗之説可信矣。

《古史考存》頁 112，1958；原載《楚器圖釋》

○**何琳儀**（1998）　乙，甲骨文作（甲三），構形不明。西周金文作乁（舀鼎），春秋金文作乁（郘公華鐘）。戰國文字承襲商周文字。《説文》：“乁，象春艸木冤曲而出，陰氣尚强，其出乙乙也。與丨同意。乙承甲象人頸。”

戰國文字乙，除干支外，多爲人名。

《戰國古文字典》頁 1081

【乙星】九店 79

○**李家浩**（2000）　“乙星”不詳。或説“乙星”即太乙（一）星。

《九店楚簡》頁 130

乾 𠄌

睡虎地·封診 89

△**按**　《睡虎地·封診》89：“皆言甲旁有乾血。”用爲乾濕之｛乾｝。

亂 𤔔

睡虎地·爲吏 27 肆

○**何琳儀**（1998）　秦器亂，讀敠。《説文》：“敠，煩也。从攴从𤔔，𤔔亦聲。”典籍通作亂。《集韻》：“亂，紊也。”

《戰國古文字典》頁 1036

△**按**　戰國楚系文字煩亂之｛亂｝作（包山 192）或（郭店·老甲 26），參見卷四“𤔔”字條。

尤 𠂹

上博 36

○**何琳儀**（1998）　尤，商代陶文作（陶彙一·二二）。从又，下加斜筆表示贅肬。指事。疑肬之初文。《説文》:"肬,贅肬也。从肉,尤聲。"甲骨文作𠂤(鐵五〇·一),金文作𠂤(橢伯簋)。从又,上加斜筆亦表示贅肬。指事。又亦聲。又、尤一字之孳乳。戰國文字承襲商周文字。《説文》:"𠂤,異也。从乙,又聲。"

　　秦陶尤,姓氏。見《梁溪漫録》。

丙 丙 丙

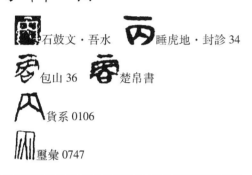

石鼓文·吾水　　睡虎地·封診 34
包山 36　　楚帛書
貨系 0106
璽彙 0747

○**鄭家相**(1941)　右布文紀天干丙字,在左。

○**中大楚簡整理小組**(1977)　丙、辰二字从口,寫法與長沙出土的戰國楚帛書"丙子""星辰"相同。

○**何琳儀**(1998)　丙,甲骨文作𠂤(甲二三五六),疑兩字(𠂤)之半。兩、丙均屬陽部,應爲一字之分化。西周金文作𠂤(何尊)、春秋金文作𠂤(鄘侯簋),由𠂤内加二飾筆𠂤訛變所致。與三體石經《僖公》𠂤吻合。戰國文字承襲兩周金文。齊、燕系文字均加飾筆𠂤、丶、丿、丶於人之兩側,頗似火字。晉系文字或加口形及橫筆爲飾作𠂤、𠂤。楚系文字除加口形之外,又在𠂤上及人豎筆上分別加橫筆爲飾,最爲繁複。秦系文字或重疊形體,應屬繁化。《説文》:"丙,位南方。萬物成炳然,陰氣初起,陽氣將虧。从一、入、冂。一者,陽也。丙承乙,象人肩。凡丙之屬皆从丙。"或疑柄之初文。

　　子禾子釜丙,天干用字。

　　楚簡牘、帛書丙,天干用字。

　　石鼓丙,天干用字。秦陶丙,姓氏。神農時有丙封,爲丙姓之始。見《姓氏考略》。

丁

睡虎地·日乙 111　　璽彙 1724

包山 141　　郭店·窮達 4　　燕下都 220·5

璽彙 0418

○**何琳儀**（1998）　丁，甲骨文作〇（乙七七九五），象城邑之形（參邑、國、啚、嬰等字所从〇旁）。城之初文（參甲骨文成作戉），丁、成、城一字之孳乳。或填實虛框作●（甲二三二九）。西周金文作●（作册大鼎）、◆（虢季子白盤），方形漸變爲三角形。春秋金文作◆（國差罐）、◆（者減鐘）。戰國文字承襲兩周金文。或延長三角形作个、个、个、丁，遂演變爲小篆之个。或易豎筆爲撇筆作个，遂演變爲隸書之丁。《説文》：“个，夏時萬物皆丁實。象形。丁承丙，象人心。”

　　齊金丁，天干用字。

　　燕璽丁，姓氏。丁氏，姜姓，齊太公生丁公伋，支孫以丁爲氏。見《通志·氏族略·以次爲氏》。

　　楚璽丁，姓氏。包山簡丁，天干用字。

　　睡虎地簡“丁粼”，讀“丁齡”，猶“丁年”。李陵《答蘇武書》：“丁年奉使，皓首而歸。”注：“善曰，丁年，謂丁壯之年也。”

　　古璽“丁心”，讀“當心”。《爾雅·釋詁》：“丁，當也。”《禮記·曲禮》：“凡奉者當心。”奉物與心齊，引申爲敬慎。

　　　　　　　　　　　　　　　　　　　　《戰國古文字典》頁 791

【丁粼】睡虎地·秦律 61

○**睡簡整理小組**（1990）　粼，疑讀爲齡。丁齡即丁年。《文選·答蘇武書》注：“丁年，謂丁壯之年也。”

　　　　　　　　　　　　　　　　　　《睡虎地秦墓竹簡》頁 35

戊

戊陶彙 5·223　　戊包山 42　　戊郭店·六德 28　　集成 10371 陳純釜

○**鄭家相**（1941）　右布文曰戉，在左在右。按戊即越省，見桓元年，杜注：“垂

犬邱,衛地也,越近垂地名。"在今山東菏澤縣北。

《泉幣》10,頁 16

○湯餘惠(1989)　　(編按:將軍張二月戈)"戊"戈銘作🈺,字又見燕私名璽及燕器鷹節銘文(《三代》18·32·1),舊或釋"戊",或釋"戌",其說不一。按晚周戊字鋒刃部分多回曲,當以釋"戊"爲長。戈銘"戊"似指戊日。

《古文字研究》15,頁 54

○何琳儀(1998)　　戊,甲骨文作🈺(甲九〇三),象斧刃、斧柄之形。或作🈺(前三·四·三),斧柄彎曲,右上斜筆爲飾物,右下斜筆爲柄鐓。金文作🈺(不嬰簋)。戰國文字承襲商周文字。齊系文字附加🈺、🈺爲飾,待考。燕系文字斧刃作🈺,橫筆穿透曲筆。楚系文字或作🈺,似戌形。西周金文戊或作🈺(弭伯簋),亦作戌形。《説文》:"戊,中宫也。象六甲五龍相拘絞也。戊承丁,象人脅。"
　　戰國文字戊,除人名,均爲天干字。

《戰國古文字典》頁 261

【戊辰】
○周曉陸(1988)　　(編按:陳璋圓壺)"戓啓"一詞在《南》《賓》二壺上實無大異,諸家認爲是"戊辰"二字,作爲記時,如越王鐘之"孟春吉日丁亥",商鞅量之"冬十二月乙酉",雖無不通,但是《南》上兩字很清楚,後一字與"辰"無涉,"戓"可讀作"戎","戎啟"一詞見《詩經·小雅·六月》"元戎十乘,以先啟行",《國語·晉語》"疆場無主,則啟戎心"。"孟冬戎啟"意指齊宣王五年孟冬開始興兵伐惡。

《考古》1988-3,頁 260

○李學勤、祝敏申(1989)　　(編按:陳璋圓壺)"戊辰"的"辰",圓壺摹本作"啓"。周曉陸同志釋此爲"戎啓",説壺上"兩字很清楚,後一字與'辰'無涉"。查陳璋方壺銘文照片及摹本,字作"脣",最上一橫直通,下從"口",不像"啓"字。兩壺"戊"字寫法與左關釜"戊寅"的"戊"相同,所以下一字似仍以"辰"爲是。看文例,這裏也應該有干支。

《文物春秋》1989 年創刊號,頁 14

成　戒

🈺珍秦 41　🈺包山 147　🈺三晉 71　🈺三晉 54　🈺陶彙 3·1179

🈺郭店·成之 13　🈺包山 120　🈺璽彙 0150　🈺上博·中弓 2　🈺楚帛書

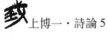上博一‧詩論 5

楚帛書

───────────────────────────

○丁福保（1938）　一二字在右，三四在左，四中作十字。《左傳‧桓六年》"會于成"，注："魯地。"【錢匯】

《古錢大辭典》頁 1257，1982

　　右成字，《説文》："郕，魯孟氏邑也。"《隱五年》杜注："郕，國也，東平剛父縣西南有郕縣。"【錢略】

《古錢大辭典》頁 1257，1982

　　成即郕國，見《左氏傳‧隱公四年》。按：郕，《公羊》《穀梁》均作盛，蓋成乃本字，从皿从邑，均後人所加也。【善齋吉金録】

《古錢大辭典》頁 1257，1982

○丁福保（1941）　《古錢匯》曰："《左傳‧桓六年》'會于成'，注：'魯地。'"

　　《錢略》曰："右成字。《説文》：'郕，魯孟氏邑。'《隱五年》杜注：'郕，國也，東平剛父縣西南有郕鄉。'"

　　《善齋吉金録》曰："成即郕國，見《左氏傳‧隱公四年》。按：'郕'，《公羊》《穀梁》均作'盛'，蓋'成'乃本字，从皿从邑，均後人所加也。"

　　《古泉彙考》曰："培按，此鏟布也。文曰'成'，長二寸七分，廣寸四分，首長寸一分，其作成者在右，作成者左右皆有之，作成者在左。《左傳‧桓六年》'會于成'，杜注：'成，魯地，在泰山鉅平縣東南。'今山東兗州府寧陽縣東北九十里，即古成城。又漢《地理志》：'涿郡有成。'"

《泉幣》7，頁 23—24

○鄭家相（1941）　右布文曰成，在左在右均有之。按成即成周，注見前。《古泉匯》引《左傳‧桓六年》"會于成"，注："魯地。"《錢略》釋郕省，魯孟氏邑。予曰：此布出洛中，決非魯地鑄，以出土地點證之，當屬成周爲近。

《泉幣》9，頁 23

○饒宗頤（1985）　(編按：楚帛書)戚字與丙篇"不夾旱不戚"之戚字形全同，从戊，干聲，當釋戔。干與乾同音。《廣韻‧二十五寒》引《字樣》云："乾本音虔。"疑此"戚惟天☐"宜讀爲"虔惟天☐"。

《楚帛書》頁 64

○李零（1985）　《字彙補》收爲感字的古文，這裏疑讀爲咸。

《長沙子彈庫戰國楚帛書研究》頁 61—62

○曹錦炎（1985）　（編按：楚帛書）成字原篆作𢦩，與帛書城字作𢦩所从略異。然金文城字或作𩀱（居簋），可爲佐證。或釋爲戚讀爲𢦩，不確。此云"不成"，當指"嫁女"之事而説。

《江漢考古》1985-1，頁 64

○何琳儀（1991）　"成"，朱活以爲"殆即新城"。按，"成"見《史記・高祖功臣侯者年表》，索隱："縣名，屬涿郡。"《地理志》隸涿郡，確切地望不詳。

《古幣叢考》（增訂本）頁 121，2002；原載《陝西金融・錢幣專輯》16

○劉信芳（1996）　（編按：楚帛書）原篆作"𢦩"，諸家或釋"成"，或隸作"戚"而讀如"虘"。按該字下部應是从"于"而非从"干"，楚系文字"干"作"𐦿"（包二六九），例多見。包山簡"成"作"𢦩"（簡九一、一四五）、𢦩（簡一四七），皆與"𢦩"形近。《説文》解"成"之古文从"午"，而"午、于"古音同在魚部。帛書"成"或从"于"作，疑是書寫之異，擬或本有是體。且從辭例看，以釋"成"爲義長。《國語・晉語二》："天事官成。"可爲佐證。

《中國文字》新 21，頁 96

○劉信芳（1996）　（編按：包山 91、140）"成"謂獄訟之平。《左傳》昭公十四年："晉邢侯與雍子爭鄐田，久而無成。"《周禮・秋官・方士》："司寇聽其成於朝。"鄭玄注："成，平也。"又《鄉士》："獄訟成，士師受中。"賈公彥疏："成謂罪已成定。"

《簡帛研究》2，頁 25

○何琳儀（1998）　成，甲骨文作𐰸（甲三〇四八）。从戌（象斧形）从丁（象城邑形），會城邑與軍械之意，城之初文。丁、成、城一字之分化。丁亦聲。或作𐰹（續六・一三・七），从戌从十，會意不明。或説，十亦聲（成、十均屬定紐）。西周金文作𢦩（成王鼎）、𢦩（史頌簋），春秋金作文𢦩（蔡侯申鐘），戌省作戊形。或作𢦩（沇兒鐘）。戌旁一短橫作人形，且與十旁相連，遂似午形。參《説文》古文作𢦩。戰國文字承襲兩周金文。齊系文字或作𢦩，戌內加飾點。燕系文字或作𠃊，似井形。晉系貨幣文字多有省變，如𠂇、𠂇、𠂇、𠂇等。楚系文字或作𢦩，其下演變似千形；或作𢦩，其下似主形。《説文》："成，就也。从戊，丁聲。𢦩，古文成，从午。"

陳純釜成，見《周禮・地官・質人》"掌成市之貨賄人民牛馬兵器珍異"，注："成，平也。"成陽辛城里戈"成陽"，地名，見《漢書・地理志》濟陰郡。在今山東定陶北。

　　晉璽成,姓氏。周文王之郕叔武王所封,其後以國爲氏,或去邑爲成氏。見《通志・氏族略・以字爲氏》。晉璽“成公”,複姓。姬姓,衞成公之後,以諡爲氏。見《通志・氏族略・以爵諡爲號》。春成侯鐘“春成”,封號。趙幣“襄成、埊成、親成”地名。魏璽“㑹成”,地名。中山王方壺“成工”,讀“成功”。《書・禹貢》:“禹錫玄圭,告厥成功。”中山幣(或説趙幣)“成白”,地名。疑讀“城陌”,即“五城陌”,屬《後漢書・郡國志》中山國高邑。在今河北高邑東南。晉璽“陽成”,複姓。

　　楚璽“樂成”,地名。包山簡“易成”,讀“陽城”,地名。包山簡“成易”,讀“成陽”,地名。見《漢書・地理志》汝南郡。在今河南信陽北。者汈鍾成,見《禮記・檀弓》下“卒哭曰成事”,注:“成,祭事也。祭以吉爲成。”

　　九年吕不韋戟“成都”,地名。《史記・河渠書》:“穿二江成都之市。”在今四川成都。成固戈“成固”,地名,見《漢書・地理志》漢中郡。在今陝西城固。詛楚文“成王”,楚成王,見《史記・楚世家》。(中略)

　　古璽成,姓氏。

《戰國古文字典》頁 808—809

○**王輝、程學華**(1999)　(編按:新收 1769 卅四年蜀守戈)“成”爲成都縣的簡稱,乃該戈第一個置用地。成都設縣之年,吳文推測爲與設蜀守同時,即惠文王後元十一年(前 314 年)。

《秦文字集證》頁 52

○**白於藍**(1999)　《古璽彙編》中有一字作:📷0150
原釋文作城。此字亦見於包山楚簡,作📷100　　📷120　　📷151
或亦釋爲城。按,釋城誤,包山簡中另有字作:📷4　　📷2
與《説文》籀文城字作“𩫏”者相合,故知上舉“📷”或“📷”乃成字。《説文》成字云:“就也,从戊,丁聲。”古璽及包山簡諸成字俱从壬聲,古音壬、成俱屬舌音耕部字,是故成字可从壬聲作。

《考古與文物》1999-3,頁 85

○**李學勤**(2003)　府嗇夫之名,皿(編按:滎陽上官皿)銘爲“成”字,鍾(編按:安邑下官鍾)銘所从的“丁”豎筆中閒作三角形虛點,仍是“成”字。過去誤認爲从“才”,應予糾正。

《文物》2003-10,頁 78

○**徐在國**(2007)　第二字作"",原釋爲"城"。如果將下部邊框看作筆畫的話,釋"城"可從。也有可能是"成"字。三晉文字中"成"字或作:

孫慰祖《中國古代封泥》

　　三晉 71、《戰國文字編》962 頁

　　三晉 71、《戰國文字編》962 頁

　　《古璽彙編》1308、《戰國文字編》962 頁

均與""形近,我們將其釋爲"成"。

《中國文字研究》8,頁 60

○**丁四新**(2010)　(**編按**:郭店·老甲 26—27"九成之臺,甲〔於累土〕")成,帛書二本、傅本、范本同,弼本、河上本作"層",嚴遵本等作"重"。成、重、層,同義,皆爲量詞,聲音亦相近。"九層之臺"的説法,又見《吕氏春秋·音初》、上博竹書《容成氏》。《楚辭·天問》:"璜臺十成。""臺"在先秦習慣上以"成"作量詞單位。據此,"成"爲本字,"層、重"皆屬同義換字。

《郭店楚竹書〈老子〉校注》頁 139—140

【**成之**】郭店·成之 1

○**陳偉**(2003)　我們知道,"誠"在《中庸》中是一個很重要的範疇。如其中説道:"誠者,天之道也;誠之者,人之道也。誠者不勉而中,不思而得,從容中道,聖人也。誠之者,擇善而固執之者也。"朱熹《中庸章句》解釋説:"誠者,其實無妄之謂,天理之本然也。誠之者,未能真實無妄,而欲其真實無妄之謂,人事之當然也。"所謂"誠之",就是要追求真實無妄的境界。至於"誠之"的方法則是"擇善而固執之"。這與簡書前云"疾之、終之、寅之"以及隨後説到的"求之於己",實相貫通。因而,簡文"成"極可能就等同《中庸》的"誠","成之"則是後者作爲"人之道"的"誠之"。

《郭店竹書別釋》頁 145—146

【**成公**】璽彙 4053—4056

○**羅福頤等**(1980)　成公。

《古璽彙編》頁 373

○**黄盛璋**(1980)　"成公"是複姓,《吕覽·精諭》有成公賈,魏晉尚有成公英、成公綏等。(**中略**)

　　《通志·氏族略》:"成公氏,姬姓,衛成公後,以謚爲氏。"《太平寰宇記》:"白馬郡三姓,有成公氏。"衛國,戰國時淪爲魏國附庸,戰國之"成公"大抵爲三晉姓氏。上舉戰國私印"成公疢、成公樂",從字體上看當亦爲三

晉印。

【成白】

【城白】貨系 3861—3870

○初尚齡（1819）　"郕伯"省文,"郕"爲魯地。

《吉金所見録》

○鄭家相（1958）　文曰成白　按《史記·三代表》有成侯國,《索隱》屬鉅鹿,白爲柏省,即柏人,原屬成國地,故柏人亦稱成柏。

《中國古貨幣發展史》頁 169

○陳應祺（1984）　後期中山國的貨幣,其面文爲何要鑄"成白"二字,當時的原意已無從考查,現在筆者僅能作些推測,以求指教。其一:"成白"刀幣面文是由繁到簡,其過程從現有的標本中可以看到,應該是由"成𠃊"—"成𠃊"—"𢦏𠃊"—"𠃊𠃊"—"𢦏𠃊"—"𠃊𠄌"—"𠄌𠃊"。從初期的字形分析,較爲妥當,因爲當時簡筆不多,有據可依。"成𠃊"第一字爲"成"字是毫無疑問的,但是"𠃊"字不是"白"字,也決不是"旦"字,而應是"皀"字,爲"帛"字的簡筆寫法,"𠄌𠃊"則更是進一步的簡筆了。在中山王𪓥墓椁室内出的"兆空圖"中就有"𠃊"字,黄盛璋先生經考證(《古文字研究》7 輯 82 頁),釋爲"帛"字,同時指出《侯馬盟書》中的"𠃊"字,決非白字,而應爲"帛"字。我認爲此釋極是。所以"成白"之原字應爲"成帛",其意可能是用此貨幣可以轉換成帛,表示了貨幣的職能。又如"𠃊𠀀"刀幣應讀爲"帛貨"較爲妥當。以前有的認爲"成白、白化"是作爲鑄幣的地名,這是不符合原意的,是不妥當的。其二:中山國貨幣面文鑄以"成帛",這可能和中山以前的經濟基礎有關。前期的鮮虞中山國能在中原列强中長期存在,而且經過一個階段又發展壯大,主要原因是它以畜牧業作爲經濟基礎。在中山國前期的歷史上,雖然幾經失敗,但是經濟基礎繼續存在,它依靠了畜牧業,避匿於太行山,能够敗有不亡,而且通過多年的休養生息,從而又積聚力量,一旦中原列强因紛爭而力量減弱的情況下,在條件成熟時中山又一舉復國。如公元前 414 年中山武公初立不久,即爲中原霸主魏文侯所敗。十多年後中山桓公復國,建都靈壽城。當時以畜牧業作爲主要經濟基礎的中山國,有不少生活必需品自己不能全部生産,如絲麻之類的織物,需要通過商品交換得來,中山國把作爲商品交換的貨幣,其面文鑄以"成帛"是很自然的事情。

《中國錢幣》1984-3,頁 27

○高英民（1985）　通過大量的實物資料考查,可以看出中山國的"成白"刀面文,書體多變,形態不一,或作"🜨"形,或作"🜨"形,或作"🜨",或簡作"🜨"形。在所發現的近兩千枚"成白"當中,極個別的面文作"成白"形。由此可見,面文中的"成"字形態,多種多樣,常常變動,而"白"字形態卻相當穩定,自始至終未曾變動。關於這種刀幣面文形態及其解釋,陳應祺同志持有不同意見,提出了新奇的見解。他在《戰國中山國"成帛"刀幣考》一文中,不僅列舉了一種呈"成白"形的面文,並以此爲依據,加以考證,將面文"成白"改釋"成帛"。"成"隸定"成"字,無可置疑。"白"在他處可釋作"帛"而在此處亦釋作"帛",未免失愼。因爲"白"下方的一橫筆並無實際意義,很可能是可有可無的附加筆。如所周知,我國古漢字結構在戰國之時尚未得到規範化整理,有的字往往多一二筆畫。增加的筆畫稱之爲附加筆。中山國銅器金文中的附加筆,是不乏其例的。當然,也不能排除這樣一種可能性,即"白"下方的一橫筆是在澆鑄過程中所形成的痕迹。由於鑄造工藝技術的原因,刀布面文上出現的這種現象是難以完全避免的,"成白"刀面文偶爾也有形成"🜨"形者,其中"白"字裏面之所以缺少一橫筆,原因在於製範時將這一橫筆遺漏或是在澆鑄過程中因種種原因所造成。"白"字雖然鑄成了"O"形,但是,我們在考證之時依舊視之爲"白"字。同樣道理,"白"字下方所增加的一橫筆痕迹,並不能改變該字的本意,它依然是一"白"字。

　陳應祺同志認爲"'成白'之原字應爲'成帛',其意可能是用此貨幣可以轉換成帛,表示了貨幣的職能……當時以畜牧業作爲主要經濟基礎的中山國,有不少生活必需品自己不能全部生產,如絲麻之類的織物,需要通過商品交換得來,中山國把作爲商品交換的貨幣,其面文鑄以"成帛"是很自然的事情"。筆者認爲,陳同志的這種觀點,非但不能給人以滿意的解釋,反而會引起誤解。在陳同志看來,中山國需要交換絲麻之類的織物,貨幣面文即鑄以"成帛",試問:中山國若需要交換其他種類的商品,諸如用以鑄造禮器、兵器和車馬器的金屬原料,其面文是否當鑄以"成金"呢? 再者,根據貨幣通例,我國春秋戰國時期刀布面文多紀城邑地名,迄今爲止,尚未見到刀布面文所表示的竟是需要交換的具體商品的實例。總而言之,就貨幣面文文字結構和貨幣通例來分析,這種中山國自鑄的直身刀面文,還是以釋作"成白"爲宜。誠然,地名"成白"的地望,因時代久遠,幾經變動,已經失傳,難以稽考。這不足爲奇,須知春秋戰國時期刀布幣上所鑄的地名,其地望不可確知者,又何止一個"成白"?

《中國錢幣》1985-4,頁 36—37

○石永士、陳應祺(1995)　【城白・直刀】戰國中晚期青銅鑄幣。鑄行於中山國。面或幕文"城白",形體多變。幕或面平素。周緣多有廓。"城白",古地名,地望待考。

【城白一‧直刀】戰國中晚期青銅鑄幣。鑄行於中山國。面或幕文"城白一",形體多變。幕或面平素。"城白",古地名,地望待考,"一"爲紀數。一説釋爲"成帛"。

《中國錢幣大辭典‧先秦編》頁 604、605

○何琳儀(2002)　"成白"應讀"成陌"。其中"白""百"均屬白聲系,例可通用。"白"與"百"本一字之分化,而"阡陌"之"陌"或作"百"。如《管子‧四時》"正千百",尹注:"千百即阡陌也。"可資佐證。

《古文字研究》24,頁 338

【成言】

○白於藍(1999)　(編按:郭店‧成之 13"士成言不行,名弗得矣")通過對本段文字之上句的分析,則可知其下句當是:"士成(誠)言,不行,名弗得悻(矣)。"

《離騷》:"初既與余成言兮,後悔遁而有他。"宋洪興祖《楚辭補注》:"成言謂誠信之言,一成而不易也。《九章》作'誠言'。"誠言乃士所必須具備的品德,猶如"務食"乃農夫之本務一樣,故而簡文中將"士成(誠)言"與"戎(農)夫炙(務)臥(食)"對言。《公羊傳‧僖公八年》:"獻公病將死,謂荀息曰:'士何如則可謂之信矣?'荀息對曰:'使死者反生,生者不愧乎其言,則可謂信矣。'"内中荀息的話講的正是士當誠言的意思。《禮記‧緇衣》:"言從而行之,則言不可飾也。"孔穎達《疏》:"從,隨也。謂言在於先而後隨以行之,言當須實不可虛飾也⋯⋯故君子寡言而行以成其信者,以其言行相副之故,君子當顧言而行,以成其信也。"《禮記》中的這段話及孔《疏》正可爲簡文中的本句作一個很好的注解。

《吉林大學社會科學學報》1999-2,頁 91—92

○李家浩(2000)　(編按:九店"凡城日,大吉,利以結言,娶妻,嫁子,内人,城言")"成言",訂約。《楚辭‧離騷》:"初既與余成言兮,後悔遁而有他。"字或作"誠言"。《九章‧抽思》:"昔君與我誠言兮,曰黄昏以爲期。"

《九店楚簡》頁 75

○劉樂賢(2000)　(編按:郭店‧成之 13"士成言不行,名弗得矣")讀爲"盛言"。

《古文字研究》22,頁 207

○廖名春(2001)　(編按:郭店‧成之 13"士成言不行,名弗得矣")"成言"爲先秦成詞,典籍屢見,意爲訂約、成議。《楚辭‧離騷》:"初既與余成言兮,後悔遁而有他。”朱熹《集注》：“成言，謂其要約之言也。”《楚辭・抽思》：“昔君與我成言兮，曰：‘黄昏以爲期。’”《左傳・襄公二十七年》：“壬戌，楚公子黑肱先至，成言於晉。丁卯，宋向戌如陳，從子木成言於楚。”楊伯峻注：“與晉相約弭兵之會有關楚之諾言。”簡文“成言不行”，即訂約而不履約，成議而不實行。這樣就會失信於人，故曰：“名弗得矣。”

《古籍整理研究學刊》2001−5，頁 2

○**劉桓**（2005） （編按：郭店・成之 13“士成言不行，名弗得矣”）“成言”指已經答應的話，亦即諾言。《楚辭・離騷》：“初既與余成言兮，後悔遁而有他。”王逸注：“言懷王始信任己，與我評議國政，後用讒言，中道悔恨，隱遁其情，而有他志。”可以體會“成言”之意，是指商量好的話。本文則指諾言。

《簡帛研究二〇〇二—二〇〇三》頁 61

【成都】
【成亭】

○**尹顯德**（1991） （編按：九年相邦呂不韋戟）刻銘中的“成都”，它是戟的製造地和存放地。也是我們所見到成都城名最早的實物資料。雲夢秦簡亦有“成都”字樣，其時間可能稍晚些。在此之前雖有青川出土的秦武王時的漆器“成亭”銘文，被認爲“成”是成都的簡稱，但其全名卻始見於此戟。這對史學界關於成都一名究竟始於何時的爭論，提供了最早的實物依據。

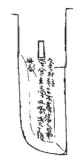

九年相邦呂不
韋戟（近出 1199）

《考古》1991−1，頁 15、17

○**黄家祥**（1992） （編按：九年相邦呂不韋戟）“成都”爲銅戈置用的地名。1985 年，在四川滎經縣發現的戰國晚期船棺葬，一號墓内出土一件銅矛，其骹部鑿刻有“成都”二字。

《文物》1992−11，頁 95

○**王輝、程學華**（1999） （編按：九年相邦呂不韋戟）“成都”之名，亦見睡虎地秦簡《封診式・遷子》，簡的年代最晚可到始皇三十年，有可能比此略晚。而此前有青川縣出土的漆器上的銘文“成亭”，“成”或以爲是“成都”之省。另外，四川滎經縣出土的漆器上也有“成亭”。又長沙馬王堆 M1、湖北江陵鳳凰山漆器文字有“成市”。徐中舒師《成都是古代自由都市説》云：“這四個不同地區的漆器都是從成都輸入的。這一批漆器分屬成亭、成市所造，又説明成都這個自由都市就是從成亭、成市逐漸成長起來的。”

《秦文字集證》頁 59—60

【成家】上博三·中弓 2

○**李朝遠**（2003）　（編按：上博·中弓 2"夫季是河東之成豪也"）"城"，借爲"成"。《戰國策·楚策四》"城陽"，鮑本作"成陽"。《管子·小匡》"臣不如王子城父"，《韓非子·外儲説左》"城父"作"成父"。"成"又通"盛"。《易·繫辭上》"成象之謂乾"，《經典釋文》："成象，蜀才作盛象。"《釋名·釋言語》："成，盛也。"王先謙《疏證補》："成、盛聲義互通，見於經典者甚多。""豪"，即"家"。（中略）"盛家"，"盛"者，顯赫也。《孟子·公孫丑上》："自生民以來，未有盛於孔子也。""家"，領有采邑的卿大夫稱家。季桓子於魯定公五年（公元前 505）其父季平子逝後立爲卿。簡文"季是（氏）河東之城（盛）豪（家）也"，謂季氏家族爲河東的顯赫之家，猶如《左傳·昭公五年》所記："羊舌四族皆彊家也。"

《上海博物館藏戰國楚竹書》（三）頁 265

○**陳偉**（2010）　（編按：上博·中弓 2"夫季是河東之成豪也"）史傑鵬先生則説："'城家'當直接讀爲'成家'。古代有用'成'作修飾詞來形容家邦的説法，比如《左傳》襄公十四年：'成國不過半天子之軍。'杜預注：'成國，大國。'又昭公五年：'箕襄、邢帶、叔禽、叔椒、子羽，皆大家也；韓賦七邑，皆成縣也；羊舌四族，皆彊家也。'後面那段文句以'大家'和'成縣'以及'彊家'對文。在春秋時代，諸侯稱國，卿大夫稱家，一個家族有時就占有一個縣邑甚至幾個縣邑，家族在某些情況下和城邑是合二爲一的，所以《論語·公冶長》裏説'千室之邑，百乘之家'。如果讀'城家'爲'盛家'，表面上看更加合理，但恐怕不符合當時人的習慣説法。"對於《左傳》昭公五年的"成縣"，俞樾曾有論及，他説："襄十四年《傳》'成國不過半天子之軍'。杜曰：'成國，大國也。'盛與大義相近。然則成縣亦猶大縣也。《釋名·釋言語》曰：'成，盛也。'盛與大義相近。《禮記·檀弓篇》鄭注曰：'成猶善也。'善與大義亦相近，《詩·桑柔篇》鄭箋曰：'善猶大也。'"《左傳》襄公十四年的相關文字爲："師歸自伐秦。晉侯舍新軍，禮也。成國不過半天子之軍。周爲六軍，諸侯之大者，三軍可也。"這裏説的"禮"大概與《周禮·夏官·序官》中的一段記載有關，其云："凡制軍，萬有二千五百人爲軍，王六軍，大國三軍，次國二軍，小國一軍。"杜預的注恐怕也是由此而來。值得注意的是，這裏的"成國"與"諸侯之大者"相當，而大國與次國、小國相對。相應地，"成家"亦即"大家"，是卿大夫中最有勢力的家族。

我們知道，春秋中晚期，"三桓"執掌魯國權柄，季氏尤強。《左傳》昭公三十二年史墨對趙簡子説：“（季友）既而有大功於魯，受費以爲上卿。至於文子、武子，世增其業，不費舊績。魯文公薨，而東門遂殺適立庶，魯君於是乎失國，政在季氏，於此君也四公矣。”這應該就是《仲弓》稱“季氏何東之成家”的背景。

《新出楚簡研讀》頁 181—182

【成陽】_{貨系 1689—1691}

○**黄錫全**（1993）　　（編按：貨系 1689—1691）成陽，山東菏澤縣東北。

　《先秦貨幣研究》頁 354，2001；原載《第二屆國際中國古文字研討會論文集》

○**黄錫全**（1998）　　《系》著録有下列幾品小方足布，均釋爲“□陽”，第一字闕釋。

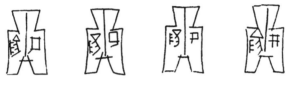

A 大系 1689　　　B 大系 1690　　　C 大系 1691　　　D 大系 1694

　　我們曾經將 A 釋爲“成陽”；將 B 釋爲“牙（阿）陽”，讀爲“陽阿”（山西晉城西北）；將 D 釋爲“井陽”，疑讀“梗陽”（山西清徐縣）。現在看來，B、D 之釋可能都有問題。平首尖足布“襄成”之“成”作下列諸形：

　　“成”字的演變減省關係當爲：（甲骨文）→（金文）→（屬羌鐘城）→（空首布）→（至成布）→（至成布）→（襄成布）

　　因此，上列 A 至 D 布均應釋爲“成陽”。“成陽”之名，見於齊戈，銘云“成陽辛城里鈇”，“成陽”2 字作。

　　“成陽”，或作“城陽”，其地頗多爭議，於古大致有四：一爲楚地，見《戰國策·楚策四》：“秦果舉鄢、郢、巫、上蔡、陳之地，襄王流揜於城陽。”程恩澤《國策地名考》曰：“成陽，成本作城。案《漢志》，汝南郡有成陽侯國。《水經注》，淮水逕成陽縣故城南，即此。今在河南汝寧府信陽州東北。又光州息縣及固始縣西俱有成陽城（見《方輿紀要》）。”二爲韓地。見《戰國策·秦策三》：“五國罷城皋，秦王欲爲成陽君求相韓魏，韓魏弗聽。”《魏策四》：“成陽君欲以韓、魏聽秦，魏王弗利。”《趙策四》：“秦王内韓瑉於齊，内成陽君於韓，相魏懷於魏。”鮑彪於《秦策》下注曰：“成陽君，以《魏策》《趙策》，知爲韓人。”《史記·

秦始皇本紀》:秦昭襄王“十七年,城陽君入朝,及東周君來朝”。梁玉繩《史記
志疑》卷四中云:“成陽君是韓人,《魏策》有之。”成陽君,即韓封於“成陽”之
封君,其確切地點,目前一時還難以考定。三爲位於魯、宋、衛、魏閒之“成
陽”。《史記·貨殖列傳》:“夫自鴻溝以東,芒、碭以北,屬鉅野,此梁、宋也。
陶、睢陽亦一都會也。昔堯作(遊)[於]成陽,舜漁於雷澤,湯止於亳。”《集
解》引徐廣曰:成陽,“今之定陶。”《正義》曰:“今曹州。”《曹相國世家》:“擊王
離軍成陽南,復攻之杠里。”《索隱》:“《地理志》縣名,在濟陰。成,地名。周
武王封弟季載於成,其後代遷於成之陽,故曰成陽。”《正義》曰:“成陽故城,濮
州雷澤縣是。”四爲齊地,見上引齊成陽戈,及《戰國策·齊策六》:“燕人興師
而襲齊,王走而之城陽之山中。”程恩澤曰:“案《漢志》,城陽與成陽不同。成
陽是縣,屬濟陰郡,在今濮州。城陽是國(齊悼惠王子章所封),屬兗州,在今
莒州。”《管子·輕重丁》:“管子對曰:召城陽大夫而請之。”根據戈銘,城也
作成。

　　從小方足布鑄行區域及年代分析,前列“成陽”方足布既非屬楚,也非屬
齊,而只能是韓或魏。山東荷澤東北之“成陽”,戰國晚期處於齊魏之閒,根據
當時的形勢,應屬魏境,很可能是在魏釐王攻取陶郡和滅亡衛國時所占,時在
公元前 254 年(見楊寬《戰國史》)。“成陽”屬韓之説疑問較多,其地也難以
確定。因此,我們傾向於方足布之“成陽”是指山東荷澤東北之“成陽”,戰國
早期屬衛,晚期屬魏。

　　　　　　　　　《先秦貨幣研究》頁 112—113,2001;原載《胡厚宣先生紀念文集》
○劉信芳(2003)　《戰國策·楚策四》:“襄王流揜於城陽。”《漢志》“成陽”在
汝南郡。《水經注·淮水》:“淮水又東北逕城陽縣故城南。”楊守敬《疏》:“在
今信陽州東北。”今河南信陽長臺關有楚王城遺址,城址面積有 0.45 平方公
里,爲當時軍事重鎮,或以爲即城陽故址。

　　　　　　　　　　　　　　　　　　　　　　　　《包山楚簡解詁》頁 146

【成德】上博二·容成 50
○蘇建洲(2003)　成德者:《管子·内業》:“敬守勿失,是爲成德。”“成德”,
謂修成聖德。

　　　　　　　　　　　　　《〈上海博物館藏戰國楚竹書(二)〉讀本》頁 178
△按　成德,或可讀“盛德”。

【成考】集成 9735 中山王方壺
○張政烺(1979)　“成考”蓋王𩵋之父,𩵋鼎:“昔者虜(吾)先祖趄王,卲考成

王,身勤社稷。"與此相合。同墓出土一銅鉞,有文曰:"天子建邦中山侯焦作茲庫鉞,以敬氒衆。"筆畫看不清楚,"建邦"疑是"肇封","庫"疑是"軍","敬"讀爲"警"。"焦",從心,隹聲,當是"惟"字。侯惟,疑即桓公。

《古文字研究》1,頁 211—212

○**朱德熙、裘錫圭**(1979)　壺銘"成考",鼎銘稱爲"邵(昭)考成王"。

《文物》1979-1,頁 47

○**薛惠引**(1979)　桓公復國之後,其後繼者爲成公。桓、成之世,中山國勢漸強,不僅連續與趙發生戰爭,在趙成侯六年(公元前 369 年)還築了長城。桓、成的歷史功績爲其子孫所稱頌,王䝮墓出土的鐵足銅鼎銘文中説:"昔者虐(吾)先祖起王,邵考成王,身勤社稷行四方,以憂悆(愁)邦家。"就是對桓、成歷史功績的肯定。成王的後繼人就是中山國第一個稱王的國君䝮,即中山王墓一號墓的主人。

《故宮博物院院刊》1979-2,頁 86

△**按**　成,甲骨文作𢦏(《合集》16610),"井"作𪞝(《合集》9394),兩者區別顯然。然而,在晉系貨幣文字中,"城"所從之"成"多有簡化,有省作𠃛(辛城之城所從,《古幣文編》137 頁)者,與"井"之作𪞝(《侯馬》85:4)者形體相近。由於"井"與"成"兩者形體相近,造成了相關文字釋讀的困難,例如,趙國直刀貨幣中,有面文作𫝀(《貨系》3874)若𠃛(《貨系》3873)者,其爲地名應無可疑,鄭家相、黃錫全、吳良寶等先生均釋貨幣面文"𫝀"爲"城",但在地望的考證方面卻遇到了困難,因爲難以在典籍中找到相對應的地名。按,聯繫趙國兵器之地名"垚"之作𫝀,結合戰國時期"井"與"成"相混的實際情況,我們認爲直刀貨幣之𫝀若𠃛也應釋爲垚,至於其地望,應是戰國時期的井陘。

己 𠃉 㠯

○**陳漢平**(1989)　古璽文又有字作𰀁(1475),《文編》亦收入附録。按此字與魏《三體石經》己字古文作𰀁形同,當釋爲己。

《屠龍絶緒》頁 276

○**蔡運章**(1995)　【己·平肩空首布】春秋中期至戰國早期青銅鑄幣。鑄行於周王畿。面文"己",爲天干字,形體稍異。

《中國錢幣大辭典·先秦編》頁 60

○**黃錫全**(1998)　"己"字之義有兩種可能,一是干支,二是地名。筆者至今尚未見到聳肩尖足空首布面文爲干支者。因此,其爲地名的可能性很大。

春秋時與"己"有關者,一爲"己氏"邑,在今山東曹縣東南,屬衛,見《左傳·哀公十七年》:衛侯"入于戎州己氏"。杜注:"戎州,戎邑。""己氏,戎人姓。"己音紀,又音杞。漢置己氏爲縣。二爲箕。如金文眞侯即其侯,《説文》眞讀若杞。山東黃縣所出眞器,或主張即春秋時眞國,爲漢之箕縣,在今山東莒縣北。尖足空首布與山東無關。我們以爲"己"可能就是山西之"箕"。其地一在今山西太谷縣東南,一在今蒲縣東北,春秋均屬晉。太谷之箕本商代方國,春秋爲晉之城邑名。蒲縣之箕,見《左傳·成公十三年》:"入我河縣,焚我箕、郜。"根據尖足空首布多出於侯馬一帶考慮,此"己(箕)"似爲蒲縣之箕。

《先秦貨幣研究》頁 36,2001;原載《內蒙古金融研究》1998 增 1

○**何琳儀**(1998)　己,甲骨文作己(鐵三九·四)。構形不明。西周金文作己(作册大鼎),春秋金文作己(禾簋)。戰國文字承襲商周文字。或下加口旁爲繁飾,無義。齊系文字或作王,與古文吻合。《説文》:"己,中宫也。象萬物辟藏詘形也。己承戊,象人腹……王,古文己。"

戰國文字己,天干用字,或人名。

《戰國古文字典》頁 28

○**陳佩芬**(2001)　(編按:上博一·緇衣7)昌　"己"之異體,古文字中常增益"口"字。郭店簡作"眞",今本作"己"。

《上海博物館藏戰國楚竹書》(一)頁 182

○**李朝遠**(2004)　(編按:上博四·內豊8)"昌",通"己",《説文》所無。長沙子彈庫甲篇帛書中有"是胃亂紀"語,"紀"作"絽"。《郭店楚墓竹簡·窮達以時》之"己"亦寫作"昌"。

《上海博物館藏戰國楚竹書》(四)頁 226

○**李守奎、曲冰、孫偉龍**(2007)　(編按:上博簡)"己"字繁體。

《上海博物館藏戰國楚竹書(一——五)文字編》頁 60

△**按**　戰國文字天干之{己}作"己",自己之{己}作"昌"。

異　異　异

包山69　郭店·緇衣11　郭店·尊德5

○劉彬徽、彭浩、胡雅麗、劉祖信（1991）　异，疑爲異字。

《包山楚簡》頁 44

○李運富（1997）　字當釋爲“異”，《説文·己部》：“異，長踞也。从己，其聲。讀若杞。”（中略）包山簡“其”字都借“丌”爲之，故“異”字之形亦當寫作“异”，从己，丌聲。但書寫求簡，構件“己”之下横畫與構件“丌”之上横畫合筆，於是寫成了“异”。

《楚國簡帛文字構形系統研究》頁 132

△按　“異”在包山簡中用爲人名，郭店簡中用作自己之｛己｝。

庚　甫

陶彙3·1104　包山7　集成2782 哀成叔鼎　璽彙1999

○湯餘惠（1983）　《季木藏陶》一七·一二著録的一字陶文，是一個舊所不識的字，我們認爲這個字很可能就是“庚”字。

　　商周古文字中的“庚”通常寫作、等字形，但是還有一種比較特殊的構形，寫作：

　　1.《京津》六六一“唐”字所从　　2.《三代》一六·二，母庚爵

　　3.《十二家》式一三，父庚爵　　4.《小校》六·三七，祖庚爵

關於例4，古文字學者存在着不同意見。劉體智釋爲“庚”，容庚釋爲“戊”（《金文編》收入“戊”字條下）。按這個“庚”字與甲骨文、金文“戊”字寫法迥異，而與上引之例1、2、3相近自成一系，可見劉氏釋“庚”確不可易。

　　“庚”字的這種構形的主要特點在於字的中閒作或形，看上引之例2、3、4，便可清楚；例1中閒作形，與後三例略有不同。陶文“庚”字的寫法如果我們暫且拋開兩旁的形不看，那麽主體的顯然跟上舉各例是基本相同的，因此也應該是同一個字。（中略）

　　回頭再看陶文的“庚”字，此篆所从的，字形遠有所本，當即前舉甲骨文、金文“庚”字的孑遺；至於兩側加，當爲附加的飾筆。戰國文字於主體字形

之外附加飾筆的現象纍見不鮮。燕國文字"攴"作,三晉文字"相"作𦒀,《説文》"玉"字古文作玉,均與陶文庚字兩側加⼁丶屬於同類現象,此篆字體風格屬晚周。依照當時"物勒工名"的通例,"庚"字應是製陶工人的名字。

《古文字研究》10,頁 281—282

○**何琳儀**(1998)　庚,甲骨文作𤇅(後上五・一)、𤇅(前三・七・五),構形不明。西周金文作𤇅(兮甲盤),春秋金文作𤇅(沇兒鐘)。戰國文字承襲兩周金文。或在中閒豎筆加短橫爲飾,或短橫上翹作𐡷,或省一橫筆作𤇅、𤇅等。《説文》:"𤇅,位西方。象秋時萬物庚庚有實也。庚承己,象人齎。"

燕璽庚,讀唐,地名。《左・昭十二年》:"齊高偃納北燕伯款于唐。"在今河北唐縣。

郾孝子鼎、哀成叔鼎庚,天干用字。垣上官鼎庚,姓氏。小邾子後有庚氏。見《路史》。

楚系簡庚,除人名外均天干用字。

睡虎地簡庚,天干用字。

《戰國古文字典》頁 641

【庚午】

○**張政烺**(1981)　銅器銘文常見"正月庚午"。(**中略**)

蓋周人認爲正月庚午是吉日,所以選擇這一天鑄造銅器。

《古文字研究》5,頁 27

【庚都】璽彙 0059、0117

○**羅福頤等**(1981)　庚都。

《古璽彙編》頁 10、20

辛 辛

　　辛 陶彙 5・384　　　辛 包山 22　　　辛 貨系 0113　　　辛 璽彙 0406

○**丁福保**(1938)　辛於春秋時屬宋,據《史記正義》云爾。《殷本紀》:"阿衡爲有莘氏媵臣。"《正義》曰:"《括地志》云:'古莘國,在汴州陳留縣東五里,故莘城是也。'《陳留風俗傳》云:'陳留外黃有莘昌亭,本宋地,莘氏邑也。'"按:"莘"當夏末爲湯妃國,伊尹產於伊川,耕於其野,地本屬豫州。當商末爲太姒國天妹,在洽之陽,在渭之涘,地又屬雍州,則遷矣。至周而晉侯觀師之莘,地近城濮者則墟矣。惟荆敗蔡之"莘"爲蔡地,師從齊師之"莘"爲齊地,使盜待之"莘"爲衛地,神降之"莘"爲西虢地。固春秋時邑也,則屬蔡、屬齊、屬衛、屬西虢,正未可知。

《古錢大辭典》頁 1259,1982

○**何琳儀**(1998)　辛,商代金文作𝘁(司馬辛鼎),象刑具之形,引申有罪義。甲骨文作𝘁(甲二二八二),上加短橫爲飾。西周金文作𝘁(利簋),或加飾點作𝘁(录簋)。春秋金文作𝘁(蔡侯申尊)。戰國文字承襲兩周金文。《説文》:"辛,秋時萬物成而孰,金剛味辛,辛痛即泣出。从一从𝘁。𝘁,辠也。辛承庚,象人股。"

　　成陽戈"辛成",地名。齊器辛,姓氏。姒姓夏後啟別封支子於莘,子孫去草爲辛氏。見《元和姓纂》。齊陶辛,地名。

　　温縣盟書辛,天干用字。晉璽辛,姓氏。趙尖足布"辛城",讀"新城",地名。《史記·秦本紀》莊襄王三年:"攻趙榆次、新城、狼孟。"在今山西朔縣南。

　　楚璽辛,姓氏。楚簡辛,天干用字。

　　秦陶辛,天干用字。

《戰國古文字典》頁 1158

○**趙平安**(2003)　辛極可能就是《左傳·桓公十六年》"(衛宣)公使諸齊,使盜待諸莘"的莘,在今山東莘縣。其地本屬衛,在衛、齊邊界之上,可能一度爲齊所有。

《第四屆國際中國古文字學研討會論文集》頁 535

【辛成】集成 11154 成陽辛城里戈

○**崔恆升**(2002)　成陽戈:"成陽辛成里釜(戈)。"戰國齊地。在今山東菏澤市東北。辛城爲成陽里名。

《古文字研究》23,頁 220

辠 辠

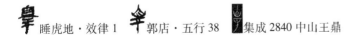

𝘁 睡虎地·效律 1　　辛 郭店·五行 38　　𝘁 集成 2840 中山王鼎

○**湯餘惠**(1986)　古璽文有𝘁(3253)字,又作𝘁(3250),由上引《漢簡》末例推之,字上當是自旁,可釋爲"辠"。《六書通》上聲"賄"引《古老子》作𝘁,又引

《攈古遺文》作、,基本形體相同,可以互證。

《古文字研究》15,頁 45

○**何琳儀**(1998) 辠,从辛,自聲。《説文》:"辠,犯法也。从辛从自。言辠人蹙鼻苦辛之憂。秦以辠似皇字,改爲罪。"

齊璽辠,讀自,姓氏。子姓。見《世本》。

晉璽辠,讀自,姓氏。中山王鼎辠,讀罪。

《戰國古文字典》頁 1274

○**陳偉**(2008) "親",簡文似从自从辛,整理者釋爲"辠"。今按:疑是楚簡中習見"親"字的一種寫法,即从目从辛之字的誤寫。《景公虐》6 號簡"毋薄情忍辠乎",其中的"辠"也只有看作"親"字才講得通。"親仁"習見於先秦古書,《論語・學而》引孔子語即云:"泛愛衆而親仁。"

《簡帛》3,頁 100

○**丁四新**(2010) 辠,帛書二本、弼本等作"罪"。"辠、罪"二字,《説文》皆有。《辛部》:"辠,犯法也。从辛从自,言辠人蹙鼻苦辛之憂。秦以辠似皇字,改爲罪。"《网部》:"罪,捕魚竹网。从网、非。秦以'罪'爲'辠'字。""辠"爲"罪"之本字,"罪"爲借用字,後通用"罪"。字前,帛甲有"天下有[道,卻]走馬以糞。天下無道,戎馬生於郊"四句,乙本脱下"天下"二字,弼本同於帛甲,簡本則無此四句。《韓非子・解老》、《喻老》引有此四句,並在前後相屬的數段或一段文字中將本章的後半部分文字亦引出,且文句出現的順序相同。這説明至遲在韓非子的時候已經形成帛書本的傳統。

《郭店楚竹書〈老子〉校注》頁 33—34

辜 辜 𣦼

睡虎地・日甲 36 背叁

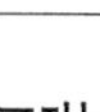集成 9734 好盗壺 包山 248

○**何琳儀**(1998) 《説文》:"辜,罪也。从辛,古聲。𣦼,古文辜从死。"

戰國文字辜,人名。

《戰國古文字典》頁 475

辥 辥

 睡虎地·爲吏 6 伍　　辥 璽彙 2261

○**何琳儀**(1998)　峀,从自从屮,會山峰高峻之意(屮有向上之意)。屮亦聲。《説文》:“峀,危高也。从自,屮聲。讀若臬。”

辥,甲骨文作（粹四八七）。从丂,峀聲。或説,峀爲丂之疊加音符(參丂聲首)。西周金文作（毛公鼎),丂演變爲辛形。春秋金文作（郜娶盤)。戰國文字承襲兩周金文。《説文》:“辥,辠也。从辛,峀聲。”

辥戈辥,地名。《春秋·隱十一》:“春,滕侯、辥侯來朝。”在今山東滕縣南。

晉璽辥,姓氏。任姓,黄帝之孫顓帝少子陽封於任,故以爲姓。十二世孫奚仲爲夏車正,禹封爲辥侯,奚仲遷於邳,十二世孫仲虺,爲湯左相居辥,以國爲氏。見《通志·氏族略·以國爲氏》。

《戰國古文字典》頁 918—919

辝 辝

辝 貨系 2342

○**何琳儀**(1986)　舊釋“辛”,殊誤。當隸定爲“辝”或“辞”。“吕、台”古今字。故省“口”之“辝”與“辞”實乃一字。中山王方壺“辭”作“𧪩”是其確證。“辝”亦見燕“右明辝冶”布幣。

《古文字研究》15,頁 128

○**何琳儀**(1998)　辝,从辛,吕聲。疑辞之省文,亦作辪。《説文》:“辪,不受也。从辛从受。受辛宜辪之。辝,籀文辪从台。”許慎説有誤。辪、辭一字,受旁爲𠭆旁之訛變。辭之籀文作𤔲,从司得聲。辪之籀文作辝,从台得聲。司、台音近,故辝與辭(亦作𤔲)相通。辝即辞之省簡。

燕方足布辝,讀司。見《玉篇》:“司,主也。”

《戰國古文字典》頁 59—60

辭 辭 詥

石鼓文·作原

睡虎地·雜抄 35

集成 9735 中山王方壺

○**張政烺**（1979）　《説文》:"辤,籀文辤。"又:"辭,説也。"詥,从言,辤省聲,蓋辭之異體。

　　　　　　　　　　　　　　　　　　　　　　　《古文字研究》1,頁 220

○**趙誠**（1979）　詥字所从之ヂ近似辛字,則此字當爲詥,从言,辛聲。《説文》籀文辤字作辤,从口,辛聲。古文字从言从口可通,故詥即辭字。

　　　　　　　　　　　　　　　　　　　　　　　《古文字研究》1,頁 253

○**商承祚**（1982）　詥即辭,《説文》籀文作辤,古文口、言互作,此銘用言字,而將乚移辛字上,它器从口,將乚置於口上作辤,詥、辤變化,可以踪迹。

　　　　　　　　　　　　　　　　　　　　　　　《古文字研究》7,頁 69

○**睡簡整理小組**（1990）　辭,《禮記·表記》注:"猶解説也。"《玉篇》:"理獄爭訟之辭也。"

　　　　　　　　　　　　　　　　　　　　　　　《睡虎地秦墓竹簡》頁 148

○**何琳儀**（1998）　嗣,金文作嗣(儳匜),从𤔔,辛聲(嗣、辛均屬心紐)。或作嗣(毛公鼎),从𤔔,司聲。《説文》:"辭,訟也。从𤔔,𤔔猶理辜也。𤔔,理也。嗣,籀文辭从司。"

　　司粗盆嗣,讀司,主。石鼓嗣,讀治,參乩字。

　　　　　　　　　　　　　　　　　　　　　　　《戰國古文字典》頁 112

　　乩,金文作乩(伯康簋)。从台,司省聲。或作乩(趞盉),省台下之口。乩或𤔔均嗣之異文。

　　金村器"乩客",或作"詞(詞)客""𤔔客",均讀"司客",相當"掌客"。《周禮·秋官·掌客》:"掌四方賓客之牢禮餼獻,飲食之數與其政治。"哀成叔鼎乩,讀怠。

　　　　　　　　　　　　　　　　　　　　　《戰國古文字典》頁 112—113

壬 壬

壬璽彙 2291　　壬包山 163　　壬陶彙 3·1205

○**何琳儀**（1998）　壬，甲骨文作壬（前三·一九·三），構形不明。金文作壬（公貿鼎），或爲與工字區別，於豎筆上加圓點作壬（競簋）。戰國文字承襲金文。或延伸圓點爲短橫，或圓點變虛框，或加飾筆作壬。或延伸短橫爲長橫作**壬**，爲小篆所承襲。《説文》：“壬，位北方也。陰極陽生，故《易》曰：龍戰于野。戰者，接也。象人裹妊之形，承亥壬以子，生之敘也，與巫同意。壬承辛，象人脛。脛，任體也。”

　　齊陶壬，姓氏。齊太公後有壬氏。見《路史》。

　　晉璽壬，姓氏。少虞劍壬，天干用字。

《戰國古文字典》頁 1408—1409

○**黃錫全**（1998）　孟縣所出，銘文一作“壬”，一作“壬𠂤”。（中略）

　　壬與王字的區別在於中閒一橫。壬字中閒一橫長，三橫分布距離均勻。王字上面二橫靠得較近，三橫基本等長（或下一橫稍長）。上列刀銘爲壬字。後一字暫且讀爲刀。壬刀即以壬地命名之刀。

　　壬當讀爲任。如《史記·齊太公世家》“悼公子壬”之壬，《十二諸侯年表》作任。《左傳》襄公三十年：“羽頡出奔晉，爲任大夫。”杜注：“任，晉縣，今屬廣平郡。”哀公四年十二月：“國夏伐晉，取邢、任、欒、鄗、逆疇、陰人、壺口，會鮮虞，納荀寅于柏人。”杜注：“八邑，晉地。”楊伯峻注：“任，在今河北任縣東南。”即今河北邢臺市東北。

《先秦貨幣研究》頁 259—260，2001；原載《徐中舒先生百年誕辰紀念文集》

【壬子】

○**李零**（1985）　壬子、丙子，壬字當中橫畫短，與帛書王字三橫畫皆長不同；丙字下有口，仍是丙字，並不是商字。壬子、丙子是古人所謂“五子”中的兩種，《漢書·律曆志上》“故日有六甲，辰有五子”，孟康注：“六甲之中唯甲寅無子，故有五子。”也就是說六十甲子中，除甲寅至癸亥十個干支無子出現外，其他五十個干支中皆有一子出現，是爲甲子、丙子、戊子、庚子、壬子五子。《漢書·藝文志·六藝略》“易類”著錄《古五子》十八篇，班固注：“自甲子至壬子，說《易》陰陽。”《初學記》卷二一引劉向《別錄》原文，則說是“所校讎中

《易》傳《古五子》書,除復重定著十八篇,分六十四卦,著之日辰,自甲子至於壬子凡五子。故號曰《五子》,以上《易》"。其書已佚。《管子‧五行》略載《古五子》之説,分一年三百六十日爲五,説是"睹甲子木行……七十二日而畢;睹丙子火行……七十二日而畢;睹戊子土行……七十二日而畢;睹庚子金行……七十二日而畢;睹壬子水行……七十二日而畢也"。類似説法也見於《淮南子‧天文》。

《長沙子彈庫戰國楚帛書研究》頁 74—75

【壬午】吉日壬午劍

○**黄錫全**(2002)　　"任午"即"壬午",毋庸懷疑。樂毅伐齊選擇某月壬午日進攻齊國,爲史書所不載,殊爲可貴。據張培瑜《中國先秦史曆表》推算,樂毅伐齊的公元前 284 年,3、5、7、9、11 月及閏 12 月中有壬午日,不知究竟是哪一個月。考慮到六月之内攻下齊 70 餘城當是連續作戰,而且很可能在一年,則開戰的時間很可能是在 3—7 月之間的某一月壬午。

《古文字研究》24,頁 251

癸　※

○**何琳儀**(1998)　　癸,甲骨文作✕(鐵一五六‧四)。疑从戈(十),援、内各施一筆表其有刃,再加上矛刃,恰是所謂三鋒矛(戟)。借體象形。癸爲戣之初文。《説文》:"《周禮》侍臣執戣立于東垂,兵也。从戈,癸聲。"《書‧顧命》:"一人冕執戣,立于東垂。一人冕執瞿,立于階側。"傳:"戣、瞿,皆戟屬。"疏引鄭玄曰:"戣、瞿,蓋今三鋒矛。"西周金文作✕(矢方彝),春秋金文作✕(邿公鼎)。戰國文字承襲商周文字。六國文字與初文尚近,秦國文字則變異甚巨。其演化序列大致爲✕、✕、✕、✕、✕、✕、✕。《説文》:"※,冬時水土平可揆度也。象水從四方流入地中之形。癸承壬,象人足。✕,籀文从址从矢。"

　　戰國文字癸,除人名之外,多爲天干用字。

《戰國古文字典》頁 1189

【癸巳】

○**李學勤**(1980)　　鼎的外底刻"癸巳"二字,大約是編號。以干支作爲器物的編號,戰國時早已流行,在秦、楚等國青銅器、漆器上都屢次發現過。這兩字的字體是六國古文,應該是中山人的原刻。

《文物》1980-9,頁 28

子

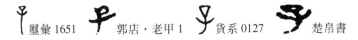

璽彙 1651　　　郭店・老甲 1　　　貨系 0127　　　楚帛書

○**李零**(1985)　　壬子、丙子是古人所謂"五子"中的兩種,《漢書・律曆志上》:"故日有六甲,辰有五子。"孟康注:"六甲之中唯甲寅無子,故有五子。"

《長沙子彈庫戰國楚帛書研究》頁 75

○**李學勤**(1987)　　"壬子,丙子凶"句宜連下讀。帛書意云,逢壬子、丙子之日,不可北征,否則爲帥者將罹災禍。壬子、丙子在數術書五子之列,如秦簡《日書》乙種有"壬子、甲子、丙子、戊子、庚子",即以壬子先於丙子。

《湖南考古輯刊》4,頁 113

○**陳偉武**(1996)　　《古幣文編》"子"字下:"羊、布、方、莆子、晉、祁、羊、仝上。"今按,《璽彙》一二六七辛,作羊,與幣文子同形。《説文》:"梓,楸也。從木,宰省聲,榟,或不省。"既然戰國文字子、辛同形,而梓爲之部字,當從子得聲,作梓者杍之訛。《書・梓材》唐・陸德明釋文:"梓,本亦作杍。馬云:古作梓字。"更有進者,人們囿於《説文》,以爲宰字從宀從辛,實當從宀子聲。甲骨文宰或作🄰(《合》三一一三六),或作🄱(《合》五五一二),聲符已訛。戰國子、辛同形,殷商早已發其端。頗疑"宰"與"字"本同字,後世因分化之形以附義,音仍相同。

《于省吾教授百年誕辰紀念文集》頁 228

○**黃錫全**(1998)　　《中國歷代貨幣大系・先秦貨幣》(以下簡稱《大系》)著録有下列幾品小方足布,《大系》之釋文分別爲"木□、邑□、邑□、邑□、邑□、邑□、郎辛"。

今按,下列 ABC 三品所闕釋之字,形體類同,均作✔,象倒人形。如不考慮其他因素,僅就形體而言,可以將其釋爲"屰"。但這樣釋讀是有問題的,一是其形與古文字中的"屰"畢竟有些差別,尤其是豎筆較"屰"作✔長;二是"屰邑"或"郟"於古地無考。《大系》闕而未釋,可能就是這個原因。我們認爲,上列闕釋的"✔"是"子"字,構形都借用了貨幣的肩線。這種借筆現象,與下列"王氏、襄平"布類同：

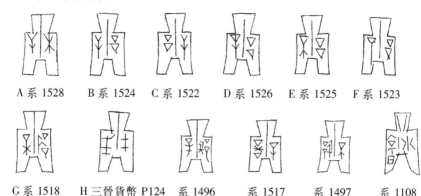

A 系 1528　　　B 系 1524　　　C 系 1522　　　D 系 1526　　　E 系 1525　　　F 系 1523

G 系 1518　　H 三晉貨幣 P124　　系 1496　　　系 1517　　　系 1497　　　系 1108

　　"王氏"之王本應作"王"或"丰"(豎筆上下可穿出)，作"丯"是借用了貨幣的肩線。"襄平"之平本應作𡗗、𡗗，作"氺"者，則是上下借用了貨幣的肩線和襠線。貨幣文字中借用貨幣邊線不乏其例。

　　A 應釋爲"木子"或"杍"，B、C 應釋爲"子邑"或"邘"。D 品之𡥀，也應是"子"字，是其豎筆向上穿出。這種穿出之例，如同貨幣文字大本作𤯬，或作𤯬(《大系》849、860 等)；祁本作𥛜，或作𥛜(《大系》1845)；王本作王，或作丰(朱華《三晉貨幣》124 頁)等。D 品也當釋爲"子邑"或"邘"。E 品之𡥀，如釋爲"不"，可備一說。《大系》闕而未釋而不取釋"邳"說，謹慎可佳。其實，這個字很可能不是"不"，而是"子"，是"𡥀"形之下部左右向上之斜筆變爲向下，最直接的例證，就是上列"郖子"布文。F 品之"𡥀"也是"子"字，是子形省筆。這種省筆，如同幣文𤙴(料)字作𤙴，或省作𡥀；平字作𡗗、𡗗，或省作𡗗。方足布"莆子"作"𦸂"，或省作"𦸂"(《大系》1541)。G 品之"𡥀"似亲而並非"亲"字。"郖亲"地名亦無考。其實，此布也是"郖子"，是"𡥀"形下部增筆"𠆢"。這種增筆，如同幣文"大陰"之大或作𤯬(《大系》874)，"宅陽"之宅或作𡩋(《大系》2057)，"莆子"之子或作𡥀，"郖子"之子或作𡥀(《大系》1496)等。南本作𡣪，或變作(《大系》2462)。

　　因此，上列 A 至 G 應分別釋爲"木子(或杍)、邘(或子邑)、邑子、郖子"。"木子(杍)"之地，待考。《大系》1521"𡥀𡥀"之釋文爲"邑子(郖子省文)"，如此說不誤，則 B 至 F 均爲"郖子"省文。"郖子"即長子，在山西長子縣西南，戰國屬韓。如非長子省文，則"子邑"或"郖"之地點及國別，還有待研究。

　　《先秦貨幣研究》頁 110—112，2001；原載《胡厚宣先生紀念文集》

○**何琳儀**(1998)　　子，甲骨文作𢀳(後下四二・七)。象小兒頭、身、雙臂、一足(二足省併)之形。金文作𡥀(牆盤)。戰國文字承襲商周文字，或填實頭部作𝒴,或加飾筆作𝒴、𝒴,或省變作𝒴、𝒴、𝒴。《説文》:"𝒴,十一月陽氣動,萬物滋,人以爲偁,象形。𝒴,古文子从巛,象髮也。𝒴,籀文子,囟有髮,臂脛在几上也。"

因𧊒敦"子孫",典籍習見。齊器"子某子",齊國人名特殊稱謂。國子鼎子,疑敬稱。

晉璽子,姓氏。帝嚳之子契,受封於商,賜姓子。湯有天下,微子基宋,世爲子姓,或以爲氏。見《通志·氏族略·以姓爲氏》。趙幣"郎(長)子、宋子",魏幣"莆(蒲)子"之子,均地名後綴。中山王鼎"子之",燕王噲之相。中山王圓壺"子孫",典籍習見。

集脰大子鼎"子子",即"太子"。隨縣簡一四七子,讀牸。《廣雅·釋獸》:"牸,雌也。"

詛楚文"子孫"、秦陶"子孫",典籍習見。

古璽子,姓氏。

《戰國古文字典》頁 89

【子之】中山王方壺

○**張政烺**(1979)　子之,人名,燕相,見嚳壺、嚳鼎。《史記·燕世家》:"子之相燕,貴重主斷。"

《古文字研究》1,頁 238

【子胥】

○**曾憲通**(1983)　子胥作𝒴亯,舊釋子昭,然亯字上體从疋甚明。(中略)

據《史記·伍子胥列傳》,子胥姓伍名員,爲楚國名臣伍參、伍舉之後,父伍奢爲楚平王太子建太傅,因費無忌之讒,平王執殺伍奢,召奢子尚及員,員遂奔吳。時在楚平王七年,當吳王僚五年,即公元前 522 年。

《古文字學論集》(初編),頁 359

【子夏】

○**中大楚簡整理小組**(1977)　子是。

《戰國楚簡研究》2,頁 3

○**楊澤生**(2001)　36 號殘簡有"子夏聞於"四字。"夏"字原文和上海簡"[子]夏聞(問)於孔子"的"夏"字相同,過去釋作"是"字是不對的。

《文史》57,頁 36

【子羔】上博二·子羔

○**季旭昇**（2003）　　子羔:孔子弟子,春秋時人,《史記‧仲尼弟子列傳》:“高
柴,字子羔。少孔子三十歲。受業孔子,孔子以爲愚。”《集解》:“鄭玄曰:衛
人。”《孔子家語》以爲齊人。一作子皋,《禮記‧檀弓》:“高子皋之執親之喪
也,泣血三年,未嘗見齒,君子以爲難。”鄭注:“子皋,孔子弟子,名柴。”

　　子羔:篇題,寫在第五簡背,比較特殊。李零《上博校讀一》以爲:“古書的
篇題,從出土發現看,多在卷首第二簡或第三簡,或卷尾第二簡或第三簡。前
者是從後往前捲,把卷首露在外面,卷尾收在裏面,後者是從前往後捲,把卷
首收在裏面,卷尾露在外面。”又,李零以爲《子羔》篇應該包含《三王之作》
（即本書所稱之《子羔》）、《孔子詩論》、《魯邦大旱》,“簡文雖包含三類不同内
容,但實際上是一章挨一章抄,其實是不可分割的整體”。旭昇按:李零所説
有理,但《上博》資料還沒有全部公布,我們姑且還是依照《上博》原整理的命
名,把本篇叫《子羔》,與《孔子詩論》《魯邦大旱》暫時區分。

　　　　　　　　　　　　　《〈上海博物館藏戰國楚竹書（二）〉讀本》頁29、34

【子某子】

○**石志廉**（1979）　　“子某子”這種稱謂在戰國諸侯大夫間甚爲通行,尤其是在
齊國,如山東膠縣出土的戰國銅量器中有子禾子釜;銅兵器中有子𣄵子戈（見
《山東省出土文物選集》）,子𣄵子戈（見《小校經閣金文拓本》卷十‧二十七,
《三代吉金文存》卷六‧三十八）;璽文中有“子栗子信鈢”（見《十鐘山房印
舉》）;陶文中也有稱“子縫子”者,此稱“子夲子”與以上諸例相同。

　　我館藏有兩件有長柄杯形銅量,一大一小,傳亦山東臨淄出土,爲陳介祺
舊藏。器身有陰文戳記,“右里𢿢鑾（鍘）”四字。右里爲地名,常見於齊國的
銅、陶器銘文。𢿢與伯通。右里𢿢（伯）,即右里之長,官職名。鑾（鍘）即璽
節。“右里𢿢鑾（鍘）”銅量,從其量值觀察,可能即子禾子釜銘所謂的鈈,爲齊
量的一種。右里𢿢鑾（鍘）大者,量值實測,容水 1025 毫升,合田齊新量之五
升。小者實測容水 206 毫升,合田齊新量之一升。這種銅量上的銘文,即作爲
官用之標志。

　　“子夲子鑾（鍘）”不僅形制巨大,文字雄奇,其特點是陽文文字十分高深,
異常堅勁,故它和戰國時期的“丕鄩坿鑾（鍘）、鄆峊坿鑾（鍘）”等,都是專門用
來爲頒發和鈐蓋陶量器所用之印。此璽的鑾（鍘）字,就説明它是作爲璽節之
用的。這一發現爲古代文獻記載的璽節找到了實物依據。

　　子夲子當爲齊國統治階級中的顯赫人物。但究係何人,還有待於進一步
的探討。通過對此璽的研究,使我們認識到,凡量器或璽印中之稱鑾（鍘）者,

應是齊器的特徵。

《中國歷史博物館館刊》1979-1,頁 86—87

○**孫敬明、王桂香、韓金城**（1986） 古文字中人名前冠之以"子"者恆見。在楚、吳、邾、徐、蔡、曾及秦國的人名"子"前多冠之以國名。齊國則不然,不見稱"齊子某"者,而稱"子某子"則是齊人獨特的形式。如 1857 年在今濰坊地區膠縣靈山衞古城出土的著名的陳氏三量(《簠齋藏古》),其中一件即藏上海博物館的"子禾子"釜。陳介祺先生以爲"子禾子"即田齊太公和(《簠齋藏古目》)。《奇觚室吉金文述》之七有"子□子"戈。《簠齋藏古》之四有"子𗀀子"戈,此戈也在山東出土。《季木藏陶》有陶文"子縫子某里、子字子某里"。1984 年春,山東大學與山東省文物考古研究所聯合發掘位於齊故城以東四十里的"臧臺城",獲得泥黑灰陶淺盤高柄豆一件,其柄上部側面印文作"[子]縫子里豆"(拙文《齊陶新探》,《古文字研究》15 輯)。

"子盎(陽)子"戈形制及銘文字體均俱有春秋晚期特點,如"子"作"𗀀"與春秋晚期國差𦉜、洹子孟姜壺、邾公華鐘及智君子鑑的"子"形相似,其年代應屬春秋晚期。《山東文物選集》與《新出金文分域簡目》認爲此戈屬春秋時期基本正確。檢索有關文獻,我們初步認爲"子陽子"即齊景公之子——公子陽生,亦即後來作國君的齊悼公,其活動時期正是春秋晚年。有關事迹《左傳》《穀梁傳》及《史記·齊太公世家》等均載述。齊景公晚年昏瞶,立其寵妾之子荼爲太子。景公卒,荼即位稱"晏孺子"。當年冬,群公子畏誅而紛紛出亡他國。其中公子駔偕公子陽生奔魯。晏孺子元年(前 489)六月,田乞打敗了輔佐荼登位的國惠子和高昭子;八月,即差人從魯秘密接公子陽生回國;十月,田乞以請諸大夫至其家中飲酒爲名,而行逼立公子陽生爲王之實。陰謀得逞,公子陽生一蹴而成爲國君——齊悼公(前 488—前 484)。

古者名字相因,即《白虎通義》所謂:"聞名即知其字,聞字即知其名。""陽子"是公子陽生的字,"子"與"生"字義相因。《詩·商頌》:"以保我後生。"朱注:"我後生謂後嗣子孫也。"《釋名·釋親屬》:"子,孳也,相生蕃孳也。"《説文》:"孳,汲汲生也。"《史記·律書》:"子者滋也。"《荀子·王制》:"草木有生而無知。"注:"生謂滋長也。"

"陽子"因有"子"限制只能是字,其前冠之"子"或當作"子孫"之"子"解,此戈的年代上限當在陽生即位以前。列國群公子有自作兵器者,如蔡公子加戈、公子梁戈、曹公子戈、虢太子元徒戈、王子于戈及工𡂰太子姑發劍皆是其例。

《江漢考古》1986-3,頁 63—64

〇**孫敬明、李劍、張龍海**(1988) “縫子里得”與“子縫子里佝”均印於豆柄上。丁佛言先生曰:“縫,[古文字],古陶子縫子里曰[古文字],从夆从衣,當是古縫字。”

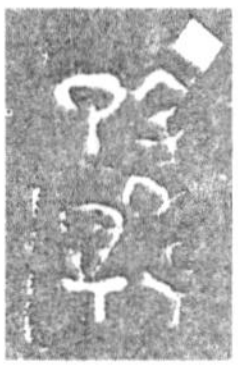

“縫子里”與“子縫子里”雖一字之别,但時代卻有先後。依據兩者所附著豆柄的形式,前者屬戰國早期,後者爲戰國中晚期。以“子某子”稱名是齊國的獨特方式,如陶文“子寧子”,兵器銘文“子備子(《簠齋藏古》4)、子陽子”,量器“子禾子”等。由此可推斷,齊人以“子某子”稱名的習俗當始於春秋戰國之交。稱“子某子”者均屬貴族階層。陶文“子某子里”之前均未冠鄙邑名,凡此類里大都在齊城内。

《文物》1988-2,頁87

〇**陳偉武**(1996) “子”可作男子美稱或尊稱,而稱“子某子”益顯崇敬,見諸文獻之例有“子墨子”(《墨子》)、“子沈子”(《公羊傳·隱公十一年》)等。學者通常認爲“子某子”的稱謂方式是齊語的特點。見諸青銅禮器有“子禾子釜”,軍器題銘有“子禾子左造戟”(《集成》11130),這個“子禾子”就是田齊太公田和,《戰國策·魏策》《吕氏春秋·順民》稱“和子”。1956年山東文物普查發現一戈,銘作“子昜(陽)子”,報道者認爲“當是齊景公之子——公子陽生所作”。

《華學》2,頁75

孕

詛楚文

〇**何琳儀**(1998) 孕,甲骨文作[古文字](佚五八六)。从子从身,會懷孕之意。身亦聲。孕,定紐,身,透紐;均屬舌音。秦文字身旁訛作乃形。《一切經音義》引《説文》孕从乃聲。孕从乃既屬訛變,亦兼聲化。《説文》:“[古文字],裹子也。从子从几。”

詛楚文“孕婦”,見《墨子·明鬼》下:“刳剔孕婦。”

《戰國古文字典》頁152

挽

包山88 郭店·緇衣24 郭店·成之23 望山1·17

上博五·姑成3

○**荆門市博物館**（1998）　（編按:郭店・緇衣 24"則民有孚心"），此字待考。此句今本作"則民有遜心"。

《郭店楚墓竹簡》頁 134

○**陳偉**（1998）　（編按:郭店・緇衣 24"則民有孚心"）"欺"字上爲"其"，下爲"子"，原未釋。這個字大概从"其"得聲，讀作"欺"。傳世本《緇衣》此句作"則民有遜心"，鄭玄注云:"遜，逃也。"遜另有"欺"的含義。《廣雅・釋詁二》:"遁，欺也。"王念孫疏證云:"賈子《過秦篇》云:'奸僞並起，而上下相遁。'《淮南子・修務訓》'審於形者，不可遜以狀'高誘注云:'遜，欺也。'遜與遁同。"《緇衣》云:"教之以政，齊之以刑，則民有遜心。"意思可能是説拿政令、刑罰壓制民衆，民衆會拿欺謾來對付。這與鄭玄注有異。

《江漢考古》1998-4，頁 67—68

○**李零**（1999）　在楚簡中多用爲"勉"字，疑即"娩"字的古體。

《出土文獻研究》5，頁 146

○**劉信芳**（2000）　（編按:郭店・緇衣 24"則民有孚心"）莘　今本作"遜"，鄭注:"逃也。"按該句"遜"不當釋逃，賈誼《過秦論》（《史記・秦本紀》）:"然後奸僞並起，而上下相遁。""上下相遁"即上下相欺也。"遜"與"遁"同。《淮南子・修務》:"審於形者，不可遜於狀。"高誘注:"遜，欺也。"知"民有莘心"即"民有欺心"。《論語・爲政》:"子曰:道之以政，齊之以刑，民免而無恥。道之以德，齊之以禮，有恥且格。"《疏》云:"民免而無恥者，免，苟免也。言君上化民不以德，而以法制刑罰，則民皆巧詐苟免，而心無愧恥也。"是孔子弟子傳孔子語録，各據其記憶，或作"民有欺心"，或作"民免而無恥"，字雖有異，其涵意則相同。"莘"字屢見於包山簡，均用作人名。郭店《成之聞之》23:"莘之述也。"用字未詳。又包 259 有"韓"字，讀爲"綦"，另解。

《郭店楚簡國際學術研討會論文集》頁 173

○**李家浩**（2000）　"孚"字原文作。按望山一號楚墓三八號簡有字，一七號、三七號兩簡省去"心"旁作。《望山楚簡》考釋説，从"心"从"子"从"丌"，从"字"从"丌"。"丌、其"古通，"其、亥"古音相近。"'孚'和'孚'可能都是'孩'字的異體。據簡文文義，此字當與心疾有關，疑當讀爲'駭'"（《望山楚簡》89、90 頁）。與望山楚簡心疾有關的"悆"或"孚"字，在天星觀楚簡中作或（《楚系簡帛文字編》627 頁），从"疒"从"孚"或"孚"。本簡"孚"與天星觀楚簡"痔"字所从"孚"寫法相同，根據上引《望山楚簡》考釋的説法,可能是"孩"字的異體。"季"字亦見於包山楚墓八八號、一六八號、一七二號、一七五號等簡,皆用爲人名。

八號簡的"季"字,原文作㝈。考釋[九]引《望山楚簡》考釋説,"季"從"子"從"丌",可能是"孩"字。最近,有人寫文章説,"季"相當"娩"字,但没有説出理由。據説此人參加上海博物館戰國竹簡整理工作,近年來發表的幾篇文章考釋楚國文字"就、流"等,就是根據上海博物館藏戰國竹簡釋出的,而没其根據。看來此人説"季"相當"娩"字,也是根據上海博物館藏戰國竹簡。郭店楚墓竹簡《緇衣》也有"季"字(《郭店楚墓竹簡》18頁二四號),可以證明此字相當"娩"字的説法可從。郭店楚墓竹簡《緇衣》二三、二四號説:"子曰:倀(長)民者……喬(教)之吕(以)正(政),齊之吕(以)型(刑),則民又(有)季心。"今本"季心"作"遯心"。朱彬《禮記訓纂》説,"民有遯心"即"孔子所謂'免而無恥'者也"。按朱彬所引孔子語,見於《論語·爲政》:"道之以政,齊之以刑,民免而無恥。"劉寶楠《論語正義》在引《緇衣》鄭玄注"遯,逃也"之後説:"彼言'遯',此言'免',義同。《廣雅·釋詁》:'免,脱也。'謂民思脱避於罪也。"簡本《緇衣》的"季(娩)",當從《論語》讀爲"免"。考釋[九]曾提到望山一號楚墓竹簡和天星觀楚墓竹簡有"季"字的異體"㝈"和從"季"之字。望山一號楚墓竹簡三七號説:"☐吕(以)不能飤(食),吕(以)心季。""心季"之"季"或作"忞"(三八號)等,天星觀楚墓竹簡或作"疨"等。"忞、疨"當是同一個字的不同寫法,因其是一種心病,故字或從"心",或從"疒"。疑"忞、疨"都是"悗"字的異體,"季"是"悗"字的假借。《黄帝内經太素·調食》"黄帝曰:甘走肉,多食之,令人心悗,何也?少俞曰:甘入胃……胃柔則緩,緩則蟲動,蟲動則令人心悗",楊上善注:"悗,音悶。"《素問·生氣通天論》王冰注:"甘多食之,令人心悶。"據楊上善、王冰注,"悗"通"悶"。包山楚墓遣册二五九號也有一個從"季"的字,作"鞟",信陽楚墓遣册二-○二八號省寫作"幹"。"鞟"從"韋"從"季"聲。"韋"是熟革,所以"韋、革"作爲合體字的形旁可以通用。《説文》革部"鞮"字的重文作"鞈",即其例。疑"鞟"是"鞔"字的異體。包山楚墓遣册説:"一魚皸(皮)之縷(屨)、一韄鞟(鞔)、二緹(緹)婁(屨),皆纂純。"此記的是隨葬的鞋子。"韄"字不見於字書,可能是一種皮革的名字。《吕氏春秋·召類》"南家,工人也,爲鞔者也",高誘注:"鞔,屨也。"信陽楚墓遣册説:"一兩幹(鞔)縷(屨)。"此記的也是隨葬的鞋子。《鹽鐵論·散不足》:"及其後,則縤下不借,鞔鞮革舄。"此以"鞔鞮"與"革舄"並列。簡文"鞔屨"之"鞔",與此"鞔鞮"之"鞔"用法相同。據這些"季"字的異體和從"季"

之字的釋讀情況,似乎也可以證明"孚"相當"娩"字的説法可從。《説文》篆文"娩"作"挽",從"子"從"免"聲,"孚"可能是"挽"字的異體。本簡"孚"字之下有二字殘泐不清,無法知道"孚"字在此是用"挽"的本義,還是用其假借義。

《九店楚簡》頁 143、146—147

○**魏宜輝、周言**(2000)　　我們認爲《郭店楚簡・緇衣》篇中的這個"孚"字,亦有可能讀作"駭"。"教之以政,齊之以刑,則民有駭心",以政令、刑罰治民,民必有驚駭之心,而此句正與上句"教之以德,齊之以禮,則民有歡心"相對應。

《古文字研究》22,頁 233

○**白於藍**(2000)　　(編按:郭店・緇衣 24"則民有孚心")筆者以爲,此字當分析爲從子"丌"聲,"丌"乃《説文》之"丌(丌)"字。"丌"字於郭店簡《緇衣》篇中屢見,均用作"其"。如"其頌(容)不改"(簡 17)、"大人不新(親)其所臤(賢)而信其所戔(賤)"(簡 17—18)、"如其弗克見"(簡 19)、"句(苟)又(有)衣,必見其幣(敝)"(簡 40),"其"字均作"丌"。故"孚"當隸作"孚"。

　　"孚"字雖未見於字書,然循其音義以推求,在該簡文中當讀爲"欺"。《説文》:"欺,詐也。"《論語・子罕》:"吾誰欺,欺天乎?"又《戰國策・秦策一》:"反覆東山之君,從以欺秦。"韋昭《注》:"欺,詐也。"故簡文之"民有孚(欺)心"意即民有欺詐之心。此句今本《禮記・緇衣》作"民有遯心",鄭玄《注》:"遯,逃也。"孫希旦《集解》:"遯,逃也。謂苟逃刑罰而已。"之所以這麼解釋,是因爲今本《禮記・緇衣》中與此句相對應之上句是"民有格心",鄭玄《注》:"格,來也。"孔穎達《疏》:"格,來也。君若教民以德,整民以禮,則民有歸上之心。"孫希旦《集解》:"格,至也。謂至於善也。"現在,既已知郭店簡中將"民有格心"一句寫作"民有懽(勸)心"(從裘按),則所謂"格","遯"之"來"與"逃"相對之意盡失。可見,鄭《注》、孔《疏》、孫《集解》均不足信。

　　其實,遯字古亦有欺詐之義。遯、遁古同,《玉篇・辵部》:"遁,退還也。隱也。遯,同遁。"《廣雅・釋詁二》:"遁,欺也。"《淮南子・繆稱》:"世莫不舉賢,或以治,或以亂,非自遁,求同乎己者也。"高誘《注》:"遁,欺。"可見,"民有遯心"亦即民有欺心。關於今本之"民有格心",筆者以爲"格"字於此當讀爲"恪"。《爾雅・釋詁下》:"恪,敬也。"《詩・商頌・那》:"執事有恪。"毛《傳》:"恪,敬也。"又《左傳・昭公七年》:"叔父陟恪。"杜預《注》:"恪,敬也。”“民有格(恪)心”意即民有敬心。

《論語·爲政》篇中有一段與《禮記·緇衣》篇此段文字十分近似的話：“子曰：道之以政，齊之以刑，民免而無恥；道之以德，齊之以禮，則民有恥且格。”

從文義上看，這段話之“免”字是與《禮記》今本之“遯”、簡本上“孛”相對，“格”字則與《禮記》今本之“格”、簡本之“懂(勸)”相對。我們先談“格”字，劉寶楠《論語正義》：“漢祝睦碑……云‘有恥且恪’……《釋詁》(筆者按：指《爾雅·釋詁》)：‘恪，敬也。’於義並合。《漢書·貨殖傳》：‘於是在民上者，道之以德，齊之以禮，故民有恥且敬。’即本此文。言民知所尊敬而莫敢不從令也。”劉氏此説先引祝睦碑之“有恥且恪”爲證，次引《漢書·貨殖傳》之“有恥且敬”爲例，可謂已得確解。然劉氏緊接着又云：“鄭注此云：‘格，來也。’本《爾雅·釋言》。又《釋詁》：‘格，至也。’來、至義同，謂來歸於善也。”將兩説並列。失之。此外，劉氏對“免”字的解説云：“免，脱也。謂民思脱避於罪也。”亦是受鄭玄《禮記》的影響，未確。按，“免”字於此當讀爲“謾”。謾從曼聲，免、曼同爲明母元部字，典籍中從免聲的字可與曼字相通。《史記·孔子世家》：“郰人輓父之母。”《禮記·檀弓》輓作曼。《楚辭·遠遊》：“玉色頩以脕顔兮。”洪興祖《楚辭考異》：“脕一作曼。”又《集韻·桓韻》：“悗，惑也。或從曼。”可見免可讀爲謾。《説文》：“謾，欺也。”《廣雅·釋詁二》：“謾，欺也。”又《晉書·刑法志》：“違忠欺上謂之謾。”可見“謾”字亦有欺詐之義，則與“孛(欺)”、“遯(遁)”同義。《漢書·刑法志》：“是以罔密而奸不塞，刑蕃而民愈嫚。”顏師古《注》：“蕃，多也。音扶元反。嫚與慢同。”按，顏注未確。“民愈嫚”與上引《論語·爲政》之“民免”顯係一詞，唯此處之“嫚”正從“曼”聲，亦當讀作“謾”，訓爲欺。

　　　　　　　　　　　　　　　　　　《古文字研究》22，頁267—268

○**趙平安**(2001)　孛的形體非常奇特，過去有學者認爲从子，六聲，現在看來是不對的。它實際是一個表意字，可以從甲骨文中找到形體淵源。

甲骨卜辭有一個作(《甲骨文編》附錄上二九)等形的字，經常和妣字連用。(中略)

我們認爲夏先生的説法是可取的，它實際就是楚文字中孛的初形。兩者之間的演變可如下圖所示：

字頭部分增加了一横或兩横,行筆時横畫内收,訛變爲或,字中部分的變化,可以從"宀"系字中尋得軌迹。字下兩手省去一隻,與O形粘連。粘連過程,可與槫作(《楚文字編》273頁)、作(《睡虎地秦簡文字編》58頁)參照。

弄清了孚的來源,可以説,從另一個角度證明了孚是娩的古字,也證明了夏淥先生把釋爲娩的象形表意字的説法可信。

古文字的孚和免是來源完全不同的兩個字。免從甲骨文一直傳承至今,早期一般作,隸作免,是冕的本字。由於免和孚上古聲韻相同,時相通假,所以後世爲孚造形聲字時,便利用免作爲聲符。而當孚的形聲字出現以後,它自己也就逐漸退出歷史舞臺了。

《簡帛研究二〇〇一》頁56—57

○**季旭昇**(2003) 孚:讀作"免"。字又見於《郭店・緇衣》簡24"則民有孚心"。《上博(二)・紂衣》簡13作"免心",可見"孚"的確可釋爲"免"。

《〈上海博物館藏戰國楚竹書(二)〉讀本》頁130

字

睡虎地・封診86　　 郭店・六德28　　 璽彙5412

○**睡簡整理小組**(1990) 字,生育,《説文》:"乳也。"段注:"人及鳥生子曰乳。"

《睡虎地秦墓竹簡》頁162

○**何琳儀**(1998) 《説文》:"字,乳也。從子在宀下,子亦聲。"
古璽字,人名。

《戰國古文字典》頁90

毃

十鐘　　 睡虎地・日甲145正叁　　 楚帛書　　 上博二・容成28

集成 9606 纕㝈君扁壺

○**朱德熙**(1958) (編按:襄安君鈚)劉氏讀銘文爲“繁㝈君大鉼弍年”。是“其”字,劉氏誤釋爲“大”,應釋“孛”,即“穀”字之偏旁。殷穀盤(《三代》17・12)穀字作:

豎筆拉長,省去一横畫,就寫作了。重金罍(《三代》11・43)銘曰:“百卌八重金鈄□一六□。”應釋作㕻,《説文》口部:“㱿,歐貌。从口,㱿聲。”“孛”和“㕻”都是“觳”的假借字。《説文》角部:“觳,盛觵卮也。一曰射具。从角,㱿聲,讀若斛。”又鬲部:“鬲,鼎屬也。實五觳,斗二升曰觳。”《考工記》陶人“鬲實五觳”注:“鄭司農云:‘觳讀爲斛,觳實三斗。《聘禮記》有斛。’玄謂豆實三而成觳,則觳受斗二升。”許慎和鄭玄都説觳受一斗二升,該是可以相信的。

1951 年 1 月由尊古齋假得原器,校量了一次。校量的方法是先稱壺重,次在壺内注水與壺口平,重稱一次,二次重量之差爲水之重量,亦即壺之容量(假定水的比重爲一)。校量結果如下:

空壺重量 2817 克　　　　盛滿水後的重量 6380 克

二數相減的水重,亦即壺之容量 3563 毫升

如果觳受一斗二升是可信的,則銘文“二觳”合二斗四升。以 3563×10/24,得

一斗之值 1484.58 毫升

此值約爲洛陽金村方壺一斗之值 1997.5 毫升的 3/4。

《朱德熙文集》卷 5,頁 24—25,1999;原載《語言學論叢》2

○**李學勤**(1982) “穀”,《爾雅・釋親》:“子也。”“有穀亡”意爲小兒夭折。

《湖南考古輯刊》1,頁 71

○**黄盛璋**(1983) 觳容量有兩説:(1)《考工記》:“鬲實五觳。”鄭司農以爲“觳實三斗”。(2)鄭玄則以爲“觳受斗二升”,《説文》也認爲“斗二升曰觳”。如觳爲三斗,則一斗爲 5938 毫升,如爲斗二升,則一斗爲 1485 毫升,按戰國量制不統一,漢儒之説於古無證,兩説皆未足據,觳既燕量制單位,觳即等於三晉和秦的斗,不應再變爲斗。

東周公朱左官鼎最後自記“容一觳”,而容測僅容 1085 毫升,比金村方壺一斗之值(1997 毫升)略大,“斛”當是“觳”。

《内蒙古師大學報》1983-3,頁 50

○**李學勤**(1984)　"亖",讀爲"㪣"。(中略)

　　㪣,《考工記·陶人》鄭玄注云受斗二升,《説文》云字"讀若斛"。前人已指出"㪣、斛"二字有時混淆,如戴震《考工記圖》説:"量之數,斗二升曰㪣,十斗曰斛,二斗四升曰庾,十六斗曰藪。㪣與斛、庾與藪,音聲相邇,傳注往往訛混。"實際上這種混淆的現象,在戰國金文中已經存在。例如陝西臨潼戲河庫出土的一件周鼎,銘云"容一斛",實測容 2050 毫升,其"斛"應讀爲折合一斗二升的"㪣"。至於銘文直接寫作"㪣"的,如上所述,只有燕器。

《文物》1984-6,頁 27

○**黄盛璋**(1984)　"亖"即"㪣",此字燕器襄安君鈚作"亖",朱德熙認爲即"㪣"字的偏旁,而"亖"爲"㪣"字的偏旁。按《説文》有"㱿"字,"殻、㱿、㪣"等都从殳聲。今考"殳"出後加,原只作"亖",此即今外壳之壳本字,俗亦作殻。《説文段注》已指出,作爲量制,亖、亖皆即是㪣,音讀若壳。亖、亖皆燕國特有寫法。(中略)

　　亖、亖、紓爲燕國特有量制,可以考定的至少已有五器。前二字均是"㪣"字省作,鄭司農與許慎都説㪣讀爲(若)斛,但有"實三斗"(《考工記》注引鄭司農説)與"斗二升"(《説文》"㪣"下注,《儀禮·聘禮》鄭玄注)兩説。襄安君鈚容二㪣,朱德熙用水測量,容 3563 毫升,則一㪣爲 1781.5 毫升。盱眙銅壺受一㪣五紓,實測容 3000 毫升,則一㪣容 2000 毫升。東周公朱左官鼎記"容一斛",實測容水 2085 毫升。而東周金村四斗方壺,清華大學所藏一件一斗合 1997 毫升,故宮所藏一件一斗合 1935 毫升。由此可證東周一斛即是一斗,燕國之㪣也就是一斗。由於壺(鐳)、鼎、方壺本身都非量器,刻記容量容有參差。

　　據銅壺(鐳)實測容量,亖與紓應爲十進位計量單位,亖相當於斗,紓相當於升。亖以上量制尚不可知。

《文物》1984-10,頁 60—63

○**饒宗頤**(1985)　侯馬陶範見"有㲄"語。《詩·有駜》:"君子有㲄。"《甫田》:"以㲄我士女。"傳:"㲄,養也。"傳訓㲄爲善。《説文》:"㲄,乳也。"《左·宣四年傳》楚人謂乳㲄,唐石經作㲄。

《楚帛書》頁 66

○**李零**(1985)　㲄,《説文》:"㲄,乳也。"《左傳》宣公四年:"楚人謂乳㲄。"假㲄爲㲄。按㲄與㲄通,㲄可訓養,《詩·小雅·甫田》:"以㲄我士女。"鄭玄箋:"我當以養士女也。"又可訓生,《爾雅·釋言》:"㲄,生也。"《詩·王風·大車》:"穀則同室,死則異穴。"又可訓禄,《詩・小雅・正月》:"佌佌彼有屋,蔌蔌方有穀。"鄭玄箋:"穀,禄也。"數義轉相通,這裏應指養生之資。

《長沙子彈庫戰國楚帛書研究》頁 63

○黄盛璋(1989)　此鼎銘值得注意的是最後一字及其所表示之容量,此字又見於安邑下官鍾"大斛斗一益少半益","斛"字與此同作,秦校量則爲"十三斗一升",斛、斗似依十進,公朱鼎有"容一斛",實測 2085 毫升,僅比一斗稍大,此鼎一斛究容多少,有待實測驗證。

《文博》1989-2,頁 29

○劉信芳(1996)　《左傳》宣公四年:"楚人謂乳,穀。"穀與毄同。《説文》:"毄,乳也。"《詩・小雅・甫田》:"穀我士女。"鄭箋:"穀,養也。"該句涵義可參《楚語》而得之,當着淫祀風行之時,"民匱於祀",爲祀神而財力盡竭,故帝顓頊"絶天地通",使"民神異業",祭祀有典常,故民生有所養,亦不致輕慢神靈。

《中國文字》新 21,頁 97

○何琳儀(1998)　《説文》:"毄,乳也。从子,殸聲。一曰,毄,瞉也。"
　　帛書毄,讀穀。《詩・小雅・小旻》:"民莫不穀。"傳:"穀,養也。"

《戰國古文字典》頁 351

○蘇建洲(2003)　毄:即"穀"。字亦見於《包山》191、《楚帛書》乙 12.4"民則有毄"。《説文》曰:"毄,乳也。从子,殸聲。"而"穀",《説文》分析爲从禾,殸聲,所以以上楚文字讀作"穀"是可以的。

《〈上海博物館藏戰國楚竹書(二)〉讀本》頁 146

季

睡虎地・日甲 1 背　　包山 127　　集成 4630 陳逆簠　　陶彙 3・673

郭店・老甲 1

集成 10008 欒書缶

○劉樂賢(1994)　季字在先秦文獻中尚無季節之義,四季之稱(代表四時)到蔡邕《月令問答》才出現。且本簡既言春三月,似無重複稱春三月季之必要。古書常以孟、仲、季對稱,孟表長、仲表中、季表末,如孟春即正月(春三月之首),季春即三月(春三月之末)。六十甲子記日,每一天干在一月三十天中必定要出現三次。例如,甲子爲某月的第一天(朔日),則該月中必有甲子、甲戌、甲申三甲。仿照三月的命名,此三甲中,甲子稱爲孟甲,甲戌稱爲仲甲,甲申稱爲季甲。故本簡春三月季庚辛當理解爲春天三個月中的季庚、季辛日。其餘依此類推。

《睡虎地秦簡日書研究》頁 205—206

○**何琳儀**(1998) 季,甲骨文作🦴(前五・四〇・五)。从子从禾,會幼禾之意。疑稚之初文。《説文》:"稚,幼禾也。从禾,屖聲。"或説,禾亦聲。季,見紐;禾,匣紐。匣、見爲喉牙通轉,季爲禾之準聲首。金文作🦴(曶鼎)。戰國文字承襲金文。禾旁或收縮豎筆作乂形,子旁或作贅筆作🦴(參子字)。《説文》:"🦴,少偁也。从子从稚省,稚亦聲。"

齊陶季,姓氏。陸終氏之子季連之後。見《元和姓纂》。

欒書缶"季春",春末三月。《禮記・月令》:"季春三月,日在胃。"包山簡"季父",見《戰國策・韓策》:"傀又韓君之季父也。"《釋名・釋親屬》:"叔父之弟曰季父。"吳季子之子逞劍"吳季子",吳國季札,見《左・襄卅一》:"延州來季子,其國立乎。"

秦陶季,姓氏。

《戰國古文字典》頁 1197

【季子】集成 4589 宋公欒簠、集成 11640 吳季子之子逞劍、郭店・老甲 1

○**李學勤**(1985) (編按:宋公欒簠)宋景公簠對研究宋國歷史,有着更重要的價值。

簠是 1978 年在固始侯古堆一號墓出土的,共一對,銘文是:

有殷天乙唐孫宋公欒作其妹句吳夫人季子媵簠。

宋景公自稱"有殷天乙唐孫"。"天乙"見《荀子・成相》《世本》《史記・殷本紀》,甲骨文作"大乙",是湯的廟號。"唐"即"湯",也見於甲骨文。宋國始封君微子啟是殷王帝乙之首子,紂的庶兄,所以宋君都是湯的裔孫,簠銘證明了這一點。

這對簠是宋景公嫁妹的媵器,也就是陪嫁的物品。他的妹妹叫"季子",子是姓。《兩周金文辭大系》有宋眉父鬲,銘文是"宋眉父作寶子媵鬲",郭沫若先生説:"此宋人媵女之器。寶子其女字,宋乃子姓之國,故女稱'某子'。"可與簠銘對比。女字和男子的字一樣,以伯仲叔季排行,"季子"是宋景公的最幼的小妹。

《綴古集》頁 127,1998;原載《商丘師專學報》1985-1

○曹錦炎（1989） （編按:吳季子之子逞劍“吳季子之子逞之元用鐱”）季子即季札,壽夢第四子,賢而讓國,餘祭時封於延陵（今常州）,號曰:“延陵季子。”晉平公十四年曾出使晉國,途經徐國,徐君愛其劍,因出使未予。返途中遇徐國,欲贈劍徐君,然徐君已卒,遂掛劍其墓上,傳爲美談。

《古文字研究》17,頁 75

○陳公柔（1996） 銘中“勾𨟠夫人季子”,宋爲子姓,故稱季子。

《洛陽考古四十年》頁 238

○荊門市博物館（1998） （編按:郭店·老甲 1“絕僞弃慮,民复季子”）季（孝）子（慈）。

《郭店楚墓竹簡》頁 111

○季旭昇（1998） （編按:郭店·老甲 1“絕僞弃慮,民复季子”）“民復季子”句,一般比照傳世本《老子》讀爲“孝慈”,恐不妥。從字形上來看,“孝”字罕見,《楚帛書》作“𡥝”,《長沙楚帛書文字編》隸定作“𡥉”,注云:“此字朱德熙、裘錫圭先生據《三體石經》殷字古文作𡥝與帛文近而釋爲殷,訓亂。商錫永先生釋𡥉,李學勤先生謂‘𡥉’據《春秋》文十四年注,即慧（編按:當作“彗”）星。”（30 頁,080 號）按:姑不論釋“孝”、釋“𡥉”之不同,《郭店》本簡之“季”字没有人以爲是“孝”字。“季”是脂部字,“孝”是幽部字,兩者韻部相差較遠,似難通假。從義理上來看,今本第十八章:“六親不和有孝慈。”據此,“孝慈”在《老子》的哲學體系中是次等的善德。我們以爲:本章的“季子”照原文讀就可以了,《説文》:“季,少偁也。从子稚省,稚亦聲。”《老子》常以“嬰兒”比喻原始渾樸的善德,今本第十章:“專氣致柔,能嬰兒乎?”二十章:“我獨泊兮其未兆,如嬰兒之未孩。”《郭店》本章的“季子”,猶言“嬰兒”,也是指道德純樸的本質。《馬王堆帛書老子甲本》作“[民]復畜茲”,“畜”字是幽部字,與“孝”音近可通。疑《老子》本作“季子”,義近或作“畜子”,“畜”者“好也”,《孟子·梁惠王下》:“畜君者,好君也。”“畜子”者,“好子”也,由“畜子”轉爲《馬王堆甲本》的“畜茲”。由“好”再轉則爲“孝”（好、孝,同爲曉母幽部開口一等字,二者可以説是同音）,就成了《馬王堆老子乙本》的“孝茲”,再轉則作今本的“孝慈”。只有這樣解釋,《老子》各本的異同才能合理解決。而所以有這樣的轉變,可能是受了十八章“六親不和有孝慈”的“孝慈”的影響。

《中國文字》新 24,頁 133—134

○劉信芳（1999） （編按:郭店·老甲 1“絕僞弃慮,民复季子”）“季子”即“稚子”。《説文》“季”字从“稚”省,稚亦聲。

《中國古文字研究》1,頁 103

○**李家浩**(2000) "女"下之字原文殘泐,從殘畫看,似是"訓"字。"女訓"下無文字。按古書篇題往往寫在一篇文字的末尾,"季子女訓"頗似簡尾篇題。據古書記載,東漢有蔡邕《女訓》一篇(見《後漢書・蔡邕傳》),梁有《女訓》十六篇(見《隋書・經籍志・集部三》)。簡文"女訓"大概是"季子"作的,故稱"季子女訓"。《莊子・則陽》和《戰國策・魏策一》有人名"季子",錢穆認爲即戰國時期道家學派的季真(《先秦諸子繫年》244、245 頁,中華書局 1985 年)。此外,稱"季子"的還有季札、郤至、蘇秦等(參看梁玉繩《人表考》卷二、五、六)。簡文"季子"與這些"季子"大概無關。

《九店楚簡》頁 145

【季春】

○**馬國權**(1964) "季春"乃記月序數,與"越王鐘":"正月孟春",齊"陳騂壺":"孟冬戊辰"例同,惟"季春"之名爲金文所僅見。季春在正月,則孟春當屬十一月,與周代以建子之月曆法正相合轍。

《藝林叢録》4,頁 246

○**曹錦炎**(1994) 正月季春

季字舊釋爲"王",乃沿襲宋人之誤。季字下部之"子"略有殘損,但上部之"禾"仍很清楚,《款識》所收維陽石本尤爲明顯。本銘另有王字可以對照,況且"王春"尤爲不辭,青銅器銘文無此先例。"正月季春"一詞見於晉國銅器欒書缶銘文。

晉用夏正,顧炎武、閻若璩等人均有考證,詳王韜《春秋曆雜考》"晉用夏正考"條,此不贅述。眾所周知,周正建子,夏正建寅。周正春季的第三個月(季春),於夏正則是正月。從欒書缶銘文看,晉國當時雖用夏正,但四季仍從周正,所以銘文才會出現"正月季春"。這一方面反映了晉國用曆的情況,而另一方面也從側面反映了東遷以後王室式微、周天子徒有虛名的事實。我們曾經指出過,越國用曆,其月名同於《爾雅・釋天》,見於《國語》。《越語》記載越王欲伐吳,范蠡勸王"姑待之","至於玄月,王召蠡而問焉"云云,韋昭注:"《爾雅》曰'九月爲玄',謂魯哀公十六年九月也。"《爾雅・釋天》所載的十二個月名,正屬夏正,這從長沙出土的楚帛書中也得到了證明。可見越國也是用夏正。越王鐘銘文稱"正月季春",其道理和欒書缶同出一轍,而且從出土文物再次證實了越國用夏正的事實。

《國際百越文化研究》頁 256—257

孟 𥁕

𥁕集粹　　𥁕璽彙 1349　　𥁕陶彙 3·435

○何琳儀（1998）　《説文》：“孟，長也。从子，皿聲。𥁕，古文孟。”

　　陳璋壺“孟冬”，十月。《禮記·月令》：“孟冬之月。”　齊璽、齊陶孟，姓氏。姬姓，魯桓公子慶之後，號孟孫，因以爲氏。見《元和姓纂》。齊陶“孟常”，讀“孟嘗”，齊孟嘗君之封地。見《史記·孟嘗君列傳》。

　　燕璽孟，姓氏。

　　晉璽、二年邢令戈、中山雜器孟，姓氏。

　　楚璽孟，姓氏。

　　古璽孟，姓氏。

《戰國古文字典》頁 731—732

【孟冬】集成 9703 陳璋方壺、秦駰玉版

○周曉陸（1988）　（編按：陳璋圓壺）孟冬戎啟：“孟冬”指初冬。

《考古》1988-3，頁 260

○曾憲通、楊澤生、蕭毅（2001）　“孟冬十月”，指冬季的頭一個月十月。

《考古與文物》2001-1，頁 50

○連劭名（2001）　《吕氏春秋·孟冬紀》云：“孟冬之月，日在尾。”高誘注云：“孟冬，夏之十月。”

《中國歷史博物館館刊》2001-1，頁 50

○王輝（2001）　孟冬，出土文字見陳章壺（“孟冬戊辰”），爲冬季之首月，見於《禮記·月令》《吕氏春秋·孟冬紀》。

《考古學報》2001-2，頁 145

【孟棠】

○李學勤（1957）　孟棠應即孟嘗。

《文物》1957-7，頁 52

○高明（1992）　孟棠是衢名，“孟棠匋里可、孟棠匋里坖”，皆省略了衢字，全詞當爲“孟棠衢匋里可、孟棠衢匋里坖”，正如上述之“丘齊匋里民、丘齊匋里王通”，彼此款式和内容皆一致。從全詞陶文得知“丘齊”即“丘齊衢”之省，因有“丘齊衢匋里又、丘齊衢匋里𢎤”等全詞爲證。從而説明“孟棠”也當是

"孟棠衢"之省,也是臨淄城内的一個衢名。

《古文字研究》19,頁 314

孴 𡐀

睡虎地·爲吏 27 壹

○**睡簡整理小組**(1990)　孴,讀爲乂(音意),俊傑。

《睡虎地秦墓竹簡》頁 168

孳 𡐀　孿

孿郭店·緇衣 25　　𡐀上博三·彭祖 2

○**荆門市博物館**(1998)　（編按:郭店·緇衣 25"古孿以愛之,則民又新"）孿（慈）。

《郭店楚墓竹簡》頁 134

○**李零**(2003)　（編按:上博三·彭祖 2"古孿以愛之,則民又新"）孿＝（孿孿）。

《上海博物館藏戰國楚竹書》（三）頁 305

○**陳斯鵬**(2007)　彭祖曰:"于（吁）! 女（汝）孿＝（孿孿）尃（敷）問,舍（余）告女（汝）人綸（倫）,曰:戒之毋喬（驕）,慎終保裘（勞）。"

　　"孿孿",讀同"孜孜",不倦、不息貌。《禮記·表記》:"俛焉日有孿孿,斃而後已。"《史記·周本紀》:"諸侯咸會曰:'孿孿无怠。'武王乃作《太誓》。"《後漢書·魯丕傳》:"性沈深好學,孿孿不倦。"均是其例。"尃",讀爲"敷",陳也;《李釋》讀"布",亦通。

《簡帛文獻與文學考論》頁 85

孤 𤘋

睡虎地·爲吏 2 叁

○**李學勤、祝敏申**(1989)　"孤",舊釋"子"或"孔",細察方壺照片、摹本,右側縱筆長而向左拱曲,近上端有一下垂横筆,與侯馬盟書"弧"字所從相似,故字當爲"孤",讀爲"弧"。"弧"便是弓。大藏或齊藏戈弧,就是把兵器收藏起

來,是停止戰鬥的意思。

存 㑚

睡虎地·秦律 161

○**何琳儀**(1998)　《説文》:"㑚,恤問也。从子,才聲。"存、才均屬從紐,存爲才之準聲首。

　　睡虎地簡存,與無爲對文。《公羊·隱三》"有天子存",注:"存,在也。"

《戰國古文字典》頁 1348

疑 𥾸

集成 10372 商鞅量　　　陶彙 5·398

○**何琳儀**(1998)　疑,从㠯,子爲疊加音符。六國文字㠯與秦國文字疑,乃一字之分化。《説文》:"𥾸,惑也。从子、止、匕,矢聲。"小篆从止,乃辵之省,參㠯字金文。疑不从矢,矢與疑聲韻均隔,許慎之説非是。

　　秦器疑,疑惑。

《戰國古文字典》頁 41

孚

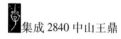集成 2840 中山王鼎

△**按**　"少"之異體,參見卷二小部"少"字條。

拑

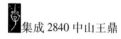璽彙 2754

○**何琳儀**(1998)　拑,从子,甘聲。

晉璽玬,姓氏。

《戰國古文字典》頁 1446—1447

㚸

璽彙 2363

△按　字从子,古聲,璽印中用爲人名。

㝗

包山 5

○劉彬徽、彭浩、胡雅麗、劉祖信(1991)　㝗,簡 7 此字作㝗,讀如沒。《小爾雅·廣詁》:"沒,無也。"又,《史記·屈原賈生列傳》:"沕深潛以自珍。"徐廣注:"沕,潛藏也。""㝗典"當是隱匿名籍。

《包山楚簡》頁 40

○何琳儀(1998)　㝗,从子,勿聲。
　　包山簡㝗,讀沕。

《戰國古文字典》頁 1306

孯

𡥉包山 193　　𡥉郭店·成之 16　　𡥉集成 9735 中山王方壺

○張政烺(1979)　(編按:中山王方壺)孯,从子,臤聲,疑是娶之異體,美也。讀爲賢。

《古文字研究》1,頁 213

○趙誠(1979)　(編按:中山王方壺)孯、賢均从臤得聲,故得通用。又《説文》臤,堅也,古文以爲賢字。王筠《句讀》云:"公羊成四年《傳》,鄭伯臤卒,疏云,《左氏》作堅字,《穀梁》作賢字,今定本亦作堅字,足證三字通用。"今中山銅器賢字作孯,正猶堅爲賢字,則臤、堅、孯、賢爲同字異體。由此可以得出這樣一個結論(或通例):古文字中某類異體字大都同聲或音近,如中山銅器爲順、忄爲訓、諓爲信等等均是。又中山銅器凡與人有關之字多从子作，如賢人之賢作𡥈、幼童之幼作𡥈、少君之少作𡥈。則𡥈爲賢字，不僅取其聲，而且會其意。

《古文字研究》1，頁 248—249

○**商承祚**（1982）　（編按：中山王方壺）賢作𡥈，从子不从貝，意謂賢人也。

《古文字研究》7，頁 64

○**陳邦懷**（1983）　聖賢之賢作𡥈，从臤子會意，臤亦聲。

《天津社會科學》1983-1，頁 62

○**劉雨**（1986）　（編按：信陽 1·2"易夫賤人剛悻，而撲於刑者，有上𡥈"）"𡥈"即"賢"。河北平山中山王墓銅器上有"舉賢使能、賢才良佐"等句。"賢"均作"𡥈"，與此相近，實乃一字。

《信陽楚墓》頁 132

○**劉彬徽**（1995）　（編按：臤子環權）𡥈，爲賢子二字合文，人名。

《楚系青銅器研究》頁 372

○**何琳儀**（1998）　𡥈，从子，臤聲。《字彙》："𡥈，固也。"

中山王壺𡥈，讀賢。《周禮·地官·鄉大夫》"興賢者能者"，注："賢者，有德行者。"中山王方壺"𡥈人"，讀"賢人"。《論語·述而》："伯夷、叔齊何人也？曰，古之賢人也。"

𡥈子佫鐶"𡥈子"，讀"賢子"，敬稱。魏武帝《與楊文先書》："足下賢子恃蒙父之勢。"信陽簡"辻𡥈"，讀"上賢"。

《戰國古文字典》頁 1125—1126

𡥈，从子，臤聲。疑𡥈之繁文。《字彙》："𡥈，固也。"

包山簡𡥈，人名。

《戰國古文字典》頁 1126

○**裘錫圭**（1998）　（編按：郭店·成之 16"是以民可敬道［導］也，而不可弆［弇］也；可馭［御］也，而不可𡥈也"）"𡥈"與"馭（馭）"爲對文，疑當讀爲"牽"。"牽"亦可作"𡥈"，與"𡥈"皆从"臤"聲。

《郭店楚墓竹簡》頁 169

○**何琳儀**（2001）　（編按：信陽 1·2"易夫賤人剛悻，而撲於刑者，有上𡥈"）"賢"，原篆下从"子"，左上从"臣"，右上从"又"。參見長沙出土銅環權，中山王方壺"賢"之異文。竹書"上賢"，見《漢書·翼奉傳》："成王有上賢之材，因文武之業。"

綜上所述，竹書 1-02 號可譯爲：

……説:"役夫賤人聰慧而受過刑罰者,也有上等的賢人。"

○崔永東(2001) （編按:郭店·成之16"是以民可敬道[導]也,而不可弇[弇]也;可駇[御]也,而不可掔也"）"掔"蓋爲"緊"之訛寫,《説文》"緊"之篆體爲𦇧,與掔(�)相近,故易訛。《説文》云:"緊,纏絲急也。"可知"緊"的本義是指纏絲緊急的狀態,而其引申義或比喻義當指壓迫而言。

○廖名春(2001) （編按:郭店·成之16"是以民可敬道[導]也,而不可弇[弇]也;可駇[御]也,而不可掔也"）掔即掔。《説文·手部》:"掔,固也。"《爾雅·釋詁下》:"掔,固也。"《墨子·迎敵祠》:"令命昏緯狗、纂馬,掔緯。"這裏指束縛得不動,管死。這是説民可驅使爲善,但不可將其束縛得不動。

○陳偉(2003) （編按:郭店·成之16"是以民可敬道[導]也,而不可弇[弇]也;可駇[御]也,而不可掔也"）掔,字本作"掔",疑當讀爲"掔"。《廣雅·釋詁》:"掔,擊也。"

○楊澤生(2009) （編按:郭店·成之16"是以民可敬道[導]也,而不可弇[弇]也;可駇[御]也,而不可掔也"）據《禮記·學記》:"君子既知教之所由興,又知教之所由廢,然後可以爲人師也。故君子之教喻也,道而弗牽,强而弗抑,開而弗達。"此"牽"爲强制性的牽引、牽拉,可見裘先生讀爲"牽"比較好一些。

但簡文"掔"和上文"馭(御)"相對爲文,我們懷疑"掔"可讀作"遣"。"遣"和"馭"古音分屬溪母元部和溪母真部,它們聲母相同,韻部關係密切。汪啟明先生曾根據許多相關的材料指出:"在齊語中,從戰國時代起,真元兩部便開始有接近的趨勢。"因此,"掔"可通作"遣"。"遣"爲强制性的驅趕、打發、發送,這在古書中很常見,如《左傳·僖公二十二年》:"姜與子犯謀,醉而遣之,醒以戈逐子犯。"《列子·力命》:"重貺遣之。"《戰國策·東周·嚴氏爲賊》:"(嚴氏)道周,周君留之十四日,載以乘車駟馬而遣之。""遣"這種意思在《戰國策》中用得比較普遍,據統計有 9 例之多。再如《漢書·周昌傳》:"臣不敢遣王,王且亦疾,不能奉詔。"簡文"御"表迎而"遣"表送,正好相對爲文;"遣"由强制性的驅趕、發送引申而有逼迫的意思,然則簡文是説可以迎合他們而不可逼迫他們。

孥

集成 9734　孥蚉壺　　　侯馬 35:6

【孥蚉】

○**張政烺**(1979)　孥,从妾、子,字書不見,疑與孽字音義相近。《説文》"孽,庶子也"。古人不以庶出爲嫌,漢文帝元年《賜南粤王趙佗書》開頭便説"朕高皇帝側室之子"(見《漢書·南粤傳》),並不諱言。

蚉,从虫,次聲,《玉篇》及《廣韻》皆云"蟲,似蜘蛛"。故宫舊藏唐寫本《刊謬補缺切韻》(1925 年唐蘭寫印本)去聲八至"次,七四反"下有蚉字。注云:"《爾雅》云:蚉蠾,蜘蛛别名。"按今本《爾雅·釋蟲》作次,不从虫。古人率單名,偶有二名者其二字必有義,構成一個詞,或是聯綿字。二名不偏諱,因爲偏諱就不成其爲名。孥蚉二字無義,故知作壺者是單名,蚉不與孥相聯。蚉當是中山王𗊟的後人,作壺時𗊟初死未葬,新君未即位故稱胤嗣孥,而不稱嗣王。

《古文字研究》1,頁 233—234

○**朱德熙、裘錫圭**(1979)　《史記·秦本紀》説昭襄王八年(前 299 年)"趙破中山,其君亡,竟死齊",這個王有可能就是𗊟的兒子孥蚉。

《朱德熙文集》5,頁 97,1999;原載《文物》1979-1

○**張克忠**(1979)　孥,龍子二字合文。眉壽鐘:"龕事朕辟。"龕字作𤲬。本銘龍字與龕字所从之龍結體一致。龍假借爲寵;龍子,寵子也。

《故宫博物院院刊》1979-1,頁 46

○**李學勤、李零**(1979)　胤嗣孥蚉是中山王𗊟的太子,據壺銘内容,銘文刻於王𗊟剛剛去世之時,銘文"先王"均指王𗊟,所以孥蚉不稱王。孥字,見侯馬盟書三五:六。蚉字,見壽縣朱家集楚國青銅器及許多戰國璽印。《廣韻》亦收之,云:"蟲似蜘蛛。"

《考古學報》1979-2,頁 160

○**徐中舒、伍仕謙**(1979)　孥,乃嫡子二字合文,蚉既自稱胤嗣,就是先王法定的繼承人,妾从女,商省聲,不當以爲妾字。時在喪中尚未繼位,故自稱如此。

《中國史研究》1979-4,頁 92

○**夏渌**（1981）　説明"胤嗣"身份後面緊接的"奵盗"二字,疑是一個複音的名字,猶如金文中習見的句踐、酓感（熊悍）、戰狄、廲羌之類。

　從古漢字結構原理看,作爲義符,从女、从妾可以相通,銘文和盟書中的這個从妾从子的字,當是从女从子的會意字"好"的異體字。（中略）卜辭中"婦好"以"好"爲名,疑《侯馬盟書》从妾从子的人名也讀"好"。

《西南師範學院學報》1981-3,頁 51

○**何琳儀**（1984）　奵,从妾从子,顯然是"妾子"的會意字。固然"妾子"不及"嫡子"地位優越,不過由於種種原因,一旦"妾子立,則母得爲夫人"（《公羊傳》隱公元年注）。張政烺先生引《漢書·南粵傳》漢文帝自稱"朕高皇帝側室之子",謂"古人不以庶出爲嫌"是頗有道理的。奵這一會意字,由於"聲化"的結果應讀若"子",即"庶子""孼子"的專用字。如果參照張先生"作壺者是單名,盗不與奵相聯"的意見,那麼"脺昇（嗣）奵（子）盗"的詞義停頓應是"脺——嗣子——盗"。諸侯在喪自稱"嗣子",如《左傳》哀公十二年:"今越圍吳,嗣子不廢舊業而敵之。"《禮記·曲禮》"不敢自稱曰嗣子某"。孫希旦《集解》"嗣子某,諸侯在喪之辭"。這不僅證明了"嗣子"是固定詞組,而且也與本銘是王䝬死後不久盗爲了悼念其父所作的時間相符。

《史學集刊》1984—3,頁 9

○**李仲操**（1987）　奵盗壺與䝬鼎、壺同墓出土。奵壺銘文稱得賢相賙的王䝬爲"先王",則䝬盗必爲父子關係。王䝬於公元前 299 年死後,奵盗當於公元前 298 年繼立。而盗壺銘文未見有稱王的語氣,知奵盗作銘當在中山亡國之後。《史記·趙世家》載:趙惠文王"三年,滅中山,遷其王於膚施"。趙惠文王三年爲公元前 297 年,則奵盗即位二年就亡於趙。時間如此短促,中間不可能另有其他中山君。因此,被遷往膚施的中山末世國君就是此奵盗。

　奵盗被遷於膚施,奵盗壺銘文已有透露。壺銘載:"於（烏）虖（乎）！先王之德弗可復得。霖（潸）霖流涕,不敢寧處,敬命新地,雯祠先王。"奵盗此時痛哭流涕,要"敬命新地"來享祀其先王。那麼此"新地"又指哪裏呢?

　《史記·趙世家》載:"惠文王二年,主父行新地,遂出代,西遇樓煩王於西河而致其兵。"趙武靈王傳子後,自號主父。在傳子後的第二年就"行新地"。從下文"遂出代,西遇樓煩王於西河而致其兵"的記述看,此"新地"的地望在出代以後的西河附近。西河即今晉陝交界之黃河。黃河西岸就是膚施,正是中山君被遷的地方。這説明奵盗之"敬命新地",正是在他被遷的膚施。

　奵盗爲中山末世國君,他被遷於膚施並在五國攻秦中還是與五國將領並列的一員。《秦本紀》載:昭襄王"十一年,齊、韓並魏、趙、宋、中山五國攻秦"。
[正義]謂:"蓋中山此時屬趙,故云五國也。"秦昭襄王十一年爲公元前 296
年,即中山亡國的第二年。中山末世君在其亡國、遷膚施的次年,就參加到五
國攻秦行列,知此亡國之君不但未被殺戮,而且他在趙國尚保留着一定地位。
這大概就是後來遷葬其父於靈壽能够成爲可能的原因吧。由此可知重葬王
譽於故里,當是五國攻秦前後的事。有同志説中山末代君是中山尚。但《墨
子・所染》與《呂氏春秋・當染》都記"中山尚染於魏義、偃長"因而"國殘身
死,爲天下僇"。中山尚的這一結局,同被遷未死並參加攻秦的這一末世君的
情況不合。中山尚究爲何世,尚無可靠資料説明。

《中國考古學研究論集》頁 346

△按　諸家之説以何琳儀説爲優。

孥

集成 2840 中山王鼎

○張克忠(1979)　"孥",幽子合文。《説文》:"幽,隱也,从山中丝。""丝,微
也。"丝在山中,更顯微小。幽子,即幼子。

《故宮博物院院刊》1979-1,頁 40

○于豪亮(1979)　孥讀爲幼。帛書甲本《老子》:"潯呵鳴呵。"乙本作"幼呵
冥呵"。今本二十一章作"幽兮冥兮",潯幽與幼通,則孥得假作幼。

《考古學報》1979-2,頁 172

○陳邦懷(1983)　又如老幼之幼作孥,从幽子會意,幽亦聲。

《天津社會科學》1983-1,頁 62

孥讀爲幼,是也。《史記・曆書》:"幽者,幼也。"《周禮》《牧人》及《守桃》
鄭注兩引鄭司農説:"幽,讀爲黝。"黝从幼聲,是幼、幽古通用之證。孥字从
子,幽聲。以音義考之,蓋爲幼字或文。此字用幽爲幼,於聲以明,何以又从
子?《玉篇》季字古文作孿。稚子爲季,幽子爲幼,其意義與結構並同。

又按,《説文》子部:"季,少偁也。從稚省,稚亦聲。"以《玉篇》季字古文
孿,可證許説季從稚省,稚亦聲之確。

《天津社會科學》1983-1,頁 67

○何琳儀(1984)　孥,从子,幽聲,諸家均讀幼。按,幼是會意兼形聲字,孥則

純粹形聲字。

○**何琳儀**（1998）　斈,从子,幽聲,幼之異文。《詩·小雅·伐木》:"出自幽谷。"阜陽漢簡"幽谷"則作"幼浴",是其佐證。

中山王鼎"斈踵",讀"幼沖"。《史記·天官書》:"炎炎衝天。"《漢書·天文志》引衝作中。《淮南子·修務》:"鍾子期死。"《戰國策·秦策》作"中旗"。《説文》:"沖,讀若動。"《詩·召南·草蟲》傳:"忡忡,猶衝衝也。"均其佐證。《書·大誥》:"洪惟我幼沖人。"傳:"我幼童人。"《漢書·敘傳》:"孝昭幼沖。"《後漢書·沖帝紀》注:"幼少位曰沖。"

【斈踵】集成 2840 中山王鼎

○**張政烺**（1979）　斈,从子,幽聲,讀爲幼。《老子·道經》第二十一章"窈兮冥兮,其中有精",窈馬王堆帛書《老子》甲本作潀,知斈幼音同。

踵,从立,重聲,讀爲踵,繼也。《離騷》:"及前王之踵武。"《東京賦》:"踵二王之遐武。"義皆爲繼。斈踵,言少年即位。

○**趙誠**（1979）　斈,从子,幽聲,當即幼字,幽幼音同而通。踵,重之繁形。古文重、童一字。

○**李學勤、李零**（1979）　古以十歲爲幼,未冠爲童。

○**商承祚**（1982）　斈踵讀爲幼童,幼童的智慧幽隱未明,故从斈以見意。

○**何琳儀**（1984）　"斈踵"即"幼沖"。《書·大誥》云"洪惟我幼沖人",傳"我幼童人"。《漢書·敘傳》"孝昭幼沖,冢宰惟忠"。至於《後漢書·沖帝紀》注"幼少在位曰沖",與本銘"踵"（童）適可相互印證。

○**劉秉忠**（1992）　"童"應讀作"沖"。《書·盤庚》:"肆予沖人。"傳:"沖,童也。""沖、童"都是東韻平聲,讀音相近,皆爲小幼之名,俗借沖爲从童聲之"衝"字,可見二者古音相通。《説文通訓定聲》:"沖,假借爲僮。"僮也即童字。《書·召誥》:"今沖子嗣,則無遺壽耇。"傳:"童子,言成王少,嗣位治政。"此處直接釋"沖子"爲"童子",可見"童"完全可以讀爲"沖"。

綜上所述,"幼蓮"可以釋爲"幼沖"。

《江漢考古》1992-1,頁 72

孨

陶彙 3・226

○**顧廷龍**(1936)　孨,《説文》:"謹也,从三子。讀若翦。"按,孱、眷二字从此,吴大澂謂當即製器者之名。

《古匋文眷録》卷 14,頁 3

○**何琳儀**(1998)　孨,金文作𡥞(廟孱鼎孱作𡥞)。从子从孖。(《玉篇》:"孖,雙生子也。")會孱弱之意。《玉篇》:"孨,孤兒也。"孨、孱一字之孳乳。《玉篇》:"孱,弱也。"至於《説文》:"孨,謹也。从三子。讀若翦。"則其引申義。戰國文字承襲金文。

　　齊陶孨,人名。

《戰國古文字典》頁 1023

孱

集成 11462 孱陵矛

○**何琳儀**(1998)　《説文》:"孱,迮也。一曰,呻吟也。从孨在尸下。"孨亦聲。

　　孱陵矛"孱陵",地名。見《漢書・地理志》武陵郡,在今湖北公安西。

《戰國古文字典》頁 1023—1024

孨

璽彙 1919　　璽彙 2128

○**何琳儀**(1998)　孨,从子,晶聲。

　　晉璽孨,人名。

《戰國古文字典》頁 1263

育

古陶文字徵,頁 194

○**何琳儀**(1998)　《説文》:"育,養子使作善也。从云,肉聲。《虞書》曰:教育子。毓,育或从每。"

《戰國古文字典》頁 219

【毓子】秦駰玉版

○**曾憲通、楊澤生、蕭毅**(2001)　"毓子",即育子,原指帝王或貴族的長子,《古文苑·揚雄〈宗正箴〉》:"各有育子,世以不錯。"章樵注:"育與胄同義。"《書·舜典》:"夔!命汝典樂,教胄子。"《説文解字》引作"教育子"。孔安國傳:"胄,長也。"孔穎達疏:"繼父世者,惟長子耳,故以胄爲長。"其實繼承父業的不一定是長子,秦孝文王和秦莊王都不是長子。不過,胄子或育子可能就是指能繼位的人。或説"毓子"和"小子"相當。李文説指稚子。

《考古與文物》2001-1,頁 51

○**連劭名**(2001)　"毓子"是隱語,指"性","毓""育"古同,《國語·晉語》云:"災毓滅性。"韋注:"毓,即育字,生也。"《周易·蠱·象》云:"君子以振民育德。"《釋文》引王肅本:"毓,古育字。"《禮記·中庸》云:"萬物育焉。"鄭注:"育,生也。"《釋名·釋親屬》云:"子者,孳也,相生蕃孳也。""毓、子"二字皆有"生"義,《荀子·正名》云:"生之所以然者謂之性。"《論語·公冶長》云:"夫子之言性與天道,不可得聞也。"皇疏云:"性,生也。"

《中國歷史博物館館刊》2001-1,頁 51

○**王輝**(2001)　《廣雅·釋言》:"毓,稚也。""毓"字各本原無,王念孫《疏證》本用小字補出。王氏云:"《豳風·鴟鴞》篇'鬻子之閔斯',毛傳云:'鬻,稚也。'正義云:'《釋言》:鞠,稚也。郭璞曰:鞠一作毓。'毓、育、鞠古亦同聲。各本'稚'上無'毓'字,又下文'曩,鄉也''陶,憂也''濘,泥也',無'曩、陶、濘'三字,皆是後人所刪。"王氏的説法是完全對的。玉簡銘"毓子"即《鴟鴞》之"鬻子",毓訓稚,文從字順,也使王説得一佳證。駰自稱"毓子",當尚在少年。

《考古學報》2001-2,頁 148

疏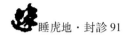

睡虎地・封診 91

【疏書】

○**睡簡整理小組**（1990）　疏書，分條記録。《漢書・匈奴傳》：“於是説教單于左右疏記，以計識其人衆畜牧。”注：“疏，分條之也。”疏記和本條疏書義同。

《睡虎地秦墓竹簡》頁 163

△**按**　《説文》：“疏，通也。从充从疋，疋亦聲。”

丑 丑

睡虎地・日甲 4 正壹

包山 23

集成 11330 卅三年大梁戈　　　　　璽彙 2285

○**李守奎**（1998）　干支“丑”字，楚文字寫法特別，與“徵”字的古文形體相近，時有混訛。包山 56 號簡中的“己丑之日”，“丑”字作“午”顯係誤書，誤“呈”爲“丑”。

《吉林大學古籍整理研究所建所十五周年紀念文集》頁 82

○**何琳儀**（1998）　丑，甲骨文作彐（鐵二一五・三），象手指突出其指甲，叉之初文。《説文》：“叉，手足甲也。从又，象叉形。”丑从又，借體象形。金文作ヨ（師克盨），指甲形尤顯，或聯結兩指甲作ヨ（同篇），遂成爲丑。故叉、丑爲一字之分化。戰國文字承襲商周文字，或加飾點作ヨ，演化爲午，遂與三體石經僖公午吻合。或訛變作午。《説文》：“丑，紐也。十二月萬物動用事，象手之形。時加丑，亦舉手時也。”以紐釋丑屬聲訓。

戰國文字丑，除人名外，均爲天干。

《戰國古文字典》頁 197

○**李家浩**（2000）　“死生才丑”，秦簡《日書》乙種卯之占辭“丑”作“亥”。按本墓竹簡“丑”作午，“亥”作亥（見［二］［三］組簡），二字字形相近，不知是楚人

誤書所致,還是秦人誤認所致。

《九店楚簡》頁 122

△**按**　甲骨文作𪭑(《合集》10405),象手指突出其指甲。戰國時期,秦系文字作𠁥(《雲夢·日甲》4);楚系文字作𡩵(《包山》166);晉系文字作𪮰(卅三年大梁戈)、𪮱(象牙干支籌),與甲骨文相合。

羞 羞

官印 0005

○**何琳儀**(1998)　羞,甲骨文作𦎧(甲一三九四)。从又,从羊,會手持羊進獻之意。西周金文作𦎧(不𡢁簋),或作𦎝(羞鼎),从収。春秋金文作𦎨(魯伯鬲)。戰國文字承襲金文。秦文字又下或加裝飾點,六國文字又或作𡉀形(屬收縮筆畫現象)。小篆訛變从丑,舊皆隸於丑聲首,今據古文字羞聲首獨立。《說文》:"羞,進獻也。从羊,羊所進也。从丑,丑亦聲。"

楚璽羞,姓氏。讀宿。《儀禮·特牲饋食禮》"乃宿尸",注:"古文宿皆作羞。"《漢書·百官公卿表》"御羞",注:"如淳曰,御羞,《楊雄傳》謂之御宿。羞、宿聲相近,故或云御羞,或云御宿耳。"宿姓,伏羲風姓之後,以國爲氏。見《風俗通》。

睡虎地簡"羞辱",見《商君書·算地》:"羞辱勞苦者,民之所惡也。"

《戰國古文字典》頁 234—235

○**徐在國**(2004)　甲三 217　乙丑之日

"丑"字形體比較特別,與楚文字一般的"丑"字形體不同。我們懷疑此字从"丑"从"肘","肘"與"丑"共用"又"旁,"肘"是加注的聲符。郭店簡《成之聞之》3"敬慎以肘(導)之"中"肘"的寫法可以爲證。

《中國文字研究》5,頁 156

【羞府】
○**羅福頤等**(1987)　見【中行羞府】條。
○**王人聰**(1990)　見【中行羞府】條。
○**王輝**(1990)　見【中行羞府】條。

寅 寅　審 寅

故宮 403

包山 163　　　　侯馬 105：2　　　　侯馬 16：3

集成 10371 陳純釜

郭店・成之 30

集成 4190 陳財簋蓋　　　　集成 4649 陳侯因𦳊敦

○何琳儀（1998）　寅，甲骨文作𢎛（後上三一・一○），與矢同形。矢，透紐脂部；寅，定紐真部。透、定均屬舌音，脂、真爲陰陽對轉，寅爲矢之準聲首。或作𢎛（林一・一五・三），加○由矢分化爲寅。進而演變作𡴥（前三・七・二）、𢎛（存二七三五）。金文作𢎛（臣辰卣）、𢎛（戊寅鼎）、𡴥（豆閉簋），或繁化箭頭作𢎛（克鍾）、𢎛（元年師旋簋）、𢎛（录伯簋）、𢎛（師㝅父鼎）。戰國文字承襲金文。六國文字尚保存箭頭，秦國文字箭頭不顯，訛變似从宀旁，爲小篆所本。《説文》：“寅，髕也。正月陽氣動，去黃泉欲上出，陰尚彊，象宀不達髕，寅於下也。（中略）”古文以𡑁爲寅。以髕釋寅屬聲訓。

《戰國古文字典》頁 1218—1219

○施謝捷（1999）　《璽彙》0410、1078、1733 分別著録下揭三私璽：

璽中人名，原釋文釋作“賁”。（中略）

我們認爲，上揭璽印人名實際上就是“寅”字的簡省之形。《説文》寅部“寅”的古文作：𡑁。《汗簡》“演、𡨄”所从“寅”的寫法同此。金文中或作：

𢎛《金文編》992 頁，陳猷釜（或名陳純釜）　　　　𢎛《集成》1・285，叔尸鎛

較傳抄古文少一“土”旁。如果將這種寫法的重複部分省去，則與上揭璽文完全同形了，而類似現象在戰國文字中是確實存在的。戰國文字中有以“臾”作爲偏旁的，如：𢎛《陶彙》4・173　　　𢎛《璽彙》3660

前一字過去釋“寅”，後一字顯然是以前一字作爲聲旁，可以分別釋爲“寅”和“繢（繢）”。若從《璽彙》編者的意見將“臾”釋爲“賁”，則此二字均無法釋讀。又如：𢎛《金文編》724 頁，盜壺

可以釋爲“从心从寅”的“愼”，讀“寅”。若從《璽彙》所釋，則此字可釋爲“从心从貴”的“憒”，讀“貴”，於意雖可通，但與當時文字使用情況不符，與盜壺同

出的中山王壺銘中从"貴"的"遺"字(《金文編》102 頁),在構形上有明顯的差異,可知。這也反過來説明我們將璽文釋爲"寅"是正確的。1986 年河北省柏鄉縣東小京戰國墓中出土的象牙干支籌,其中有一籌刻有"三,丙寅"三字,"寅"字作:𤼦《文物》1990 年 6 期 60 頁圖十、70 頁圖十一

與上揭璽文完全同形,更是我們釋"寅"的有力佐證。

戰國魏"六年格氏令戈"銘中令名字作:𤼩《集成》17·11327

過去一般釋"夷"或"貴",現在看來也應改釋爲"寅"。

《語言研究集刊》6,頁 75、77—78

○陳偉(1999)   (編按:郭店·成之 30"害言寅之也")寅,原未釋。其上部與楚簡常見的"寅"字相同;下从日,似可看作增衍的部分。"寅"是敬的意思。本句是對上文"君子曰'雖有其恆而可能,終之爲難。槁木三年,不必爲邦旗'曷?"的解答。"雖有其恆而可能,終之爲難"一句,顯然是對善始善終的贊揚。"槁木三年,不必爲邦旗"的確切含義待考,大約也包含有對歷時三年之久的槁木的尊重。這些,與釋"寅"相合。隨後一句説"是以君子貴成之","寅"與"貴"亦相呼應。

《武漢大學學報》1999-5,頁 30

○廖名春(2001)   (編按:郭店·成之 30"害言寅之也")周鳳五釋"夾",以"谷"字上部从夾而非从寅,説是。"谷"爲"夾"繁文。《集韻·洽韻》:"夾,《説文》:'持也。'或从手。"是"挾"爲"夾"異體。《爾雅·釋言》:"挾,藏也。"《漢書·惠帝紀》:"除挾書律。"顏師古注引應劭曰:"挾,藏也。""三年"非實指,乃多年之意。這是説木本可爲邦旗,但擱置多年,隱藏不用,就朽而不堪使用了。比喻君子不但要知道,更要及時成德,及時行動,將可能性變成現實性,不要知而不行。木可爲邦旗者多,但爲邦旗者少,是因爲隱藏不用。人能成爲堯舜,但成爲堯舜者少,是因爲知而不行。人之知而不行猶木之隱藏不用。故言"唯有其亟而可能,終之爲難""君子貴成之"。由此可知,"夾"爲隱藏不用,暗指知而不亟行。

《古籍整理研究學刊》2001-5,頁 5

卯 卯

𤼩睡虎地·日甲 11 背   𤼦包山 226   𤼩璽彙 2852   𤼩郭店·語一 49

○**何琳儀**（1998）　　卯，甲骨文作𰼕（前六・二三・五）。構形不明，金文作𰼕（趞卣）。戰國文字承襲商周文字，或作𰼕附加四飾筆，與三體石經《僖公》作𰼕吻合。或附加二飾筆作𰼕，多見於楚系文字。或由𰼕省作𰼕、𰼕，多見燕系文字。《説文》：“卯，冒也。二月萬物冒地而出，象開門之形。故二月爲天門。𰼕，古文卯。”許慎以冒釋卯屬聲訓。其他均不可信。

戰國文字除名人外，多爲地支字。

《戰國古文字典》頁 262

○**何琳儀**（1999）　　戰國文字“卯”作“𰼕”（《璽彙》3832）、“𰼕”（《璽彙》3268）等形，而“卵”作“𰼕”（《雲夢》10.4“孌”）、“𰼕”（望山楚簡）等形，二者很難區别。故典籍易相混。戰國文字“卯”或作“𰼕、𰼕”等形，加四筆斜畫大概是一種區别方法；而小篆“卯”作“𰼕”形，也是一種區别方法。不過前者漸被淘汰，而後者則成爲正體。

《考古與文物》1999-5，頁 84

○**劉信芳**（1999）　　（編按：郭店・語一48—49“又蠡又卯，又終又始”）“舛”字原簡作“𰼕”，或釋爲“卯”，誤。或釋爲“化”，亦有疑問。《説文》解“舛”字云：“對臥也。”段注：“謂人與人相對而休也，引申之，足與足相抵而臥亦曰舛。”鄭玄注《禮記・王制》“交趾”云：“交趾，足相鄉。然則浴則同川，臥則同僢。”僢同舛。簡文“𰼕”適象二人屈身抵足而對臥之形。古以一玉石鑿成相同之玉器（或二或四），稱所用玉石爲“本”或“邸”（字或作“柢”），稱所鑿成同形玉器所具有的共同性爲“舛”（字或作“僢”）。《周禮・春官・典瑞》：“兩圭有邸。”《爾雅・釋言》：“柢，本也。”《考工記・玉人》：“兩圭五寸有邸。”注：“邸謂之柢。有邸，僢共本也。”疏引黄琮云：“僢共本也者，亦一玉共成兩圭。足相對爲僢也。”

可見“有本有舛”者，“本”謂事物之本柢，“舛”謂事物之孳益。《語叢一》簡 3 又云：“天生鯀，人生舛。”或謂“鯀”讀爲“倫”，非是。“鯀”亦讀爲“本”，凡天造地成之物，是爲“本”，人工生産之物，往往一型而多器，是爲“舛”。

《語叢三》45：“舛則雖〈難〉型也。”裘錫圭謂“雖”爲“難”字之訛，可信。“雖”字《郭店》讀“範”。按字應讀爲“範”，古製器之法，以竹曰“範”，以木曰“模”，以土曰“型”，凡舛製之器，以一本舛而爲二，如符、節之類。舛製之符節、玉器，往往很難模製，故古人以之爲信物，此“舛則難範”之謂。

《語叢二》20：“智生於眚（性），舛生於智。”古代舛製之器采取了種種防僞措施,玉符,銅符等,往往精巧絕倫,故云:舛本爲二,以爲信物,此乃人之智慧的産物。

《古文字與古文獻》試刊號,頁 59—60

○**陳偉武**(2000)　　(編按:郭店·語一 48—49"又蠚又卯,又終又㠯")"卯"字屢見於他簡,如《語叢》三.32:"……戔者卯。"裴先生按語云:"'卯'字簡文中屢見,從文義看似應有'別'一類意義,待考。"今按,古書中"柳"可與"昧"通用,如《尚書·堯典》:"曰昧谷。"《尚書大傳》"昧谷"作"柳榖",《周禮·天官·縫人》鄭注所引同。《左傳》昭公十五年"吳人夷末",《公羊傳》襄公二十九年作"夷昧"。"未"或从"未"等聲之字與"末"通用之例甚多,毋煩贅舉。"柳"从卯得聲,故"卯"與"末"通假的可能性頗大。《説苑·談叢》:"本傷者枝槁,根深者末厚。""根"與"末"對文。知上文將"蠚"釋爲"根"之異體、"卯"讀爲"末"不謬。《語叢》一.3:"天生綸,人生卯。"裴先生按語認爲:"'綸'疑當讀爲倫序之'倫'。下條'綸'字同。"今知"綸"亦當讀爲"根",聲韻皆合。"卯"亦讀爲"末"。所謂"天生根",似可以《老子》甲.24 簡文爲注腳:"天道員員,各復其堇(根)。"丁源植先生指出:"自然的運作,循環而往復,萬物雖然並起興作,但均安然復歸其始源之根。此實指'天道'的運作。"《莊子·應帝王》有寓言人物"天根",或可證楚簡"天生根,人生末"爲道家者言。天生之根,猶如《鶡冠子·泰鴻》所説的"神明之所根"。與天之所生相比,人之所生自然只能稱爲"卯(末)"了。《語叢》一.4—5 簡云:"又(有)命有慶又(有)名,而句(后)又(有)綸。"頗疑此"綸"字亦當讀爲"根"。

　　郭店簡"蠚(根)"與"卯(末)"對舉,"終"與"始"對舉,且彼此連稱,傳世文獻亦有可以互證者。如《莊子·天地》:"是終始本末不相坐。"《禮記·大學》:"物有本末,事有終始,知所先後,則近道矣。"《説苑·建本》:"夫本不正者未必倚,始不盛者終必衰。"

　　郭店簡一詞多義、一字數用之例不少,有些簡文"卯"字若讀爲"末",一時尚難解釋圓融,於所不知,蓋闕如也。

《華學》4,頁 77—78

○**李天虹**(2000)　　(編按:郭店·語一 48—49"又蠚又卯,又終又㠯")據上下文例,此處之"蠚"當讀作"本"。"卯"當與"末"義同。以音求之,古卯爲明母幽部字,標爲幫母宵部字,音近可通。標,《玉篇·木部》:"標,木末也。"又《管子·霸言》:"破大而制地,大本而小標。"尹知章注曰:"標,末也。"爲本、標對稱之例。據此,簡文"卯"或當讀作"標"。

《郭店楚簡國際學術研討會論文集》頁 98

○**李家浩**（2000）　　“吕俊卯事，不吉”，秦簡《日書》甲種楚除外陰日占辭和乙
種楚除堅、外陰之日占辭皆無此文。簡文“卯”疑應當讀爲“貿”。古文字
“貿”寫作从“卯”聲（《金文編》434 頁），故“卯、貿”二字可以通用。“貿事”，
指貿易之事。

《九店楚簡》頁 94

○**劉釗**（2003）　（編按：郭店·語一 48—49“又蠢又卯，又終又絡”）化。

《郭店楚簡校釋》頁 181

○**劉桓**（2005）　（編按：郭店·語一 48—49“又蠢又卯，又終又絡”）蠢、卯即本、末。卯可
讀末，古从卯聲字可與从未或末聲字相通假。如柳與昧通，《書·堯典》“曰昧
谷”，《尚書大傳》作“柳穀”，《史記·五帝本紀》“曰昧谷”，《集解》引徐廣曰：
“一作柳谷。”末與未聲字相通，如《史記·外戚世家》“而桀之放也以末喜”，
索隱：“《國語》：‘桀伐有施，有施以妹喜女焉。’”故卯可讀末。簡文此語，實
見於《禮記·大學》“物有本末，事有終始，知所先後，則近道矣”，可相印證。

《簡帛研究二○○二—二○○三》頁 62

【卯戈】

○**徐在國**（2005）　卯（茆）

“卯”字或作“茆”。見於下列戈銘：

右卯　（《集成》17·10944）

昌城工佐□茆戈　（同上 17·11211）

宋公差之所造茆戈　（同上 17·11281）

昌城戈“茆”字或釋爲“柳”，不確。此字與宋公差戈“茆”字同，並从“屮”
从“卯”。古文字中从“艸”之字或省从“屮”，如《侯馬盟書》“弗”字即从“屮”
从“弗”。

“茆”字見於《説文》，在戈銘中應讀爲“卯”。殷墟卜辭中有“卯三牛”
（《甲骨文合集》385）、“卯五牛”（同上 369）等，王國維説：“卜辭屢言卯幾牛，
卯義未詳，與尞瘞沈等同爲用牲之名，以音言之，則古音卯劉同部……疑卯即
劉之假借字。《釋詁》：‘劉，殺也。’漢時以孟秋行貙劉之禮，亦謂秋至始殺
也。”胡小石認爲：“卯爲劉之原字。”姚孝遂先生説：“按：卜辭‘卯’假借爲干
支字，亦爲用牲之法。王國維‘疑卯即劉之假借字’，實則‘劉’爲‘卯’之孳乳
字。”胡、姚二先生説可從，“劉”乃“卯”的孳乳分化字。《爾雅·釋詁上》：
“劉，殺也。”《尚書·盤庚上》：“重我民，無盡劉。”孔傳：“劉，殺也。”

《古漢語研究》2005-1，頁 65

辰 辰　唇 唇

珍秦 63　　睡虎地・日乙 113　　璽彙 2018

包山 141　　包山 171　　楚帛書

璽彙 0579

○**中大楚簡整理小組**（1977）　丙、辰二字從口，寫法與長沙出土的戰國楚帛書“丙子、星辰”相同。

《戰國楚簡研究》3，頁 7

○**何琳儀**（1998）　辰，甲骨文作（甲二二七四），象蛤蚌之形（參蠃字）。蜃之初文。《說文》：“蜃，雉入海化爲蜃。從貝，辰聲。”西周金文作（盂鼎），春秋金文作（叔夷鎛唇作）。戰國文字承襲兩周金文，或略有省變。《說文》：“辰，震也。三月陽氣動雷電振，民農時也，物皆生。從乙、匕。象芒達，厂聲也。辰，房星，天時也，從二。二，古文上字。，古文辰。”

望山簡辰，讀晨。《爾雅・釋詁》：“晨，早也。”天文漆書辰，見《左・昭七》：“日月之會是謂辰。”

《戰國古文字典》頁 1332

《說文》：“唇，驚也。從口，辰聲。”

陳璋壺“戊唇”，讀“戊辰”，干支。枼可忌豆唇，讀辰。《詩・大雅・桑柔》“我生不辰”，箋：“辰，時也。”齊璽唇，讀辰，姓氏，蔡仲胡之後有辰氏。見《路史》。

《戰國古文字典》頁 1332

△**按**　戰國文字干支{辰}以作“辰”爲常，加形符日作“唇”者，爲表時辰、星辰之專字；加口作“唇”，與“唇齒”之“唇”爲同形字。

辱 辱

睡虎地・日甲 60 正壹

包山 21　　郭店・老甲 36

○**何琳儀**（1998）　辱，甲骨文作（類纂二二七○）。從又從辰（鋤草農具），會手持農具之意。疑槈之初文。《説文》:"槈,薅器也。从木,辱聲。鎒,或从金。"戰國文字承襲商代文字。《説文》:",恥也。从寸在辰下。失耕時於封畺,上戮之也。辰者,農之時也。故房星爲辰,田候也。"許慎以恥釋辱爲槈之引申義。蓐、薅等字均从辱,亦與鋤草農器有關。

　　睡虎地簡辱,恥。

《戰國古文字典》頁 380

○吕浩(2001)　《郭簡・老子・乙》簡一一:

　　上悳(德)女(如)浴(谷),大白女(如)辱,生(廣)悳(德)女(如)不足。此處"辱"字用義不明。觀上下文例,如"辱"字當與"白"爲對立的概念,故疑此"辱"字讀爲"黰"。《玉篇》:"黰,垢黑也。"王弼注《老子》:"知其白,守其黑,大白然後乃得。"正是釋"辱"爲"黑"義,即"黰"字義。

《中國文字研究》2,頁 284

巳

睡虎地・日乙 46 貳　　包山 4　　郭店・性自 15　　郭店・成之 40

集成 2701 公朱左官鼎　　新收 367 三年垣上官鼎

璽彙 3767

○史樹青(1955)　又第七、九、十、十三、十七、二十、二十五、三十、三十四、三十七、三十八各簡的𢎴字,原釋人名,或謂即《漢書・藝文志》"每一書已,向輒條其篇目,撮其旨要,録而奏之"的已字,顔師古注:"已,畢也。"就是終止或完畢的意思。

《長沙仰天湖出土楚簡研究》頁 43—44

○郭若愚(1986)　(編按:仰天湖)"已",《玉篇》:"止也,畢也,訖也。"這是入壙之物,經過核對,書"已"以明無誤。

《上海博物館集刊》3,頁 22

○王人聰(1996)　龍尔　銅,壇鈕,0.9×0.9,通高 1 釐米。

館藏號
90.157

　　古璽文龍字作𩲹(見《古璽文編》頁 279),此璽第一字所從之右旁與《古璽文編》之龍字右旁相同,應係龍字之省。古璽文有省簡偏旁之例,如敬字省作𢾇或𢾿(見《古璽文編》頁 232)、怒省作𢖗(《古璽文編》頁 262）等。

《香港中文大學文物館藏印續集一》頁 167

○**劉釗**（1997）　編號 99（見圖十九）之璽釋文作“龍尔”。按釋印文第一字爲“龍”非是，此乃“巳”字。古璽“巳”字常寫作此形。如《古璽彙編》3767、3340 號璽“巳”字即如此作。又古璽“祀”字（見《古璽彙編》3181、3183、3184、3185 號諸璽）亦作此作。

圖十九

《中國篆刻》1997-4，頁 48

○**何琳儀**（1998）　巳，甲骨文作𝀂（前四·四·三），象爬蟲之形。西周金文作𝀂（盂鼎），春秋金文作𝀂（吳王光鑒）。戰國文字承襲商周文字，筆勢或有變異，或加𝄞、𝄴爲飾。《說文》：“巳，已也。四月陽氣已出，陰氣已藏，萬物見成文章。故巳爲蛇，象形。”

　　燕刀巳，序號。

　　晉器巳，地支用字。晉璽“巳坺”，讀“巳璽”，疑爲書畢所用之璽。

　　楚簡巳，地支用字。包山簡一九五巳，讀已。《韻補》：“古巳午之巳，亦讀如已矣之已。”《廣雅·釋詁》四：“已，訖也。”《戰國策·齊策》“言未已”，注：“已，畢也。”包山簡二〇七巳，讀已。《呂覽·至忠》“病乃遂已”，注：“已，除愈也。”

　　秦璽巳，讀祀，姓氏。見《姓苑》。睡虎地簡巳，干支用字。

《戰國古文字典》頁 62—63

○**荊門市博物館**（1998）　（編按：郭店·成之 39—40“是古君子斳六立以巳天棠”）是古（故）君子斳（慎）六立以巳（祀）天棠（常）。

《郭店楚墓竹簡》頁 168

○**陳偉**（1999）　（編按：郭店·成之 39—40“是古君子斳六立以巳天棠”）已，釋文釋爲“巳”，讀爲“祀”。楚簡文字中已、巳同形，在此似應釋爲“已”。已有成、畢的意思。《廣雅·釋詁三》：“已，成也。”《國語·齊語》“有司已於事而竣”，韋注：“已，畢也。”“已天常”即成天常或畢天常之意。

《武漢大學學報》1999-5，頁 30

○**顏世鉉**（2000）　（編按：郭店·成之 39—40“是古君子斳六立以巳天棠”）按“巳”當讀作“翼”，巳爲邪紐之部，翼爲餘紐職部，陰入對轉。《說文》“祀”字或體作“禩”。周原甲骨 11:87“其肜異鼎商”，作册大方鼎：“公來鑄武王成王異鼎。”“異”均讀作“祀”。銀雀山漢簡《十問》：“延陳（陣）長（張）㠀。”“㠀”讀作“翼”。以上均是“巳、異”相通之例。

簡文“𢀶”讀作“翼”，《爾雅·釋詁》：“翼，敬也。”《釋訓》：“翼翼，恭也。”
《論語·鄉黨》：“趨進，翼如也。”《管子·弟子職》：“朝益暮習，小心翼翼。”
《荀子·修身》：“行而供冀，非漬淖也。”楊注：“供，恭也。冀，當爲翼。凡行
自當恭敬，非謂漬於泥淖也。”《吕氏春秋·大樂》：“是謂天常。”高注：“天之
常道。”楚帛書乙篇：“以☒天尚（常）。”簡文“君子慎六位以𢀶（翼）天常”，即
是説：君子慎守六位而以恭敬之心來事奉天之常道。《吕氏春秋·古樂》載葛
天氏之樂，三人操牛尾投足以歌八闋：“五曰敬天常。”南陽博物館藏春秋宋右
師延銅敦銘：“𢀶共天尚。”“𢀶”當讀爲浚或悛，《廣雅·釋詁一》：“浚、悛，敬
也。”銘文即“敬恭天常”之意。

《郭店楚簡國際學術研討會論文集》頁 104

○**崔永東**（2001）　（編按：郭店·成之 39—40“是古君子慎六立以𢀶天𧗸”）“𢀶”即“已”
（《説文》：“巳，已也。”），“已”通“以”，“以”者，“用”也（訓見《古書虚字集
釋》）。“𢀶天常”即用天常，也就是適用天常的意思。

《簡帛研究二〇〇一》頁 70

○**蔡運章、趙曉軍**（2005）　（編按：三年垣上官鼎）“三年”後面一字與戰國印文
“夕”字構形相似，當是夕字。夕，通作昔。《莊子·天運》：“則通昔不寐矣。”
王先謙《集釋》：“昔，夜也。夕、昔古通。”桂馥《説文義證·夕部》謂“夕，經典
或假昔字”。《詩·小雅·采薇》：“昔我往矣。”《經典釋文》引《韓詩》曰：“昔，
始也。”《老子》第三十九章：“昔之得一者。”王弼注：“昔，始也。”是“昔”有
始義。

《文物》2005-8，頁 91

○**李學勤**（2005）　（編按：三年垣上官鼎）“已”字見《金文編》，“已觓（角）”就是已
經校量。

《文物》2005-10，頁 93

㠯　以

石鼓文·吾車　　　包山 2　　貨系 40

○**中大楚簡整理小組**（1977）　“以亓古敓之”在現存殘簡中凡九見，其常見句
式爲“又祱以亓古敓之”。“又祱”即“有祝”，《説文·示部》：“祝，祭主贊詞者，
从示从人口；一曰从兑省，《易》曰：‘兑爲口爲巫。’”簡文祱从兑，不省。但 74

簡有祝字不作祝,故疑祝乃从示,兑聲,《集韻·示部（編按:"祝"在實韻）》:祝,音
銳,小祭也。或謂此當讀爲敭,《説文·又部》:"敭,楚人謂卜問吉凶曰敭;从
又持祟,讀若贅。"（上古敭贅與从兑得聲之鋭、説、税、蜕、祝等字同音。）甲骨
卜辭敭作叙,亦係祭名,或敭原爲祭名,楚人於設祭時兼施卜問吉凶。"以亓
古",即第 133 簡"以亓古,以册告"之省略,亓古文其,古,讀爲故,意爲以其生
病之故册告先君神祇。敓,古奪字,此借爲脱（上古敓、脱同爲定母祭部字）。
《公羊傳·昭公十九年》"則脱然愈",注:"疾除皃。"又《漢書·枚乘傳》"百舉
皆脱",注:"脱者免於禍也。"義爲免除疾病禍難。簡文"又祝,以亓古,敓
之",義謂有設祭卜問吉凶,即以其生病之故告諸先君神祇,使疾病得到解脱。

《戰國楚簡研究》3,頁 14—15

○牛濟普（1987）　"十一年私來"

此方印陶出自鄭州,屬春秋至戰國時期遺物。多蓋壓在豆盤
内,且多與"亳"字印陶同處一器。自發現以來,曾有學者提出過一
些見解,如商志馣在《説商亳及其它》一文中,釋爲"十一年以差"。我以爲應
釋爲"十一年私來",這方印陶共五字。前三字"十一年"易識無異議。第四字
"㠯"有兩種釋讀,可釋爲"以",也可釋爲"厶"（私）。㠯爲古代農耕用具耜的
象形,以它爲形聲的字,不但可以加耒,還可以加木（枱耜）、加金（鉛鉬）。因
爲它爲用具,故古文借爲"以"字,以,用也。耜爲個人生活勞動之用具,爲己
私有,得以訓爲厶（私）。因此"以"與"私"皆是耜的象形字㠯的引申義,金文
中兩字的字形十分相近,常相混。古璽"自私"（見《古璽彙編》4656 印）的私
字與此印陶私字同,我傾向釋爲"私"字（圖一）。第五個字是新字形,商志馣
釋爲差,主要根據是認爲字下的"二"爲"右"的省文,並引籀文差作𥋇以證之。

私與以皆源於㠯		
厶	ㄙ璽文	ㄙ陶文
以	ㄚ簡文	ㄟ盟書

圖一

其實,此字的多種拓片,上部爲來字,其下部無一個作"二"
形的。正確的字形,下部是"𡿪"形。我認爲這個字形是止
的變體,從璽文"政"字左半部下面的變化可以爲證。字的
上部結構可以嗇字的小篆及璽文相對照。另外古璽文中𣶒
形的,下作𡿪字屢見（圖二）。所以隸定爲垼,垼爲逑省,來
去行走之意,故加"走"（辶）旁。逑省爲垼又省爲來。商
文解釋這方印陶是當時管理製陶的官璽,我認爲很有道
理,山東所出齊魯印陶中帶紀年内容的不少,紀年之下多
綴以官名。如"二年八月匋工""十一年八月右匋胤""廿

字隸定爲垼即來字		
嗇	𡼥小篆	𢆉璽文
政	𢻻左邊下部止作𡿪	
古璽文相類字	𣓀郘	𣓀
來	𣏟甲骨	𣏟金文 𣓀陶文

圖二

二年五月左陶胤”等等。我還疑“私來”爲“時來”（私與時音近）。“時來”爲
商周時代距今鄭州北面不遠的一個古地名，若此解釋便産生兩個問題，一是
地名前置紀年費解，二是此印陶常與地名“亳”字印陶連蓋一器，一器物出現
兩個地名也難以理解。這是我一直没有搞通的地方，願提出己見，以求雅正。

《中原文物》1987-1，頁 79

○**牛濟普**（1989）　　我對“十一年私來”印陶的解釋傾向爲管理者的官名，據康
殷説己是辭、嗣（刮）的省文，可作嗣解，嗣即司，因此“私來”即“司來”。西周
《長由盉》銘文有“穆王飨醴，即邢伯大祝射，穆王蔑長由己（司）逨（來）”句，疑
“司來”與“大祝”一樣爲官稱。

《中原文物》1989-4，頁 87

○**朱德熙、裘錫圭、李家浩**（1995）　　此簡説“既痤，以□心”，一三號簡説“既
痤，以心瘑然”，一七號簡説“既心□，以癢”，都用“既……以……”的句式。
“既”和“以”下都是説的病情。三七號簡説“☒以不能食，以心□，以欬，胸□
疾……”，此簡上折，缺文中亦當有“既……”之語。疑此類句式中的“以”均
應訓爲“而”（看《經傳釋詞》卷一“以”字下）。“既痤，以□心”是説長了瘡以
後，又得了心疾。

《望山楚簡》頁 89

○**何琳儀**（1998）　　㠯，甲骨文作刂（前五·四六），象人手攜物之形，引申爲用
義。或作己（甲四一四），省人形。西周金文作己（歔簋），春秋金文作己（秦公
簋）。戰國文字承襲兩周金文。或作己、己分爲兩筆向左下曳出，與丩同形。
《説文》：“㠯，用也，从反已。賈侍中説，已意已實也。象形。”

　　戰國文字㠯，讀以，多爲介詞、連詞。

　　温縣盟書“㠯往”，讀“以往”。《左傳·僖廿八》：“自今日以往，既盟之
後。”韓陶“㠯坓”，讀“以來”。《左·昭十三》：“自古以來。”晉璽“自㠯”，疑
讀“自怡”，箴言。

《戰國古文字典》頁 56

○**李家浩**（2000）　　“㠯墹人，敼之室”，秦簡《日書》甲種楚除害日占辭無此
文。乙種楚除窬、羅之日占辭末尾有“而遇（寓）人，人必奪其室”之語，與此文
字相近。睡虎地秦墓竹簡整理小組注：“而，如。寓人，讓人寄居。《孟子·離
婁下》：‘無寓人於我室。’注：‘寓，寄也。’”“以”在古代有“如、若”之義（參看
《虚詞詁林》117 頁引《經詞衍釋》、120 頁引《古書虚字集釋》）。此簡文的“㠯

（以）"大概應當像秦簡的"而"字一樣訓爲"如"。

《九店楚簡》頁 86

○**季旭昇**（2003）　以：一般用爲動詞"用"、名詞"緣故"，在這裏都講不通。此處的"以"字似應釋爲"而"。《書・金縢》"天大雷電以風"，《大戴禮記・曾子制言》"富以苟，不如分以譽；生以辱，不如死以榮"，諸"以"字都讀爲"而"。參《王力古漢語字典》16 頁。

《〈上海博物館藏戰國楚竹書（二）〉讀本》頁 29

午

○**蔡運章、楊海欽**（1991）　（編按：十一年皋落戈）**↑**，當是午字。楚嬴匜午字與此構形相同，是其例證。午是鑄造此戈的工匠之名。當時"冶"的地位較低，多由刑徒或戍卒充任，故"午"也當是一般的刑徒或戍卒。

《考古》1991-5，頁 415

○**何琳儀**（1998）　午，甲骨文作 **↑**（鐵二五八・一）、**↕**（後下三八・八），象舂杵之形。杵之初文。《説文》："杵，舂杵也。从木，午聲。"金文作 **↑**（召卣）。上圓點延伸爲二斜筆。戰國文字承襲金文，《説文》："午，啎也。五月陰氣午逆陽冒地而出。此予矢同意。"

　　戰國文字午，除人名之外均爲天干用字。

《戰國古文字典》頁 508—509

○**李家浩**（2000）　"午不可以樹木"是屬於"五卯"的禁忌，這裏的"午"顯然是指午時，而不是指午日。秦簡《日書》乙種一五六號簡有以十二辰表示十二時的記載。舊認爲以十二辰表示十二時出現較晚，是不可信的（參看于豪亮《秦簡〈日書〉記時記日諸問題》，《雲夢秦簡研究》351—354 頁）。午於五行屬火，以"帝以命益齎禹之火"之日和屬火之時植樹，其後樹木必爲火所焚，所以在這樣的日、時"不可以樹木"。

《九店楚簡》頁 103

唔 唔

香續一 54

△按　《説文》:"唔,逆也。从午,吾聲。"

未 朱

睡虎地·雜抄 35　　朱 郭店·語三 28

朱 包山 8　　朱 楚帛書

○何琳儀(1998)　未,甲骨文作朱(甲二五九六)、與木字同形。或作朱(存二
七三四)、朱(鄴三下三六·一)、朱(前五·三八·三),上加凵以示與木之區別。
指事。未、木均屬明紐。未爲木之準聲首。或作朱(後一·一二·八),與朱字
同形,屬訛變。西周金文作朱(利簋),春秋金文作朱(郤公鼎)。戰國文字承襲
兩周金文。或加飾筆作朱,或斷筆作朱,或訛作末形(末),或訛作朱(朱)形。
《説文》:"未,味也。六月滋味也。五行木老於未,象木重枝葉也。"以味釋未
屬聲訓。

中山王鼎未,見《正字通》:"未,已之對。"《論語·季氏》:"學《詩》乎,對
曰未也。"

楚簡未,或爲地支用字,或爲與已相反之詞。帛書"未智",讀"未知"。
帛書"未又",讀"未有"。《詩·大雅·緜》:"未有家室。"帛書"未□罟"之未,
朱之誤字。參妹作姝形。

《戰國古文字典》頁 1307

申 申

石鼓文·吾水　　申 璽彙 3137

珍秦 131

璽彙 1258　　申 包山 42　　申 集成 10297 鄴陵君鑑

○**李零、劉雨**（1980）　（編按:郪陵君鑑:"〇"）申。

○**周曉陸**（1987）　（編按:郪陵君鑑）在銅器的頸部外壁,刻有銘文三十字。兩件《郪陵君豆》也皆有同樣的銘刻,曰:"郪夌（陵）君王子邑（疇）,攸（悠）舉（哉）,殼（造）金監（鑒）,攸（脩）立歲（歲）嘗（嘗）,厶（以）祀皇祖,厶（以）會父佳（兄）,羕（永）甬（用）之官,攸（脩,借壽?）無彊（疆）。"這條銘文李零、劉雨先生已有釋讀（《文物》1980 年 8 期）。我們認爲,郪陵君的名字或爲"疇"。

○**黃錫全**（1995）　朱華《三晉貨幣》32 頁著錄 3 枚尖足空首布,面文一作〇,即申。另一作〇,似外。第三枚作"中□"。金文申字作〇、〇,也作〇。壽字有作〇（〇生簋）、〇（邵鐘）,多作〇,從邑。壽從邑得聲。因此,布文的"申"有可能就是"壽"。古有壽水,在山西壽陽縣南 2 里。壽陽之名即源於此水。這一地帶,春秋時除有"馬首邑"外,當還有申即壽邑。將申定在這一地帶,與尖足空首布的地點也相吻合。趙國尖足布的"壽陰",可能就在壽水的南面（有不少學者這樣認爲）。

○**何琳儀**（1998）　申,甲骨文作〇（鐵一六三・四）,象閃電之形。電之初文。《説文》:"電,陰陽激耀也。從雨,申聲。"西周金文作〇（董鼎）、〇（此鼎）。春秋金文作〇（杜伯盨）、〇（曾仲大父螽簋）。戰國文字承襲兩周金文,或訛變作〇、〇、〇。燕系文字作〇,與古文〇甚近。楚系文字作〇、〇,地域特點明顯。《説文》:"申,神也,七月陰氣成,體自申束。從臼,自持也。吏臣鋪時聽事,申旦政也。凡申之屬皆從申。〇,古文申。〇,籀文申。"

晉璽申,姓氏。姜姓,炎帝四岳之後,封於申號申伯,周宣王母舅也。見《元和姓纂》。晉箋言璽"敬申",讀"敬神"。

楚器申,除人名外多爲地支用字。

石鼓申,地支用字。秦璽申,姓氏。

古璽申,姓氏。

○**黃錫全**（2001）　申（三晉貨幣 32）

疑讀壽。山西壽陽縣南有壽水。

【申辵】璽彙 2625

○**吳振武**（1992）　傳世的三晉璽印中有下列一方姓名私璽：

《古璽彙編》
2625

右邊姓氏位置上的那個字,已故羅福頤先生主編的《古璽彙編》（1981 年）和《古璽文編》（1981 年）都隸定爲“迧”（252 頁、38 頁,《説文》所無）。我們認爲,此字左下方清楚地標有合文符號“＝”,顯然不能看作是一個從“辵”從“申”的字,而應釋爲“申辵”二字的合文。雖然三晉私璽中確有“迧”字,但多爲人名,跟此字用作姓氏不同。

“申辵”氏應即古書和漢印中常見的“申屠”氏。古代“辵”是透母鐸部字,“屠”是定母魚部字,二字音近可通。《説文》：“辵,乍行乍止也。从彳从止。讀若《春秋公羊傳》曰：‘辵階而走。’”桂馥《説文解字義證》曰：“乍行乍止也者,猶彳亍也。”段玉裁《説文解字注》曰：“《公食大夫禮》注曰：‘不拾級而下曰辵。’鄭意不拾級而上曰栗階,亦曰歷階,不拾級而下曰辵階也。《廣雅》曰：‘辵,奔也。’”今本《公羊傳・宣公六年》“趙盾知之,辵階而走”之“辵”作“躇”,何休注曰：“躇,猶超遽不暇以次。”《釋文》曰：“躇,丑略反。與踱同。一本作辵,音同。”按“辵”與“躇”通,而“躇”字《説文》正從“屠”聲作“蹢”,訓爲“峙躕不前也”。峙躕也就是躊躇。“辵、蹢”（躇）的“乍行乍止、峙躕不前”義和“奔、超遽不暇以次”（或“不拾級而下”）義正相反,當即訓詁學上所説的“反訓”。“辵”字跟“蹢”通,自然也可以通作“屠”。

《通志・氏族略》“以地爲氏”下謂：“申屠氏,姜姓,周幽王申后兄侯之後,支子居安定屠原,因以爲氏。一説申徒秋,夏賢人,後音轉,改爲申屠氏。”古書中的“申屠”氏也作“申徒、勝屠、申都、信都”等,皆係同音假借。

《文史》35,頁 48

臾 曳

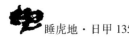

睡虎地・日甲 135 正　　集成 11327 六年格氏令戈

璽彙 0410

○**何琳儀**（1998）　曳,甲骨文作 (甲八〇六)。從臼從人,會雙手曳人之意。金文作 (師曳鐘)。商周文字曳與臾本爲一字,戰國文字曳與臾已分爲二字（偶而相混）。曳作 ,臾作 。其主要區別在於,臾右上著一筆,起分化作用。曳、臾均屬定紐,臾爲曳之準聲首,曳與臾訓釋亦相關。《説文》：

",束縛捽抴爲臾。从申从乙。"",臾曳也。从申,丿聲。"从曳與从臾得聲
之字關係密切。如廋與庚。《玉篇》:"廋,倉也。"《説文》:"庚,水槽倉也。从
广,臾聲。一曰,倉無屋者。"瓃與瑛,《説文》:"瓃,石之似玉者。从玉,曳
聲。"《廣韻》:"瑛,美石次玉。"(《正字通》:"瓃,本作瑛。")凡此説明,曳與臾
形、音、義均有關,實爲一字之分化。

晉器曳,人名。

《戰國古文字典》頁 932—933

酉　酉

集成 10372 商鞅量　　包山 203　　璽彙 2081　　集成 9700 陳喜壺

○**中大楚簡整理小組**(1977)　酉,爲酒,甲骨文、金文中常假酉爲酒,直至春
秋末的《國差𦉥》《𠭯季良壺》《沇兒鐘》,均以酉爲酒。

《戰國楚簡研究》3,頁 11

○**李天虹**(1995)　《説文》:"丣,古文酉从卯。"小徐本古文作丣,段注本從之。
舒連景認爲:"卯酉古音同部,六國古文蓋借卯爲酉。"

　　按:舒説是正確的,曾侯乙墓漆箱蓋及馬王堆漢墓二十八宿酉字均作栁;
卯字古幣文或作丣(光66留从)、漢印或作丣(漢印徵留从)可證。疑大徐本
古文傳抄有誤,小徐本古文是正確的。《古璽文編》載楅字作𣆻(彙 3120)、𣆻
(3543)。考戰國文字畗没有寫作"𣆻"形的,而酉字卻有類似的寫法,如古陶
文作𦉥(陶文 14·100 酷从)、𦉥(同上)。故把這個字釋作楅是錯誤的。字當
隸定作栖。湖北荆門包山二號墓楚簡"八月乙酉之日",酉字作𣆻,楚郡客銅量
"乙酉之日",酉字作㯓,均从木从酉,酉字从木無説,疑栖應釋作栁,假借爲酉。

《江漢考古》1995-2,頁 80

○**劉信芳**(1996)　酉、楢

　　包山簡凡干支之"酉"俱从木作"楢",如簡四五"已楢"、三七"癸楢"。而
"酉"是"酒"字初文,如二〇〇、二〇二、二〇三"酒食"俱作"酉食"。

《考古與文物》1996-2,頁 78

○**施謝捷**(1998)　睡虎地甲種《日書》"盜者篇"有如下一條:

　　酉,水也。盜者……名多酉起嬰。(78 背)

劉樂賢《睡虎地秦簡日書研究》説:酉日下的"酉"可能是"卯"的誤寫

（277 頁）。

按：先秦古文字中“酒”往往借用“酉”字，秦漢文字亦如此。《秦律十八種·田律》“百姓居田舍者毋敢酤酉”，“酤酉”即“酤酒”。（中略）

漢印中數見以“多酒”爲名者，如“韓多酒印、郭多酒”印（均見《印典》2991 頁），因此簡文“多酉”應即“多酒”，爲二字人名。

　　　　　　　　　　　　　　　　　　　　　　　　　《簡帛研究》3，頁 170

○**何琳儀**（1998）　酉，甲骨文作🔖（乙六七一八）、🔖（粹六一），象尖底盛酒器。酒之初文。西周金文作🔖（師酉簋），春秋金文作🔖（國差𦉜）。戰國齊、秦文字或承襲西周金文，其它多承襲春秋金文。齊系作🔖，燕系作🔖，晉系作🔖，楚系作🔖，均呈現地域特點。《說文》：“酉，就也。八月黍成可爲酎酒。象古酉之形。🔖，古文酉从丣。丣爲春門，萬物已出。酉爲秋門，萬物已入。一，閉門象也。”許慎以就釋酉屬聲訓，以丣爲酉之古文屬假借。

右酉鐵範酉，讀㑪。見㑪字。

晉璽“枰酉”，地名。魏方足布“酉棗”，即“酸棗”之省簡，地名。《左·襄三十年》：“及於酸棗。”在今河南延津北十五里。

楚簡“酉食、酉飲”，讀“酒食”。《詩·唐風·山有樞》：“子有酒食。”

其它酉，地支字，或人名。

　　　　　　　　　　　　　　　　　　　　　　　《戰國古文字典》頁 210

【酉陽】

○**湖南省文物考古研究所、湘西土家族苗族自治州文物處**（2003）　酉陽，縣名。《漢書·地理志》屬武陵郡，秦時當屬洞庭郡。

　　　　　　　　　　　　　　　　　　　　　《中國歷史文物》2003-1，頁 10

酒 酒

🔖古陶文字徵，頁 245

○**何琳儀**（1998）　《說文》：“酒，就也。所以就人性之善惡。从水从酉，酉亦聲。一曰，造也。吉凶所造也。古者儀狄作酒醪，禹嘗之而美，遂疏儀狄。杜康作秫酒。”

秦陶酒，文殘不詳。

　　　　　　　　　　　　　　　　　　　　　　《戰國古文字典》頁 211

醶 醶

包山 18

○**何琳儀**（1998）　《説文》：“醶，酒母也。从酉，余聲。讀若廬。”
　　包山簡醶，不詳。

《戰國古文字典》頁 537

醴 醴

睡虎地·日乙 240

○**睡簡整理小組**（1990）　醴。

《睡虎地秦墓竹簡》頁 252

酓 酓

集成 2794 楚王酓忎鼎　集成 85 楚王酓章鎛　郭店·老甲 33　　陶彙 3·686

○**胡光煒**（1934）　悍上一字作，从酉从今，於字爲酓（大徐本酉部失收，小
徐本有之）。以聲求之，當讀爲楚氏之熊。《楚世家》記戰國以下之楚王名，或
單稱名，或加氏稱熊某（如悍王稱熊疑，宣王稱熊良夫，威王稱熊商，懷王稱熊
槐，考烈王稱熊元皆是）。熊讀入喻紐，酓讀入影紐。古讀清濁不分，於聲至
近。从酓聲之歙，又轉讀如雍。《詩·公劉》以“飲”韻“宗”，與“熊”同韻部。
古經傳書楚熊，往往惟取聲近字。《公羊·宣八年》：“葬我小君頃熊。”《解
詁》云：“熊氏，楚女。《左傳》作敬嬴。”《左·昭十二年》：“楚殺其大夫成熊。”
《公羊》作成然。熊、嬴、然、酓皆同聲通用字。知此文之酓，可讀爲熊（古人書
氏無定字。如陳作田，鄒作騶、作鄹，接作捷，樂陽作樂羊，郇作荀、作孫，慶作
荊，皆取同聲字爲之）。言楚王酓忎，猶言楚王熊悍矣。

《胡小石論文集三編》頁 174—175，1995；原載《國風》4 卷 3 期

○**曾憲通**（1983）　乃楚客姓名，舊釋韻孔。按即酓字，楚酓忎鼎作，
酓肯簠作，酓璋戈作，皆近同。酓爲歙字所从，《説文》小徐本有此字（大徐
本奪），从酉，今聲。鐘銘假爲楚氏之熊。胡光煒考楚器酓字説：（中略）酓假爲

熊已爲越來越多的出土資料所證明。

《古文字學論集》(初編)頁 371

○**李零**(1991)　荆楚作爲國族名,應是來源於地名。研究者早已指出荆和楚字含義相同,應都是來源於楚人早期居住的荆山,但是楚人除去這種國氏,還有一種特殊的氏名是熊字。我們注意到,楚君的名號有兩種,一種是"某+熊",一種是"熊+某"。前者如這裏的穴熊和鬻熊,後者如鬻熊以下的楚君。另外,楚人的這個氏名過去曾見於戰國楚銅器,一律寫成酓字。如:

惠王熊章　　　酓章(楚王酓章鐘和劍)

共王熊審　　　酓審(楚王酓審盞)

威王熊商　　　酓璋(楚王酓璋戈)

考烈王熊元　　酓前(楚王酓前鼎、瑚)

幽王熊悍　　　酓忎(楚王酓忎鼎、盤)

最近發現的包山楚簡證實,鬻熊的熊也寫成酓,這説明楚君名號中的熊字無論在前還是在後都是寫成酓字。從形式上看,"某+熊"中的"熊"應與楚君名號中的"某敖"(如若敖、霄敖、杜敖、郟敖)相似,並不是一般的人名,而是一種稱號,所以可以反復出現。而"某+熊"(**編按**:似當爲"熊+某")中的"熊"則是以這種稱號爲氏稱。

《文物》1991-2,頁 50

○**何琳儀**(1998)　酓,歙之省文。見歙字。《説文》:"酓,酒味苦也。从酉,今聲。"

齊陶"酓器",讀"飲器"。《周禮·考工記·梓人》:"梓人爲飲器。"

楚器酓,讀熊。熊,匣紐;酓,見紐。匣見爲喉牙通轉。熊,姓氏。鬻熊爲文王師,成王封其曾孫熊繹於楚,子孫以熊爲師。見《世本》。按,據包山簡"酓(熊)鹿(麗)",楚國熊姓自熊麗始。酓章器"酓章(璋)",楚惠王熊章。酓肯器"酓肯",楚威烈王熊完。酓忎器"酓忎",楚幽王熊悍。楚簡"媸酓",讀"鬻熊",楚先祖鬻熊。包山簡"酓鹿",讀"熊麗"。楚之先祖。包山簡一七九"酓鹿",讀"熊麗",疑複姓。

《戰國古文字典》頁 1390

○**何琳儀**(2000)　"酓",讀"熊"。"酓"即"飲"之初文。"飲",影紐;"熊",匣紐;均屬喉音,故可通假。"㲋",詳下文。

《中國史研究》2000-4,頁 13

○**何琳儀、程燕**(2005) 酓:帛乙、指本、河本、王本、傅本均作"含"。酓,从酉,今聲;含,从口,今聲,音近可通。或認爲酓即歙。《集韻》:"歙,《說文》歠也。古作酓。"《漢書·游俠傳·朱家》"然終不伐其能,歙其德",顏師古注:"歙,没也,謂不稱顯。"可知:"歙德"與"含德"義亦相通。

《簡帛研究二〇〇二—二〇〇三》頁 40

【**酓忎**】集成 2794 楚王酓忎鼎

○**胡光煒**(1934) 見"酓"字條。

○**劉節**(1935) 酓忎即楚幽王熊悍,《史記·六國年表》誤作熊悼。

《古史考存》頁 114,1958;原載《楚器圖釋》

【**酓前**】集成 2623 楚王酓前鼎

○**胡光煒**(1934) 《楚世家》:自考烈王元遷壽春以下三王,爲幽王悍、哀王猶,及王負芻。負芻立五年,而爲秦滅。《越絕書·記地傳》述秦滅六國事,曰:治咸陽,壹天下。政使魏舍内史教攻韓,得韓王安;政使將王賁攻魏,得魏王歇;政使將王涉攻趙,得趙王尚;政使將王賁攻楚,得楚王成;政使將史敖攻燕,得燕王喜,政使將王涉攻齊,得齊王建;政更號爲秦始皇帝。就此節所記六國亡國君名推之,所云楚王成,即《楚世家》之王負芻。而鼎文所云熊朏者,愚謂即楚王成之本字也。按《説文》:"朏,月未盛之明。從月、出。《周書》曰:丙午朏。"《繫傳》作從月,出聲。所引《周書》云云,即《書·召誥》之惟三月丙午朏。釋文云:朏,芳尾反,又普没反。徐又芳憒反。按朏讀入屑,蓋東漢以來始如此。(《康誥》釋文引馬融曰:魄,朏也。)古讀當入舌,音誼相關,朏蓋取誼於出,故《漢書·律曆志》引《召誥》惟三月丙午朏,孟康説爲月出。又王伯厚《藝文志考證》,説漢世諸儒引《書》異字,"維丙午蠢",未檢出何篇。段玉裁《古文尚書撰異》斷爲"惟丙午朏"之異文(段疑《漢書》本作丙午蠢。孟康注有古文蠢爲朏之語,而或删改之)。蓋今文《尚書》如此。因蠢、出聲轉,故古文作朏,今文作蠢。《廣雅·釋詁》有"截,出也"之語,足爲此聲證(截即蠢之古文)。《繫傳》本朏從出聲,當係古讀如此。大徐見《釋文》作芳尾、普没、芳憒諸反音,乃專説爲會意字。然云朏爲月未盛之明,今知朏之與盛,亦正以聲相訓。《説文》成從丁聲,與朏蠢同讀入舌。而成之與蠢,在古韻部亦至相近。《越語》范蠡對句踐,以成韻刑、人、天、生、形。《楚辭·九辯》,以成韻清、人、新、平、生、憐、聲、鳴、征(《離騷》名、均相韻,亦此類)。由以上諸證言之,知古朏讀可同蠢,而蠢成聲韻又並同,是此鼎之熊朏,即《越絕書》之楚王成(古經籍記楚諸王名,異文特多。如熊艾又作乂,熊咢又作鄂、作噩,武王熊達又作通,文王熊貲又作庇,成王熊惲又作頵、作髠,莊王旅又作呂、作侶,殆不勝舉,殊方語異,大抵假聲轉字爲之,如後世記金元人地名之用對音字也),亦即《史記》之王負芻。負芻何以又爲成,按楚之先世,凡殺君而繼位之王,屢有易名之事。靈王本名圍(《左·昭元年傳》),即位而易名虔(《春秋·昭十三年經》);平王本名棄疾,即位而易名熊居(《左·十三年傳》《楚世家》);負芻殺哀王而自立,《史記》作負芻,而《越絕》作成,其中必有一爲改名者。朏、成聲轉,又足證《越絕》所記之必有本也。

　　　　　　　《胡小石論文集三編》頁 179—180,1995;原載《國風》4 卷 6 期

○郭沫若(1934)　　“楚王酓㝵戔(作)盆(鑄)𥂴卣(鼎),呂共鐬崇”

　　㝵即隸書肯字所從出,小篆作㫃。《説文》云“骨閒肉䏑䏑箸也”,字乃象形;此從止從肉,從止即䏑䏑箸之意,則會意字也。酓肯、酓忎自是一人,肯、忎聲之轉也。忎屬見紐,肯屬溪紐,二者古爲雙聲。而文、元音亦相近,疑楚人讀肯直如忎,故幽王於己名或書忎,或書肯也。字號以音近之字作種種變異者,今人多有之,得此知古亦猶是。

　　　　　　　　　　　　　　　　　　　　　　　《金文叢考》頁 414

○唐蘭(1934)　　馬衡氏嘗推測歊肯爲考烈王,余謂馬説是也。據《史記·楚世家》,考烈王名熊元,《世本》作完。按從元聲之字,多讀如昆,《説文》阮字,徐鍇本云:“讀若昆。”髠從元聲,而讀“苦昆切”,皆其證。然則“元”“肯”一聲之轉,考烈王之本名是肯,而史借“元”或“完”字以代之耳。

　　　　　　《唐蘭先生金文論集》頁 19,1995;原載《國學季刊》4 卷 1 期

○劉節(1935)　　酓肯即酓𪘥,史所稱王負芻也。酓忎即熊悍,學者無異詞,惟酓肯(𪘥)之名學者多異説,馬衡教授以爲考烈王,徐中舒氏謂即哀王猶,胡光煒氏釋㫃爲朏,郭沫若氏唐蘭氏釋爲肯,唐氏引或説釋爲肎,余前釋𪘥,以今觀之,釋𪘥之説仍未可破。朏當從月從出,金文中實有其字。吳尊作㞷,㫃鼎作㞷,未有從止作㫃者,釋朏之説自不可信。釋肎之説亦未確。古器中亡字皆作凵,璽印中有作凵者,此所從之凵實亡之字也。或以本器楚字所從之止字作止,而之字作止,謂作凵者非止字也。此不知古器中往往同器同文而有別體之例也。唐蘭氏據古匋文“蒦昜南里人𪘥”,其字作㫃,以爲古文𪘥字從此作,而此字從止,匕聲。按此語實誤。《説文》:“此,止也。”以聲爲訓;又曰:“從止從匕;匕,相比次也。”許氏以爲會意字,非形聲字也。如以爲形聲字,亦當云從匕,止聲。其字實從止得聲,非從匕得聲。故《説文》部首次於止字後也。古文諧聲每以聲轉,且有省文之例,求之古金不可枚舉。由是知從此從肉爲𪘥,

从止从肉亦爲肯。故銘文之肯字,實即肯字也。唐氏曰:"肯字既从止从肉,則與今隸之肯字全同。"又曰:"六國古文每有異於小篆,而轉爲魏晉後俗書所本者,則肯字當依郭氏釋肯爲是。"按唐氏所謂今隸者,楷書也。求楷書致誤之由,不於六朝別字,而遠溯六國古文,竊以爲求之過深。以節所知,肯字之來源與肯字絕無關係。肯字《説文》作肎,骨閒肉也。《莊子·養生主》篇:"枝經肎綮之未嘗。"是肎爲骨閒肉之説先秦已有之。古文肎作肎,象形。漢石經魯詩殘石:"莫我肎顧。"字作肎。西嶽華山碑、綏民校尉熊君碑,皆作肎。是漢隸未變小篆之法。六朝之世,肎字作肎,未有作肯者。《顏氏家訓·書證篇》言:《漢書》田肎江南本作田宵,惟劉顯本作田肎。可證其時肎字作宵,故與宵字致誤也。肎之變爲肯,當在初唐以後,楷法溯源引開元四年殘墓志,正作肯。而其變在隋唐之閒,《九成宮醴泉銘》肎作宵。肯之與宵,相差一閒耳。其變乃在近親,非關遠祖也。余前以酓肯(肯)即負芻。並非省負芻爲芻,又以肯爲芻之同聲字。蓋負芻者,乃酓肯字形之誤。且哀王名猶,此猶字亦酓字之誤。楚器酓作酓,肯字作肯。其字與負芻之古文作負芻者相似。漢人但知楚王以熊字爲名,不識酓肯,而知六國之君如曹成公名負芻,故讀爲負芻。猶之古文作酓,與酓字亦相似。哀王必名酓□,漢人不識,但著一猶字,此酓肯變爲負芻,酓□變爲猶之故也。

《古史考存》頁 116—118,1958;原載《楚器圖釋》

○**殷滌非**(1955)　按楚王墓之在壽縣,當營造於壽春爲都之後,考烈王二十二年徙都壽春,考烈墓在茶庵集(壽州志),其下幽王在位十年卒,哀王立國二月餘即被負芻所殺,負芻立五年,終敗於秦而遭亡虜之禍,以墓之大,決非哀王或負芻之力所能爲,故以郭、李二人之説較爲可靠。

《考古通訊》1955-2,頁 24

○**李學勤**(1959)　安徽壽縣李三孤堆出土的楚銅器群,有"酓肯、酓忎"兩王名。按楚於考烈王元二十二年遷都到今壽縣,考烈王在位共二十五年。其後幽王悍立,十年卒;哀王猶立,立二月餘被弒;王負芻立,五年爲秦所虜;後項燕曾立昌平君爲王。酓肯是幽王,酓肯器多與幽王器相似,器又重大,不是哀王以下所能鑄造,他必是考烈王。

《文物》1959-9,頁 59

○**夏渌**(1985)　肯、肯字下部从肉,各家没有異議。上部从屮,或者作止。止原爲趾初文,象足趾之形。屮爲止上加芒刺,即芒初文,篆文作屮。《説文》:

"亡,逃也。从入从乚。"已經不明"亡"字形義來源。𡿦讀亡若芒,𣎴當爲"肓"初文,《説文》:"肓,心上鬲下也,从肉,亡聲。《春秋傳》曰:病在肓之下。"楚王名𣎴釋肓的理由和旁證有:(1)𣎴上部的𡿦,象徵上有芒刺形,亡爲芒本字。與銘文"亡"作𡿦相近。𡿦→𡿦→𡿦→𡿦→亡,變化過程清楚。(2)𣎴或作𣎴,从止爲省文,所以只是古"肓"的省文,而非"肯"字。(3)金文《禺邗王壺》地名"黃池"的"黃"作:𩇫,上部𡿦从止(趾)有芒刺,爲聲符,知"𡿦"即"亡"讀與"黃"同。《陳侯因𦥏錞》"黃"作𩇫,上部𡿦也省作止。(4)古璽文"黃"字,也有書作:𩇫、𩇫,上部𡿦、𡿦似止,多一芒刺形,亦當是"亡"作聲符。(5)銘文"酓肓"當讀作"熊橫",與《史記·楚世家》楚頃襄王名橫相合。肓、橫,古音相同,是通假的關係,猶銘文"酓",史册作"熊",及上述楚王名諸例。

　　楚國青銅器的酓肓諸器,我們認爲是頃襄王熊橫鑄器,這些銅器在安徽壽春郢都故地出土,對照歷史是否可能呢?

　　酓肓(熊橫)是楚懷王熊槐,即《詛楚文》稱作熊相的太子,這時正當秦楚交惡,太子入質於齊,拉攏齊國,對付强秦。秦國扣留了懷王要挾割地,熊橫從齊國逃回楚國即位,對付秦國的欺淩。三年後父王客死於秦。以後他十七年事秦,一直無力報仇雪恥,對秦采取委曲求全的修好政策。頃襄王七年曾迎婦於秦,秦、楚復平。十五年,秦、楚、三晉、燕共伐齊,取淮北。十六年,與秦昭王兩度好會。秦楚的"蜜月"並不太長,頃襄王十九年,秦伐楚,楚軍敗,割上庸。漢北地予秦。二十年,秦將白起拔伐西陵。二十一年,秦將白起遂拔伐郢,燒先王墓夷陵。楚襄王兵散,遂不復戰,東北保於陳城。二十二年,秦復拔伐巫、黔中郡。二十三年,襄王乃收東北地兵,得兵十餘萬,复西取秦所拔我江旁十五邑以爲郡,拒秦。二十七年,復與秦平。而入太子爲質於秦。三十六年,頃襄王病,太子亡歸。頃襄王卒,太子熊元代立,是爲考烈王。以上是《史記·楚世家》記敘的頃襄王生平和當時秦楚關係梗概。

　　用一句話來概括,楚頃襄王偏安東地,終生未能恢复故郢。楚頃襄王熊橫卒於東地,葬於東地,以後有無遷葬故郢的可能呢? 歷史的記載是:考烈王元年,納州於秦以平。是時楚蓋弱。《資治通鑑》:"九年,楚遷於巨陽。"指自陳徙巨陽。二十二年,楚東徙都壽,命曰郢。從懷王、頃襄王、考烈王祖孫三代的史實看,懷王被虜以後,楚國之勢一蹶不振,頃襄王開始了偏安東地的局面,至考烈王乾脆東徙壽春,命名曰"郢",也就是説以此作爲楚國永久的首都了,完全喪失了恢復故地和故都的信心。事實上,直至楚亡,也無力抵擋秦國的攻勢。

頃襄王東遷陳,是楚屬國淮陽國屬地所在。白起拔故郢以後,封爲武安君。秦以故郢爲秦之南郡,爲白起封地。楚國偏安頹勢並未扭轉過來。頃襄王生後何得歸葬故里? 他的遺骸自然作爲始遷之君,葬在新命名爲"郢"的東土陳地和壽春一帶。因此,在這一帶的楚王墓中發現楚王酓肯(熊橫)的銅器,這些墓葬屬於熊橫本人,是完全有可能的。

《史記》索隱述贊云:"昭困奔亡,懷迫囚虜,頃襄、考烈,祚衰南土。"是證頃襄王熊橫實是頭一個偏安東土的楚王,也許生前曾懷過恢復故土的雄心壯志,但終未能如願以償。他的兒子考烈王熊元,正式宣布壽春爲楚郢,命名曰"郢"。表現已無恢復故土的志向。楚頃襄王熊橫死於東地,葬於東地,未聞遷葬故里,他的墓葬在楚東地無可置疑。

學者都以"酓肯"器出壽縣楚墓,當屬考烈王熊元、幽王熊悍、哀王熊猶、負芻四君,恰恰不把頃襄王熊橫考慮在內。四君中哀王立僅二月餘,即被其廢兄負芻之徒襲弒。負芻篡立以後,即遭秦兵壓境。二年,"大破楚軍,亡七十餘城"。四年,殺楚將項燕。五年,破楚國,負芻即身爲秦虜,辱殁秦地。此兩君作爲楚王酓肯(肓)諸器墓主的可能性不大。剩下兩君,熊悍自有壽縣出土的"酓忎"諸器當之。於是,酓肯非考烈王熊元莫屬。但是"酓肯"無論讀熊黄、熊朏、熊肯,都和史稱考烈王名熊元或熊完掛不上鈎。只有郭老一人主張熊肯即熊悍,肯、悍古音相通,爲一人,熊肯即楚幽王熊悍,諸家皆以酓肯與酓忎兩組銅器,時代雖近,形制相似,終無法證明熊肯與熊悍爲一人。考烈王在位二十五年,國勢也有復強的趨勢。曾北伐滅魯,他有能力鑄造這些銅器,死後葬在墓中,但他名元若完,實無由説明即銅器銘文的"酓肯"。

本文以"酓肯"實爲"酓肓"即"熊橫"之誤讀。他就是頃襄王,是遷東土的始君,卒於東地,葬於東地,其子考烈王決心偏安東地爲其父修墳鑄器,是比較合乎情理的。"酓肯"應讀"酓肓",即文獻所載的楚頃襄王熊橫。

這裏我們簡單小結一下:銘文中自楚惠王酓章(熊章)首先稱楚王。其父昭王熊珍(軫)在銘文中猶稱"楚子頦(頷)",與乃祖楚康王招,銘文稱"楚子超"相同。楚王稱"楚公"除"龢公"應讀"郴公"外,"楚公豪(爲)"較早,我們定爲楚成王熊惲(頵),楚王稱謂的大致順序是楚公、楚子、楚王。"楚子"之名,也見於周原甲骨,楚子、楚公是否交互使用,而無先後之分,也屬可能。楚王之名晚於楚公、楚子卻是可以確定無疑的。

《江漢考古》1985-4,頁57—59

○**陳秉新**（1987）　　我以爲𣥜、𣥜、𤰔三形，上部是止，下部不是肉，也不是月，而是舟的變體，隸定爲𣥜，是前進之前的本字。古文字作爲偏旁的舟，後期或訛變爲月。如俞字本从舟、亼（余）聲，侯馬盟書訛爲俞；盤字上部本从舟从攴，但勹訛作𦨶，望山簡訛作𦨶；箭字本从竹，𣥜聲，鄂君啓車節作箭，所从之𣥜訛作𣥜。酓𣥜諸器銘酓下一字，其所从之月，也是舟的訛變。上揭第二形與車節箭字所从之𣥜相同，第一形所从之止略有變化，第三形是藝術體，但也可確認爲从止从月，月也是舟的訛變，而且這三形乃一字之異，均當釋𣥜。𣥜（前）字古音屬元韻從紐，元字古音屬元韻疑紐，韻部相同，聲紐疑與從亦有通轉關係。《春秋》孫衞世叔儀，《公羊》作世叔齊。《春秋》經滕子原卒，《公羊》原作泉，是疑從通轉的例證。酓字是歙（飲本字）的省變，古音屬影紐侵韻，熊屬匣紐蒸韻，影匣旁紐，侵蒸通轉，故酓可借爲熊。那麼，酓𣥜亦即楚考烈王熊元。

《楚文化研究論集》1，頁 332—333

○**黃錫全**（1993）　　酓前，即楚考烈王熊元（完），在位時間爲公元前 262—前 238，長達 25 年。

《文物研究》8，頁 179

【酓鹿】包山 179、181、189

○**劉信芳**（1995）　　《包山楚簡》熊鹿氏僅見二例：

　　　酓鹿耗。（179）

　　　坪夜君之州加公酓鹿眉。（181，又見 189）

按"熊鹿"爲複姓，應即史書所記之"熊率"氏。《左傳》桓公六年有"熊率且比"，與楚武王同時。《通志·氏族略五》謂"熊率"氏爲芈姓，《廣韻》"熊"字注云："漢複姓，《左傳》楚大夫熊率且比。"

　　鹿、率古音雙聲，韻部亦近，作爲姓氏用字，"鹿"是本字，"率"是通假字。《左傳》是魯人的作品，是魯人依"鹿"字讀音移録爲"率"。

　　《包山楚簡》"鹿"有一重要用例，246 簡："舉禱荊王自酓鹿以就武王五牛、五豕。""鹿"原誤釋爲"繹"，湯餘惠釋"鹿"，極是；但認爲"繹"字之借，則誤，按鹿、繹二字聲、韻無涉，"熊鹿"應指熊麗。麗字从丽从鹿，熊麗是鬻熊之子，《包山楚簡》祭祀楚先王有老僮、祝融、鬻熊（參 21 簡），與《史記·楚世家》所記楚之先祖相合；又祭祀從熊麗至武王之各代先王，是左尹卲佗祭祀先王，武王以前，無一遺漏。若釋爲"繹"，不僅字形、讀音不好解釋，亦不好解釋何以漏祀熊麗、熊狂等楚先祖。

　　根據目前所能見到的歷史文獻和出土資料，我們只能認爲"熊鹿氏"是由楚先王“熊麗”而得氏。同樣的道理,“熊相氏”應是因楚先王“熊霜”而得氏。“熊霜”見《史記·楚世家》。

○**李家浩**(1997) 從簡文看,酓鹿是楚武王之前的一位國君。據《楚世家》等文獻記載,在楚武王之前的國君中,只有熊麗有可能是酓鹿。《楚世家》説:

> 季連之苗裔曰鬻熊。鬻熊子事文王,蚤卒。其子曰熊麗。熊麗生熊狂,熊狂生熊繹。熊繹當周成王之時,舉文、武勤勞之後嗣,而封熊繹於楚蠻,封以子男之田,姓羋氏,居丹陽。

“鹿”與“麗”不僅字形相近,而且音義也很相近。“鹿、麗”都是來母字,聲母相同。《説文》鹿部“麗”字的説解云:“《禮》‘麗皮納聘’,蓋鹿皮也。”段玉裁注:“許意‘麗’爲‘鹿’。”所以“鹿、麗”二字有時混用。《穆天子傳》卷五“射於麗虎”,聊城楊氏海源閣藏黄丕烈校本朱筆“麗”作“鹿”。《史記·齊悼惠王世家》“哀王……二年,高后立其兄子酈侯台爲吕王”,裴駰《集解》引徐廣曰:“酈,一作‘鄘’。”簡文酓鹿之“鹿”,《楚世家》作“麗”,即屬於這種情況。

熊麗除見於上引《楚世家》外,還見於《墨子·非攻下》:“昔者楚熊麗,始封此雎山之閒。”此與《楚世家》以熊繹始封於丹陽的記載不同。《墨子》成書的時代比《史記》早,它的説法是有根據的。古代有改封的情況,例如周文王之子康叔封,初封於康,後改封於衞。可能楚國在熊麗時初封於雎山之閒,到他孫子熊繹時改封於丹陽。畢沅説:“雎山,即江、漢、沮、漳之‘沮’。”

○**何琳儀**(2000) 衆所周知,楚君熊通始稱楚王,典籍有明確記載。本簡“熊鹿”雖爲“荆王”,卻無謚號,顯然是追封之王。那麼,“熊鹿”是誰呢?

1991年在南京中國古文字年會期間,筆者散發的拙文《包山竹簡選釋》中已釋此簡“熊鹿”爲“熊鹿”,讀“熊麗”。若干論著或稱引拙説。不過該文只有隸定和釋文,今詳説如次。

首先説明,《包山楚簡》編者引《汗簡》“澤”之古文爲證,釋“鹿”爲“繹”,以爲“酓繹即熊繹”。其實《汗簡》古文是假借“彙”爲“澤”(二字均屬魚部,已有許多學者詳加討論,兹不贅述)。

今按,本簡“鹿”與楚簡中從“鹿”之字,諸如“麈”(包山131)、“鹿”(包山175)、“麗”(天星觀53)等,皆有相同的偏旁。而“鹿”與包山簡人名“酓鹿巨”(190)之“鹿”,乃至春秋楚系銘文樊君匜(《集成》4487)人名之“鹿”,相

互比較,似可構成如下演變序列:

A.（字形）樊君匜　　　B.（字形）包山 246　　　C.（字形）包山 190

B 與 C 的區別,在於前者比後者多一偏旁“匕”。A 與 B 的區別,在於前者所從“十”形,演變爲“匕”形。這類演變可參“老、長、畏”等字的下部所從。“十”或“匕”大概都是飾筆。包山簡 272“鐘”、隨縣簡 16“所”等字下方均贅加“匕”形,可證楚系文字確有此類飾筆。因此筆者懷疑 B 亦是“鹿”之異文。至於上舉包山簡人名“酓鹿巨”,很可能即以楚先王“熊鹿”爲複姓。楚複姓有“熊率、熊相”等,見《通志·氏族略》。

如果此釋不誤,包山簡“酓鹿”自然使人聯想到“熊麗”。

“鹿”與“麗”不僅形體有關,而且古音均屬來紐。《説文》:“麗,旅行也。鹿之性見食爭急則必旅行。从鹿,丽聲。《禮》麗皮納聘,蓋鹿皮也。”段玉裁曰:“鄭注儷皮,兩鹿皮也。鄭意麗爲兩,許意麗爲鹿。其意實相通。”看來“麗”與“鹿”的形、音、義均有關涉,難怪許慎以“麗爲鹿”。至於《漢書·高五王傳》“呂太后稱制。元年,以其兄子酈侯呂台爲呂王”,王先謙曰:“《史記》作鄜。徐廣注,一作酈。”更是“鹿、麗”相通的佐證。

《史記·楚世家》記載三條有關楚君稱謂的史料,非常值得注意:

1.“熊繹當周成王之時,舉文、武勤勞之後嗣,而封熊繹於楚蠻,封以子男之田,姓芈氏,居丹陽。”——西周早期,在周人心目之中,楚君封爵不過“子男”而已。

2.“熊渠生子三人。當周夷王之時,王室微,諸侯或不朝相伐。熊渠甚得江漢閒民和,乃興兵伐庸、揚粵,至於鄂。熊渠曰:我蠻夷也,不與中國之號謚。乃立其長子康爲句亶王,中子紅爲鄂王,少子執疵爲越章王,皆在江上楚蠻之地。及周厲王之時,暴虐。熊渠畏其伐楚,亦去其王。”——西周晚期,熊渠一度稱王,不久又自廢王號。

3.“楚熊通怒曰:吾先鬻熊,文王之師也,蚤終。成王舉我先公,乃以子男田令居楚,蠻夷皆率服,而王不加位,我自尊耳。乃自立爲武王。”——時值楚武王三十七年(公元前 704 年),已屬春秋早期偏晚。

包山簡“與禱荆王自熊麗以就武王”,其中武王以前楚君皆可稱“荆王”,顯然是後人追封之號。在周人心目中,楚屬“蠻夷”,其封爵充其量爲“子男”,不能與中原諸侯齒長。而在楚人心目中,自熊麗以下楚君皆可稱“荆王”,這是毫不奇怪的。

據《楚世家》記載“周文王之時,季連之苗裔曰鬻熊。鬻熊子事文王,蚤卒。其子曰熊麗。熊麗生熊狂,熊狂生熊繹”。熊麗無事可記,僅知其名和其時相當周初而已。然則在包山簡中,熊麗則儼然是始稱“荆王”者。這一現象頗值得注意。下文擬從四方面予以分析:

1.《墨子·非攻》下云:“昔時,楚熊麗始討此雎山之閒。越王繄虧出自有遽,始邦於越。唐叔與吕尚邦齊、晉。此皆地方數百里,今以并國之故,四分天下而有之。”孫詒讓注:“畢沅曰,討字當爲封。雎山即江漢沮漳之沮……梁玉繩云,麗是繹祖,雎爲楚望。然則繹之前已建國楚地,成王蓋因而封之,非成王封繹始有國耳。”——由此可見,熊麗應是在沮漳流域正式建國的第一位君主。畢、梁二説皆可信從。

2.楚君以“熊”爲姓,推其伊始,應自熊麗。熊麗以前雖有穴熊、鬻熊,但皆稱“某熊”,不稱“熊某”。而熊麗以下,熊狂、熊繹、熊艾、熊黑、熊勝、熊楊、熊渠、熊延、熊勇、熊嚴、熊霜、熊徇、熊鄂、熊儀、熊坎、熊徇、熊通,及武王熊通降至幽王熊悍,皆稱“熊某”。換言之,熊麗是第一位正式以“熊”爲姓的楚君。這一現象與商代世系中從上甲微開始以天干爲名頗爲類似。

3.熊麗是赫赫有名的楚先祖鬻熊之子。鬻熊“蚤卒”,承續大統者爲其子熊麗。鬻熊和熊麗的關係,與周文王和周武王的關係頗爲類似。二者年代也相近。

4.鬻熊,包山簡 217 作“媸酓”。下面將包山簡這兩條性質相近的材料進行對比:

　　　與禱楚先老僮、祝融、鬻熊各一牂。(217)
　　　與禱荆王自熊麗以就武王五牛、五豕。(246)

前者屬先祖系統,後者屬先王系統。衆所周知,商代世系中先祖帝嚳、契、昭明、相土、昌若、曹圉、冥、振皆不以天干爲名。自先王上甲微以降,報丁、報乙、報丙、主壬、主癸及天乙至帝辛,皆以天干爲名。按干支輪番周祭已爲卜辭所證實。熊麗爲鬻熊之子,他在兩套祭典中承上啟下的地位,與上甲微在商代祭典中的地位完全相同。包山簡這一考古資料的新發現,證明戰國楚人祭典中似也有兩套世系。

(1)鬻熊以前屬傳説時代,遠古荒渺,世系難考,故包山簡僅舉有代表性的先祖——老僮、祝融、鬻熊三人而已。這與《楚世家》載“季連生附沮,附沮生穴熊。其後中微,或在中國,或在蠻夷,弗能紀其世。周文王之時,季連之苗裔曰鬻熊”的情勢基本相合。

(2)熊麗以降屬古史時代,世系明確。包山簡以熊麗、武王二王概括,其閒各王省略。包山簡“自熊麗以就武王”實則包括《楚世家》熊麗以下十八代楚君。

　　綜上分析,可知熊麗是楚世系中第一位以"熊"爲姓氏的先王,在戰國楚人祭典中占有特殊的位置,相當於甲骨文祭典中的上甲微。對勘包山簡兩條"祭禱"資料,無疑加深今人對楚世系的理解。凡此可補舊史之闕,彌足珍視。

《中國史研究》2000-4,頁 14—16

【酓章】

【酓璋】集成 83、84 酓璋鐘

○**胡光煒**(1934)　　又宋王復齋《鐘鼎款識》録方城范氏古鐘銘曰:隹王五十有六祀,徙自西陽,楚王酓章作曾侯□宗彝,置之於西陽云云。按此鐘爲楚惠王時器。章者,惠王之名。章上一字作酓,説者釋韻、釋能,其論皆迂。合此觀之,知亦酓字,而讀爲熊。鐘言"熊章",猶鼎言"熊悍",皆名氏並舉。《書·洛誥》:無若火始燄燄。《漢書·梅福傳》引作"庸庸"。"酓"可爲"熊",猶"燄"可爲"庸"也。

《胡小石論文集三編》頁 175,1995;原載《國風》4 卷 3 期

○**唐蘭**(1934)　　薛氏引李氏《古器物銘》云:"楚惟惠王在位五十七年,又其名爲章,然則此鐘爲惠王作無疑也。方是時,王室衰弱,六國爭雄,楚尤强大,遂不用周之正朔。"按:李説甚是。歆章即熊章,蓋惠王之本名。歆熊聲相近,楚王多以"歆"名,史盡假"熊"字爲之。然則此劍亦惠王所作也。

《唐蘭先生金文論集》頁 17—18,1995;原載《國學季刊》4 卷 1 期

○**容庚**(1938)　　銘云:"楚王酓璋嚴龔□,作鈼戈,以邵揚文武之戈用。"十八字,鈿金。出於洛陽。楚王之名熊者,金文作酓,楚王酓璋即楚惠王熊章,楚王酓忎即楚幽王熊悍也。酓璋所作器,有鐘二,宋代出土,見於薛尚功《彝器款識》(卷六頁 7)。有劍,壽州出土,見於劉節《楚器圖釋》。璋均作章。

《燕京學報》23,頁 288

○**李家浩**(1985)　　據目前所知,楚惠王熊章的銅器共有四件。宋代安陸出土的楚王酓章鐘二,其中之一的銘文只有後半部分,前半部分當在另一件鐘上。1978 年隨縣曾侯乙墓出土的楚王酓章鎛一,銘文與宋代安陸出土的楚王酓章鐘相同,都是作於楚惠王五十六年(前 433)。另外一件是解放前壽縣朱家集楚王墓出土的楚王酓章劍。這幾件銅器銘文的楚王名字都寫作"酓章",第二字與古籍中的楚惠王名字"熊章"之"章"相同。戈銘的楚王名字第二字寫作從"玉"的"璋",與楚惠王熊章之"章"有別。如果説"酓章"與"酓璋"是同一個人,那麼爲什麼要把同一個楚王的名字寫成兩個不同的字呢? 是因爲"璋"從"章"聲,戈銘借"璋"爲之? 如果説"酓章"與"酓璋"不是一個人,那麼"酓

璋”又是哪一個楚王的名字呢？爲了回答這些問題，有必要回顧一下楚惠王到楚威王滅越這段時間内楚跟越和百越之間的關係，看戈銘所記的“奄荒南越”這一重大事件究竟是發生在楚惠王時期還是别的王時期。（**中略**）

通過以上對楚惠王到威王滅越這段時間内楚跟越和百越之間的關係的回顧，可以看出戈銘所記的“楚王酓璋奄荒南越”究竟何所指。這顯然不是指惠王十三年那次公子慶、公孫寬對越的追擊。楚悼王的名字，《史記·楚世家》作“熊疑”，《六國年表》作“類”。無論“熊疑”還是“類”，都與戈銘的楚王名字不合，所以這也不可能是指悼王時吳起“南平百越”。現在剩下的唯一可能性是指楚威王興兵伐越，“大敗越，殺王無疆，盡取故吳地至浙江”這件事。

楚威王的名字叫熊商。古代“章、商”同屬照系陽部字，音近可通。《風俗通·聲音》引劉歆《鍾律書》：“商者，章也，物成熟可章度也。”《漢書·律曆志》：“商之爲言章也。”《書·費誓》“我商賚爾”，陸德明《釋文》：商，“徐音章”。《易·兑》“九四，商兑未寧”，馬王堆漢墓帛書《六十四卦》“商兑”作“章奪”。《韓非子·外儲説左下》“夷吾不如弦商”，《吕氏春秋·勿躬》“弦商”作“弦章”。《左傳》僖公二十五年“楚鬭克、屈禦寇，以申息之師戍商密”，杜預注：“商密，鄀别邑，今南鄉丹水縣。”王引之云：“《續漢書·郡國志》南陽郡丹水有章密鄉，即商密也……《志》言有章密鄉，正以其爲春秋地名也。”《荀子·王制》“審詩商”，王念孫謂“商”讀爲“章”。《水經注·漯水》：“商河……亦曰小漳河。商、漳聲相近，故字與讀移耳。”這些都是“章、商”二字音近可以通用的例子。因此，我們認爲“楚王酓璋”可能是楚威王熊商，而不是楚惠王熊章；“奄荒南越”即指楚威王興兵伐越，“大敗越，殺王無疆，盡取故吳地至浙江”。古人有先輩的名字與晚輩的名字所从聲符相同的情況。僅就楚王的名字爲例，熊徇與熊昫，徇、昫二字並从“旬”聲；熊勇與熊通，勇、通二字並从“甬”聲；熊霜與熊相，霜从“相”聲。由此可見，楚惠王名熊章，他的第四代孫楚威王名熊璋就並不奇怪了。

《文史》24，頁 18—19

【酓審】

○**李學勤**（1997）　蓋的銘文在器内，共兩行六字，依原行款釋爲：

　　　楚王酓
　　　審之蓋

近出 1022

“酓”字相當文獻楚王名常見的“熊”字,是大家熟悉的。“審”字的寫法,和西周時期的五祀衛鼎相同,只是把从“口”改成从“曰”了。

楚王熊審就是楚共王。據《春秋》經傳、《史記・楚世家》等書記載,共王係莊王之子,生十一年立,在位三十一年而卒。他的在位年是魯成公元年到襄公十三年,也即公元前 590 年至前 560 年。共王之名,《春秋》經襄公十三年、《史記・十二諸侯年表》及《楚世家》都作“審”,只有《國語・楚語上》作“箴”(或“葴”)。“審”字古音爲書母侵部,“箴”字爲章母侵部,互相接近。從銘文可知,共王名本字是“審”,“箴”則是假借。

過去著録有楚王領鐘,陳夢家先生爲商承祚先生《長沙古物聞見記》所撰序云即楚共王,“今、咸古音同”,周法高氏《金文零釋》說同,不少著作均從其説。現在有盞銘的發現,這個説法便只好否定了。

《走出疑古時代》頁 288

【酓相】包山 85

○**劉信芳**(1995)　《包山楚簡》熊相氏計三人:

　　酓相鼉。(85)

　　酓相瘠。(171)

　　酓相敊。(196)

《左傳》宣公十二年有“熊相宜僚”,昭公二十五年有“熊相禖”。《通志・氏族略五》謂熊相氏爲羋姓,則爲楚公族可知。

《江漢論壇》1995−1,頁 60

酷　酷

酷 包山 124　　　酷 陶彙 3・450

○**何琳儀**(1998)　《説文》:“酷,酒厚味也。从酉,告聲。”

　　包山簡酷,疑讀篰。《左・昭十一年》:“使助薳氏之篰。”注:“篰,副倅也。”

《戰國古文字典》頁 174

○**劉信芳**(2003)　酷官:又作“酷倌”,酒作坊之小臣。《説文》:“酷,酒厚味也。从酉,告聲。”

《包山楚簡解詁》頁 115

配 配

集成 4630 陳逆簠

○**何琳儀**（1998）　配，甲骨文作 （乙六七一八）。从卩从酉（酒之初文），會人飲酒面有酒色之意。西周金文作 （毛公鼎）、 （猷簋），春秋金文作 （蔡侯申盤）。戰國文字承襲兩周金文。《説文》：“配，酒色也。从酉，己聲。”小篆卩訛作己。“酒色”，參《三國志・吴志・諸葛恪傳》：“命恪行酒，至張昭前，昭先有酒色，不肯飲。”

陳逆臣“元配”，讀“元妃”。《詩・大雅・皇矣》“天立厥配”，釋文：“配本亦作妃。”《禮記・哀公問》：“妃以及妃。”《大戴禮・哀公問》妃並作配。是其佐證。《左・隱元》“惠公元妃孟子”，疏：“《釋詁》云，元，始也；妃，匹也。始匹者，言以前未曾娶，而此人始爲匹。”

《戰國古文字典》頁 1297

【配兒】集成 426 配兒鈎鑃

○**沙孟海**（1983）　器主配兒，當即《吳越春秋・闔閭内傳》之太子波。配、波雙聲，兒字是語尾。猶如山西侯馬近出《庚兒鼎》之庚兒，即《沇兒鐘》銘文所敘沇兒之父徐王庚。周代器銘，如齊國佐作國差，宋公欒作繺，晉公午作觶，楚幽王悍作酓忎，吳王夫差作大差，越王句踐作鳩淺……皆因聲韻通轉或形體近似，多有異文。《春秋》三傳記載人名異文亦不少。猶如舊時代農村人名，只取聲音，隨便寫來，並無定字。歷來社會習俗多如此。

《吳越春秋・闔閭内傳》有關太子波的一段文字如下：

……復謀伐齊，齊子使女爲質於吳，吳王因爲太子波聘齊女。女少，思齊，日夜號泣，因乃爲病。闔閭乃起北門，名曰望齊門，令女往遊其上。女思不止，病日益甚，乃至殂落……是時太子亦病而死，闔閭謀擇諸公子可立者，未有定計。波太子（疑有誤字）夫差日夜告於伍胥曰：王欲立太子，非我而誰當立，此計在君耳……闔閭有頃召子胥，謀立太子。子胥曰：臣聞祀廢於絶後，興於有嗣。今太子不禄，早失侍御，今王欲立太子者，莫大乎波秦之子（疑有誤字）夫差。闔閭曰：夫愚而不仁，恐不能奉統於吳國。子胥曰：夫差信以愛人，端於守節，敦於禮義，父死子代，經之明文。闔閭曰：寡人從子。立夫差爲太子，使太子屯兵守楚。

據《吴越春秋》,夫差是太子波之子,闔閭之孫,與《國語》《世本》《史記》諸書所載皆不合。太子波死時,闔閭"謀擇諸公子可立者","諸公子"應指太子以外各兄弟。如指孫輩,應稱"公孫",不當稱"公子"。果如所説,夫差是闔閭之孫,那麽闔閭召伍子胥商議時,應言"謀立太孫",不應言"謀立太子"。於此,我們可肯定《吴越春秋》這段文字傳抄有舛誤,不近情理。

我們認爲太子波當是闔閭初立的太子,夫差之兄。

闔閭諸子之名,史籍上可考見者凡四,即太子波、太子終纍、夫差、子山。子山見《左傳》定公四年(闔閭九年,公元前506年)"吴入郢,以班處宫。子山處令尹之宫。夫槩王欲攻之,懼而去之"。杜預注"子山,吴王子"。除子山外,波、終纍、夫差都曾加過"太子"的頭銜。有關闔閭立太子的資料,上述《吴越春秋》一段記載外,主要有:

《左傳》定公六年(闔閭十一年,公元前504年):"四月己丑,吴太子終纍敗楚舟師,獲潘子臣、小惟子及大夫七人。楚國大惕,懼亡。子期(楚大夫)又以陵師敗於繁陽……於是乎遷郢於鄀。"杜預注:"終纍,闔閭子,夫差兄。"

又定公十四年(闔閭十九年,公元前496年):"……越子因而伐之,大敗之。靈姑浮(越大夫)以戈擊闔廬(即闔閭)。闔廬傷將指,取其一屨,還,卒於陘。去檇李七里。夫差使人立於庭,苟出入,必謂己曰:夫差,而忘越王之殺而父乎?則對曰:唯,不敢忘。"杜預注:"夫差,闔廬嗣子。"

《史記・吴大伯世家》闔閭十一年(公元前504年):"吴王使太子夫差伐楚,取番。楚恐而去郢,徙鄀。"司馬貞《索隱》:"此以爲夫差,當謂名異而一人耳。"(番即鄱陽,亦即繁陽。番、鄱、繁古音同)

又闔閭十九年(公元前496年):"越因伐吴,敗之姑蘇,傷吴王闔廬指;軍卻七里。吴王病傷而死。闔廬使立太子夫差,謂曰:爾而忘句踐殺汝父乎?對曰:不敢。"

看上述資料,《左傳》敘太子終纍敗楚舟師,杜預以爲"闔閭子,夫差兄"。後八年,闔閭戰死,《左傳》敘"夫差使人立於庭"云云,未提"太子"。《史記・吴太伯世家》敘那年闔閭戰死,接下去"使立太子夫差"。見得在此以前夫差並未被立爲太子。《吴太伯世家》敘八年前事乃有"使太子夫差伐楚"的話,既與《左傳》不合,亦與同篇下文"使立太子夫差"云云有抵觸,定是司馬遷偶然筆誤。司馬貞,唐人,他認爲終纍就是夫差,"名異而一人",顯係猜想之詞。還有一層:如果終纍就是夫差,他曾經敗楚舟師,立過軍功,伍子胥對闔閭歷舉夫差賢能時,竟無一字道及軍功,亦屬情理所無。

甲器銘文第二行如釋作"冢子",更説明作器者配兒是吳國的太子。

至於太子波與太子終纍是一人還是兩個人的問題:查吳、越人多異名,不僅因聲韻通轉與形體近似關係。單就史籍資料看:如吳王壽夢即吳子乘,吳王諸樊即吳子遏,吳王光即闔閭、闔廬,越王句踐子鼫與即與夷、興夷、鹿郢,鼫與孫翁即朱句,翁子翳即不揚,翳子王之侯即無餘之……這樣看來,太子波與太子終纍很可能是一個人的異名。這一類的異名,究竟是名與字的關係,或是生前死後有所區別? 還待進一步探討。

野史別乘,摭拾異聞,有可信,有不可信,我們必須區別對待。《吳越春秋》認爲夫差是闔閭之孫,與其他各書都不符合,必不可信。但所載太子波娶齊女一段故事,有《孟子·離婁篇》"齊景公曰,既不能令,又不受命,是絶物也,涕出而女於吳"幾句話可參證,不應全屬子虛。

銘文前段特提"戎攻",證明是太子終纍因立了軍功而作器,不是別人。

《考古》1983-4,頁 341—342

○**董楚平**(1994)　"配兒鉤鑼"於 1977 年在浙江紹興縣城西南四公里的狗頭山南麓出土。據沙孟海先生考釋,"器主配兒,當即《吳越春秋·闔閭内傳》之太子波。配、波雙聲,兒字是語尾"。其説甚洽。這裏想補充一點,配兒亦即《左傳》的終纍。"配"是名,"終纍"是字。理由如下:

《説文》:"終,絿絲也。(段玉裁注:'按絿字恐誤。疑下文緟字之訛,取其相屬也。')……緟,合也。"甲骨文"終"字作"🔅、🔅",金文作"🔅",皆象兩物配合之狀。是知段注可信,"終"字本有匹配合作之義。《説文》:"纍,綴得理也。"段注:"綴者,合箸也。合箸得其理,則有條不紊,是曰纍。《樂記》曰'纍纍乎端如貫珠',此其證也。"可見,"終纍"就是配合得當的意思。至於配字,自古就有合作、媲美之義,與"終纍"同義。春秋晚期中原貴族一般慣例是名取一字,字取二字。"配"當爲本名,"終纍"是成年後取的字。"波"是"配"的對音,因此《吳越春秋》的"太子波"就是《左傳》的"吳大子終纍"。

《國際百越文化研究》頁 239

酌　酌

璽彙 3670

○**何琳儀**（1998）　《説文》：“酌，少少歈也。从酉，勻聲。”

楚璽酌，姓氏，疑讀勻。見《姓苑》。

《戰國古文字典》頁 1113

酖 醆 醓

包山 165　包山 138　上博六·莊王 4 上　璽彙 0001

○**何琳儀**（1998）　醆，从酉从臼，央聲。疑醠之異文。《説文》：“醠，濁酒也。从酉，盎聲。”

楚璽“右醆”，疑酒官。醆亦作盎。《周禮·天官·酒正》：“酒正辨五齊之名。一曰泛齊，二曰醴齊，三曰盎齊，四曰緹齊，五曰沈齊。”“右醆”似爲掌管“盎齊（劑）”之酒官。天星觀簡“醆尹”，官名。

《戰國古文字典》頁 618

醓，从酉，臽聲。

包山簡“醓尹”，讀“監尹”或“藍尹”，楚官名。《説文》監“从䧹省聲”，是其佐證。《七國考》：“《通志·氏族略》云，藍尹氏，楚大夫藍尹亹之後也。《楚書》云，藍尹、陵尹分掌山澤，位在朝庭。”“藍尹亹”，參見《左·定五》《國語·楚語下》。又《萬姓統譜》：“監尹，楚監尹大心之後。”複姓“藍尹、監尹”，均源於楚官“醓尹”。包山簡“醓差”，讀“監佐”，“監尹”之副職。

《戰國古文字典》頁 1445

○**趙平安**（2002）　A　B　C　D　E　F　G

B、C 兩字左邊从酉，右邊下半从臼，十分明確。長期不識的原因，主要是右邊上半詭譎難辨。其實類似的寫法見於魏三字石經，作。這個字是忧的古文，按常理分析，應从口，尤聲。準此，B、C 二字可隸作醓。鉦鋮“郐醓尹”和璽文“王右醓”（或讀爲“右□王”）即郐之醓尹和王之右醓，都用作官名。郐字金文常見，董楚平先生曰：“郐，从余从邑，金文皆爲徐國之徐……經傳爲漢代人隸寫，漢隸徐字寫作徐，是金文䣑的形變。《説文》有郐字，云：‘郐，邾下邑地，从邑，余聲，魯東有郐城，讀若塗。’《説文》只釋爲地名，未釋爲國名。《周禮·司寇·雍氏》注‘伯禽以出師征徐戎’，《釋文》：‘劉本作郐。’是知文獻國名也有作郐者。”吳大澂釋沇兒鎛曰：“郐，古徐字。”然則鉦鋮爲徐器。王右醓璽未見紐式，從印面風格（包括用字特點）看似當爲楚物。

　　近年來出土的戰國楚簡,也多次出現和 B、C 相同相近的寫法:

　　D 差(佐)鄼(蔡)惑、坪弻公鄼(蔡)冒。(包山 138)

　　嚚 E 君(尹)之州加猷羅。(包山 165)

　　蒹陵公之人猷斬(慎)、大室 F 尹溺。(包山 177)

　　邨 G 尹迍以劙菩爲君月貞。(天星觀簡卜筮類)

G 和 D、E、F 字形相近,用法相同,《楚系簡帛文字編》把它們處理爲同一個字,是完全正確的。這一組字,多數人釋爲醓。黃德寬、徐在國先生釋爲酖。黃、徐二位先生是從李家浩先生釋🦎(信陽楚簡 2-023,右邊字迹殘去)爲枕得到啟發的。李先生的文章沒有展開論證,但他的結論是可信的。因而,黃、李二位先生的結論也有其相應的合理性。不過,由於此前的古文字中已有 A 字,🦎和 D、E、F、G 還是分別隸作楷、醓爲好。我們前面已據魏三字石經釋出了 B、C,而 B、C 與這裏的 G 寫法相近,所以釋 G 以及 D、E、F 爲醓就有了更堅强的支撑。楚簡中的醓也是職官名。"嚚、邨"爲楚地名,"大室"即太室。《尚書·洛誥》:"王入太室祼。"孔穎達疏:"太室,室之大者。故爲清廟,廟有五室,中央曰太室。"

　　考慮到醓爲職官,字形和醢又極爲相似,所以我們認爲醓應理解爲醢,極可能是醢的異體字。孫詒讓曾考證,醢典籍又作肔、脼、盜,它和醢是同義詞,都是牲肉做成的肉醬,並無有汁無汁、肉醢血醢之别。作爲職官,醓大概與醢人相當,只是叫法不同而已。《周禮·天官冢宰》:"醢人掌四豆之實。朝事之豆,其實韭菹、醓醢,昌本、麋臡,菁菹、鹿臡,茆菹、麋臡。饋食之豆,其實葵菹、蠃醢,脾析、蜱醢,蜃、蚳醢,豚拍、魚醢。加豆之實,芹菹、兔醢,深蒲、醓醢,箈菹、雁醢,筍菹、魚醢。羞豆之實,酏食、糁食。凡祭祀,共薦羞之豆實,賓客、喪紀亦如之。爲王及后、世子共其内羞。王舉,則共醢六十甕,以五齊、七醢、七菹、三臡實之。賓客之禮,共醢五十甕。凡事,共醢。"

《古文字研究》24,頁 282—283

【酖尹】

○**何琳儀**(1993)　"臽"與"監"音近可通。"監"據《説文》"从臽省聲",是其確證。"醓尹"疑即"監尹"或"藍尹"。《七國考》:"《通志·氏族略》云,藍尹氏,楚大夫藍尹亹之後也。《楚書》云,藍尹、陵尹分掌山澤,位在朝廷。""藍尹亹",參見《左·定五》《國語·楚語下》。又《萬姓統譜》:"監尹,楚監尹大心之後。"複姓"藍尹、監尹",均源於楚官"醓尹"。

《江漢考古》1993-4,頁 61—62

○**徐在國**（1998）　1100頁"酳"字條。按：此字應該分析爲从"酉"，"尤"聲，隸作"酞"，讀爲"沈"。"酞尹"即典籍中習見的"沈尹"。《左傳·宣公十二年》："楚子北師次于郔。沈尹將中軍，子重將左，子反將右，將飲馬於河而歸。"楚國大臣中有沈尹戍、沈尹朱、沈尹赤、沈尹射、沈尹壽，並見於《左傳》。

《安徽大學學報》1998-5，頁84

○**劉信芳**（2003）　"大室酳尹"是神職人員，以釋"詹尹"爲近是。"藍尹"應是藍地之尹，簡7有"藍郢"。有如楚有地名裁郢，亦有職官裁尹。

《包山楚簡解詁》頁205

△**按**　"酳尹"最早見於春秋時期的銅器鄁諳尹征城（《集成》425），爲楚地所特有的職官。

醫 醫

故宮467

○**何琳儀**（1998）　醫，从酉（酒）从殹（病聲），會以酒治病之意。殹亦聲。醫、殹均屬影紐，醫爲殹之準聲首。《説文》："醫，治病工也。殹，惡姿也。醫之性然得酒而使。从酉。王育説。一曰，殹，病聲。酒，所以治病也。《周禮》有醫酒。古者巫彭初作醫。"

　　秦器醫，醫師。

《戰國古文字典》頁1

茜 茜

包山255　　　集成9673寺工師初壺

○**湯餘惠**（1993）　茜，通蒩。糟，酒名。《周禮·酒正》鄭注："糟，醫酏不沸者，沸者清，不沸曰糟。"糟是帶滓的酒。茜（糟）府，釀造糟酒之府，但也可能是酒府的別稱。

《戰國銘文選》頁28

○**何琳儀**（1998）　茜，从艸从酉，酉亦聲。《説文》："茜，禮祭束茅加于裸圭而灌鬯酒，是爲茜，象神歆之也。一曰，茜，櫝上塞也。从酉从艸。《春秋傳》曰：

爾貢包茅不入,王祭不供,無以茜酒。”

包山簡茜,讀猶。《説文》:“猶,水邊艸也。从艸,猶聲。”

秦金“茜府”,疑讀“酒府”。見《周禮·春官·漿人》。

《戰國古文字典》頁 211

【茜府】

○**李光軍、宋蕊**(1983)　該器除腹部刻有銘文外,在器圈足處橫刻二字,似爲“茜府”。“茜”即“蒨”,也就是酒。“府”是官署,亦即治所。因此,該器似應爲酒器。

《考古與文物》1983–6,頁 4

○**王輝**(1990)　“茜府”又見 1986 年 5 月臨潼縣秦始皇陵園吳中村東土壕出土的“酈山茜府”陶盤。該盤圈足内盤底刻小篆三行八字,曰:“一斗二升,酈山茜府。”黃盛璋先生原推測二年寺工師壺、雍工敤壺二器非秦國原造,“茜府”二字應爲入秦以前所刻,器“形爲中原形,甚近東周”。但一陶盤也需它國貢入或由東方六國故地製造後送至始皇陵園使用,似無此必要。我推測這兩件銅壺及陶盤均應爲秦國之物。“茜府”之“府”作𨸏,顯然也是秦文字風格。(中略)

李、宋二同志以爲“茜”就是“蒨”,府是官署,因此,“二器似爲酒器”。我以爲,所謂“茜府”,大約相當於《周禮·天官》提到的酒府。《周禮·天官·酒人》:“酒正掌爲五齊三酒,祭祀則共奉之……凡事共酒而入於酒府,凡祭祀共酒以往。”又《周禮·天官·漿人》:“漿人掌共王之六飲,水、漿、醴、涼、醫、酏,入於酒府。”賈公彥疏:“言入於酒府者,亦入於酒正之府。”酒府的職責在於製造與儲藏各種酒,以供王祭祀及招待賓客之用。

當然,茜府可能不是一般的造酒機構,而是專爲祭祀先祖而釀製醇酒佳釀的機構。這是因爲:第一,茜的本義是濾酒使清。《説文》:“茜,禮,祭束茅加于裸圭,而灌鬯酒,是爲茜,象神歆之也。从酉、艸。《春秋傳》曰:‘爾貢包茅不入,王祭不供,無以茜酒。’一曰:茜,榼上塞也。”(從段注斷句)《周禮·天官·甸師》:“祭祀共蕭茅。”鄭玄注引鄭大夫云:“蕭或爲茜,茜讀爲縮,束茅立之祭前,沃酒其上,酒滲下去,若神飲之,或謂之縮。縮,浚也。”引申之,濾酒使清亦曰茜。《詩·小雅·伐木》:“有酒湑我。”毛傳:“湑,茜之也。”《經典釋文》:“茜謂以茅沛之而去其糟也。”古時酒本有幾種,《周禮·天官·酒正》:“酒正掌酒之政令,以式法授酒材……辨五齊之名:一曰泛齊,二曰醴齊,三曰盎齊,四曰醍齊,五曰沉齊。辨三酒之物:一曰事酒,二曰昔酒,三曰清酒。”所謂“五齊(劑)、三酒”均指酒之成色與質量而言。鄭玄注:“泛者,成而滓浮,泛然如今宜成醪矣;醴者,體也,成而滓汁相將,如今甜酒矣;盎猶翁也,成而色翁翁然,如今酇白矣;醍者成而紅赤,如今下酒矣;沉者成而滓沉,如今造清矣。”“事酒酌有事者之酒,其酒則今之醳酒也。昔酒今之酋久白酒,所謂舊醳者也。清酒,今中山冬釀接夏而成。”茜府所造爲濾滓之酒,也就是清酒。第二,根據文獻記載,秦人祭祀强調要用醇酒。《史記·秦始皇本紀》二世元年“二世下詔,增始皇寢廟犧牲,及山川百祀之禮。令群臣議尊始皇廟”。群臣皆頓首言曰:“……先王廟或在西雍,或在咸陽。天子儀當獨奉酌祠始皇廟,自襄公以下軼毀。所置凡七廟。”日人瀧川資言《史記會注考證》引王念孫曰:“酌當作酎,漢制以八月嘗酎,蓋本於秦。”王説見《讀書雜誌》卷二《秦始皇本紀·奉酌》條,實是王念孫子王引之的説法。引之曰:“《説文》:酌,盛酒行觴也。可言奉觴,不可言奉酌。酌當爲酎,字之誤也。《説文》:酎,三重醇酒也。《漢書·景帝紀》高廟酎……至武帝時,因八月嘗酎,會諸侯廟中,出金助祭,所謂酎金也。按漢制以八月嘗酎,蓋本於秦制。祭廟時,天子率群臣奉酎酒以獻,故曰‘奉酎’,《漢書·武五子傳》‘何面目復奉齊酎見高祖之廟’是也。而《集解》《索隱》《正義》酎字皆無音釋,蓋所見本已誤爲酌矣。”其説甚是。王氏指出,從秦開始,以酎奉祀先王,成爲定制。

　　《説文》:“酎,三重醇酒也。从酉,肘省聲。《明堂月令》曰:孟秋天子飲酎。”段玉裁注:“《廣韻》作‘三重釀酒’,當從之。謂以酒爲水釀之,是再重之酒也;次又用再重之酒爲水釀之,是三重之酒也。杜預注《左傳》曰:‘酒之新孰重者爲酎。’鄭注《月令》曰:‘酎之言醇也,謂重釀之酒也。’醇者其義,釀者其事實。金壇(段氏乃江蘇金壇縣人)于氏明季時以此法造酒。”又《史記·孝文本紀》:“高廟酎。”《集解》引張晏曰:“正月旦作酒,八月成,名曰酎也。”酎,“正月旦作,八月成”,也就是鄭玄所謂“冬釀接夏而成”的清酒。始皇陵園之所以設茜府製造酎酒,是因爲始皇陵園內設有寢殿,每年八月進行祭祀,需要嘗酎。這同秦始皇陵園設置飼官是分不開的,在秦陵飼官遺址附近還出土過樂府鐘,茜府、飼官、樂府的器物出土地相距甚近,這是耐人尋味的。

《秦銅器銘文編年集釋》頁 76—79

○**李光軍、宋蕊**(1993)　“二年寺工師壺”和“雍工敀壺”的圈足上均刻銘有“茜府”二字。從字體來看,“茜府”二字其筆畫、大小、刻法均和二壺腹部的銘文無什區別,故“茜府”二字應是和二壺腹部的銘文一次所刻,並不是二次所刻,所以“茜府”應爲秦之“茜府”。

　　《説文》:“茜,禮祭束茅加于祼圭而灌鬯酒,是爲茜,象神歆之也。”可見

"茜"是禮祭時束茅於祼圭而灌鬯酒之謂。"茜"字从艸从酉,《説文》:"酉,就也,八月黍成可以酎酒。"説明酉有造酒之義。關於"酒",《説文》云:"酒,就也……从水从酉,酉亦聲,一曰造也……"《釋名》亦云:"酒,酉也,釀之米麴酉澤。"可見"茜、酒"均从酉,茜可通假爲酒。

關於"酒府",周代已有。《周禮・天官・酒人》:"酒人掌爲五齊,三酒,祭祀則共奉之……凡事共酒而入于酒府,凡祭祀共酒以往。"鄭玄注云:"入于酒正之府者,是王燕飲之酒,酒正當奉之。"《周禮・天官・漿人》:"漿人掌共王之六飲,水、漿、醴、涼、醫、酏,入于酒府。"賈公彦疏:"言入於酒府者,亦入於酒正之府。"《周禮・天官・酒正》:"酒正掌酒之政令,以式法授酒材……辨五齊之名……辨三酒之物……"可見,酒正乃是酒府之官長。酒正亦稱"大酋"。《禮記・月令》:"仲冬之月……乃命大酋,秫稻必齊,麴糵必時,湛熾必潔,水泉必香,陶器必良,火齊必得,兼用六物,大酋監之,毋有差忒。"《吕氏春秋・仲冬紀》高誘注之:"大酋,主酒官也,酋醻米麴,使之化熟,故謂之酋,於《周禮》爲酒正。"

從《周禮》的記載來看,周代酒府官長酒正所主之職事,大概有下列幾點:一,掌酒之政令;二,以式法授酒材;三,辨"五齊"之名和辨"三酒"之物;四,掌王燕飲所需之酒以及祭祀用酒之供奉。由酒正所主之職事可以看出,"酒府"不僅是酒的儲藏官署,而且也是酒之製造官署以及專門供酒爲王燕飲和祭祀之用的官署。秦云"茜府",其設官是否和周代"酒府"一樣,因資料缺乏,不得而知,但其職能,應當和周代"酒府"一樣,是造酒和儲酒以供王燕飲及祭祀之用的官署。有的同志根據近年來秦始皇陵發現了刻銘有"麗山茜府"的陶盤,便認爲"茜府"單純是造酒機構和專門造酒以供祭祀之用的機構,恐非是。二壺銘文只刻"茜府"二字而不刻"某某茜府",表明了"茜府"乃是秦中央一級的機構,而刻銘"某某茜府"者,則應是某地的"茜府"。"麗山茜府"既是陵園之"茜府",故其主要職責當是造酒儲酒以供祭祀陵園之用。

《考古與文物》1993-4,頁 102—103

酸 酸

集成 10922 酸棗戈

○何琳儀(1998)　《説文》:"酸,酢也。从酉,夋聲。關東謂酢曰酸。"魏方足

布酸省音符夋,頗爲罕見。

魏器“酸棗”,地名。《左·襄三十》:“鄭游吉奔晉。駟帶追之,及酸棗。”在今河南延津北。

《戰國古文字典》頁 1342

【酸棗】集成 10922 酸棗戈、錢典 150

○鄭家相(1958) 🔲🔲 文曰酸棗。酸省作酉。《竹書紀年》:“魏襄王十年,河溢酸棗。”《史記·本表》:秦始皇帝五年,“取魏酸棗。”在今河南延津縣西南十五里。

《中國古代貨幣發展史》頁 95

○吳振武(1998) 《集成》第十七册 10922 號戈銘文如下:🔲棗原書編者隸作“酸棗”。按這樣隸定從表面上看並不算錯,但不解決問題。戈銘實際上是地名“酸棗”二字。

“酸”從“夋”聲,“夋”字《説文》謂“从夊,允聲”。從古文字看,“夋”字當是從“允”分化出來的,即在“允”下增一“止”(趾)形而成。故兩周金文中習見的“畯”字既從“允”作,又從“夋”作(看容庚等《金文編》892—893 頁,中華書局 1985 年)。西周不𡠜簋“厰(獫)允(狁)”之“允”和戰國中山王𧊒方壺“允𢧦(哉)若言”之“允”的寫法均跟戈銘🔲旁同(同上 615 頁)。一般認爲,這種“允”字下部所從的“女”形是由“止”(趾)形訛變而來的。故戈銘第一字實際上就是“酸”字。(中略)

酸棗在今河南省延津縣西南,春秋時屬鄭,戰國時屬魏。《左傳·襄公三十年》:“八月甲子,(游吉)奔晉。駟帶追之,及酸棗。”《水經·濟水注》引《竹書紀年》:“魏襄王十年十月,大霖雨,疾風,河水溢酸棗郭。”

《容庚先生百年誕辰紀念文集》頁 552—553

酢 酢

陶彙 5·384   睡虎地·日乙 185

○郭子直(1986) 酢 “來致文武之酢”“胙”之借字。《周禮》有借“胙”作“酢”的用例,20 則是戰國文字習用假借的殘餘。其實甲文、金文中原只作“乍”,殷墟卜辭已借爲“作、則”,周原甲骨,在“才南爾卜,南宮辭其乍”(H31:2)一辭中通“胙”。邾公華鐘銘“台乍其皇祖皇考”陳仁濤以乍假爲胙,訓報,謂報祖考之德(《金匱論古初集》66 頁)。以後才增添形旁,造出以乍爲聲的一些形聲字,初期的形符並不很固定,春秋以來的金文,如王子姪鼎"自酢飮鼎"、郘王義楚耑"自酢祭鍴",則借酢爲作;《秦律雜抄·傅律》:"百姓不當老,至老時不用請,敢爲酢僞者,貲二甲。"(143 頁)又是借酢爲詐的。又《爲吏之道》:"觀民之詐,罔服必固。"注:"詐,疑讀爲作,製作。"(290 頁)都是秦統一文字前,乍的偏旁或可任作的用例。《説文》分胙、酢爲二字,已是分化以後的現象了。

《古文字研究》14,頁 188

○**袁仲一**(1987)　"文武之酢",酢與胙通。《説文》:"胙,祭福肉也。"《左傳·僖公九年》:"王使宰孔賜齊侯胙。曰:天子有事於文武,使孔賜伯舅胙。"孔穎達疏:"此天子有事於文武,賜齊侯以胙,知胙是祭肉也。《周禮·大宗伯》以脹膰之禮親兄弟之國。鄭玄云:脹膰,社稷宗廟之肉,以賜同姓之國,同福禄也……今賜齊侯是尊之比二王之後也。"又《周禮》賈公彦疏:"凡受祭肉者受鬼神之佑助,故以脹膰賜之,是親之同福禄也……同姓有歸脹之事……至於二王後及異姓有大功者得與兄弟之國同。"這説明周天子把祭祀社稷宗廟的肉分賜給同姓或異姓的諸侯,是表示親密,同受神鬼的保佑,同享福禄的意思。秦是異姓的諸侯,周天子(即顯王)把祭祀文王和武王的祭肉賜給秦惠文王,對秦來説是極其榮耀的事。同時也反映了秦勢力的強大,迫使周天子要另眼看待,多次派使致賀、致伯、致胙。如《史記·周本紀》記載:"(周顯王)五年(公元前 364 年),賀秦獻公,獻公稱伯。九年(公元前 360 年),致文武胙於秦孝公。二十五年秦會諸侯於周。二十六年,周致伯於秦孝公。三十三年(公元前 336 年),賀秦惠王。三十五年(公元前 334 年),致文武胙於秦惠王。四十四年(公元前 325 年),秦惠王稱王。"

《秦代陶文》頁 76

○**劉樂賢**(1994)　據包山楚簡有表示病愈的瘥,知《日書》的酢當讀爲作(古從且、乍得聲之字往往相通)。

《睡虎地秦簡日書研究》頁 117

○**劉樂賢**(1994)　酢。日書甲種"病篇"多次出現"酢"字,如"戊己病,庚有間,辛酢。若不酢,煩居東方,歲在東方,青色死"。注釋云:"酢,報祭。"同樣用法的"酢"字又見於日書乙種"有疾篇",整理小組讀酢爲作,並注:"作,起牀。"兩處注釋互相矛盾。李零先生指出,日書的"酢"就是楚簡的"瘥"(虘),是病治愈的意思。因此,日書甲種"病篇"中注"酢"爲"報祭"有誤,應采用日書乙種“有疾篇”對“酢”的注釋。

《文物》1994-10,頁 38

○何琳儀(1998)　《説文》:“酢,醶也。从酉,乍聲。”

王子致鼎酢,讀作。

秦陶酢,讀胙。

《戰國古文字典》頁 580

醬　腷　牆

牆睡虎地・日甲 26 背貳

牆包山 142　　腷楚帛書　　牆集成 9735 中山王方壺　　牆璽彙 0096

牆陶彙 9・104

牆侯馬 195:7

○顧廷龍(1936)　(編按:陶彙 9・104)痟,《説文》所無。《廣雅・釋詁》:“痟,病也。”按亦作庙。《周禮》“内饗牛夜鳴則庙”《釋文》引干寶注:“庙,病也。”

《古匋文香録》卷 7,頁 3

○張政烺(1979)　(編按:中山王方壺“牆與處君並立於丗”)牆,《説文》古文醬,此處讀爲將。

《古文字研究》1,頁 216

○羅福頤(1981)　因前人之啟發,近頤又發現璽文中“將”字。許氏《説文解字》寸部將字注:“帥也,从寸,醬省聲。”酉部醬字注:“鹽也,从肉、酉。酒以和醬也。爿聲,牆古文醬如此。”

清段氏《説文解字注》説:“將,即亮切,古音在十部。”“牆,即亮切,十部,今俗作醬。”

按今由醬字推之,與將字同音同部故可通用。將字迫後起之字,正如牆今俗作醬也。何以明之,近見前人譜録古璽中有“牆將軍鉢”,將字作牆,與《説文》醬字古文同。又見故宮博物院藏朱文古璽“牆牆牆後將”,將字亦作牆。過去傳易縣出土“右將司馬”朱文璽、天津藝術博物館藏“牆宫將行”朱文璽,將字均作牆。又見舊印譜中有“左將田陭”,將作牆。

繼見明人《松談閣印史》中有白文古璽曰"將軍之鈢",將字作痟,初不識之,以爲從疒酉,後乃悟痟爲牆之變體。近河北平山戰國墓出中山王壺,銘文中有"將與吾君"句,將字亦作牆,於此益證將軍之將、將與之將戰國時皆作牆,此牆、將通用之證。且不止戰國爲然,漢印中有"王騎將印",載在《伏廬鈢印》中(亦見余《漢印文字徵》第十四),其將字正作牆,可見將字漢魏仍有作牆者,可爲古璽之佐證矣。

《古文字研究》5,頁 245—246

○**羅福頤等**(1981)　(編按:璽彙 0096)璽文借作將軍之將。將行、後將,將字均作此。

《古璽文編》頁 354

○**高明、葛英會**(1991)　(編按:陶彙 9・104)痟,《説文》所無。《博雅》:"痟,病也。"

《古陶文字徵》頁 162

○**何琳儀**(1998)　牆,從酉,爿聲。醬之省文。《説文》:"醬,醢也。從肉從酉。酒以和醬也。爿聲。牆,古文。𤖅,籀文。"

　　齊璽"牆騎",讀"將騎"。《三國志・呂布傳》:"明公將步令布將騎,則天下不足定也。"引申爲騎兵武官。齊璽牆,讀將,姓氏,鄭子罕伐宋,獲將鉏。見《左・成十六》。

　　九年將軍戈"牆軍",讀"將軍"。《孟子・告子》下:"魯欲使慎子爲將軍。"

　　晉璽、趙璽"牆行",讀"將行"。官名,《漢書・百官公卿表》"將行秦官",注:"皇后卿也。"晉璽"牆騎",讀"將騎"。趙璽"後牆",讀"後將"。中山王方壺牆,讀將,猶乃,見《經傳釋詞》八。兆域圖"大牆",讀"大將"。守丘刻石"臼牆",讀"舊將"。

　　楚簡"牆白",讀"漿白"。信陽簡"食牆、某牆",讀"食醬、梅醬"。楚簡、帛書牆,讀將。《廣雅・釋詁》一:"將,欲也。"

《戰國古文字典》頁 705

　　醬,從酉,戕聲。疑醬之異文。見牆字。

　　齊器醬,讀將。《説文》:"將,帥也。"

《戰國古文字典》頁 704

（編按:陶彙9·104）痼,從疒,酉聲。《廣雅·釋詁》二:“痼,病也。”

古陶痼,人名。

《戰國古文字典》頁 212

○王輝（2000）　郭店楚簡《尊德義》:“喬（教）以樂,則民弖德清牗。”影本對“弖”字未釋,對牗字則注解説:“牗,《説文》古文醬字。在此讀爲何字待考。”弖字張光裕先生主編《郭店楚簡研究·第一卷·文字編》説從弔,甲、金文弔、叔同字,可讀爲淑,是也。牗則疑讀爲莊。古文字將、莊通用。虢季子白盤:“丕顯子白𩰍武于戎工。”𩰍字從爿得聲,或疑是醬字異構,讀爲莊。趞亥鼎“宋𨢤公”即宋莊公。馬王堆帛書《老子》甲本卷後古佚書《五行》“袁（遠）而裝之,敬也”。拙著《古文字通假釋例》以爲裝從衣,醬省聲,即裝字異體,讀爲莊。清莊即清正莊重,是一種美德。秦成語印有“中精外誠”,“中精”即“中清”,指本身廉潔無私。唐吕温《故博陵崔公行狀》:“公清莊而和,博厚而敏。”大意亦同。

《中國文字》新 26,頁 160

【牗軍】集成 11325

○陳偉武（1996）　《集成》11325、11326 戈銘相同:“九年牗（將）軍張二月□宫□亓（其）虞。”《璽彙》0095 爲“牗（將）軍之璽”。戰國時代幾乎各個諸侯國的軍事長官都有“將軍”之稱。此稱除見於軍器銘文之外,亦見於《孫子兵法·軍爭》、《孫子兵法》佚篇的《吴問》和《見吴王》、《孫臏兵法》的《禽（擒）龐涓》《月戰》《延氣》。《七國考》卷一“田齊職官”有“上將軍”,未列“將軍”條,繆文遠先生補列,以《説苑·尊賢篇》爲證:“齊將軍田瞋出將,張生效送。”今可據《孫子兵法》《孫臏兵法》作補證。西域簡牘中稱“將軍”甚多,恕不一一。

《華學》2,頁 83

【牗騎】璽彙 0048

○羅福頤等（1981）　牗（將）司馬。

《古璽彙編》頁 8

○裘錫圭（1992）　《古璽彙編》（以下簡稱“彙”）著録如下一鈕六國官印:釋爲“右牗（將）司馬”。此印最先著録於陳紫蓬《燕匋館藏印》。原物後歸周叔弢,又由周氏捐獻給天津市藝術博物館。該館所編《周叔弢先生捐獻璽印選》（天津人民美術出版社 1984 年）,録此印於 2 頁下圖八,《彙》48 也釋爲“右將司馬”。此印“馬”下之“司”顯然不應該釋爲“司”,

而應該釋爲"可"。⿱田田式的字序在先秦官印中也從未見過。可見《彙》和《璽印選》的釋文是有問題的。

我們認爲上舉印文的右半並不是兩個字,而是一個偏旁上下相疊的字,這個字從"馬","可"聲,應是"騎"字異體。"騎"從"奇"聲,"奇"從"可"聲。從"奇"聲之字與從"可"聲之字古可通用。所以"騎"字既可從"奇"聲也可從"可"聲。六國古印中屢見上從"角"下從"可"的一個字,陳漢平釋爲"觭",與此可以互證。六國古印的"騎"字也有從"奇"聲的。六國古印的"均"字有從"勻"、從"旬"(璽文原作從"日""勻"聲)二體,金文"始"字有從"㠯"、從"台"二體,這些現象跟"騎"字有從"可"、從"奇"二體的現象是同類的。這類現象頗爲常見,限於篇幅不多舉例了。

上舉那鈕六國官印的印文,按常例應讀爲"騎右牀(將)"。從印文的格式和字體看,此印似是三晉之物。

在秦漢之初的反秦軍中,騎將的設置極爲普遍。《漢書·高帝紀上》記劉邦遣酈食其説魏王豹,豹不聽,食其還,劉邦問他,魏的大將、騎將、步卒將各爲何人。這説明一般軍隊中都有騎將。據《漢書·高惠高后文功臣表》和有關列傳,西漢開國功臣中有不少人在秦漢之際當過騎將,他們在征戰中也往往斬殺或捕到過對方的騎將。如傅寬"以魏五大夫騎將從,爲舍人,起橫陽……從入漢中爲右騎將……從擊項冠、周蘭、龍且,所將卒斬騎將一人敫下……"反秦軍的官職建置往往襲六國舊制,在戰國時代騎將的設置一定也是很普遍的。上引印文的"騎右將"當與《傅寬傳》的"右騎將"同義,也許上引印文就應該讀爲"右騎將"。此外,此印文當讀爲"右將騎"的可能性,似乎也不能完全排除。傳世有風格跟齊國古璽相似的"右田牀(將)騎"印,可證古代確有"將騎"職名。

                                                《文博研究論集》頁 83—84

○劉釗(1994) 《古璽彙編》0048 號著録的是一方官璽(見附圖 1)。璽面爲小正方形,朱文,筆畫纖細,具有典型的三晉官璽風格。

《古璽彙編》對這方璽璽文所作的釋文是"右牀(將)司馬"。我們認爲這一釋文是有問題的。下面試加以論證。

首先是戰國文字中"司"字從不省去中閒的一橫筆,與附圖璽文中的所謂"司"字不同。其次是古文字中的"司"字右側的偏旁從來都是由一筆寫成,而璽文中的所謂"司"字右側則明顯是由兩筆構成。再次是在戰國官璽中,從未發現有這種由左上到左下再由右下到右上的環形讀法。

由以上幾點可以斷定,將璽文讀成"右將司馬"是錯誤的。

如果不受"司馬"這一常見官名的迷惑,稍加辨識,就會發現所謂的"司"字實際上是"可"字。再進一步深入考察,又會發現所謂的"司馬"二字其實是一個字。這個字從馬從可,應該是一個從馬可聲的形聲字。我們認爲這個字就是"騎"字的異體。只是因爲璽面布局的關係,將左右結構寫成了上下結構。

釋這個字爲"騎"字異體有以下一些證據:

1.《説文解字》:"奇,異也。一曰不耦,從大從可。"許慎認爲"奇"字是從大從可的會意字,從古文字的實際看是錯誤的。奇字應該是"從大可聲"的形聲字。古音奇在群紐歌部,可在溪紐歌部,韻爲疊韻,聲爲鄰紐,古音很近。所以"奇"字應該是以"可"爲聲的。古文字中有許多形聲字有聲符繁與簡的不同異體。"騎"字從"奇"得聲,而"奇"字又從"可"聲,如此則從"奇"得聲的"騎"自然也就可以從"可"爲聲。字書"旖"字又作"旑"就是最好的例證。

2.典籍中從可得聲的字與從奇得聲的字可以相通。《書·太甲上》"阿衡"漢高彪碑作"猗衡"。《史記·魯仲連鄒陽列傳》"擊阿偏之辭哉",《漢書·鄒陽傳》"阿"作"奇"。所以從"奇"聲的"騎"或從"可"聲作,並不奇怪。

3.後世從"奇"得聲的一些字,在古文字中就是從"可"爲聲。如古璽觭字從可作"附圖2",包山楚簡矯字從可作"附圖3"。古陶文有字作"附圖4",舊

不識,我們曾將其釋爲"騎",其結構與璽文"騎"字相同,二者爲一字無疑。

通過以上的論證,我們可以重新將這方璽的璽文釋讀成"右騎將"。

從璽文看,"右騎將"顯然是一種武官的官名。"右"是限定詞,而"騎將"則應是這一官名的基本稱呼。

"騎將"之名屢見於《史記》《漢書》兩書。現舉例如下:

1.《史記·傅靳蒯成列傳》:陽陵侯傅寬,"以魏五大夫騎將從,爲舍人,起橫陽。"

2.《史記·樊酈滕灌列傳》:"楚騎來衆,漢王乃擇軍中可爲騎將者,皆推故秦騎士重泉人李必、駱甲習騎兵,今爲校尉,可爲騎將。"

3.《史記·樊酈滕灌列傳》:"追齊相田橫至嬴、博,破其騎,所將卒斬騎將一人,生得騎將四人。"

4.《史記·樊酈滕灌列傳》:"轉南,破薛郡長,身虜騎將一人。"

5.《史記·樊酈滕灌列傳》:"從擊項籍軍於陳下,破之,所將卒斬樓煩將二人,虜騎將八人。"

6.《史記·樊酈滕灌列傳》:"擊項羽之將項冠於魯下,破之,所將卒斬右司馬、騎將各一人。"

7.《漢書·高帝紀》:"食其還,漢王問:'魏大將誰也?'對曰:'柏直。'王曰:'是口尚乳臭,不能當韓信。騎將誰也?'曰:'馮敬。'曰:'是秦將馮無擇子也,雖賢,不能當灌嬰。步卒將誰也?'曰:'項它。'曰:'是不能當曹參。吾無患矣。'"

從上引諸例可以看出,"騎將"就是統率騎兵的將領。

《史記·傅靳蒯成列傳》又有"騎千人將"之官。《漢印文字徵》10·2收有"騎千人將"和"騎五百將"兩印。"騎千人"應該就是《史記》中"騎千人將"的省稱。"騎將"與"騎千人將"和"騎五百將"可能是同一官名的不同叫法,只是"騎千人將"和"騎五百將"表明所率騎士的具體人數。

極爲巧合的是,"右騎將"這一官名見於《史記》一書,可與上邊所釋戰國"右騎將"璽相印證。

《史記·傅靳蒯成列傳》:"沛公立爲漢王,漢王賜寬封號共德君。從入漢中,遷爲右騎將。"這個"右騎將"與璽文的"右騎將"應該是同一官名。

"騎將"和"右騎將"之名都不見於《漢書·百官公卿表》。從上引的材料中可以看出,這兩個官名似乎只使用於戰國和秦代。

《伏廬選藏璽印匯存》和《遇安廬古印存》二書各著録了一方漢代名"騎將"的姓名私璽。一方璽文爲"王騎醬(將)印",一方璽文爲"橋騎醬(將)",這兩方名"騎將"的私璽,與古璽中的"賈右車"(《古璽彙編》3024)、"犢司馬"(《古璽彙編》2131),漢印中的"刀左車"(《漢印文字徵》4·5)、"郭馬童"(《漢印文字徵》3·10)等相似,都是"以職爲名"的例子。這説明在漢代人書中,還保留有"騎將"這一稱呼。

前面説過,"右騎將"璽具有典型的三晉官璽風格。如進一步劃分,這方璽的國别大致可以定爲趙國。《古璽彙編》中收録的趙國官璽經學者們研究大致有如下一些:

富昌韓君(0006)　襄陰司寇(0077)
樂陰司寇(0073)　石城疆司寇(0078)
汪陶右司工(0091)　平陶宗正(0092)
南宮將行(0093)　代强弩後將(0096)
三台在宮(0305)　鄄城發弩(0115)
皋狼左司馬(0049)　且居司寇(0072)

　　以上趙官璽都具有璽面爲小正方形、朱文、筆畫纖細等特點,與“右騎將”璽相同。其中的“南宫將行、樂陰司寇、皋狼左司馬”三璽從風格上看與“右騎將”璽尤其相似。

　　如果此璽確爲趙國官璽,則很容易使人想到趙武靈王“胡服騎射”的史實。

　　關於騎兵的起源問題,一直是學術界關心的熱點。考古發掘證明,早在殷代就已經存在有單騎。甲骨文中有“先馬”“族馬”“戍馬”“多馬”“多馬亞”等稱呼,對此學者閒有不同的認識。一種意見認爲這些“馬”都是指“騎兵”而言,另一種意見則認爲這些“馬”是指“由馬所牽引並由其所代表的戰車”。

　　我們認爲殷代已存在單騎毫無問題,具備騎兵的可能性也非常大。不過從殷所處的地理位置和軍隊的組成看,即使已經有騎兵存在,這些騎兵也應該是依附於戰車和步卒的輔助兵種,其規模也一定很小。

　　騎兵作爲獨立的部隊構成出現,應該是在春秋戰國之際。雖然顧炎武指出“騎射之法必有先武靈王用之者矣”言之有理,不過騎兵的確是經趙武靈王的提倡和組建訓練,才從此引起人們的重視並逐漸成爲重要的兵種,這一點應該是没有疑問的事實。

　　以上所釋戰國“右騎將”璽是戰國文字中唯一有關騎兵的資料,在騎兵的起源問題上具有重要的史料意義。如果此璽國别的判斷不誤,又可爲趙國最早組建並具備較發達的騎兵這一史實提供一個堅實的佐證。

《史學集刊》1994-3,頁 74—76

△按　《說文》:“牆,鹽也。从肉从西。酒以和醬也。爿聲。𤖅,古文。”晉系文字作**牆**(中山王方壺)、**牆**(《璽彙》0093),从西,爿聲,與六國文字結構相同,而與《說文》古文相合。晉系文字“牆”或用作副詞,如中山王方壺“～與吾君並立於世”;或用作“將帥”之“將”,如《璽彙》0048 之“～騎”,與秦文字之“將”作**將**(秦玉版)、**將**(《官印》0027)者有别,地域特色明顯。

醯　醯　酳

騎包山 255　　**騎**郭店·窮達 9　　**騎**郭店·語四 10

○**何琳儀**(1993)　　“酳”,見《玉篇》“酳,報也”。《集韻》:“酳,醻酒也。”簡文應讀"醢"。《説文》:"醢,肉醬也。从酉,盍聲。"

《江漢考古》1993-4,頁 62—63

○**林素清**(2000)　(編按:郭店·語四 10"車轍之莝醢,不見江湖之水")密,簡文从艸从土,必聲,讀作密。閡,簡文从酉,有聲,字又見於《窮達以時》,讀作"頟顡"的顡。有,古音匣紐之部;閡,疑紐職部,可通。密閡,封閉阻隔。這裏是説,置身有帷裳的車,視線被封閉阻隔,見不到車外浩瀚的江湖之水;比喻一個人若處在閉塞的環境,不免無知無聞,識見淺陋。

《郭店楚簡國際學術研討會論文集》頁 392

○**劉信芳**(2001)　(編按:郭店·語四 10"車轍之莝醢,不見江湖之水")"莝"字《郭店》釋爲"醢","醢"字《郭店》釋爲"盍",恐未妥。"莝"字應讀爲"鮂","醢"字應讀爲"鮪",車徹(轍)之鮂、鮪猶《莊子·外物》車轍之鮒魚。蓋車徹(轍)之魚,不可見到江湖之水,比喻聞見不廣之匹婦愚夫,對於其鄉之小人、君子均缺乏瞭解。至於《緇衣》之"苟有車,必見其徹"者,意即苟有車,必見其馳行之轍也(另解)。

《簡帛研究二〇〇一》頁 205

○**李零**(2002)　(編按:郭店·語四 10"車轍之莝醢,不見江湖之水")掉在車轍中的肉羹,它那點汁水怎麼能同江河之水相比?

《郭店楚簡校讀記》(增訂本)頁 59

○**陳偉**(2003)　(編按:郭店·語四 10"車轍之莝醢,不見江湖之水")"莝醢"疑讀作"鮒鰌"。鮒是一種小魚。《易·井》"井谷射鮒",虞翻注:"鮒,小鮮也。"鰌,通作"鰍",通常指泥鰍。

《郭店竹書別釋》頁 235—236

○**陳偉**(2004)　(編按:郭店·語四 10"車轍之莝醢,不見江湖之水")"芯(下从土)醢"疑讀作"蜉蝣""浮游"。爲一種昆蟲,幼蟲生在水中;成蟲有翅,在水面飛行,生存期極短。故古人用來比喻生命短暫或見識狹小。車轍中往往有一些積水,所以《莊子·外物》有車轍之鮒的寓言。簡文這句話是説:在車轍中的積水上飛舞的蜉蝣,不曾見過江湖浩大的水體。

《新出簡帛研究》頁 324

○**顧史考**(2006)　(編按:郭店·語四 10"車轍之莝醢,不見江湖之水")依筆者之見,或該讀爲"鯢鰍"。"莝"字聲符"必"字聲系屬質部,有明("芯")、幫("必")、並("佖")等脣音聲母,而"鯢"字爲疑母支部字,其聲母爲鼻音,與邊音明母爲鄰紐,韻母元音(-e)則與質部元音(-et)相同,可通轉。"麛"之通"彌、麇","鈗"之通"弭"(皆明母支部),均爲"鯢"字可與明紐字通假之證。《莊子·雜篇·庚桑楚》:"夫尋常之溝,巨魚無所還其體,而鯢鰍爲之制。"是亦以居處溝中積水爲鯢鰍之特徵。又如《莊子·外物》:"夫揭竿累,趣灌瀆,守鯢鮒,其於得大魚難矣。"可見"鯢"與"鮒"本爲同一類小魚。

《簡帛》1,頁 68

旊

旹銅柱

○何琳儀(1998)　旊,从亩,扒聲。《玉篇》:"旊,掩光。"

銅柱"旊室",疑讀"晏室"。《韓非子·離三》:"晏室獨處。"燕居之室。

《戰國古文字典》頁 969

酓

酓陶彙 3·783

○高明(1990)　酓。

《古陶文彙編》頁 38

○何琳儀(1998)　酓,从亩,金聲。疑酓之繁文。

齊璽酓,人名。

《戰國古文字典》頁 1395

醴

集成 9735 中山王方壺

【醴醻】中山王方壺

○張政烺(1979)　醴醻二字皆不見於字書。《説文》:"禋,潔祀也。一曰,精意以享爲禋。从示,亜聲。"《周禮·天官·酒正》:"掌酒之政令……辨五齊之名,一曰泛齊,二曰醴齊,三曰盎齊,四曰緹齊,五曰沈齊……凡祭祀以法共五齊。"鄭玄注:"齊者,每有祭祀以度量節作之。"蓋禋齊二字構成一個詞,寫者遂皆作酉旁。

《古文字研究》1,頁 210

○于豪亮（1979）　“節于醴齍”，《周易・頤》：“君子以慎言語，節飲食。”醴即禋字，齍即齊，也就是齋字。《左傳・隱公十六年》：“而況能禋祀許乎？”杜注：“絜齊以享謂之禋祀。”故醴齍即“絜齊以享”之意。《論語・鄉黨》：“齊必變食，居必遷坐，食不厭精，膾不厭細……不多食。”《説文通訓定聲》云：“古人祭祀行禮，委曲煩重，非强有力者弗能勝，三日之先，殺牲盛饌，所以增益其精神……且凡敬其事，則盛其禮，故齋之饌，必加於常時也。”古代的統治階級在祭祀之前，飲食比平時更爲考究，但又不過量，稱之爲齋。“節于醴齍”，義應如此。

《考古學報》1979-2，頁 177

○李學勤、李零（1979）　“醴齍”讀爲禋齍。方壺爲盛酒的祭器。《玉篇》：“齍，酒五醴之名。”醴亦作齊。古時酒有五齊，《周禮・酒正》注：“玄謂齊者，每有祭祀，以度量節作之。”疏：“謂祭有大小，齊有多少，謂若祫祭備四齊，禘祭備二齊。”節于禋齊，意思是按照禋祀的規定裝酒。

《考古學報》1979-2，頁 151

○朱德熙、裘錫圭（1979）　《周禮・天官・酒正》“辨五齊之名”，鄭玄注：“玄謂齊者，每有祭祀以度量節作之。”“醴齍”疑讀爲“禋齊”，指禋祀所用的酒的標準。

《朱德熙古文字論集》頁 100，1995；原載《文物》1979-1

○徐中舒、吳仕謙（1979）　醴，同禋。《説文》：“絜祀也，精意以享爲禋。”齍，同劑，即劑量之意。

《中國史研究》1979-4，頁 85

○白於藍（2008）　以往諸家將“醴”字讀作“禋”可能是有問題的。

首先，典籍中“禋”作爲一種祭祀，主要有兩種解釋，一種出自許慎的《説文解字》，另一種出自鄭玄注《周禮》，兩種解釋分別如下：

《説文》：“禋，絜祀也。一曰精意以享爲禋。”

《周禮・春官・大宗伯》：“以禋祀祀昊天上帝。”鄭玄《注》：“禋之言煙。周人上臭，煙氣以其臭聞者……三祀皆積柴實牲體焉，或有玉帛，燔燎而升煙，所以報陽也。”

這兩種解釋的角度有所不同，但都沒有提到“禋”與“酒”存在密切的關係。而且，古代祭祀種類繁多，何以銘文中單單特意提到禋祀之“醴”呢？這一點很令人費解。

其次，“醴”從“酉”表義，古代與“酒”有關的字多從“酉”表義，故上述各家中很多都將"醨"讀作《周禮·天官·酒正》"五齊"之"齊",這是很有道理的。但銘文中的"醒"字亦从"酉"表義,這種現象恐並非偶然。在中山三器的銘文當中,凡並列詞組往往使用相同的表義偏旁,如方壺銘文中"夙夜筐(匪)解(懈)"之"夙夜","乏其先王之祭祀"之"祭祀","軜(載)之祚(簡)簭(策)"之"祚簭";大鼎銘文中"使智(知)社褙(稷)之賃(任)""社(稷)其庶虖(乎)""身勤社褙(稷)""忢(恐)隕社褙(稷)之光"之"社褙","隹(唯)備(傅)姆(姆)氏(是)從"之"備姆","以惪(憂)慸(勞)邦家"之"惪慸","惖(謀)忌(慮)皆從"之"惖忌";圓壺銘文中"訢(謷)詻(諤)戟(僤)忢(怒)"之"訢詻","茅(苗)蒐狪(田)獵"之"茅蒐"和"狪獵"等。以此反推,"節於醒醨"之"醒"與"醨"亦當是並列詞組才較合理。

筆者以爲,要對這一問題有一合理的解釋,首先得對《周禮》中的"五齊三酒"有一較爲明確的認識。先看"五齊":

《周禮·天官·酒正》:"酒正掌酒之政令,以式法授酒材。凡爲公酒者亦如之。辨五齊之名。一曰泛齊,二曰醴齊,三曰盎齊,四曰緹齊,五曰沈齊。"鄭玄《注》:"齊者,每有祭祀,以度量節作之。"賈公彦《疏》:"三酒味厚,人所飲者也,五齊味薄,所以祭者也……五齊對三酒,酒與齊異;通而言之,五齊亦曰酒。"孫詒讓《正義》:"五齊,有滓未沛之酒也。"並引吕飛鵬云:"五齊皆酒之濁者。後鄭謂盎以下差清,但較泛齊、醴齊爲稍清耳。其實皆濁酒也。"

再看"三酒":

《周禮·天官·酒正》:"辨三酒之物,一曰事酒,二曰昔酒,三曰清酒。"鄭玄《注》:"事酒,酌有事之酒,其酒則今之醳酒也。昔酒,今之酋久白酒,所謂舊醳者也。清酒,今中山冬釀,接夏而成。"賈公彦《疏》:"事酒酌有事人飲之,故以事上名酒也。昔酒者,久釀乃熟,故以昔酒爲名,酌無事之人飲之。清酒者,此酒更久於昔,故以清爲號。"孫詒讓《正義》:"三酒,已沛去滓之酒也。"又云:"三酒之中,事酒較濁,亦隨時釀之,酋繹即孰。昔酒較清,則冬釀春孰。清酒尤清,則冬釀夏孰。"

除上引之外,《周禮·天官·酒正》:"凡祭祀,以灋共五齊三酒,以實八尊。"《周禮·天官·酒人》:"酒人掌爲五齊三酒,祭祀則共奉之,以役世婦。"亦提到"五齊三酒"之名。《北堂書鈔·酒食部》引漢末徐幹《齊都賦》:"三酒既醇,五齊推醨。"亦是以"三酒"與"五齊"相對爲文。

據上引材料,我們大體可以形成以下三方面的認識:第一,五齊、三酒都是祭祀用酒。第二,五齊均爲濁酒,只是濁的程度有所不同。三酒均爲清酒,但清的程度有所不同,其中以清酒爲最清。第三,三酒較五齊味重,三酒中清酒釀造的時間最長,因此酒味最重。

基於以上認識,筆者以爲,尋音義以推求,銘文中"醒醑"之"醒"當作"醇"。

從字音上來講。"醒"从"亞"聲,上古音"亞"屬影母文部字。"醇"則爲禪母文部字。兩字疊韻,聲母看似有一定的距離,但同从"亞"聲的"甄、甌"均爲章母文部字,則與"醇"同爲舌音,可見古音很近。《説文》:"焞,明也。从火,臺聲。《春秋傳》曰:'焞耀天地。'"《説文》:"甄,匋也。从瓦,亞聲。"朱駿聲《説文通訓定聲》指出古書中"甄"有假借爲"焞"者,"《周禮·典同》注:'甄讀甄耀之甄。'按,緯書有《洛書·甄曜度》。《後漢書·光武紀》、《安帝紀》注'甄,明也'"。甄、醒俱从亞聲,醇、焞俱从臺聲,甄既可通焞,則醒自亦可讀作醇。

從字義上來看。《説文》:"醇,不澆酒也。"段玉裁《注》:"澆,沃也。凡酒沃之以水則薄,不雜以水則曰醇。"《漢書·曹參傳》:"至者,參軋（編按:"軋"當爲"輒"字之誤）飲以醇酒。"顏師古《注》:"醇酒不澆,謂厚酒也。"可見醇酒是一種酒味很重的酒,與五齊不同,而類於三酒,尤與清酒類似。又,典籍中屢見"清醇"一詞來形容酒,《後漢書·仲長統傳》:"清醇之酎,敗而不可飲。"《文選·嵇叔夜〈琴賦〉》:"蘭肴兼御,旨酒清醇。"亦可佐證。蓋酒清則醇,醇則亦清。最值得注意的是上引鄭《注》中明言"清酒,今中山冬釀,接夏而成"。又《北堂書鈔·酒食部》引晉袁準《袁子正論》:"長安九釀,中山清酤。"可見中山之地自古就有釀造清酒的習俗。典籍中又記古中山之地有釀造醇酒的習俗,《文選·左太沖〈魏都賦〉》:"醇酎中山,流湎千日。"《初學記·酒類》引晉張載《酈都賦》:"中山冬啟,醇酎秋發。"通過這些材料對比,不難看出醇酒應當就是清酒。《博物志·雜説下》和《搜神記·千日酒》均記古中山之人能釀造"千日酒",可令人"一醉千日",雖過分誇張,但説"千日酒"是一種酒精純度很高的醇酒,應該是可以的。古中山之地既有釀製醇酒的習俗,故銘文中在表示濁酒的"醑（齊）"字前出現表示清酒的"醒（醇）"字也是不足爲奇的。而且"齊"指代五齊,"醇"代指五齊,"醇"指代三酒,文義上亦正相對。

《古文字研究》27,頁 289—291

醳

包山 256

○劉彬徽、彭浩、胡雅麗、劉祖信（1991）　醳，通作腏，《説文》：“腏，脯也。”
《廣雅·釋器》：“肉也。”

《包山楚簡》頁 59

○張守中（1996）　䐹。

《包山楚簡文字編》頁 228

○劉信芳（1997）　包山簡二五六：“醳一罯（籃）。”醳，從酉，奚聲，《説文》：
“腏，脯也。”《廣雅·釋詁》：“腏，肉也。”醳同腏。

《中國文字》新 23，頁 115

醋

包山 255　　集成 9735 中山王方壺

○袁國華（1993）　“𥼫”字見“包山楚簡”第 255 簡，《釋文》無釋。“包山楚
簡”“齊”字有作𥻟89的，構形與“𥼫”字上半相同，此字從“酉”從“齊”，“包山
楚簡”“酉”字作𦈢204、𦈣233 可以爲證。簡 255 句云：“醋肉酳一罯。”“醋”《博
雅》：“醋，醬也。”“酳”《集韻》：“酳，酒也。”“醋肉酳”疑即《説文》所録的
“醬”：“醬，盬也。從肉從酉。酒以和醬也，爿聲。”則所謂“醋肉酳”就是“所
以調醬肉之酒”。

《香港第二屆國際中國古文字學術研討會論文集》頁 442—443

○何琳儀（1998）　醋，從酉，齊聲。《廣雅·釋器》：“醋，醬也。”

　　燕侯載簋“馬醋”，讀“馬資”。《禮記》：“則曰致馬資於有司。”引申爲贈饋。

　　中山王方壺“醒醋”，讀“禋齊”。《玉篇》：“醋，酒有五醋之名，見《周禮》。
或作齊。又醬也。”《周禮·天官·酒正》注：“齊者，每有祭祀，以度量節作
之。”疏：“謂祭有大小，齊有多少，謂若祫祭備四齊，禘祭備二齊。”壺銘“節于
醒（禋）醋（齊）”，即祭酒“以度量節作之”。

《戰國古文字典》頁 1271

△按　中山王壺有“醓醻”一詞，詳見“醓”字條。

酉　酉

璽彙 5268　　上博二・容成 1

○**何琳儀**（1998）　酋，从八从酉，會酒熟香氣分布四溢之意。酉亦聲。酉、酋一字分化。金文尊或从酉，或从酋，是其確證。酉爲酋之準聲首。《説文》：“酋，繹酒也。从酉，水半見於上。《禮》有大酋（編按：《説文》作“大酋”），掌酒官也。”“繹酒”，熟酒、陳酒。《方言》七：“酋，熟也。”

古璽酋，人名。

《戰國古文字典》頁 212

○**李家浩**（1998）　銘文末尾的“酋”字，原文所从“酉”旁作“目”字形，與齊貴將軍虎節的“牺”字所从“酉”旁寫法相同。古代有“拘留”一詞。例如《漢書・匈奴傳》贊説：“匈奴人民每來降漢，單于亦輒拘留漢使以相報復。”“拘”从“句”聲，故“句、拘”二字可以通用。《荀子・哀公》“古之王者有務而拘領者矣”，楊倞注：“拘與句同。《尚書大傳》曰：‘古之人衣上有冒而句領者。’”此是“句、拘”二字可以通用的例子。“酋”从“酉”聲。《説文》説“留”从“丣”聲。“丣”即《説文》古文“酉”。《説文》所説从“丣”得聲的字還有“柳、貿”等。古文字“柳、貿、留”三字都寫作从“卯”，可見所謂的“酉”字古文“丣”，實際上是“卯”字的異體。二十八宿的柳宿之“柳”，曾侯乙墓 E・66 漆衣箱蓋上繪的二十八宿圖作“栖”，雲夢睡虎地秦墓竹簡《日書》乙種作“酉”。此是“酋、留”二字可以通用的例子。據此，疑節銘“不句酋”應該讀爲“不拘留”。

古代出入符傳的作用等於通行證。居延出土的漢代通行證上的文字，往往在末尾有習慣用語“毋苟留”或“勿苟留”。例如：

封傳，移過所，毋苟留。（《居延新簡》E・P・T50∶39）

部載米糒，毋苟留，如律令。（《居延新簡》E・P・T13∶3）

過所。建武八年十月庚子，甲渠守候良遣臨木候長刑博便休十五日，門亭毋河（苟）留，如律令。（《居延新簡》E・P・F22∶698）

□□□年六月丁巳朔庚申，陽翟邑獄守丞就兼行丞事，移函里男子李立弟臨自言取傳之居延，過所縣邑侯國勿苟留，如律令。（《居延漢簡甲乙編》140・1A）

節銘“不句酉（留）”與此“毋苛留”或“勿苛留”一樣，也位於文末，它們顯然有淵源關係。古代“苛、苟”二字有互作的情況。例如：《莊子·天下》“君子不爲苛察”，陸德明《釋文》説“苛”一本作“苟”；《管子·五輔》“上彌殘苛而無解舍”，尹知章於“苛”字下注説“本作苟”。舊認爲隸書从“可”和从“句”之字形近，往往訛誤。不過上古音“句、可”二字聲母十分相近。“句”是見母，“可”是溪母，都是喉音。“苛”作“苟”除了字形的因素外，恐怕還有字音的因素。古代“侯”有“何”義。例如《吕氏春秋·觀表》“今侯渫過而弗辭”，高誘注：“侯，何也。”所以古書中有“侯、何”二字通用的情況。《戰國策·秦策三》秦客卿造謂穰侯章有“君欲成之，何不使人謂燕相國曰”語，馬王堆漢墓帛書《戰國縱横家書》第十九章與此句相當的文字，“何”作“侯”。有人認爲訓爲“何”的“侯”，“即何音近之假字”。《史記·樂書》“高祖過沛詩《三侯之章》”，司馬貞《索隱》：“按過沛詩即《大風歌》也。其辭曰：‘大風起兮云飛揚，威加海内兮歸故鄉，安得猛士兮守四方’是也。侯，語辭也……兮，亦語辭也。沛詩有三‘兮’，故云‘三侯’也。”可見“三侯”之“侯”即三“兮”之“兮”的異文。《漢書·禮樂志》所録《房中歌》云“皇皇鴻明，蕩侯休德”，王先謙謂此“蕩侯”即“蕩兮”。古代“兮”或作“旖、猗、呵”等。“旖、猗”皆从“奇”聲，“奇、呵、何”皆从“可”聲。上古音“侯、何”都是匣母字，當是一聲之轉。值得注意的是，古書中“侯”與“胊”通。《史記·封禪書》“黄帝得鼎宛胊”，同書《孝武本紀》記此事，“宛胊”作“宛侯”。“胊”與“侯”都是匣母侯部字，故可通用。“胊、苟”皆从“句”聲。“苛”跟“何、呵”等字一樣，也从“可”聲。“侯”與“何、兮”相通，那麽“苟”與“苛”也應該可以相通。若此，節銘“不句酉”有可能是“毋苛留”或“勿苛留”的異文，不一定讀爲“不拘留”。這一意見僅僅是作爲一種推測在此提出，實際情況是否如此，還需要作進一步研究，本文仍按照前一意見處理。

《著名中年語言學家自選集·李家浩卷》頁 97—98，2002；原載《海上論叢》2

○**李零**（2002）　（編按：上博二·容成 1“皆不受其子而受賢，其德酉清”）酉清　疑是清淨無爲的意思。

《上海博物館藏戰國楚竹書》（二）頁 251

○**楊澤生**（2004）　（編按：上博二·容成 1“皆不受其子而受賢，其德酉清”）我們認爲“酉”應該讀作“輶”。《説文·車部》：“輶，輕車也。”這是“輶”的本義。古文獻中常以“輶”形容德。《詩·大雅·烝民》：“人亦有言：德輶如毛，民鮮克舉之。”鄭玄箋：“輶，輕。”《禮記·中庸》：“是故君子篤恭而天下平。《詩》曰：‘予懷明德，不大聲以色。’子曰：‘聲色之於以化民，末也。’《詩》曰‘德輶如毛’，毛猶有倫；‘上天之載，無聲無臭’，至矣！”鄭玄注：“言化民常以德，德之易舉而用其輕如毛耳。”南朝梁王筠《昭明太子哀策文》：“仁器非重，德輶易遵。”

《古文字研究》25，頁 355

尊 尊 尊 尊 尊 尊

集成 10372 商鞅量

郭店·唐虞 8　　集成 9719 令狐君嗣子壺　　璽彙 1486

郭店·語一 78

望山 2·45　　郭店·尊德 20

○**唐蘭**（1936）　銘云“爰積十六尊五分尊之一爲升”者，明此量爲升也。馬氏謂“尊”字當“寸”，“新嘉量”升銘云：“積萬六千二百分。”即十六寸五分寸之一也。蘭按：“尊”字得借爲“寸”者，《說文》酉部奠或作尊，而壿、噂、薠、遵、蹲、劋、僔、鱒、繜、鐏等字均從奠，無作尊者。然則奠尊本非同字，以尊爲奠，蓋漢以後混之。“尊”字當從酉，寸聲，故得假借爲寸，猶《漢書·元帝紀》贊云“分刌節度”之借刌爲寸也。

“尊”之借爲“寸”字既明，則此量之可資考證者有二事，一爲其時之量，而一爲其度也。《史記·商君傳》記其“平斗桶，權衡，丈尺，行之”，斗桶爲量，而丈尺爲度。然則由此一量，即商君所定度量之法，並可知矣。

據實測，“商鞅量”之内容，長“劉歆銅斛人”五寸四分（公尺 0.12474），廣三寸（公尺 0.0693），深一寸（公尺 0.0231），以縱廣相乘，得冪十六寸又五分之一。又以深一寸乘之，得積十六寸又五分寸之一，或萬六千二百分，與“新嘉量”同。其一升之量比公升 0.5845。

《唐蘭先生金文論集》頁 25—26，1995；原載《國學季刊》5 卷 4 期

○**馬承源**（1972）　“爰積十六尊（寸）五分尊（寸）壹爲升”，是説升的容量是十六又五分之一立方寸。

《文物》1972-6，頁 17

○**王輝**（1990）　尊字以寸爲聲。秦以前無寸字，凡尺寸之寸作尊，漢代始有尺寸之寸。積指容積，“積……寸爲升”的説法習見漢器，如新莽銅嘉量銘：“積千六百二十寸，容十斗。”“積百六十二寸，容十升。”始建國銅方斗銘：“律

量斗,方六寸,深四寸五分,積百六十二寸,容十升……"方升容十六又五分之一立方寸,則每立方寸合:202.15÷16.2 = 12.478 立方釐米,一寸長$\sqrt[3]{12.478}$ = 2.32釐米。

《秦銅器銘文編年集釋》頁 35

○**李家浩**(1994)　　前面説(2)的"猒槭"指信陽楚墓 1–246"I 式案",(7)的"猒桄"指望山楚墓邊箱 19 號"高足案",它們的面板都有兩個凹下的方框。包山楚墓所出的兩件木禁(2:5、2:102)面部也有這樣兩個類似的方框(詳見下文三)。值得注意的是,信陽楚墓和望山楚墓卻沒有出木禁,而包山楚墓卻沒有出猒槭或猒桄。這一情況説明猒槭或猒桄與禁的功用相似或相同,故有猒槭或猒桄就沒有禁,有禁就沒有猒槭或猒桄。"猒"從"关"聲。"关"即"朕"字所從的聲旁。"禁"從"林"聲。上古音"朕、林"都是端組侵部字,頗疑"猒"應當讀爲"禁"。禁是承酒器用的,故簡文從"酉"。禁槭、禁桄大概是因爲它們的面板似禁,並兼有禁的功用而得名。

《國學研究》卷 2,頁 529—530

○**劉信芳**(1997)　　信陽簡二・一一:"一猒梐,二箋。"出土實物有案一件(標本一:二四六),報告描述其制:"案面上浮雕凹下的兩個方框,框内有兩個稍突出的圓圈。在案的附近發現有高足彩繪方盒,其假圈足與此圓圈可以重合,因而辨認此案係置方盒用的。"該案長 97、寬 44、高 23 釐米。

　　該方盒即簡文所記"二箋"。

　　與上述"案"類似的器物望山二號墓亦出有一件,標本 B 一九,案面長方形,左右各一個相等的凹刻方框,方框中部墨繪圓圈,即簡文所記"猒梐"。

　　李家浩注意到包山楚墓所出兩件木禁面部也有這樣兩個類似的方框,信陽楚墓和望山楚墓有猒梐、猒梐而無禁,包山楚墓有禁而無猒梐,"故有猒槭或猒桄就沒有禁,有禁就沒有猒槭或猒桄"。這一分析符合目前所能見到的實際情況,但由此推測"猒"應當讀爲"禁",卻是有問題的。

　　按"猒"與"禁"古聲部不同,且無音通之實證,是此説困難之處。且"禁"與"猒梐、猒梐"不僅簡文記載文字有異,而且出土實物器形有別,讀"猒"爲"禁",是很勉强的。

　　"猒"字不見於字書,字應讀如"肴",《儀禮・燕禮》:"宗人告祭肴。"鄭玄注:"肴,俎也。"俎與案、梐古爲同類器物,三《禮》所謂"俎",實乃古器所謂"槭"。《燕禮》又云:"脯醢無肴。"鄭注:"肴,俎實。"疏云:"肴者,升也。謂升特牲體於俎,故云俎實也。"古燕禮、饋食之禮、祭禮,將牲解體成塊,盛於鼎稱鼎實,盛於俎稱俎實。簡文"馱椸"應是將脯醢(或牲肉)之類盛於方盒之中,再升至於椸上,此所以稱"馱椸"。"馱"從酉作,猶"醢"字從酉作。

古從丞從朕之字多訓爲升,且多互訓,《洛神賦》:"騰文魚以警乘。"注:"騰,升也。"《尚書·多方》:"不蠲烝。"釋文引馬融注:"升也。"《釋名·釋親屬》:"姪娣曰媵,媵,承也,承事嫡也。"釋"馱"爲"脀",於禮制、讀音都是合理的。

"馱椸"與"禁"有等級上的差別。《禮記·禮器》:"有以下爲貴者,至敬不壇,掃地而祭。天子諸侯之尊廢禁,大夫士棜禁。"鄭注:"大夫用斯禁,士用棜禁。"是"斯禁"之高度底於"棜禁"。今據楚簡實錄,知楚人之禮,"禁"之高度低於"馱椸"。"禁"之制度既"以下爲貴",則包山二號墓墓主的身份要高於信陽一號墓及望山二號墓墓主。

《中國文字》新 23,頁 82—84

○**何琳儀**(1998) 尊,甲骨文作𩰲(前五·四·七)。從酉從収,會雙手奉酒尊之意。西周金文作𩰲(作父辛鼎),或從酋(酋、酉一字分化)作𩰲(召仲鬲),春秋金文作𩰲(鄧公簋陴作𩰲)。戰國文字承襲兩周金文。秦國文字省左手存右手加一飾筆,即成寸形,並以寸爲聲符。《説文》:"尊,酒器也。從酋,収以奉之。《周禮》六尊:犧尊、象尊、著尊、壺尊、太尊、山尊,以待祭祀賓客之禮。𩰲,尊或從寸。"

令狐壺"尊壺",見《禮記·少儀》:"尊者以酌者之左爲上尊,尊壺者面其鼻。"

曾姬無卹壺"尊壺"。

商鞅方升尊,讀寸。

《戰國古文字典》頁 1346

○**陳偉**(2003) 裘錫圭先生按語云:"第一字此篇屢見,從文義看,似是'尊'之異體。"此字從酉從关("朕"字所從。《説文》作"𢍱")。尊、朕二字爲文、侵通轉,古音相近,或可通假。《禮記·中庸》説"故君子尊德性而道問學",《孟子·盡心上》説"尊德樂義",同書《公孫丑下》説"尊德樂道","尊"均爲推崇、敬重之義。德,德行。義,正義。古人往往"德、義"連言,如《左傳》僖公二十四年"心不則德義之經爲頑",同書宣公十五年"後之人或者將敬奉德義",《孝經·聖治》"德義可尊"。《國語·晉語七》記晉悼公與司馬侯對話説:"公曰:'何謂德義?'對曰:'諸侯之爲,日在君側,以其善行,以其惡戒,可謂德義矣。'"韋昭注:"善善爲德,惡惡爲義。"倫,原作侖,指義理、倫常。民倫,猶人倫。《孟子·滕文公上》説:"夏曰校,殷曰序,周曰庠,學則三代共之,皆所以明人倫也。"同書《離婁下》:"舜明於庶物,察於人倫。"可與簡書參讀。

　　　　　　　　　　　　　　　　　　　　　《郭店竹書別釋》頁 135—136

○李家浩(2002)　本文(2)信陽楚簡釋文"一猒㮚"和(7)望山楚簡釋文"一猒槤"之"猒",見於郭店楚墓竹簡《尊德義》(《郭店楚墓竹簡》55·1、4,56·20,文物出版社 1998 年),原文作上下重疊之形,與信陽楚簡"猒"字寫法相同。郭店楚墓竹簡 174 頁考釋[一]裘錫圭先生按語對"猒"字發表了很好的意見,他説:"從文義看,似是'尊'之異體。"據此,(2)(7)的"猒"應該讀爲"尊",而不應該像本文所説的那樣讀爲"禁"。兩周銅器銘文中的器名,往往加有修飾語"尊",如"尊鼎、尊簋、尊鬲、尊壺、尊缶"等。唐蘭先生説,"凡稱爲'尊'的器,是指在行禮時放置在一定的位置的器……'尊鼎'等於是陳設用的鼎……"(《唐蘭先生金文論集》83 頁,紫禁城出版社 1995 年)。簡文"尊㮚、尊槤"與"尊鼎"等構詞形式相同,按照唐蘭先生的説法,它們分別指陳設用的㮚和陳設用的槤。

　　　　　　　　　　　《著名中年語言學家自選集·李家浩卷》頁 256

戌 戌

故宫 409　　包山 42　　璽彙 2897　　璽彙 0704

○何琳儀(1998)　戌,甲骨文作戌(珠——五),象斧鉞之形。金文作戌(何尊)、戌(頌簋)。戰國文字承襲金文。戌內橫筆或作⊿、╱,另加飾筆作╱。《説文》:"戌,滅也。九月陽氣微,萬物畢成,陽下入地也。五行,土生於戊,盛於戌。从戊,含一。"以滅釋戌屬聲訓。

　　齊璽"司戌",官名。

　　楚簡戌,除人名外均地支之名。

　　睡虎地簡戌,地支之名。

　　　　　　　　　　　　　　　　　　　《戰國古文字典》頁 945

亥 亥

睡虎地·日乙 35 壹　　包山 27　　九店 56·26　　璽彙 3468

亥 璽彙 2334

○**何琳儀**（1993）　一升鑐（265）

　　升原篆作亐，應釋“亥”，讀“豕”。檢《説文》：“冇，古文亥爲豕，與豕同。”“三豕渡河”爲“己亥渡河”之譌，尤人所熟知。“一亥（豕）鑐”與“一牛鑐”對文見義。或讀“亥”爲“豥”亦可通。檢《爾雅・釋獸》：“豕四蹏（蹄）皆白，豥。”

《江漢考古》1993–4，頁 63

○**何琳儀**（1998）　亥，甲骨文作彳（乙七七九五）、巟（鐵二五八・三），構形不明。西周金文作亐（楊鼎）。春秋金文作丂（王孫鐘），或上加飾筆作亐（陳侯匜）、市（歸父盤）。戰國文字承襲春秋金文，多有此飾筆。楚系文字亥作亐，豕作象，形體甚近。故典籍有所謂“豕亥之譌”。亥或作亓，似从二人，許慎遂沿其譌而解説。《説文》：“亓，荄也。十月微陽，起接盛陰。从二，二，古文上字。一人男，一人女也。乁，象裹子咳咳之形。《春秋傳》曰：亥有二首六身。冇，古文亥爲豕，與豕同。亥而生子，復從一起。”

　　齊金亥，地支用字。

　　楚器亥，地支用字。　　包山簡二六五亥，讀豥。《爾雅・釋獸》：“豕四蹏（蹄）皆白，豥。”

　　睡虎地簡亥，地支用字。

　　古璽亥，姓氏。《孟子・萬章》上有亥唐。

《戰國古文字典》頁 6—7

○**施謝捷**（1999）　《璽彙》2334、2990、3262、3300 分別著録下揭諸私璽：

璽中人名，原或釋爲“昉”。

　　原釋“昉”，大概是將此人名字看作“日”與“方”的借筆形式，在已確識的从“日”字中，似無第二例如此作者，因此釋“昉”可能並不妥當。我們認爲，此字應該是“亥”字異構，1986 年河北省柏鄉縣東小京戰國墓出土的象牙干支籌，其中有一籌刻有“二，乙亥”三字，“亥”字作：

　　亐《文物》1990 年 6 期 69 頁圖十、70 頁圖十一
與上揭璽文最爲近似。金文中“亥”字屢見，或作下列諸形：

《金文編》1015 頁,乙亥鼎　同上,我鼎　同上,史話簋

同上,楚簋　同上 1016,子璋鐘　同上,許子

其變化情形跟上引象牙干支籌的"亥"變作璽印人名字的寫法相類似,可見我們將璽印人名釋"亥",顯然是很合適的。《璽彙》0074 著録的下揭三晉官璽中亦有此字:

原釋文作"中",或釋爲"昉",均不妥。從璽印内容看,"君亥"是地名,文獻未載,尚待進一步研究。

《璽彙》1224、1679 還分别著録下揭二燕私璽: 

其中人名字,原釋文不識,後或釋爲"豕"。

實際上,戰國文字中的"豕"或"从豕"字常見,一般寫作下列諸形:

雖跟上揭二璽人名字的構形有相似之處,但它們之間的差異也是顯而易見的,因而或釋"豕"字恐怕是有問題的。如果將此二璽人名字的構形與前揭璽印、金文等材料的"亥"字進行比較,很可能也應該釋爲"亥"字。

《語言研究集刊》6,頁 85—87

【亥盾】

○**黄錫全**(1995)　1959 年,山西侯馬牛村古城遺址南部出土小型聳肩尖足空首布幣 12 枚,其中有兩枚面文各有 5 字,見於《中國歷代貨幣大系・先秦貨幣》709、710 號。709 號面文比較清楚。在刊有這枚比較清楚的有關資料中,又以《中國山西歷代貨幣》的彩圖和《中國錢幣論文集》(一)、《古錢新探》《三晉貨幣》所附彩圖和墨拓本最爲清楚。

這兩枚面有 5 字的聳肩尖足空首布,是迄今僅見的、也是字數最多的兩枚,的確是"罕世珍品"。關於布面上的文字,目前還是個疑難問題,諸家釋讀不一,需要進一步探索。

有學者曾經將其釋爲"辛(新)晉共黄釿",認爲"新晉"即"新田",《左傳》記載晉景公十五年(前 585 年)"遷新田",是晉於"新田"所鑄之幣。又有學者釋爲"平犢(?)冥(?)黄釿"5 字。其中"平犢"疑讀"平陸",隸《漢書・地理志》西河郡。有關論著對於前 3 字多缺釋,書作"□□□黄釿"。或以爲"黄釿"當讀"衡釿",即此布當一釿之義。

關於第一字,根據我們比較幾種刊行的資料,其形與辛字作、平字作者不同,也不是"元"字。我們曾經懷疑形下方左右兩筆爲泐痕,其實不是,

而是清清楚楚的兩筆。這個字形本來就作✝形。

古文字中"亥"字有下列諸形：

下牙牙甲骨文　　　　牙丙丂亏疥金文

亦侯馬盟書　　　　　　肃雨亥古璽文

牙亦古陶文　　　　　　疗《説文》正篆

其中侯馬盟書的"亥"字，與我們討論的布文非常接近。盟書與尖足空首布均出土於侯馬晉新田遺址一帶，地點相同、國別相同、時代相近，其文字書寫特點自然相近。因此，我們認爲，布文第一字應是"亥"字。其形的演變關係當爲：下→牙→丙→亥→疗

第二字，據《三晉貨幣》拓本應作㕹，自形斜置，形長似目或日，但决不是目和日字。右形，乃人形。如下列人或從人之字：

伐侯馬盟書伐　　何古璽文佗　　イ古璽　　イ王孫鐘　　イ中山王鼎恁

因此，這個字應是從自人形的字。

古盾牌之"盾"，本爲象形字，象盾牌：◼ ◪ ⊞ ⊞ ⊡ ⊞ 日

後來變爲形聲字。《金文編》盾下録有下列3形：盾 盾五年師旋簋　飯冬簋

前二形，思泊師認爲是"盾"字構形的初文。《説文》盾字篆文作盾，"厰也，所以捍身蔽目，象形"。其説有誤。于先生認爲，以《説文》爲例，則應釋爲"盾，所以捍身，從人、⊞，⊞亦聲。⊞象盾有㡡，有文理形（並非從目）"。乃會意兼形聲字。後一形則爲形聲字。《金文編》注云："從◼，豚聲，◼象盾形。"

上列布文㕹，與五年師旋簋"盾"形非常相似，所從的自即⊞稍稍變形，均爲盾牌之象形字，右從人，應釋爲"盾"字。簋文屬西周中期，布文爲春秋後期，時代雖然相隔幾百年，然書寫只是小有區別而已。

布文第三字作肖，不識。其義當與"鑄造、貨幣"一類的字有關，待考。"黄"當如前引學者所指出的，與王莽"大布黄千"之黄同，義爲衡、當。

"亥盾"，根據對有關貨幣及同類貨幣的考察，應爲地名。古地名中不見有"亥盾"，結合古代地理，以音求之，當爲"狐廚"。"亥"屬匣母之部，"狐"屬匣母魚部。二字雙聲。這就好比《説文》姆字，"從女，每聲，讀若母同"。"每"屬明母之部，而"母"屬明母魚部。"盾"屬定母文部，"廚"屬定母侯部。盾、廚也爲雙聲。如《書·舜典》"放歡兜于崇山"之"歡兜"，《左傳》文公十八

年作"渾敦"。"敦"屬端母文部,而"兜"屬端母侯部。"狐廚"爲春秋晉地,見於《左傳》僖公十六年:"秋,狄侵晉,取狐廚、受鐸,涉汾,及昆都,因晉敗也。"杜注:"狐廚、受鐸、昆都,晉三邑。晉陽臨汾縣西北有狐谷亭。"《水經·汾水注》:平水"東逕狐谷亭北,春秋時狄侵晉取狐廚"。

　　　　《先秦貨幣研究》頁6—7,2001;原載《陝西金融·錢幣專輯》23